数据中台
让数据用起来
——第2版——

付登坡 江敏 赵东辉 陶胜刚 蒋珍波 张成振
周帅 汪国强 陈璐 张瑞红 郑远芃 洪牡丹 李农娇　著

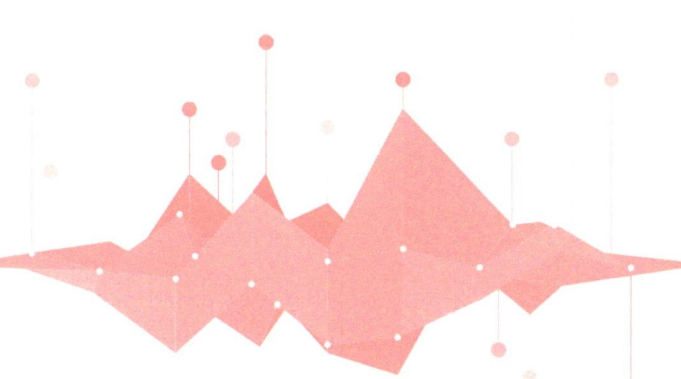

DATA MIDDLE OFFICE
MAKE DATA VALUABLE, 2ND

机械工业出版社
CHINA MACHINE PRESS

图书在版编目（CIP）数据

数据中台：让数据用起来 / 付登坡等著 . —2 版 . —北京：机械工业出版社，2024.1（2025.8 重印）

ISBN 978-7-111-74219-7

I. ①数… Ⅱ. ①付… Ⅲ. ①企业管理 – 数据管理　Ⅳ. ① F272.7

中国国家版本馆 CIP 数据核字（2023）第 214683 号

机械工业出版社（北京市百万庄大街22号　邮政编码100037）
策划编辑：杨福川　　　　　　　责任编辑：杨福川　罗词亮
责任校对：张亚楠　李　杉　　　责任印制：张　博
北京建宏印刷有限公司印刷
2025 年 8 月第 2 版第 3 次印刷
170mm×230mm・19.75印张・3插页・363千字
标准书号：ISBN 978-7-111-74219-7
定价：129.00元

电话服务　　　　　　　　　　　网络服务
客服电话：010-88361066　　　　机　工　官　网：www.cmpbook.com
　　　　　010-88379833　　　　机　工　官　博：weibo.com/cmp1952
　　　　　010-68326294　　　　金　书　网：www.golden-book.com
封底无防伪标均为盗版　　　　　机工教育服务网：www.cmpedu.com

Foreword 序

随着人工智能、大模型的快速发展和深度应用，数据、算力的需求变得更加突出。对于未来智能化的企业而言，算力是骨架，数据是血肉，只有通过不断地训练和学习，才能构建企业的智慧大脑。数据已经成为推动企业高韧性增长的核心要素。在推动企业做强、做优、做大的过程中，数据能力成为不可或缺的部分，它不仅决定了可用于训练智慧大脑的数据数量和质量，也决定了大脑的智慧化程度以及由此转变成的企业的核心竞争力。

随着国家数据局的正式成立，数据迎来崭新的发展阶段，高效地管理和利用数据，并使它们发挥出最大的价值显得尤为重要。于是，拥有一个高效的数据中台是任何企业都无法忽视的事情，通过数据中台，企业可以构建自己的数据基座，让数据流转起来，形成闭环，为业务创新源源不断地赋能，在把自身隐藏的或被低估的潜能激发出来的同时，加速企业数字化转型，重构数字战斗力。

2020年，金蝶宣布投资国内首家数据中台服务独立供应商数澜科技，并达成长期战略合作，共同推出国内首个以"业务智能化"为核心的企业数字化战略解决方案。此次合作正是利用数澜科技在中台基础设施平台、数据智能和AI技术上的优势与积累，结合金蝶在企业云服务及云原生技术上的优势，共同打造数据产品，服务客户，完成数字化能力的建设。

本书作者团队所在的数澜科技，其"让数据用起来"的使命背后有扎实的数据技术能力和丰富的项目落地经验支撑。2020年，数澜科技出版了第1版《数据中台：让数据用起来》，提供了国内首个可借鉴、可落地的"数据中台方法论"，广受业界好评。在此基础上，第2版通过理论、案例与思考相结合的方式，注入了大量数澜专家多年在企业数据基础设施建设中沉淀的经验与思考。借助大量具体案例，从战略高度，为正在规划和建设数据中台的数字化决策者、从业者和实践者提供最新思路与实践范式。这是一本不可多得的为企业数据中台建设的参与各方提供知识体系参考的著作。

  数字化既是变革也是机会，每个人都需要积极拥抱变化。我相信本书将继续给广大读者和企业带来启发与收获，让更多企业真正理解与掌握数据中台的核心理念和技术，让领先的数字技术实践不断在企业内部落地实施，从而发挥出数据中台真正的价值和作用，实现"数治企业，强国动能"。

徐少春

金蝶国际软件集团创始人

前 言

以数据中台为起点，让更多人理解数据的魅力，是2019年时作者团队决定写《数据中台：让数据用起来》(本书第1版) 的初衷。

由于5G、AI、物联网等技术的普及应用，数据将对企业未来的发展产生深远的影响。数据的应用场景不断拓展，数据源日益丰富，数据量快速攀升，数据真正进入了爆发式增长及价值扩大化阶段。要管好数据、用好数据，以数据中台为代表的数据应用基础设施将成为关键。"让数据用起来"既是数据中台的初心和使命，也是我们共同的追求。

根据企业年报等公开资料、专家访谈及艾瑞咨询的自有统计模型核算，2020年我国数据中台的市场规模达到68.2亿元，较上年增长了近80%。2022年我国数据中台的市场规模已达139亿元，2018~2022年的复合增长率为69.1%。

数据中台广受市场追捧，并被寄予厚望。这几年，数据中台相关的方法论和解决方案层出不穷，企业纷纷启动数据中台项目。但我们的切身感受是，具体行业、企业的实践案例，特别是成功的实践案例还是偏少的。

2019年写本书第1版时，我们系统阐述了数据中台的基本概念、体系框架、核心能力等内容，主要讨论了数据中台是什么、为何产生、可以解决什么问题，以及如何用数据中台管好数据、用好数据。在第2版中，我们旨在揭示数据中台的全貌和实战经验，为读者提供更有价值的参考。

此外，针对很多读者关心的数据中台项目如何落地实施的问题，我们在第2版中重点添加了数据中台交付体系的内容，详细介绍了如何通过从项目启动到上线保障的6个环节开展数据中台项目，并说明了各个环节涉及的角色及其分工、产出物等。

最后，从数据中台的产生与发展入手，深入探讨数据中台的应用场景。通过介绍6个典型行业（政务、制造、汽车、地产、零售和医药）的数据中台建设案例，带领读者深入了解不同行业的数字化转型之路，看看走在数字化建设前列的企业迎来了怎样的历史性变革。我们希望第 2 版能够为大家提供更多有价值的参考和启发。

基于过去几年各行各业的数据中台实践经验和我们收到的反馈，我们对原有的方法论体系进行了微调和完善，特别是在应用体系方面，以更加贴合实际的方式介绍数据中台如何发挥业务价值和解决业务问题。

不知不觉中，"数据中台"这个概念自提出至今已有近 10 年时间了。过去几年，数据中台作为数字化浪潮中崭露头角的新事物备受关注，有被推崇的高峰期，也有被质疑的低谷期。在下游企业和资本市场的关注、助推下，数据中台市场从萌芽期快速进入爆发期，在企业建设数据中台实践屡屡受挫时又备受质疑。

我们认为，抛开"数据中台"不谈，各企业经过多年的信息化建设积累了海量数据，如何利用这些数据支撑业务的转型发展是企业数字化转型过程中的共同诉求。数据中台尝试做的就是这样的事情。

我国企业数字化转型正在快速发展，政府一直在推动数字化转型，数字化转型被视为提高制造业和服务业竞争力的重要手段。

在"数据驱动、数字化转型"的战略下，鼓励企业加强数据管理和利用，推动经济高质量发展。而数据中台建设是我国企业数字化转型的重要一环，越来越多的企业开始重视数据中台建设。但目前，我国的数据中台建设仍然主要集中在大型企业和互联网公司，中小企业的数据中台建设相对滞后。

背后的原因是数据中台的建设仍有诸多痛点亟须解决：第一，数据泄露和滥用的风险，政府和企业需要更加注重数据安全和隐私保护；第二，数据来源的多样性和数据质量的不确定性，企业需要更加注重数据的准确性和可靠性，即数据质量问题；第三，不同企业之间、同一企业的不同部门之间的数据格式和标准不一致，数据共享与协作存在困难；第四，数据规模的不断增大和数据类型的不断增多，企业需要更加注重数据的治理和管理，以确保数据的可持续发展和价值提升。

2016 年，数澜科技成立。作为国内首家数据中台服务独立供应商，数澜科技伴随着数据中台的兴衰一路走来，有坎坷也有成就。

在过去的 7 年里，数澜科技的产品及技术已广泛应用于军工、政府、地产、金融、制造、教育等领域，为上海飞机制造、成飞集团、富士康、三一集团、中信集团、万科集团、华侨城集团、长安汽车、比亚迪、深圳巴士集团、长虹集团、宝马中国、中国银行、华泰证券、浙江交投等 1000 余家政企客户提供了数据应用基础设施服务，其中大型企业 200 多家，500 强企业 69 家。比起客户数量，更大的成就感来自客户、行业伙伴、投资者以及政府的认可。

本书是数澜科技集体智慧的结晶，付登坡、江敏、赵东辉、陶胜刚、蒋珍波、张成振、周帅、汪国强、陈璐、张瑞红、郑远芃、洪牡丹、李农娇等数澜专家，多年奋战在数据产品、开发、算法、咨询、治理一线，积淀了数据中台的前沿实战案例和实践经验，并将其汇集成了本书。同时，感谢邱宇芳、王俊等专家在丰富本书内容、增强阅读体验等方面给予的建议和帮助。我们希望用最朴实的文字，带给读者以最实用的内容。

目前，数据中台已经到了稳步发展的阶段。任何事物的萌芽和发展，一定有其前提条件和土壤，还有最为重要的时间。值得期待的是，未来企业将不断加强数据管理和利用，推动数字化转型和高质量发展，以实现企业的可持续发展和社会的繁荣。

目 录 Contents

序
前言

第 1 章 解码数据中台 ………… 1
1.1 数据中台的产生与发展 ………… 1
1.2 数据中台的定义 ………… 2
1.3 对数据中台的认知 ………… 4
1.4 数据中台需要厘清的概念 ………… 6
  1.4.1 数据中台与业务中台 ………… 6
  1.4.2 数据中台与数据仓库 ………… 8
  1.4.3 数据中台与 BI ………… 8
  1.4.4 数据中台与数据湖 ………… 9
  1.4.5 数据中台与数据编织 ………… 9
  1.4.6 数据中台与现有信息架构 ………… 10
1.5 欢迎进入数据中台世界 ………… 12

第 2 章 数据中台建设与架构 ………… 13
2.1 持续让数据用起来的价值框架 ………… 13
2.2 数据中台建设方法论 ………… 15
  2.2.1 1 项战略行动 ………… 16
  2.2.2 2 个保障条件 ………… 17
  2.2.3 4 条目标准则 ………… 18
  2.2.4 4 套建设内容 ………… 18

  2.2.5 5 个关键步骤 ………… 20
2.3 数据中台架构 ………… 22

第 3 章 数据应用成熟度评估与成功要素 ………… 25
3.1 企业数据应用的成熟度评估 ………… 25
  3.1.1 第一阶段：统计分析阶段 ………… 27
  3.1.2 第二阶段：决策支撑阶段 ………… 28
  3.1.3 第三阶段：数据驱动阶段 ………… 29
  3.1.4 第四阶段：运营优化阶段 ………… 31
3.2 企业数据中台建设的应用场景 ………… 33
  3.2.1 不同行业的数据中台应用需求 ………… 33
  3.2.2 什么样的企业适合建设数据中台 ………… 34
3.3 数据中台建设的 7 个成功要素 ………… 35

第 4 章 数据汇聚：打破企业数据孤岛 ………… 39
4.1 数据采集、汇聚、交换的方法和工具 ………… 39

4.1.1　数据采集 ················ 39
　　　4.1.2　数据汇聚 ················ 43
　　　4.1.3　数据交换 ················ 45
　4.2　数据汇聚产品 ················ 46
　4.3　数据存储系统的选择 ········ 49

第5章　数据开发：数据价值提炼工厂 ············ 56

　5.1　数据计算能力的主要类型 ···· 57
　　　5.1.1　批计算 ················ 58
　　　5.1.2　流计算 ················ 60
　　　5.1.3　流批一体 ·············· 60
　　　5.1.4　在线查询 ·············· 61
　　　5.1.5　即席分析 ·············· 62
　5.2　离线开发 ···················· 63
　5.3　实时开发 ···················· 66
　5.4　算法开发 ···················· 68
　　　5.4.1　可视化建模 ············ 70
　　　5.4.2　Notebook 建模 ········ 71
　　　5.4.3　数据集管理 ············ 71
　　　5.4.4　核心算法组件 ·········· 72
　　　5.4.5　多算法框架 ············ 75
　　　5.4.6　与离线、实时开发的联合应用 ················ 75

第6章　数据体系建设 ········ 77

　6.1　数据体系规划 ················ 77
　6.2　贴源数据层建设——全域数据统一存储 ·············· 79
　　　6.2.1　相关概念 ·············· 80
　　　6.2.2　贴源数据表设计 ········ 81
　　　6.2.3　贴源数据表实现 ········ 82
　6.3　统一数仓层建设——标准化的数据底座 ················ 82

　　　6.3.1　相关概念 ·············· 83
　　　6.3.2　数据域划分 ············ 85
　　　6.3.3　指标设计 ·············· 87
　　　6.3.4　维度表设计 ············ 87
　　　6.3.5　事实表设计 ············ 88
　　　6.3.6　模型落地实现 ·········· 90
　6.4　标签数据层建设——数据价值的魅力所在 ············ 91
　　　6.4.1　相关概念 ·············· 91
　　　6.4.2　确定对象 ·············· 93
　　　6.4.3　对象ID打通 ············ 93
　　　6.4.4　标签类目设计 ·········· 94
　　　6.4.5　标签设计 ·············· 97
　　　6.4.6　标签融合表设计 ······· 101
　　　6.4.7　标签融合表实现 ······· 103
　6.5　应用数据层建设——灵活支撑业务需求 ············· 103
　　　6.5.1　相关概念 ············· 104
　　　6.5.2　应用数据表设计 ······· 104
　　　6.5.3　应用数据表实现 ······· 104
　　　6.5.4　应用数据场景化支撑 ··· 105

第7章　数据资产管理 ······· 107

　7.1　数据资产的定义和3个特征 ··· 107
　7.2　数据资产管理现状和挑战 ··· 108
　7.3　数据资产管理的4个目标 ··· 109
　7.4　数据资产管理在数据中台中的位置 ····················· 110
　7.5　数据资产管理与数据治理的关系 ····················· 110
　7.6　数据资产管理职能 ··········· 110
　　　7.6.1　数据标准管理 ········· 111

7.6.2 数据模型管理 114
7.6.3 元数据管理 115
7.6.4 主数据管理 118
7.6.5 数据质量管理 119
7.6.6 数据安全管理 122
7.6.7 数据开发管理 122
7.6.8 数据资产流通 123
7.6.9 数据价值评估 123
7.6.10 数据资产运营 123
7.6.11 数据生命周期管理 124
7.6.12 标签管理 124
7.6.13 数据资产门户 125

第 8 章　数据应用体系建设 127

8.1 数据应用概述 127
　　8.1.1 数据应用的定义 128
　　8.1.2 数据应用的架构 128
　　8.1.3 数据应用的特点 130
　　8.1.4 数据应用的价值 130
8.2 数据应用体系建设流程 131
　　8.2.1 数据准备 131
　　8.2.2 引擎选型 134
　　8.2.3 服务及产品建设 140
8.3 数据应用管理与运营 146
　　8.3.1 管理体系建设 147
　　8.3.2 质量管理监控 147
　　8.3.3 效果评估与改进 148
　　8.3.4 持续运营优化 148
8.4 数据应用的发展趋势 149

第 9 章　数据中台运营机制 151

9.1 数据中台运营效果评估模型 ... 151

9.2 数据中台运营的 4 个价值切入点 153
9.3 数据资产运营 156
　　9.3.1 数据资产运营的 4 个目标 156
　　9.3.2 数据资产运营的完整链路 159
　　9.3.3 数据资产运营执行的 5 个动作 160
　　9.3.4 数据资产质量评估 165
　　9.3.5 数据资产安全管理 167
　　9.3.6 数据资产运营报告 170
　　9.3.7 数据资产运营与数据资产管理的关系 171
9.4 数据成本运营 171
9.5 数据中台运营的实践经验 ... 177
9.6 数据中台运营的要素与口诀 ... 180

第 10 章　数据安全管理 181

10.1 数据安全面临的挑战 181
　　10.1.1 数据安全问题带来的四大损害 181
　　10.1.2 法律与政策背景 182
　　10.1.3 数据安全的三大技术挑战 183
10.2 贯穿数据生命周期的数据安全管理体系 184
　　10.2.1 数据生命周期 184
　　10.2.2 数据安全管理体系 185
10.3 数据中台的安全管理技术手段 186
　　10.3.1 统一安全认证 186
　　10.3.2 数据访问权限管理 187

		10.3.3 多租户数据资源隔离 … 187
		10.3.4 数据加密 … 188
		10.3.5 数据脱敏 … 188
		10.3.6 数据共享安全 … 189
		10.3.7 数据的容灾备份 … 189
		10.3.8 数据安全的其他技术 … 190
	10.4	数据安全保护的技术趋势 … 190

第 11 章 数据中台工程化交付体系 … 192

- 11.1 数据中台交付体系概述 … 192
- 11.2 数据中台工程化交付框架 … 194
  - 11.2.1 构建铁三角交付团队 … 194
  - 11.2.2 聚焦三大交付内容 … 198
  - 11.2.3 标准化交付环节任务 … 201
  - 11.2.4 工程化交付实施思路 … 206
- 11.3 数据中台交付的可持续演进 … 218

第 12 章 政务行业案例：浙江某区县公共数据平台项目 … 219

- 12.1 项目背景 … 219
- 12.2 项目需求 … 220
- 12.3 建设实施 … 221
  - 12.3.1 需求调研 … 221
  - 12.3.2 资源评估 … 222
  - 12.3.3 项目规划设计 … 222
  - 12.3.4 方案落地实施 … 223
- 12.4 项目价值 … 230

第 13 章 制造行业案例：S 集团财务资金风险监控平台项目 … 232

- 13.1 项目背景 … 232
- 13.2 项目需求 … 233
  - 13.2.1 业务痛点 … 233
  - 13.2.2 项目建设目标 … 235
- 13.3 建设实施 … 236
  - 13.3.1 需求调研 … 236
  - 13.3.2 资源投入 … 236
  - 13.3.3 项目规划设计 … 237
  - 13.3.4 平台功能 … 239
  - 13.3.5 方案落地实施 … 239
  - 13.3.6 项目上线试运行 … 240
- 13.4 项目价值 … 241

第 14 章 汽车行业案例：W 集团车联网大数据分析平台项目 … 243

- 14.1 项目背景 … 243
- 14.2 项目需求 … 244
- 14.3 建设实施 … 245
  - 14.3.1 需求调研 … 245
  - 14.3.2 项目规划设计 … 246
  - 14.3.3 方案落地实施 … 248
- 14.4 项目价值 … 253

第 15 章 地产行业案例：Z 集团客户数据中台从规划到落地 … 255

- 15.1 项目背景 … 255
- 15.2 项目需求 … 258
- 15.3 建设实施 … 260
  - 15.3.1 需求调研 … 260
  - 15.3.2 资源评估 … 260
  - 15.3.3 项目规划设计 … 261
  - 15.3.4 方案落地实施 … 266

- 15.3.5 项目上线试运行………267
- 15.4 项目价值………………268

第16章 零售行业案例：B公司零售大数据平台项目… 273

- 16.1 项目背景………………273
- 16.2 项目需求………………275
- 16.3 建设实施………………276
  - 16.3.1 需求调研…………276
  - 16.3.2 资源与风险评估……277
  - 16.3.3 项目规划设计………277
  - 16.3.4 方案落地实施………282
  - 16.3.5 项目上线试运行……285
- 16.4 项目价值………………285

第17章 医药行业案例：央国企S公司的数字化转型项目………287

- 17.1 央国企数字化转型的背景… 287
- 17.2 医药行业数字化转型的背景…288
- 17.3 S公司的数字化转型思考…288
  - 17.3.1 公司现状与问题洞察…288
  - 17.3.2 数字化建设需求挖掘…289
  - 17.3.3 数字化建设思路………289
- 17.4 S公司数字化建设范围……290
- 17.5 总体建设方案………………290
  - 17.5.1 数字化宣贯方案………290
  - 17.5.2 数字化转型蓝图设计…292
  - 17.5.3 以数据中台为核心的双中台建设………295
  - 17.5.4 基于双中台的数字化场景建设………297
- 17.6 项目交付实施保障…………298
  - 17.6.1 项目建设特点…………298
  - 17.6.2 项目交付保障…………299
  - 17.6.3 项目过程回顾…………300
- 17.7 项目价值……………………301

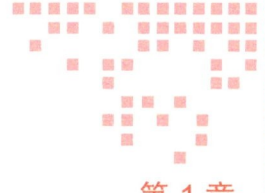

第 1 章 Chapter 1

解码数据中台

经过几年的探索与实践，数据中台已逐渐成为各行业数字化转型的核心支撑，其产生、发展和未来引发了许多人的好奇与期待。让数据用起来既是数据中台的初心和使命，也是我们共同的追求。本书旨在揭示数据中台的全貌，分享实战经验，为读者提供有价值的参考。本章将从数据中台的产生与发展入手，引出数据中台的定义和对数据中台的认知，并梳理数据中台与其他相关概念的区别和联系。希望通过本章的阅读，读者能对数据中台有一个清晰的认识和理解，为后续的学习和实践做好准备。

1.1 数据中台的产生与发展

"数据中台"是一个在中国诞生并实践落地的概念，已经被中国信息通信研究院、IDC、Forrester 等多家权威技术评估机构认可和推崇。这表明数据中台已经进入逐渐成熟的阶段，也证明了数据中台在赋能企业业务发展方面具有持久的活力。

回顾数据中台的产生与发展，就不得不提它发端的企业——阿里巴巴。2014 年阿里巴巴从芬兰 Supercell 公司接触到中台概念，2015 年开始在集团内部积极践行。基于应用数据中台的实践经验，以及对以新零售、新金融等互联网技术和思维为核心的数据赋能业务的创新尝试，阿里巴巴开创了"大中台、小前台"的组织机制和业务机制。

2018年，百度、京东、腾讯等头部互联网企业在组织架构调整中增设中台部门或对应职能的组织，中台概念开始逐渐深入互联网企业，然后被全行业接受。

2019年，连锁零售行业通过数据中台打通了各个渠道的广告数据以及CRM、ERP等后台数据，实现了对用户画像、精准营销、个性化服务、门店管理等方面的数据支撑。地产行业通过数据中台整合多业务板块的资源，实现了资源的更大效能共享。金融行业利用数据中台实现了数据治理、数据资产管理、数据服务等能力。

2020年，政务数据中台开始在各省、市、区各级政府得到利用，实现了政府数据的统一管理、共享和开放，为政府决策、公共服务、社会治理提供数据支撑平台。政务数据中台的建设有利于提升政府治理能力和水平，增强政府公信力和透明度，促进社会创新和发展。

除此之外，近几年数据中台在制造、医疗、教育、传媒等领域也得到广泛应用，目前绝大部分大中型企业（包括一些政府部门、机构等组织，后面统一称作企业）把数据中台作为数字化转型支撑的必选。

1.2 数据中台的定义

数据中台概念自诞生以来持续保持行业热度，但是目前为止对于数据中台并没有统一、标准的定义。

有人认为数据中台是云平台的一部分，同时包括业务中台和技术中台；有人认为数据中台是数据+技术+产品+组织的组合，是企业开展新型运营的一个中枢系统；有人认为数据中台可以理解为企业的最核心的数据大脑，是一种理念、一种思维，是一种面向未来的架构；有人认为数据中台是高质量、高效赋能数据前台的一系列数据系统和数据服务的组合；有人认为数据中台是数据的共享、整合和深度分析；还有人认为数据中台是"计算平台+算法模型+智能硬件"，不仅有云端，还需要智能设备帮企业在终端收集线下数据……从服务方到客户方，对数据中台的理解并不相同，如同1000个观众心中有1000个哈姆雷特一样。从多方对数据中台的理解也可以看出，数据中台不是简单的技术或者产品，而是一套体系、一套机制。

笔者有幸见证了数据中台在中国从0到1的全过程，并在其中实践多年。对于数据中台的定义，笔者认为：数据中台是一套可持续"让数据用起来"的机制，是一种战略选择和组织形式，是依据企业特有的业务模式和组织架构，通过有形的产品和实施方法论的支撑，构建的一套持续不断地把数据变成资产并服务于业务的机制。数据来自业务,并反哺业务,不断循环迭代,实现数据可见、可懂、可用、可运营,如图1-1所示。

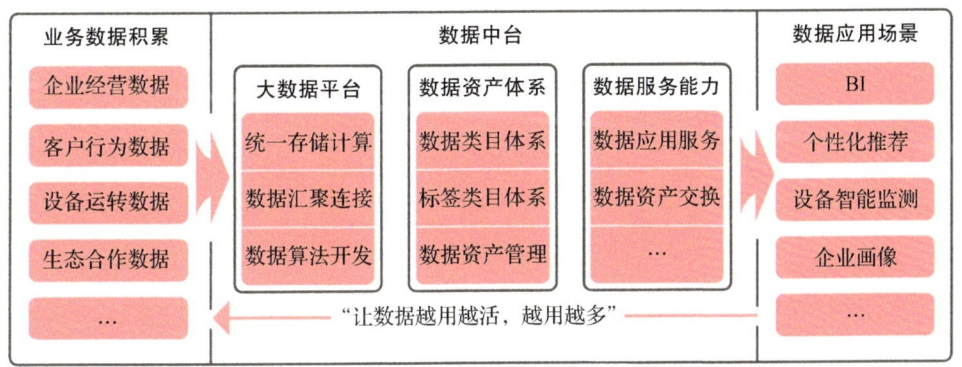

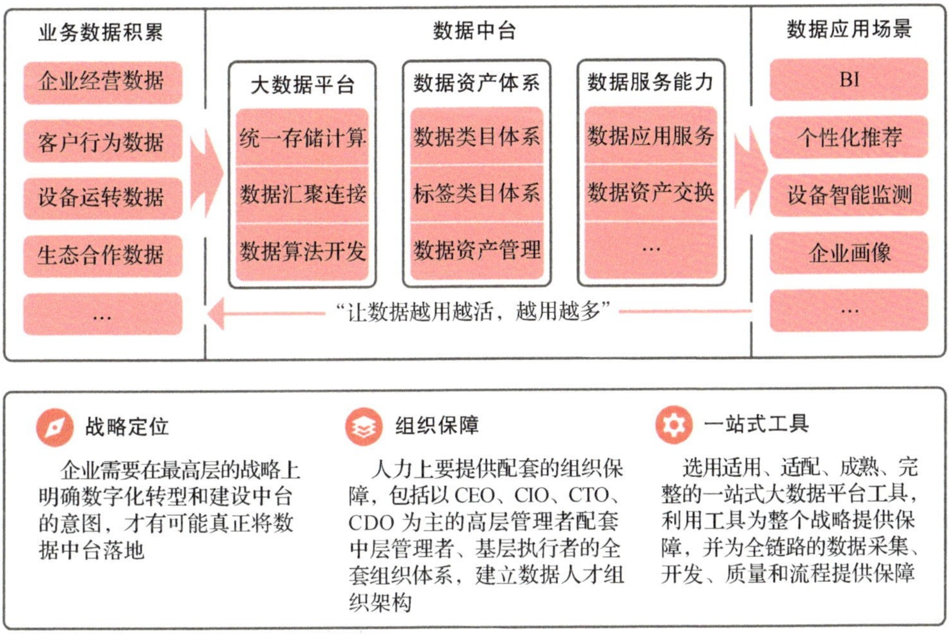

图1-1 数据中台是一套"让数据用起来"的机制

通过数据中台把数据变为一种服务能力,既能提升管理、决策水平,又能直接支撑业务。数据中台不单指技术,也不单指产品,而是一套完整的让数据用起来的机制。既然是"机制",就需要从企业战略、组织、人才等方面来全方位地规划和配合,而不能仅仅停留在工具和产品层面。

以某大型集团的数据中台为例,该集团旗下拥有跨金融、地产、零售的多条业务线。要做数字化转型,不仅是技术问题,更是组织与业务运转模式改变的问题,需要顶层战略规划和组织架构上的改变。这也是为什么各大互联网公司在宣布中台战略时,会伴随着组织架构调整。

每家企业的业务与数据状况各不相同,业务对数据服务的诉求不同,数据中台的建设将呈现出不同的特点,没有任何两家企业的数据中台是完全相同的。数据中台的实施不仅需要一整套技术产品,更需要针对不同业务、数据、应用场景的体系化的实施方法和经验,过程中涉及企业的战略、组织、技术、人才等全面的保障和配合。

1.3 对数据中台的认知

数据中台能否从自发的单点状态、媒体热点，变成数字经济的基础、普惠性的数据服务机制，取决于业界能否广泛接受以下几个认知并为之共同努力。

1. 数据中台需要提升到企业下一代基础设施的高度，进行规模化投入

数据中台的目标是提供普惠数据服务，在"互联网+"行动计划和"智能+"的推动下，数字产业化和产业数字化成为数字经济的两大基础。数字产业化（互联网）从C端市场起步进而走向B端市场（互联网+），产业数字化天然在B端市场（+互联网）。数据中台只有在B端市场被企业提升到下一代基础设施的高度，才能帮助企业从根本上解决数字化转型过程中遇到的瓶颈和痛点，例如数据孤岛林立（本质上是底层计算和存储架构的复杂性与异构造成的）、数据资产化程度低、数据服务提供效率与业务诉求严重不匹配等。相比于信息化部门把数据中台中的某些功能和特性作为新技术来局部验证与引入，数据中台更需要企业从战略高度进行顶层设计，确定规模化投入政策，设置更合理的组织架构，以确保数据中台作为数据应用的基础设施并落地建设，承担起企业数据资产全生命周期的管理责任。

2. 数据中台需要全新的数据价值观和方法论，并在其指引下形成平台级能力

数据中台所包含的数据技术创新可以在成熟的平台型企业内部孕育，技术的创新和融合应用于很多贴近业务的创新应用场景。但数据中台不仅仅是技术平台，倘若停留于此，就完全忽略了IT到DT的本质变化是围绕数据资产，企业面临的主要矛盾是无法解决业务端的灵活性和经营管理的稳定性之间的冲突，单纯地增大技术投入和人才投入都无法保障企业经营效能的持续提升。只有秉持数据价值观和方法论，才可能系统性地解决企业经营发展围绕数据的诸多问题。谁能率先解决面向数字经济特征的全新数据价值观和方法论的问题，并在其指引下打造出平台级能力，谁就能真正帮助企业把数据用起来。

3. 数据中台围绕业务、数据、分析会衍生出全新人才素养要求，需要尽快启动人才储备计划

人才永远是瓶颈，并且人才的具体定义在动态变化，需要为人才准备成长的土壤。信息化历程中从简单的搭建网站、单功能系统开发，到复杂系统开发、建设、运营，再到新技术引入等，都曾经是人才具体定义的重要关注点。在社会范围内，信息化人才天然倾向于两类企业：成熟稳定的平台型企业或有成为成熟平台潜力的企业。企业只有围绕数据中台明确了人才的定位和职业通道，才可能吸引或培养出拥有业务、数据、分析等综合素养的新型信息化人才。企业需要尽快启动数据中台人才储备计划。

伴随着云计算、大数据、人工智能等技术的迅速发展，以及这些技术与传统行业的快速融合，全社会数字化、智能化转型的步伐逐渐加快。放眼全球，数字经济占比逐步提升，数字经济增长成为经济增长的主要力量。产业数字化、数字产业化对数据应用都有直接的需求，数据应用成为每个行业增长的新动能。

数字化转型成功的企业，其内部和外部的交互均以数据为基础。业务的变化快速反馈在数据上，企业能够迅速感知并做出反应，而其决策与考核基于客观数据。同时，数据是活的，是流动的，越用越多，越用越有价值。随着数据与业务场景的不断交融，业务场景将逐步实现通过数据自动运转和自动优化，进而推动企业进入数字化和智能化的阶段。

传统 IT 建设方式下，企业的各种信息系统大多是独立采购或者独立建设的，无法做到信息的互联互通，导致企业内部形成多个数据孤岛。互联网、移动互联网的发展带来很多新的业务模式，很多企业尝试通过服务号、小程序、O2O 平台、直播平台等新模式触达客户，服务客户，而新模式是通过新的平台支撑的，产生的数据与传统模式下的数据无法互通，这进一步加剧了数据孤岛问题。分散在各个孤岛上的数据无法很好地支撑企业的经营决策，也无法很好地应对前端业务的快速变化。因此需要一套机制，通过这套机制融合新老模式，整合分散在各个孤岛上的数据，快速形成数据服务能力，为企业经营决策、精细化运营提供支撑。这套机制就是数据中台，如图 1-2 所示。

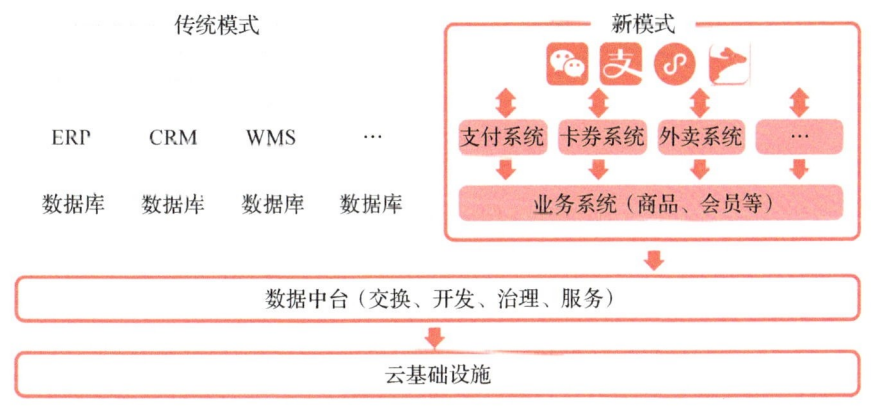

图 1-2　数据中台的定位

1.4 数据中台需要厘清的概念

1.4.1 数据中台与业务中台

1. 数据中台与业务中台的区别

业务中台更偏向于业务流程管控,将业务流程中共性的服务抽象出来,形成通用的服务能力。比如,电商平台有 C2C、B2C、C2B、B2B 四种模式,其中订单、交易、商品管理、购物车等组件都是有共性的。将这些组件沉淀下来,形成电商行业的业务中台,再基于这些业务中台组件的服务能力,可以快速搭建前台应用,譬如 C2C 模式的淘宝、B2C 模式的天猫、B2B 模式的 1688、C2B 模式的聚划算,用户通过这些前台业务触点使用业务服务。业务中台不直接面向终端用户,但可以极大地提升构建面向终端用户的前台的速度和效率。

业务中台抽象业务流程的共性形成通用业务服务能力,而数据中台则抽象数据能力的共性形成通用数据服务能力。比如,原始业务数据通过资产化、服务化,形成客户微观画像服务,这个服务既可用于电商平台的商品推荐,也可用于地产购房意愿,还可用于金融领域的信用评级。同一个服务,在应用层面展现的内容可能不一致,但是底层的数据体系是一致的。数据中台也将极大提升数据开发的效率,降低开发成本,同时可以让整个数据场景更为智能化。

2. 数据中台与业务中台的联系

如果同时拥有业务中台和数据中台,则数据中台与业务中台是相辅相成的。业务中台中沉淀的业务数据进入数据中台进行体系化的加工,再以服务化的方式支撑业务中台上的应用,而这些应用产生的新数据又流转到数据中台,形成循环不息的数据闭环,如图 1-3 所示。

图 1-3　业务中台与数据中台的数据应用闭环

业务中台与数据中台相互促进，为企业业务的发展、管理者更好的决策提供支持。其中，业务中台的存在是为了围绕公司业务流程运作进行服务，将获取的多维度数据传递给数据中台，由数据中台挖掘新的价值反馈给业务中台，以优化业务运营。

有人可能会有疑惑：数据中台和业务中台的建设是否有先后顺序？

笔者以为，这两者的建设没有先后之分，主要依据企业的实际情况进行规划。

从数据层面看，业务中台只是数据中台的数据源之一，除此之外，企业还有很多其他的数据来源，如App、小程序、IoT等多源数据，可以将这些数据的价值直接赋能于现有业务或某个创新业务。

从服务层面看，数据中台的数据服务也不一定经过业务中台作用于业务，它还可能直接被上层应用系统进行调用和封装，如电商领域的"千人千面"系统。

而从业务中台的角度来看，如果没有数据中台，也可以做一些简单的数据处理，如简单的分析和统计等，但是涉及较复杂的分析、数据的挖掘等则难以实现。而通过数据中台对业务中台的赋能，则可以使业务中台拥有全维度、智能化的数据应用能力。譬如业务的推荐、圈人、风控、预警等能力。有了这些能力，业务系统将从信息化业务系统升级成智能化的业务系统。

不止有业务中台，目前各种中台层出不穷，但笔者认为中台不是平台，平台可以有很多，包括营销平台、风控平台、管理平台等，但是一个企业只需要一个中台。现在还有业务中台、数据中台之分，我们预测未来数据与业务会更紧密地结合，完全融为一体，会统一成"企业中台"。

3. 建设的必要性

建设中台是为了资源的共享利用，建设数据中台是为了数据资源更充分的共享利用，建设业务中台是为了业务资源更充分的共享利用。所以不管建立哪种中台，都要考虑是否有需要共享的资源，如果没有可共享的资源或者资源的共享度不高，建设中台就很难达到预期的效果。

企业要建立业务中台，要考虑是不是多业务单元经营模式，并且这些业务单元是否有比较高的相似度，这样才有业务资源共享的可能。如果是单一的简单业务模式，则谈不上共享业务资源；如果多个业务间差异比较大，也无法共享业务资源。不需要共享或者无法共享，建立业务中台就没有意义。拿中台的提出者阿里巴巴举例子，阿里巴巴电商系有淘宝、天猫、聚划算、闲鱼、饿了么、飞猪等业务，这些业务各有特色，但是相似度很高，都需要管理卖家、买家、商品、订单、物流等，通过建立业务中台提供统一共享的卖家、买家、商品、订单、物流等服务，各业务单元利用业务中台提供的公共服务再结合自己业务单元的个性需求做一些定制，可以快速支撑业务所需，适应市场的快速变化。比如阿里巴巴可以利用这些共享的业务服务能力，快速组装出淘宝特卖这样的新的业务应用。但是绝大部分企业并不像阿里巴巴这样有多个相似度很高的业务单元，它们要么业务单一，要么多个业务板块之间差异巨大，这样就很难找到可共享的业务单元，很难发挥中台的价值。笔者见过一家企业想建业务中台，但因为多个业务单元之间的业务差异太大，业务共享程度不高，就把一个业务中心拆成多个业务中心去满足不同的业务需要，越拆越多，后来拆成数百个业务中心，管理起来非常复杂，已经失去建立业务中台的意义。

经过多年信息化的发展，很多企业积累了足够多的数据，利用好这些数据，让数据在多个业务环节共享，对于这些企业来说都是必要的。所以笔者认为，数据中台是每家有信息化基础的企业都要考虑建设的，而业务中台的建设则要根据企业的业务情况慎重决策。

1.4.2 数据中台与数据仓库

数据仓库的主要应用场景是支持管理决策和业务分析，而数据中台则是将数据服务化之后提供给业务系统，目标是将数据能力渗透到各个业务环节，包含但不限于决策分析类场景。数据中台持续不断地将数据资产化、价值化并应用到业务，而且关注数据价值的运营。

数据中台建设包含数据体系建设，也就是说数据中台包含数据仓库的完整内容。数据中台将企业数据仓库建设的投入进行价值最大化，以加快数据赋能业务的速度，为业务提供更快速、更多样的数据服务。数据中台也可以将已建好的数据仓库当成数据源，对接已有数据建设成果，避免重复建设。当然也可以基于数据中台提供的能力，通过汇聚、加工、治理各类数据源，构建全新的离线或实时数据仓库。

另外，数据中台一般采用全新的数据技术架构，可以更方便地进行数据价值的挖掘。随着企业的数据量越来越大，智能化场景越来越多，传统架构的存储计算能力无法满足这类数据业务的需求。而机器学习、深度学习等技术不断发展，从看似无用的数据中挖掘出新价值的能力越来越强，新的技术架构为这些场景的建设提供了很好的能力支撑。

1.4.3 数据中台与BI

BI（Business Intelligence，商业智能）是将企业现有的数据进行有效整合，面向业务经营提供快速、准确的决策依据。BI 通常依赖处理好的结构化数据，以报表或者大屏等可视化方式提供给决策者。BI 一般在数据仓库的技术层，面向不同的业务分析决策提供支持以及可视展现。当企业业务相对简单，涉及的系统相对较少时，可以在建设数据仓库或者数据中台之前，利用 BI 做业务的决策支持。但当企业的业务复杂度提升，系统繁多，BI 难以对接多种复杂系统、复杂的异构数据时，就要考虑用数据中台或者数据仓库配合 BI 系统。有了数据中台，BI 可以作为数据中台应用的一种出口，数据中台的数据体系中的应用数据层可以对接 BI 系统，面向不同的业务需要提供决策支持和展示。这样 BI 可以作为数据中台体系的一部分，用于决策分析可视的应用。

1.4.4 数据中台与数据湖

数据湖（Data Lake）是一个以原始格式存储数据的存储库或系统。它按原样存储数据，而无须事先对数据进行结构化处理。数据湖可以存储结构化数据（如关系型数据库中的表）、半结构化数据（如 CSV、日志、XML、JSON）、非结构化数据（如电子邮件、文档、PDF）和二进制数据（如图形、音频、视频）等。

数据湖最初的目的是存储多种格式的数据。因为数据的价值难以在短期内挖掘，但是数据所包含的信息又可能在未来的某一时刻极其重要，所以为了把当前阶段难以挖掘的数据保存下来，以便在未来随时使用，人们提出了数据湖的概念。也就是说，利用相对廉价的存储方式，把企业尽可能多的数据存入数据湖，再在适当的时间点根据需要从数据湖中提取出需要处理的数据进行加工。

但是随着数据湖概念和技术的发展，数据湖已经不只是个数据存储池，而逐步融入了数据集成、数据处理、数据管理、数据挖掘、数据分析等一系列技术架构，与数据中台的定义越来越接近。总体上看，国外更多人提数据湖，而国内提数据中台的比较多。笔者认为，数据湖可以与数据中台结合，数据中台是个更大范围的体系，数据中台的目标是管控好整个企业或者组织的数据，让数据尽可能服务于业务，提供价值。而数据湖可以作为数据中台的全量数据汇集存储的环境，数据湖的数据最终还是要通过治理和挖掘服务于业务，采集、存储、管理、挖掘、使用这些功能组件可以与数据中台融为一体。数据湖就是企业的全量数据资源池，通过数据中台这套体系来管理，通过数据中台的数据服务能力让数据更充分地利用起来。

1.4.5 数据中台与数据编织

数据编织（Data Fabric）是最近数据技术领域一个比较火热的词，业界对于数据编织有多种理解，并没有统一、标准的定义。综合业界的多个定义来看，数据编织是一种设计理念，通过一套数据架构思想，统一管理并链接所有数据源，利用知识图谱和 AI 能力面向不同的数据使用场景提供准确、方便的数据访问，从而更高效、更大限度地发挥数据价值。

数据编织旨在解决大数据时代海量数据以及多云的复杂架构导致的数据孤岛加剧、数据集成成本高、数据使用难的问题。有了数据编织这套设计理念，企业可以在不迁移数据的情况下，方便地了解自有的数据资源，并根据业务需要快速访问所需数据。数据编织融入了知识图谱和 AI 能力，能够将合适的数据在合适的时间传送给合适的使用者。基于以上分析，数据编织应包含以下几方面的能力。

- 异构数据源连接能力：能够连接多个系统多种异构数据源的数据，包括各种业务系统、数据仓库、数据湖、文档系统等。
- 智能数据编目能力：对连接的数据源进行自动识别并获取元数据，获取元数据的同时识别数据的消费行为，对数据和数据消费行为自动编目，形成企业数据知识网。
- 数据连接能力：能够在不同的数据之间建立连接，简化数据访问模式。
- 语义理解能力：理解数据的业务含义，面向不同的使用者有针对性地进行语义表达。
- 智能建模能力：面向不同的使用场景，具备自动的智能建模能力，帮助用户获取场景化的数据服务能力。

可以看出，数据编织是一种数据技术的设计思想，强调智能化的能力。而数据中台是一套让数据用起来的机制，不仅包含数据技术，还包含企业战略、组织文化、运营机制等多个方面，目的是通过一整套机制的配合让数据在企业业务中被持续用起来。数据中台和数据编织不是非此即彼的关系，两者可以相互配合。数据中台可以借鉴数据编织的设计理念，数据编织可以借鉴数据中台的运转机制。

1.4.6 数据中台与现有信息架构

如何唤醒沉睡的数据资产，把数据真正用起来，以支持自身业务的智能化升级，是摆在所有传统企业面前的数字化转型难题。因此，对于是否有必要建设数据中台这件事情，似乎并无太多质疑之声，但真要建设数据中台，尤其是落实到具体建设的实操阶段，企业又开始担心，它们最担心的莫过于建设数据中台是不是要将企业的现有信息架构推倒重来。

在整个信息化的过程中，随着企业的业务发展和战略调整，为了更好地适应和支撑业务发展，企业的信息化系统常有推倒重建的情况。伴随着一批又一批数据人员的成长和离开、行业专家和业务人员的晋升或转型以及技术的演进等，数据仓库也有推倒重来的案例。有了这些经历，新的技术方案的提出会不会推倒原有的系统，是不是又要适应新系统，成为大家的顾虑。

数据中台作为解决企业级数据应用难题的新方案，不是一套软件系统，也不是一个标准化产品。站在企业的角度，数据中台更多地指向企业的业务场景，即帮助企业沉淀能力，提升业务效率，最终完成数字化转型。因此，数据中台与企业的现有信息架构不存在竞争关系，不会导致企业现有系统、功能和应用的重复建设。

举个简单的例子，笔者此前与一家做轮胎制造的上市企业进行过交流，它当时用了很多个业务系统，比如 OA 系统、ERP 系统、工艺设计与管理系统、物流系统、生产系统等。该企业的一个核心痛点是：无法准确地知道当前的轮胎能否准时或者提前交付。制造型企业一般处于产业链的中间位置，非终端或者源头端，比如这家轮胎制造企业，它的上游是橡胶提供方，下游是汽车组装商或者汽车零部件厂商。轮胎的及时交付就意味着企业的生命线——稳定的现金流有了保障。而影响轮胎及时交付的数据变量，比如物流的及时性、对生产过程的控制力、是否有重大的经济压力、甲方工艺设计需求的变化等，散落在所有系统中。

在有数据中台之前，该企业是怎么做的呢？它需要首先拉出所有系统数据库中的表，然后用 Excel 做对应关系，整个过程是非常琐碎且耗时的。如果有数据中台体系，可以通过中台机制汇聚相关系统中的原始数据，并且面向轮胎这一企业经营的实体构建一系列场景化的标签特征。同时，通过离线或者实时的数据交互模式，不断更新特征值，将业务场景所关注的数据的价值直接展现出来。

从上面的例子可以看出，数据中台在定位上与业务 IT 系统并不冲突。企业原有的 IT 系统依旧会根据业务和 IT 技术的迭代不断升级，依旧会为企业的生产运营或者经营管理提供支撑。数据中台的定位则是在数据领域帮助企业不断沉淀数据能力。两者之间是相互依托、相互赋能、相互促进的关系。数据中台需要 IT 系统不断提供数据，而 IT 系统未来更加需要横向、综合的数据特征来支撑。只有形成了数据中台和 IT 系统良好的配合关系，才能更好地构建企业整体的 IT 支撑能力。

在后续的章节中，读者会看到一个完整的数据运营闭环。在这个运营闭环中，既有 IT 系统需要承载的职能，也有数据中台的使命。两者如何在技术上进行集成，后续也会具体讲解。

1.5 欢迎进入数据中台世界

在数字化时代，数据既是企业的核心资产，也是企业的核心竞争力。如何有效地管理和利用数据，是企业面临的重大挑战和机遇。数据中台是一个能够整合企业内外各种数据，提供统一的数据服务和能力的平台，是企业实现数字化转型和创新发展的战略支撑。

从未来发展的角度看，数据中台有以下几个方面的意义。

1）适应数字化时代的需求。随着互联网、物联网、云计算等技术的发展，数据的规模越来越大，类型越来越多样，来源越来越复杂，企业需要有一个能够快速响应和适应这些变化的平台，而数据中台就是这样一个平台。数据中台可以帮助企业实现数据的采集、存储、处理、分析、展示、应用等全流程的管理与优化，提升数据的质量、安全性和效率。

2）促进跨行业和跨领域的协同。数据中台可以实现数据的横向和纵向整合，打通企业内部和外部的数据壁垒，实现数据的共享和流动，从而促进不同行业和领域之间的协同与创新。数据中台可以帮助企业构建一个开放、共赢、协作的生态系统，实现资源的优化配置和价值的最大化。

3）提高企业的竞争力和价值。数据中台可以利用人工智能、大数据分析、机器学习等技术，对数据进行深度挖掘和洞察，提供智能化的数据服务和应用，支持企业的决策、优化、创新等，从而提高企业的竞争力和价值。数据中台可以帮助企业发现新的商业模式、产品、服务、市场等机会，实现持续的增长和变革。

数据中台虽然经历了几年的发展，但总体来说还是一个新兴的概念，仍处于不断发展和完善的过程中。目前，很多企业已经开始建设或探索自己的数据中台，以应对数字化时代的变化和挑战。

欢迎进入数据中台世界，让我们一起探索数据的无限可能！

第 2 章

数据中台建设与架构

不能简单地将数据中台看作一个项目或产品,建设数据中台要从企业战略、数据认知、组织保障等更高的层面进行全盘规划。2.2 节介绍的数据中台建设方法论,是笔者多年数据领域从业经验和多个数据中台建设经验的总结,希望这套数据中台建设方法论可以起到指引作用,帮助企业结合自身特点,在战略规划牵引下建立起一套可持续运行的中台建设机制,从而加速企业在数字化转型上的进展。

2.1 持续让数据用起来的价值框架

数据中台的使命就是持续让数据用起来,它的一个根本性创新就是把"数据资产"作为一个基础要素独立出来,让成为资产的数据作为生产资料融入业务价值创造过程,持续产生价值。

数据中台作为整个企业各个业务所需数据服务的提供方,通过自身的平台能力和业务对数据的不断滋养(业务数据化),形成一套高效可靠的数据资产体系和数据服务能力(数据资产化和资产服务化)。这样一来,当出现新的市场变化,需要构建新的前台应用时,数据中台可以迅速提供合适的数据服务(服务业务化),以数据服务或者数据应用产品的方式支持业务创新,从而敏捷地响应企业的创新需要。业务产生数据,数据服务业务,业务在阳,数据在阴,阴阳互补,形成闭环(见图 2-1)。

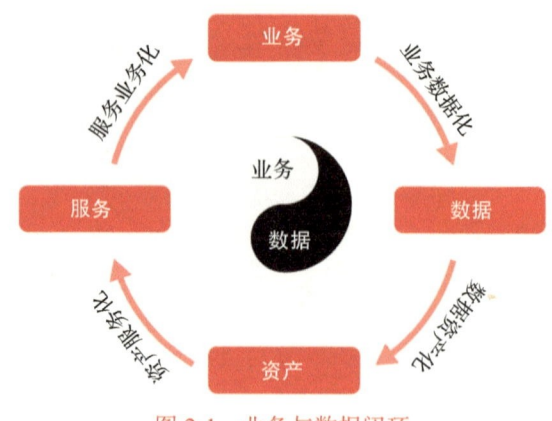

图 2-1 业务与数据闭环

这个价值框架融入企业的运营活动中就能支撑数据中台的组织地位：数据中台必须拥有与企业的设计部门、制造部门、销售部门等业务部门同样重要的地位（见图 2-2）。

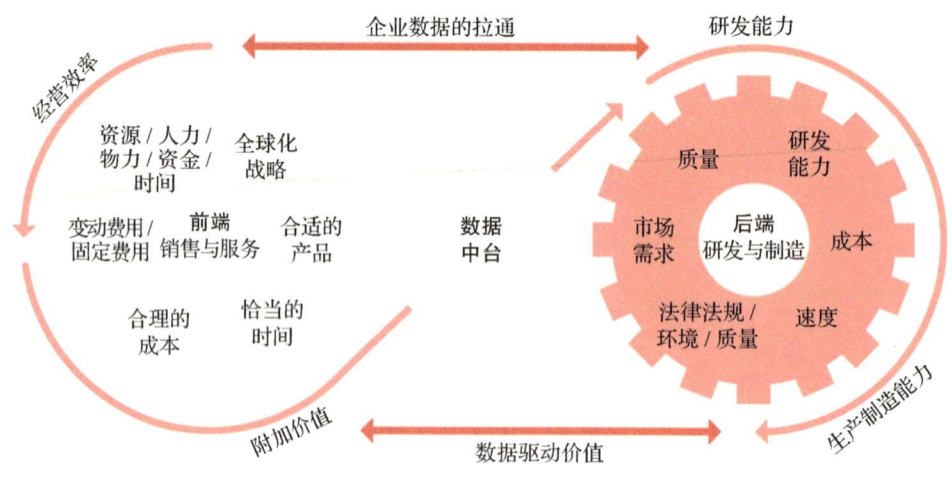

图 2-2 数据中台的组织地位

数据中台不是单纯的技术叠加，不是一个技术化的大数据平台，二者有本质区别。大数据平台更关心技术层面的事情，包括研发效率、平台的大数据处理能力等，针对的往往是技术人员；而数据中台的核心是数据的业务服务能力，要结合具体业务场景，比如精准营销、风控等，通过服务直接赋能业务应用。数据中台不仅面向技术人员，更需要面向多个部门的业务人员。这在建设过程中要特别注意，不论是由信息化部门牵头还是由业务部门牵头执行数据中台项目，都需要在整个企业内部形成一张有共识的蓝图：数据是企业的战略资产（见图2-3）。

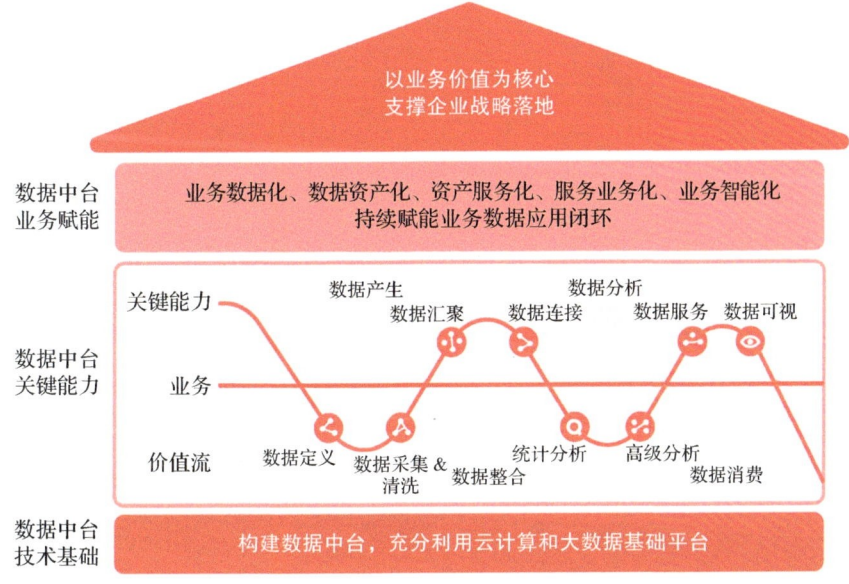

图2-3　数据是企业的战略资产

2.2　数据中台建设方法论

对于图2-4所示的数据中台建设方法论体系，需要从战略行动、保障条件、目标准则、建设内容、关键步骤5个层面全面考虑，以确保数据中台建设和实施能如期完成。

- 1项战略行动：把用数据中台驱动业务发展定位为企业级战略，全局谋划。
- 2个保障条件：通过宣导统一组织间的数据意识，通过流程加速组织变革。
- 4条目标准则：将数据的可见、可懂、可用、可运营4个核心准则贯穿于中台建设的全过程，保障建设在正确的轨道上。
- 4套建设内容：通过工具体系、数据体系、应用体系、运营体系建设保证中台建设的全面性和可持续性。
- 5个关键步骤：通过理现状、立架构、建资产、用数据、做运营5个关键行动控制中台建设的关键节点，以及保障相应的质量。

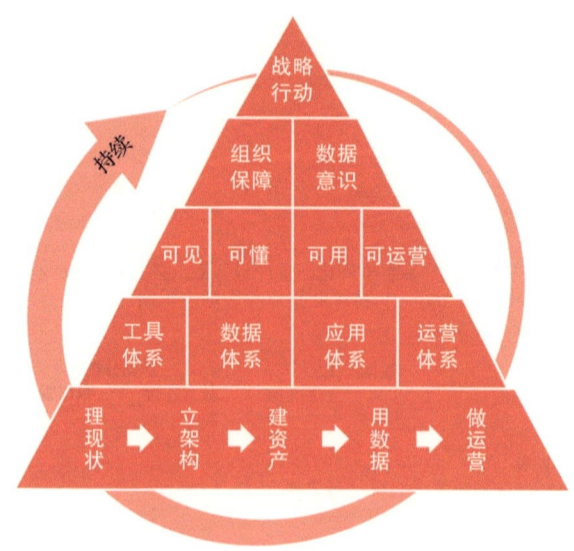

图 2-4 数据中台建设方法论体系

2.2.1　1 项战略行动

建设数据中台是为了支撑企业数字化、智能化升级,通过全局的维度支撑业务,让企业在市场上更具竞争优势,因此需要从公司战略层面来规划。在中台建设过程中,会涉及所有相关业态、各块资源的协调和推进,这都需要站在更高的层面来考虑。当然,在具体实施过程中,为了能快速迭代,也会采取从点到面的突破方法,从某个业务或者某个部门开始,初步构建看到成效再逐步推广,但不影响其作为核心战略的定位。

数据中台要求整个企业共用一个数据技术工具平台,共建数据体系,共享数据应用能力。现实中,企业业务发展不均衡,各种部门墙导致共建、共享非常困难。数据中台不仅是对技术架构的改变,还是对整个企业业务运转模式的改变,需要企业在组织架构和资源方面给予支持,所以中台是一个企业的战略行动,绝非一个项目组或者一个小团队就能做的。数据中台牵涉企业的方方面面,你要了解整个企业的业务情况,进行业务梳理,还要有技术的支撑、组织的支撑,否则很难推动。

启动数据中台要有战略规划,首先它是"一把手工程",只有企业的一把手才有这种推力来推动数据中台的建设。数据中台的目标是实现企业经营的数据化、精细化、智能化,本质是建设一套可持续让企业数据用起来的机制,需要有相应的组织、制度、流程、资源的保障。

2.2.2 2个保障条件

数据中台是企业级战略，支撑企业数字化转型，涉及企业的方方面面，数据中台战略的执行必然会伴随企业组织保障以及整个企业数据意识的提升。

首先，中台战略的实施需要有组织保障。与组织对应的是资源与责任，数据中台由谁来建、谁来维护、谁来经营、业务需求怎么承接、效果怎么衡量等问题，已经超出 IT 的范畴，需要企业更高层面对应的组织来保障。图 2-5 所示为中台组织架构。企业实施数据中台战略，必须首先建立起数据中台团队，让其负责中台的建设、维护、运营以及业务的承接和中台服务的推广等。另外，有了中台，企业的运转模式发生了变化，业务、后台、管理等团队也需要有对应的人员与中台团队对接。

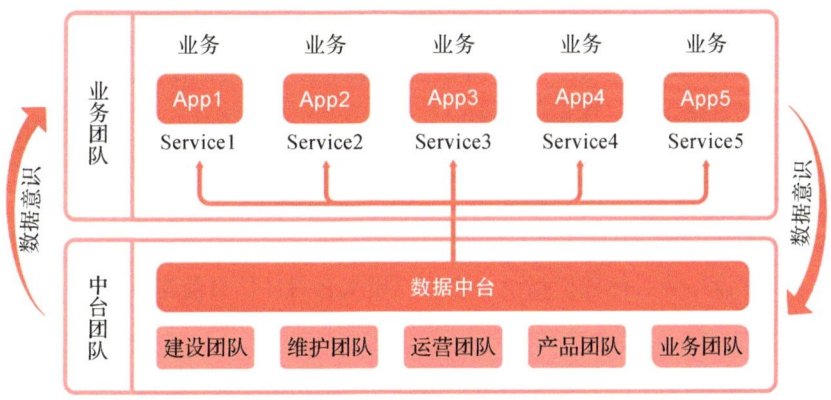

图 2-5 中台组织架构

其次，数据中台战略的实施需要提升全企业的数据意识。数据义化是数据中台战略不可或缺的部分，数据中台的推进依赖于数据文化的建立，反过来，企业数据文化的沉淀又是数据中台建设的产出。大家谈论大数据比较多，但经常对什么是大数据感到困惑，在笔者看来，大数据和当年提的"互联网+"一样，是一种考虑问题的思维方式，用互联网思维、数据思维来发现问题和解决问题。因此，用一句话来概括数据文化：用数据说话。

可以从以下方面来提升数据意识。

（1）数据采集意识

建议尽可能采集一切业务触点数据，随着技术的发展，采集的方式也越来越多，比如业务数据、日志数据、埋点数据、网络数据、传感器数据等。了解可能的数据采集方式，尽可能把有价值的数据通过技术手段采集下来。

（2）数据标准化意识

之所以需要进行数据治理，是因为数据不标准。如果希望数据发挥价值，就需要保持统一数据标准的意识，只有不同部门、不同业务对于数据的理解都一致了，才能减少数据口径不一致导致的资源浪费。

（3）数据使用意识

未来数据应用会涉及方方面面，每一个业务环节都有可能用到数据的能力，所以所有企业员工都要掌握数据可能的使用方式，知道在实际业务操作过程中应该怎么使用数据。另外，数据能够找出人类经验和人脑无法找出的关联关系，比如啤酒和尿布的故事，这就要求打破原有经验，用更高的数据意识来发挥数据对于业务的价值。

（4）数据安全意识

必须具备数据安全意识，有些数据即使对业务有价值，但由于侵犯隐私或者触犯法律等，也不能随意用，或者需要换一种合法的方式使用。企业员工需要有足够强的数据安全定级、脱敏的意识。

2.2.3　4条目标准则

数据中台的4条目标准则——可见、可懂、可用、可运营，不仅可以作为企业在数据中台建设中的具体建设指引，也可以用来客观评估目前建设内容的完整度。

- **可见**：建立数据台账，让沉积于各系统的数据源可以被清晰看见；数据资产易查找，数据获取、加工、去向、使用效果的台账都清晰可见，最终实现数据的可流通。
- **可懂**：使用户端可以清晰地识别数据，理解与数据相关的描述内容、数据语境和数据适用性，并对数据质量有一定的信任，能够在适用的场景下选择合适的数据。
- **可用**：业务上可用，数据已标签化或者指标化，符合业务适用标准和质量要求；技术上可用，数据的产出时间、稳定性有保障，开放便捷，方便使用，安全可控。
- **可运营**：数据清晰、有效地作用到业务域，获得业务方的正向反馈，持续推动数据资产被越用越多，越用越活。数据运营团队可清晰接收到来自业务端的数据需求，并可持续改善数据质量、丰富度、价值密度。

2.2.4　4套建设内容

建设内容是数据中台建设的核心，是可呈现的产出物，也是数据中台价值所在，前面的战略行动、保障条件、目标准则都是为了使建设内容能够顺利产出并持续发挥价值而做的必要准备。数据中台的建设内容包含工具体系、数据体系、应用体系、运营体系四大体系，通过这四大体系的建设实现数据中台让数据持续用起来的目标。工具体系是基础支撑，就像是骨架一样，撑起整个数据中台。数据体系就像是数据中台的血肉，数据中台对外呈现的主要内容就是数据体系。应用体系是数据中台的价值所在，就像数据中台的灵魂一样，激活静止的骨架和血肉，让数据中台动起来，发挥价值。运营体系是数据中台的守护者，保证整个中台的健康、持续运转。

1. 工具体系

工具体系分两个层面，即大数据存储计算工具和数据中台工具组件，重点是数据中台工具组件。大数据存储计算工具，比如 Hadoop、Spark、Flink、Greenplum、Elasticsearch、Redis、Phoenix 等，相对标准，企业只需要进行合理选型即可，并不需要自己建设，而且自己建设的技术难度很大，也不太可能自己建设。数据中台工具组件包括数据汇聚、数据开发、数据资产管理、数据应用管控等。数据中台是企业制定和实施数据汇聚、建模与加工规范的场所，也是企业数据体系存储管理的工具平台。通过工具化、产品化、可视化，可降低技术门槛，让数据能够被更方便地加工和使用。

2. 数据体系

数据体系是数据中台建设、管理、使用的核心要素。全企业的数据通过各种方式汇聚到数据中台，在数据中台按照一定的建模方法进行梳理和加工，形成企业的数据体系。数据中台始终围绕着数据体系的建设和使用，让数据体系尽可能完整、准确、使用广泛。尽管由于业务不同、数据不同，不同企业的数据体系内容不同，但是其建设方法和对工具的要求是相似的，需要在中台工具和建设方法的基础上进行有针对性的建设。

3. 应用体系

数据中台与大数据平台的最主要区别是，数据中台的数据能更方便地以服务化、应用产品化的方式支撑业务。而这是通过数据中台应用体系实现的。应用体系通过数据中台的应用组件能力，把数据变为一种服务能力或者应用产品，比如客户信息查询服务、BI 数据分析应用、风险预警系统应用等，让数据能够方便地参与到业务中并为业务创造价值。我们经常听到的数字化转型、数据化经营，强调基于数据而不是仅凭经验进行业务决策，而这需要的正是数据在业务上的应用能力。每家企业的业务不同，对数据应用的诉求也不同，数据中台无法以产品的形式提供企业所需的所有数据应用能力。数据中台通过提供各类数据应用生成、发布、监控、管理功能,帮助企业逐个建立属于自己的一个个数据应用,逐步完成企业数据应用体系的构建。

4. 运营体系

运营体系是数据中台得以健康、持续运转的基础。运营体系包括平台流程规范执行监督、平台资源占用的监管及优化推动、数据质量的监督及改进推动、数据价值的评估、数据应用的推广、稽查排名等。其目标是让平台可以健康、持续运转,产生持续价值。数据中台是个复杂工程,数据的汇聚、开发、管理、应用都是要持续进行的工作,如果没有运营体系的保障,可能会导致后期的参与者无从下手,随着时间的推移,数据的质量、服务的效率也会持续下降,进而导致中台无法使用。数据中台建设是一个持续的过程,一旦启动,就不能暂停,更不能停止,而保障数据中台持续高效运转的就是运营体系。

2.2.5　5个关键步骤

数据中台在具体落地实施时,要结合技术体系、数据体系、应用体系、运营体系等,逐步开展相关的工作,在构建闭环时会多考虑基础设施部分的能力。一旦闭环建设完成,就可以在各个环节不断丰富能力,逐步形成数据应用的完整体系。根据笔者的实践经验,数据中台的建设过程主要通过5个关键步骤来完成,如图2-6所示。

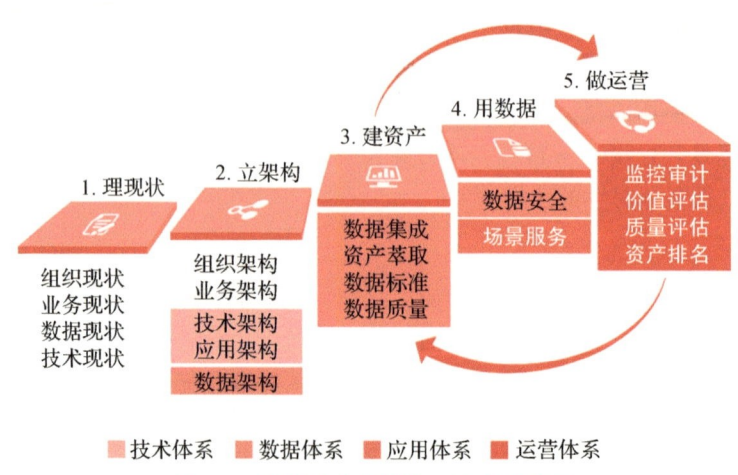

图2-6　数据中台建设的5个关键步骤

1. 理现状

梳理企业的系统建设、已经拥有的数据及业务特点等现状,了解企业对数中台的认知以及企业的数据文化建设情况。点对点地与管理层、业务部门、IT 部门进行沟通，获取企业的业务战略以及产品和服务信息，形成业务现状调研报告，同时了解目前企业以怎样的组织形态来保证客户的服务能力。详细调研目前企业的 IT 建设情况和业务数据沉淀情况，比如采用的什么数据库、数据量、数据字段和更新周期等，以便后续更好地设计技术架构。

2. 立架构

根据现状形成整体的规划蓝图，形成技术产品、数据体系、服务方式及运营重点等相关的方案，梳理并确立各个架构。企业信息架构经常谈到的 4A，即业务架构、技术架构、应用架构和数据架构都需要在这个阶段进行确认。这 4 个架构的具体介绍如下。

- **业务架构**：保障数据中台能够适用于企业的业务运营管理模型和流程体系。
- **技术架构**：主要是指技术体系中的数据基座，根据业务架构的近期和远期规划，对数据的存储和计算进行统一的选型。
- **应用架构**：特指数据中台应用架构，后面几个关键步骤的内容所依赖的工具主要由数据中台作为平台应用来承接。
- **数据架构**：指数据中台的数据建模、数据存储、数据管理和数据流通相关的架构设计。

3. 建资产

结合数据架构的整体设计，通过数据资产体系建设方法，帮助企业构建既符合场景需求又满足数据架构要求的数据资产体系并实施落地。这个步骤涉及数据汇聚、数据仓库建设、标签体系建设及应用数据建设。

4. 用数据

从应用场景出发，将已经构建的数据资产通过数据应用方式应用到具体的业务中，发挥数据价值。将数据资产快速形成业务应用能力并与业务进行对接，在业务中产生数据价值，实现数据的服务化、业务化。在数据应用的过程中，数据安全是不得不考虑的问题，哪些人能看到什么数字资产、能选择什么类型的数据应用都是需要严格审核的。

5. 做运营

数据应用于业务后，其价值会借助运营能力不断提升，并让更多的人感知到。数据中台建设是一个持续建设和运营的过程。所谓持续建设和运营，是指在架构基本稳定的情况下，不断循环第 3～5 步，多方角色会围绕核心业务目标不断挖掘数据和业务场景的结合点，不断根据质量和价值两个点来运营优化。企业通过多个组织之间的配合推进，会逐步形成企业特有的数据文化和认知，这是企业在数字化转型中非常重要但很难跨越的点。

2.3 数据中台架构

通过前面对数据中台建设方法论体系的介绍，我们了解了数据中台的战略行动、保障条件、目标准则、建设内容和关键步骤，这一节我们将了解数据中台的总体架构、包含的功能模块、功能模块之间的关系以及运转机制。

数据中台的目标是让数据持续用起来，通过数据中台提供的工具、方法和运行机制，把数据变为一种业务应用能力，让数据更方便地被业务所使用。图2-7所示为数据中台的总体架构图，数据中台是位于底层云基础底座与上层业务应用之间的一套体系，包括数据汇聚、数据开发、数据体系、数据资产管理、数据应用以及数据运营体系和数据安全管理。数据中台屏蔽了底层云基础底座存储计算平台的技术复杂性，降低了对技术人才的要求，让数据的使用门槛和成本更低。通过数据中台的数据汇聚、数据开发模块建立企业数据资产，通过数据资产管理、治理让数据资产有序可用，利用数据应用把数据资产变为业务服务能力，服务于企业业务。数据安全管理、数据运营体系保障数据中台可以长期健康、持续地运转。

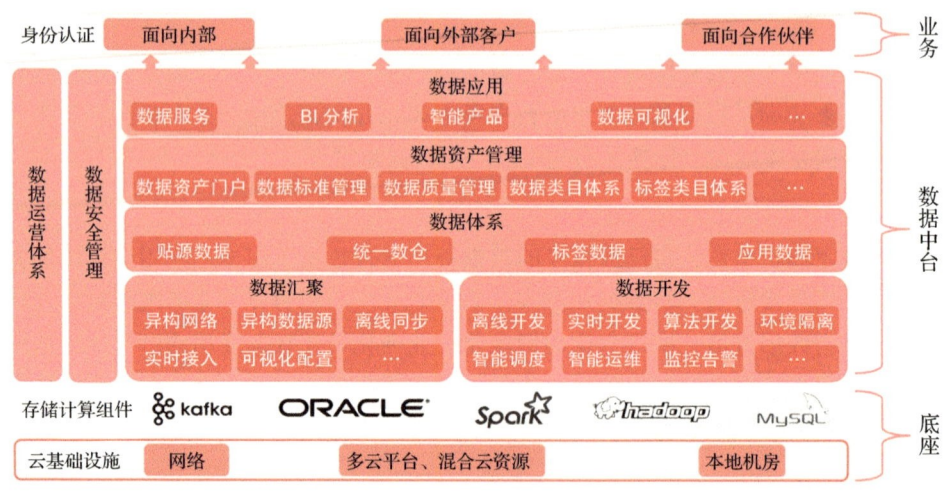

图 2-7　数据中台总体架构图

1. 数据汇聚

数据汇聚是数据中台数据接入的入口。数据中台本身几乎不产生数据，所有数据来自业务系统、日志系统、IoT设备、文件、互联网等，这些数据分散在不同的网络环境和存储平台中，使用成本很高，很难产生业务价值。数据汇聚是数据中台必须提供的核心工具之一，旨在将各种异构网络、异构数据源的数据方便地采集到数据中台中进行集中存储，为后续的加工和建模做准备。数据汇聚一般有数据库同步、埋点、网络爬虫、消息队列等方式，从汇聚的时效性来分，有离线批量汇聚和实时采集。

2. 数据开发

通过数据汇聚模块汇聚到数据中台的数据没有经过处理，基本是按照数据的原始状态堆砌在一起的，这样业务还是很难使用。

数据开发是一整套数据加工及加工过程管控的工具，有经验的数据开发、算法建模人员利用数据加工模块提供的功能，可以快速地把数据加工成对业务有价值的形式，提供给业务使用。数据开发模块主要面向开发人员、分析人员，提供离线、实时的算法开发工具，以及任务管理、代码发布、运维、监控、告警等一系列集成工具，促进效率提升。

3. 数据体系

有了数据汇聚、数据开发模块，中台已经具备传统数据仓库（后面简称为数仓）平台的基本能力，可以做数据的汇聚以及各种数据开发，可以建立企业的数据体系。前文说过数据体系是中台的血肉，开发、管理、使用的都是数据。大数据时代，数据量大，增长快，业务对数据的依赖也越来越高，必须考虑数据的一致性和可复用性，垂直的、烟囱式的数据和数据应用的建设方式注定不能长久存在。不同企业的业务不同，业务产生的数据不同，因此数据体系的建设内容也各不相同。但是不同企业的数据体系建设方法是相似的，数据要统一建设，可以遵循相似的层次划分和建模规范。笔者建议数据体系按照贴源数据层、统一数仓层、标签数据层、应用数据层进行分层，每一层按照各自的标准建模规范统一建设，具体建设方法见第6章。

4. 数据资产管理

通过数据体系建立起来的数据资产较为偏技术，业务人员还是比较难于理解。数据资产管理是以企业全员更好理解的方式，把企业的数据资产展现给企业全员（当然要考虑权限和安全管控），它包括对数据资产目录、元数据、数据质量、数据血缘、数据生命周期等进行管理和展示，以一种更直观的方式展现企业的数据资产，方便企业全员探索数据内容，发现数据价值。

5. 数据应用

前面利用数据汇聚、数据开发建设企业的数据资产，利用数据管理展现企业的数据资产，但是并没有发挥数据的价值。数据应用就是把数据变为一种业务应用能力，通过数据应用让数据参与到业务中，激活整个数据中台。数据应用是数据中台存在的价值所在。企业的数据应用是千变万化的，中台产品可以带有一些标准数据应用，但是很难满足企业的多样性数据应用的诉求，大部分应用还是需要通过中台的能力快速定制。数据中台无法自带很多满足业务需求的数据应用，而是提供一整套方便生成和管控数据应用的功能组件，方便快速打造符合业务需要的数据应用。

6. 数据运营体系和数据安全管理

通过前面的数据汇聚、数据开发、数据体系、数据资产管理、数据应用，已经完成了整个数据中台的搭建和使用，也已经在业务中发挥了一定的价值。数据运营体系和数据安全管理是数据中台得以健康、持续运转的基础，如果没有它们，数据中台很可能像个一般项目一样，会在搭建起平台、建设部分数据、尝试一两个应用场景之后止步，无法正常地持续运营。不能持续发挥数据的应用价值，也就完全达不到建设数据中台的目标。数据运营体系和数据安全管理是企业数据能够被持续利用的保障，是数据中台能够持续发挥价值的关键。

第 3 章 Chapter 3

数据应用成熟度评估与成功要素

当前处于信息社会往数字社会高速发展的时代，评估自身所处的位置，选择合适的数字化路径，对每家企业都至关重要。

从前面的章节可以了解到，数据中台的体系架构和建设方法大同小异，但是每家企业的数字化阶段不同、所能获取的数据资源不同、所需的数据应用能力不同，导致每家企业的数据中台各具特色，需要结合成熟的经验和方法，根据企业的特点建设自己的数据中台。另外，每家企业所处的数字化发展阶段不同，因而需要在建设数据中台之前，对企业当前的数据应用能力进行全面的自我评估，以便选择更契合自身的建设路径，避免盲目建设。

数据应用成熟度评估模型是企业进行自我评估的工具，企业可以根据自身的评估结果，认清自身所处的阶段，选择适合自己的数据中台建设路径。数据中台建设的成功要素是保障数据中台获得持续业务成功的一套参考要素。

3.1 企业数据应用的成熟度评估

企业数据应用成熟度评估，主要是通过企业数据对业务的支撑程度来评估企业应用数据的能力。基于笔者数十年数据领域从业经验以及多个客户的服务实践总结，根据数据对业务支撑的深入程度，数据应用能力可以总结为统计分析、决策支撑、数据驱动、运营优化四个阶段，并且这四个阶段是逐步深入、逐步全面的，如图 3-1 所示。

企业现状\成熟度阶段	企业战略	数据形态					数据应用场景	数据应用工具	组织架构
		数据积累情况	数据维度	数据组织形式	数据质量			
统计分析阶段	无数据战略、纯业务驱动	少量业务数据的积累	数据维度单一	数据无组织,各业务数据分散存储管理	无数据质量管控	以简单的业务统计报表为主	以系统报表模块和Excel为主	无数据相关部门和职位,以IT和业务部门相关职位为主
决策支撑阶段	开始建立通过数据支撑经营决策	注重业务过程中数据的积累、收集	数据维度逐渐丰富	面向业务主题的指标体系的数据组织	开始实施数据质量整制对相关数据进行清洗、加工	为企业管理提供决策支持	以数据仓库、数据开发和专业BI报表工具为主	开始出现数据分析师,可能会设立专门的数据部门和数据价值挖掘等相关的职位
数据驱动阶段	开始将数据作为企业的重要资产,通过跨界数据应用为企业提供数据服务	各业务数据积累初具规模,且数据量越来越大	全域数据融合,数据维度更加丰富	通过企业统一数据公共层和标准目录体系进行全域数据组织	开始进行数据标准化建设,对数据质量的管控更加严格	实现数据与业务的深度融合,通过数据驱动业务发展	通过以Hadoop生态体系为代表的离线计算,实时计算,即席计算等大数据处理技术与AI技术进行数据汇聚、算法开发	开始设立独立的大数据部门以及大数据工程师、数据工程师、可视化工程师、数据科学家等相关职位
运营优化阶段	企业开始建设数据中台,数据中台战略持续运营优化	随着数据闭环的构建,企业数据体量快速增长	数据维度更加完善	建立数据应用闭环	形成一套完善的数据质量管理规范及管理流程	建立一套统一的数据服务体系,为企业业务优化和业务创新提供数据服务支撑	建立一套数据汇聚、加工、管理、服务应用体系,逐步实现大数据服务能力工具化、平台化,工具平台化、平台智能化	在管理层设置数据管理委员会,成立专门负责数据资产运营的部门

图3-1 数据应用成熟度的4个阶段

企业数据应用成熟度评估模型，从企业战略、数据形态、数据应用场景、数据应用工具、组织架构等 5 个方面的多个特征维度出发，把企业数据应用成熟度划分为统计分析、决策支持、数据驱动、运营优化 4 个阶段。依据这个划分标准，企业可以进行数据应用成熟度的自我评估。数据应用能力成熟度越高，则代表数据对业务的支撑能力越强；反之，数据应用能力成熟度越低，则意味着业务对数据的依赖程度越低。

3.1.1 第一阶段：统计分析阶段

微软公司在 1989 年发布了 SQL Server 1.0，UNIX 服务器和 x86 服务器在 20 世纪 90 年代逐渐普及，以及 IBM、Oracle 等解决方案供应商进入市场，使得数据库的建设成本和技术门槛大幅下降，越来越多的企业逐渐迈进 IT 信息化。在这样的时代背景下，日本著名汽车制造商丰田所推崇的精益生产和持续优化的理念通过信息系统得以施展：通过 MRP（Material Requirement Planning，物资需求计划）、ERP（Enterprise Resource Planning，企业资源计划）系统的建设将原来线下生产线中的看板转移到信息化系统中。利用信息化系统记录生产流程中订单、采购、生产、存货、物流、销售各个过程中的每一个细小环节的信息，并从需求拉动的角度对各个过程中的数据分别进行统计分析，利用分析结果指导流程进行持续优化，从而提升企业的生产管理水平，最终使企业取得了巨大成功。

在以丰田为代表的企业成功案例的带动下，越来越多的企业开始尝试利用信息系统来进行流程管理和经营优化，因此，MRP、ERP、CRM（Customer Relationship Management，客户关系管理）、OA（Office Automation，办公自动化）等企业管理系统的建设成为 21 世纪初企业信息化建设中的一股热潮。

当企业寄希望于通过各类信息系统来提升管理水平时，它往往不会只建一个业务系统，而是会建设多个不同的信息系统以覆盖企业的不同业务环节，利用这些系统将业务开展情况通过数据保留下来。为了让管理人员和业务人员能够了解到业务的整体运行情况，很多企业增加了业务数据分析师岗位，他们的主要职责是在了解业务和管理要求的前提下，通过工具将底层存放在数据库中的原始数据变成一份份图表或者报告，从而实现从数据视角展现当前企业在经营过程中取得的成绩和存在的问题。这个阶段的分析其实还只是停留在对过去业务结果的统计，形成了面向特定业务主题的客观事实描述和分析结果，但由于数据维度有限而且停留于历史数据，因此对企业基于数据的经营决策支撑有限。

总体而言，该阶段主要以业务需求为导向，通过 IT 系统的建设实现业务过程的系统化。在这个过程中，通过业务系统沉淀有限的业务数据记录，并没有以数据为导向积累数据，而主要通过对单一维度的少量数据的统计分析进行业务总结。

统计分析阶段主要有以下 5 个特征。

（1）企业战略方面

该阶段的企业战略纯粹以业务为导向，以满足企业业务需求为主，实现业务过程的系统化、在线化。

（2）数据形态方面

该阶段的企业有少量的业务数据积累，但没有以数据为导向积累数据，数据主要以业务系统依托的关系型数据库进行存储，数据无组织，各业务数据分散存储和管理，数据维度单一，尚未开始理解全业务链条背后各个环节的数据，无数据质量管控。

（3）数据应用场景方面

该阶段的数据应用场景只针对业务系统中的关键数据和指标进行简单的统计分析与管理，辅助业务总结，基于业务目标的数据统计（如周报、月报等）都需要定制化开发。

（4）数据应用工具方面

该阶段业务报表主要基于各个业务系统嵌入式报表模块产出，或系统数据导出后通过 Excel 制作报表，模式相对单一。通过一些统计分析，可以了解系统的一些基本使用情况和经营指标。

（5）组织架构方面

该阶段的企业无专门的数据相关部门，主要依赖 IT 部门的数据库运维管理员和业务部门的数据分析师。需要数据相关的能力时，一般使用系统中定制的统计报表或者由特定业务部门提供的 Excel 报表。

3.1.2　第二阶段：决策支撑阶段

随着信息化的进一步发展，企业的管理者们意识到，如果对数据的应用仅停留在单系统、少数维度的统计分析上，那么数据只能用于辅助企业了解业务运转情况，并没有发挥出其应有的价值。企业不满足于这种状况，希望能通过数据为业务决策提供支撑。因此，企业对数据的需求从单一系统的统计分析逐渐向更全面、更多维、更贴合业务管理决策的方向转变。

但是面对来自不同业务系统的数据，这些数据的口径、规范往往都存在不一致的情况，应该用哪一个数据才符合业务的需要？在面对这类问题时，企业希望由专业的团队使用专业的工具来对企业数据进行统一的规范定义，形成一套能够反映整个企业业务运转情况的指标体系，并通过该指标体系实现对整个企业运转情况的了解和对管理决策的支撑。沿着这个思路，很多企业专门成立了商业智能部门或者数据仓库部门，将业务或者管理人员提出的指标需求转化成开发人员能够理解的文档，并开始了BI工具、经营决策管理系统和数据大屏等工具与系统的建设。将大量复杂的原始数据抽象为简单、好理解的业务指标，以体系化、可视化的方式直接呈现在决策者面前，为其决策提供数据支撑。

该阶段主要是企业在业务系统建设的基础上，基于业务目标有意识地进行数据的收集、整合、管理、分析，通过企业数据仓库建设和BI等数据的可视化呈现，为企业业务提供决策支撑。

决策支撑阶段具有以下5个特征。

(1) 企业战略方面

该阶段，企业开始形成通过数据支撑经营决策的思路，并在考虑通过数据可视化的方式实现数据与业务的融合，以解决业务问题和支撑管理决策。

(2) 数据形态方面

企业开始注重业务过程中的数据积累，开始对各业务环节的数据进行汇聚、管理，数据维度逐渐丰富。以面向业务主题的指标体系为形式进行数据组织，开始注重数据质量的管控，实施数据质量控制。

(3) 数据应用场景方面

该阶段的数据应用场景开始基于数据仓库进行各业务主题的数据收集、整合、管理、分析，为企业管理人员提供决策支持，构建包括领导驾驶舱、企业运行指数、企业第四张报表等场景应用。

(4) 数据应用工具方面

开始针对数据收集和管理建立数据仓库、数据开发工具与专业可视化工具，进行系统化数据收集、管理和分析。

(5) 组织架构方面

开始出现数据分析师岗位，可能会设立专门的数据挖掘或商业智能部门来支撑企业进行数据化决策。

3.1.3 第三阶段：数据驱动阶段

在统计分析阶段和决策支撑阶段，业务的运转和数据依然是割裂的。企业对数据的应用都还停留在对业务数据进行分析得到分析结果，再由人工利用分析结果对业务开展进行不同程度的干预来实现业务优化，其最主要的使用群体是管理者。随着企业业务数据的不断丰富，加上大数据相关技术的成熟，企业对数据如何更直接地支撑业务进行了进一步探索。在应对海量原始业务数据无法直接被业务使用的问题时，企业根据业务需要自建大数据团队以提升数据处理与使用能力，进行汇聚、清洗、建模、挖掘等工作，并使从数据中挖掘出的价值服务于业务，从而让数据驱动业务变得更精准、更有效。

最为典型的应用场景就是面向个体用户进行千人千面的精准营销推广：企业首先根据需求收集精准营销所需要的数据，打通所有相关数据，然后利用算法能力完成对个体用户偏好的挖掘，并利用营销系统将不同的营销信息触达拥有不同偏好的用户，从而使不同用户都能得到更适合自己的个性化服务内容。就像一些新闻 App 一样，当它发现你喜欢某一类新闻时，它就会不断地推送这类信息，吸引你不停地看，从而提升 App 的使用时长。

该阶段主要是企业在大数据背景下，开始基于海量数据的积累，利用大数据和人工智能等技术进行数据的深度挖掘与分析，通过对多源、异构的全域数据的汇聚和打通，跨界考虑数据价值的应用，通过数据驱动业务发展，为业务应用提供数据服务，实现业务与数据的深度融合。

数据驱动阶段具有以下 5 个特征。

（1）企业战略方面

迈进 DT 时代，企业开始将数据作为企业的重要资产和生产资料。企业通过大数据技术对企业相关数据进行汇聚、打通和分析挖掘，为业务应用提供数据服务，通过数据驱动业务发展。

（2）数据形态方面

业务数据积累具备一定规模，具备对结构化数据、非结构化数据进行处理与应用的基础支撑。数据在组织形式上开始对业务涉及的相关数据进行汇聚、打通，开始根据需求进行数据清洗加工和标准化处理。

（3）数据应用场景方面

该阶段的数据应用场景以满足业务需求为主，主要是用数据提升现有业务能力，进行智能化升级。与上一个阶段数据主要服务于管理层不同，从该阶段开始，数据的应用开始从管理层逐步转向具体的业务，业务人员开始认识到数据的价值，并将业务和数据融合。业务人员利用算法进行深入挖掘和分析，实现数据与业务的深度融合，为业务优化提供数据支撑。最为典型的应用场景有个性化推荐、风控、精准营销等。

（4）数据应用工具方面

在该阶段，企业开始通过以 Hadoop/Spark 生态体系为代表的批计算、流计算、即席计算、在线计算等大数据处理技术及机器学习、深度学习算法进行数据汇聚和开发，并最终为现有的业务场景赋能，以驱动业务升级。

（5）组织架构方面

在该阶段，企业开始设立业务部门的数据团队，为业务场景的需求提供数据能力的支撑；一般会设置大数据工程师、算法工程师、数据科学家等职位，尝试通过大数据、人工智能等技术进行业务创新。

3.1.4 第四阶段：运营优化阶段

数据驱动阶段，在特定的场景下，数据已经与业务紧密结合，数据在业务运转过程中直接产生价值。但是，由于数据应用都是独立建设的，并没有从全局考虑，数据的应用还是由各个业务部门的资源情况而定，资源多的业务部门可以很好地使用数据，而资源少的部门可能根本没有能力使用数据。另外，经常会出现数据内容重复建设，各业务部门的数据无法融合以产生更大价值的情况。因此，企业开始考虑从全企业视角进行数据能力的输出，有些企业把这个定义为企业数据资产建设，以数据来驱动企业转型。

这个过程涉及汇聚各类企业数据资产、消除物理孤岛，通过 Mapping 能力将数据进行融合、消除逻辑孤岛，构建企业统一的数据资产并进行数据治理，使数据资产符合生产要求，通过数据服务化的能力快速服务于业务。同时，过程中会针对数据资产的使用和内容进行运营优化，以使企业数据资产越用越有价值，真正成为企业的核心资产。

企业完成数据资产建设后，需要保障数据资产在日常生产过程中真实、稳定、准确、可用和高效，以实现数据资产价值最大化。而实现这一目标之前，企业首先要满足以下 5 个条件：

第一，能够追溯数据资产的形成过程，包括涵盖了哪些数据来源，经过了怎样的加工环节，涉及哪些业务环节和部门等；

第二，能及时获取到数据资产当前的状态，尤其是数据质量和安全情况，如更新频率、合规性、空值率等；

第三，能够知道数据资产被哪些业务调用了，以通过建立数据闭环了解和追溯数据资产所带来的业务价值；

第四，能够对整个数据中台从数据采集到数据应用的整个链路建立监控体系，便于及时发现和排除故障，保障数据资产的稳定性；

第五，建立丰富的数据内外部共享和服务渠道，实现数据价值的释放和交换。

上述 5 个条件是企业进行数据资产运营及持续迭代优化的支撑。部分企业已经开始通过数据资产管理工具及数据资产视图的建设来满足上述条件，并从组织架构层面成立单独的数据资产管理委员会来统筹数据资产的管理工作，包括牵头制定数据资产的管理政策，拟定数据资产运营规则并监督各部门执行，同时负责整个数据资产平台的运营、组织和协调工作，从而最终实现数据资产在企业内外部高效、稳定地流转并持续为业务带来价值。

该阶段主要是企业在大数据和人工智能等相关技术的基础之上，逐步优化，构建一套完善的、体系化的数据处理服务流程，建立一套源源不断地把数据变成资产并服务于业务、持续让数据用起来的机制，构建数据应用闭环，通过运营优化持续发挥数据业务价值。

运营优化阶段具有以下5个特征。

（1）企业战略方面

在该阶段，企业开始建设数据中台。数据中台的定位是为企业提供数据能力支撑，在 DT 时代对企业进行智能化升级。企业注重数据资源使用的合理性和效率，并通过对数据资产及服务的不断运营，建立从数据资产化到资产业务化的可持续数据应用的高效闭环，为企业源源不断地输出数据智能的能力。

（2）数据形态方面

在该阶段，企业数据伴随数据驱动的业务快速发展，数据量快速增长，通过建立企业体系化和标准化的数据采集、存储、打通、应用流程，实现了企业数据的全面资产化。在数据质量方面，通过建立体系化的数据汇聚、加工及应用流程，并逐渐通过运营手段完善数据管理制度和规范，保障数据资产的高效输出和循环落地机制，形成数据资产管理闭环。

（3）数据应用场景方面

在该阶段，数据应用通过统一的数据资产体系，提供统一、标准化的数据服务能力，为企业各类快速变化的业务应用提供数据服务支撑，包括原有业务的优化以及业务创新。其服务可以通过数据中台自助式完成，缩短企业数据到业务的路径。

（4）数据应用工具方面

在该阶段，企业在数据应用工具方面除了通过 API 或可视化的形态服务于业务场景之外，开始为企业数据资产的运营和管理者提供专业化的数据资产管理工具，以便对数据资产进行统一管理和维护，并通过构建数据运营指标对数据的价值、质量、安全和标准建设情况进行度量，为数据治理、奖惩考核等机制提供相应的能力支撑，真正形成一套持续让数据用起来的机制。

（5）组织架构方面

在该阶段，企业开始在管理层设置数据管理委员会、CDO 等来负责数据机制的建设和管理,以为未来数据智能驱动的企业战略升级提供支撑,将数据变成企业的一种独特资产。同时也会成立专门的数据资产运营部门,一方面保障数据资产应用的合理性和效率,另一方面构建企业数据资产对内和对外服务的通道,将更多的数据服务消费者引入平台当中。

最后要补充说明的是,当前业内对于数据应用成熟度并没有统一的评估标准,以上阶段划分和评估依据是笔者根据多年数据领域从业经验的总结,各个企业可以根据评估方法去适配自己的企业现状,方法是通用的。

3.2 企业数据中台建设的应用场景

数据中台并没有行业限制,我们认为所有行业都需要数据中台,只是不同行业、不同阶段的企业所需要的数据应用能力不同,对数据的依赖程度也不同。

建设数据中台时需要对数据价值有一定的认知,这样才能更好地实现。如果行业内的竞争对手能利用数据能力精准定位、精准服务客户,而你不具备这种能力,那么竞争失败是必然的。在IT时代,走在行业前沿的企业的信息化能力都很强。在DT时代,数据中台已经是每个行业头部客户的必然选择,它既是企业智能化升级的基础设施,也是支持企业快速发展、与对手拉开差距的内功修炼。这种内功的修炼不是一朝一夕可以追赶的,是否实施关乎企业发展战略,其迫切性和成本投入取决于企业对数据价值的认知。

3.2.1 不同行业的数据中台应用需求

不同行业的不同企业在不同的数字化阶段,对数据应用的需求是不一样的。数据中台的建设是一个持续完善的过程,在这个过程中,不同阶段支撑的数据应用场景也需要不断迭代。那么,不同行业对数据中台所支撑应用的主要需求有哪些可以参考?笔者通过对多个行业的多个不同企业的调研和访谈,抛开同行业不同企业的特殊情况,大致总结出这些行业所处的阶段以及各行业对于数据中台的共性需求,如表3-1所示。

表 3-1 各行业的数据中台需求特征

行业	数据应用能力成熟度 & 对数据中台的诉求
大金融 (银行、保险、证券、互金等)	**数据应用能力成熟度:处于数据驱动向运营优化过渡阶段** 对数据中台的诉求: ❏ 业务强依赖于数据,是数据使用最深的行业之一,对中台有真实的强需求 ❏ 基本都有自己的数仓、垂直数据应用,也有较完善的技术团队 ❏ 希望自主可控,对中台服务商要求较高

(续)

行业	数据应用能力成熟度 & 对数据中台的诉求
公共安全	**数据应用能力成熟度**：处于决策支撑向数据驱动过渡阶段 对数据中台的诉求： ❏ 业务对数据有强需求，已进行数据中台、数据治理相关建设 ❏ 对业务的专业性要求高，基本借助服务商能力进行建设，对中台服务商资质要求较高
零售	**数据应用能力成熟度**：处于决策支撑向数据驱动过渡阶段 对数据中台的诉求： ❏ 一般都是多端多渠道，包含门店、App、微信小程序、微信服务号、电商等渠道 ❏ 对多渠道的数据整合运营有强需求，需要数据中台的能力支撑 ❏ 大多看中短期营销获客，在完整数据中台建设方面资源投入不足
地产	**数据应用能力成熟度**：处于统计分析向决策支撑过渡阶段 对数据中台的诉求： ❏ 业务迫切：经历黄金时代、白银时代，现在基本进入黑铁时代，增量市场非常有限 ❏ 数据整合需求：多业态发展，特别是运营业态发展，需要数据整合能力 ❏ 信息化基础：地产企业信息化基础一般，需借助外部开发力量 ❏ 业务配合：业务部门要增强数据意识，技术部门也需要增强业务意识
工业制造	**数据应用能力成熟度**：处于决策支撑向数据驱动过渡阶段 对数据中台的诉求： ❏ 数据基础：物联网、5G等普及，工业制造数据有了完整采集的基础 ❏ 场景清晰：效率提升、工艺优化、质量监督等场景清晰 ❏ 采集困难：设备数据的开放性和标准化程度都不够高，且对于行业领域专业知识要求高
政府	**数据应用能力成熟度**：处于数据驱动阶段 对数据中台的诉求： ❏ 数据丰富：政府掌握最全最好的数据集，智慧城市的推进带来更丰富的数据 ❏ 推动力强：从国家层面到省、市、区都有较高的数字化意识，推动力比较强 ❏ 使用率低：当前的数字政务建设，以数据的汇集、编目为主，数据的实际使用率还是偏低的 ❏ 类目繁杂：政府管理各种部门、社会、企业、个人的数据，梳理起来比较繁杂，一般要较大较长期的项目逐步执行
央企	**数据应用能力成熟度**：处于决策支撑向数据驱动过渡阶段 对数据中台的诉求： ❏ 业务多元化：集团形态业务板块多元，数据跨业态 ❏ 信息化基础好：规模较大，且业务复杂，信息化基础好，建设数据中台起点高 ❏ 意识超前：头部央企基本已着手建设，并且取得一定的成果

企业是否适合建设中台，与企业的数字化程度相关，而这将与企业的资源投入、人员能力、投入产出比有直接关系。

3.2.2 什么样的企业适合建设数据中台

具备以下特点的企业可以加速考虑建设数据中台：

第 3 章 数据应用成熟度评估与成功要素 35

❑ 企业有一定的信息化基础，沉淀了数据，实现或者部分实现了业务数据化过程；
❑ 企业业务复杂，有丰富的数据维度和多个业务场景，特别是多业态型集团企业；
❑ 企业有数字化转型、精细化经营的需求。

下面通过几个简单的例子来具体了解什么样的企业适合建设数据中台。

（1）企业 A

主要通过 App 运营专业类内容，收取广告费，提供免费的 Wi-Fi 服务吸引用户，随着 DAU 的增加，需要给用户提供个性化内容。

大数据场景：目前比较合适的是启动一个内容推荐类的算法项目，但在可预见的将来，看不到更多的数据场景。

（2）企业 B

主要通过线下门店和互联网销售水果，目前门店数量已超过 1000 家。需要用大数据来精细化运营用户和商品，目前已经搭建了大数据平台，构建了数仓。

大数据场景：可视化报表（已有）、商品猜你喜欢、个性化营销信息推送、商品库存优化、卡券核销风控等。比较适合启动一个数据中台项目。

（3）企业 C

主要通过线下售卖服装盈利，同时运营两个品牌：MINI 1 和 MINI 2。两个品牌的 CRM 分别由不同供应商提供，为了更好地为会员提供服务，需要打通两个 CRM 中的用户数据。

大数据场景：无，属于业务中台范畴，需要构建统一的用户中心来为 CRM 提供数据。

（4）企业 D

多业态集团公司，旗下有图书零售板块，有金融保险业务，同时还有多个大型综合购物中心。各个业务板块都有自己的数仓和报表，现需要面向集团构建统一的数据管理平台或数据资产管理平台。

大数据场景：这属于典型的数据中台类型项目。

通过以上内容，相信大家对自己的企业是否需要建设数据中台有了初步的认识。当然，在实际判断中还需要更加谨慎，不要被厂商的一些概念迷惑。

3.3 数据中台建设的 7 个成功要素

数据中台是一套持续让数据用起来的机制。数据在源源不断地产生，业务在动态变化，业务对数据能力的需求也在动态改变，数据中台建设是一个需要长期进行的动态过程。长期来看，数据中台建设牵涉到所有业务部门，利益复杂，系统庞杂，具有相当大的难度。要保障数据中台建设工作顺利推行，取得成效，需要制定清晰可行的数据战略，建立一个强有力的组织架构，培养重视数据的企业文化，制定合理的制度和流程，使用成熟的软件平台，进行科学的项目实施，建立持续迭代的中台运营机制。

（1）清晰可行的数据战略

企业的数据战略与发展战略是一体的，旨在充分发挥数据价值，确保企业能够持续高质量发展。通过数据中台的持续迭代建设以及数据与业务的充分融合达到数据战略落地的目标。清晰的数据战略应该有明确的目标，对数据现状有清晰的认知，与业务紧密配合，短期效益与长期效益结合，并且有详细的行动计划。数据战略是否与企业发展战略相吻合也是衡量数据中台建设是否成熟、是否成功的重要标准。企业高层和数据中台的牵头部门要在企业发展战略框架下，建立数据战略文化，包括企业高层领导对数据的重视程度、所能提供的资源、重大问题的协调能力、未来的目标和发展规划等一系列措施。

（2）强有力的组织架构

强有力的组织架构是数据中台建设取得成功的有力保证。在开展数据中台建设工作之前，对于组织及其责任分工做出规划是非常必要的。数据中台建设涉及的范围很广，牵涉到不同的业务部门和信息部门，是一件全局大事。成立什么样的组织，应该依据企业本身的发展战略和目标来确定，但通常来说，这个组织架构需要高层领导牵头，涵盖业务部门和信息部门。结合企业自身的管理架构，本着专人专事的原则，完整的数据中台组织架构中通常需要有如下角色：领导决策层、业务部门主管角色、IT部门主管角色、执行项目经理、执行团队等。在具体的执行岗位上，需要有专人从事专门的工作，如设立数据委员会、平台技术人员、数据建模人员、数据应用人员、数据质量管理人员、数据安全管理人员等专门的岗位。提倡由懂业务、懂数据、懂技术的专职人员来承担数据中台的核心工作，在专职人员无法到位的情况下，也可暂时由各部门抽调兼职人员来组成一个临时组织，但要想让工作顺利推进下去，必须对组织的相关人员进行充分授权。

（3）重视数据的企业文化

大数据时代的到来带来了很多跨越式发展的机遇，但如果没有大数据意识、大数据思维，没有形成大数据文化，那么就很难抓住这种机遇，实现跨越式发展。所以，要把"大数据"这个科技符号变成"大数据文化"，即政府的文化、社会的文化、企业的文化和大众的文化。以企业为例，企业的管理者应该重视数据的战略价值，逐步引导并培养一种"数据即资产"的价值观，倡导"基于数据做决策，基于数据做创新"的企业行为规范。当全员认识到有价值的数据是一种宝贵的资产后，他们会有意识地采集、管理、使用有价值的数据，数据就可以发挥业务价值，进而流通、交易、合作，最终变现，并将深刻影响企业的业务模式，甚至重构其文化和组织。

（4）合理的制度与流程

制度与流程是数据中台建设过程中落地认责制度的有效保障。应该由数据管理人员和协调人员共同制定数据管理制度和流程。常见的制度包括但不限于：

- 数据需求管理办法；
- 数据模型管理办法；
- 数据标准管理办法；
- 元数据管理办法；
- 主数据管理办法；
- 数据质量管理办法；
- 数据共享管理办法；
- 数据安全管理办法；
- 数据生命周期管理办法；
- 指标口径管理办法；
- 数据运营管理办法。

（5）成熟的软件平台

数据中台建设工作要取得成功，离不开成熟软件平台的支撑，这些软件平台有存储计算平台、数据采集平台、数据开发平台、数据资产管理平台、数据应用服务平台等。它们是数据中台建设工作能够顺利开展的技术和工具保障，能够大大降低数据中台建设工作的门槛，提升工作效率，减少人工投入，更有利于标准化的实施，有利于持续开展数据中台建设工作。建议选用国内外有实力的数据中台服务厂商的成熟软件平台，以保障数据中台建设工作的顺利开展。

（6）科学的项目实施

数据中台建设并不是一次性的项目工作，而需要长期持续不断地改进。这一点是它与一般项目的不同之处。在开展数据中台项目工作的时候，不仅要考虑到项目管理的范围边界、实施周期、人力成本、质量交付等重要因素，也要充分考虑到项目的长期性，在建立起数据战略、组织架构、企业文化、制度与流程、软件平台的基础上，仔细考虑如何合理配置资源，让数据中台工作不间断地进行。通常来说，面对复杂多变的信息系统现状和数据现状，数据中台工作不宜立即全面铺开，而应整体规划，分步实施，突出重点，逐步推广。可以从业务最关心的数据、最重要的数据入手，取得一定的成果后，建立起业务的信心和领导决策的信心，再推广到更大的范围中。

（7）持续迭代的中台运营机制

建设数据中台不同于常规的软件系统、平台，它是一个有起点、没有终点的持续过程。这个过程最核心的衡量成果就是数据是否被更多的业务用起来，数据是否在更多的业务环节发挥价值，这就需要建立一个持续迭代的中台运营机制。通过运营，发现数据问题以及数据使用的问题，及时解决问题让数据使用方满意，增强数据使用的信心；发掘新的数据与新的数据应用，丰富数据中台的服务能力边界；推广有价值的数据服务与应用，让数据的价值在业务中得到更充分的利用。另外，通过持续运营也可以达到统一数据战略、优化组织架构、增强数据文化氛围、促进制度与流程落实的目的，让数据这个生产要素成为企业的核心竞争力。

数据中台是企业数字化转型的支撑，转型涉及打破习惯，利用科学的组织、方法、过程进行实施，以达到数字化转型的目标。

第 4 章

数据汇聚：打破企业数据孤岛

构建企业级数据中台的第一步就是解决数据的流通问题。对企业内部而言，各个业务系统的数据要实现互联互通，从物理上打破数据孤岛，这主要通过数据汇聚的能力来实现；对于企业之间，可以基于需求，通过既定协议与标准获取数据，这需要各方具备数据交换的能力。

在面向具体场景时，可以根据数据类型将流通对象分为结构化和非结构化、大文件和小文件、离线与在线等几种，不同类型的数据对存储系统、传输介质、加密方式的要求不同。同时，与业务数据化的方式也有关系，有些场景甚至需要通过线上与线下结合的方式来实现数据的汇聚。

在数据采集、汇聚与交换过程中，需要特别注意的一点是数据的隐私和安全。数据流通是最容易触碰法律红线的环节，因此在制订相应的方案时，一定要考虑当地安全法规的要求、数据权属的界限，避免侵犯用户的个人隐私，导致用户信息安全受损。

4.1 数据采集、汇聚、交换的方法和工具

4.1.1 数据采集

随着传统互联网、移动互联网、物联网等技术的兴起，企业的业务形态开始多元化，业务主体类型也愈加丰富，不局限于用户、供应商、员工、设备、车辆等对象的状态与行为都会对业务产生影响。通过行为埋点、爬虫、日志、填报的

方式来收集各类业务对象行为数据是企业非常重要的方法和手段。从空间维度来看，对象行为可以分为线上行为和线下行为两类。采集这两类行为所产生的数据的方法是不一样的，而且方法也在随着技术的演进不断发展变化。

1. 线上行为采集

线上行为的主要载体可以分为传统互联网和移动互联网两种，对应的形态有 PC 系统、PC 网页、H5、微信小程序、App、智能可穿戴设备、物联网传感设备等。在技术上，数据采集主要有客户端埋点和服务端埋点两种方式。其中客户端埋点主要通过在终端设备内嵌入埋点功能模块，通过模块提供的能力采集客户端的用户行为，并上传回行为采集服务端。

（1）客户端埋点

常见的客户端埋点方式有 3 种：全埋点、可视化埋点和代码埋点。

- **全埋点**：将终端设备上用户的所有操作和内容都记录并保存下来，只需要对内嵌 SDK 做一些初始配置就可以达到收集全部行为的目的。这也经常被称为无痕埋点、无埋点等。
- **可视化埋点**：将终端设备上用户的一部分操作，通过服务端配置的方式有选择性地记录并保存。
- **代码埋点**：根据需求来定制每次的收集内容，需要对相应的终端模块进行升级。

对于这 3 种埋点方式，企业可以根据实际业务场景来判断和选择。它们的优劣势对比如下。

全埋点适合于终端设计标准化且有统一系统接口的情形。它利用系统提供的事件捕获机制，在对象事件发生时调用埋点工具中的指定处理逻辑，对该事件相关的信息进行记录。这种方法的优点是不用频繁升级，在一次性验证并发布后，就可以获取终端的全量行为数据。当突然发现需要对某个对象进行分析时，可以直接从历史数据中找到所需的数据，而不需要再次进行数据收集。其缺点是数据存储、传输的成本较高，有些当前不用的数据也需要保留。

可视化埋点适合于需要考虑存储和带宽成本的情形，可通过后端配置来降低对象事件行为采集数量，实现机制和全埋点类似。其优点是发布后不需要频繁升级，成本比全埋点低，并且能够灵活配置；缺点是当需要对某一个对象进行分析，但发现其数据没有采集时，需要重新配置并等数据采集完成后再进行后续工作，容易影响业务进度。

代码埋点主要适合于终端设计非标准化、事件行为需要通过代码来控制的情形。其优点是灵活性强，针对复杂场景可以单独设计方案，对存储、带宽等可以做较多的优化；缺点是成本高，维护难度大，升级周期较长。

图 4-1 所示为某站点的网站行为埋点日志，该埋点日志中记录了数据的类型（logtype）、内容标题（title）、行为的上一级页面（pre）、用户的屏幕分辨率（scr）、用户标识（cna）、用户名（nick）等各类信息。对于这些数据，后端运营人员可以进行挖掘和分析，从而指导产品、运营的优化。例如：根据用户的屏幕分辨率数据，可以在产品布局上进行更好的适配；通过行为的上一级页面，可以知道用户是从哪个页面进入当前页面的，进而优化用户行为路径。

```
General
Reaquest URL:https://          /v.gif logtype=1& title=%E6%B7%98%E5%AE%9D%E7%BD%91%20-%28%E6%B7%98%EF%BC%81%E6%88%91%E5%96%E6%AC%A28 pre
=http%3A%2F%2Fwww.          .com%2F& scr=1288*888& cna=DK7MD             z78A&spm-cnt=a21bo.2017.8.85af11d9Q2r07J&category=&undaplus=&aplus=y
unid=&8u0ua5djnsudhhwa3&astid=AQAAAA         AAAAD         pw==&sidx=51+8nTkRZB7mmNb      n1zBPhv75fGk4ILEG+B85bunfUwjweBY+guQ
po1lPzBkAh0vYyTltnrG2Txk.            d0f1eWcfDwYBYRpmyKYR2I          Qs5vQTTie1lQ=&p=1&o=mac&u=chrome76&s=1280*800$w=webkit&tsm=mac&cache=cf
2.17&lver=8.12.3&jsver=aplus_std&pver=0.7.4&thw=cn&aws=1&hng=CN%              57C156&tag=-1&lstag=-1&_slog=0
Rsquest Method:GET
Status Code:● 200
```

图 4-1　埋点日志

（2）服务端埋点

除了客户端埋点，常见的线上埋点还有服务端埋点，即通过在系统服务器端部署相应的数据采集模块，将采集到的数据作为行为数据进行处理和分析。服务端埋点常见的形态有 HTTP 服务器中的 access_log，即所有的 Web 服务的日志数据。前面提到的客户端的 3 种埋点方式，常见的简化实现方案一般也会配合 HTTP 服务器中的 access_log 来落地，但有时为了更好地融合，会定制一些服务端的 SDK，用于捕获服务端系统中无法通过常规访问获取的数据信息，如内部处理耗时、包大小等数据。

服务端埋点的优点很明显，当需要获取的用户行为通过服务端请求就可以采集到或者通过服务端内部的处理逻辑能获取时，采用这种方式来收集用户行为数据能够降低客户端的复杂度，避免一些信息安全问题。但其弊端也很明显，有些用户行为不一定会发出访问服务端的请求，这种方式就无法采集这部分数据。因此，服务端埋点一般会和客户端埋点结合使用，相互补充，以完成全部目标用户行为的采集。

2. 线下行为采集

线下行为数据主要通过 Wi-Fi 探针、摄像头、传感器等硬件采集。随着设备的升级，各种场景中对智能设备的应用越来越多，安防、客户监测、考勤等开始深入人们的工作和生活。常见的线下行为采集方式有网络信号采集、图像识别采集及设备日志采集等。

（1）网络信号采集

通过 Wi-Fi 或移动分光信号采集周边移动设备上的用户行为是早年比较常用的用户行为采集方式，但有些不合规的使用涉及个人隐私，且手机操作系统也针对这类现象进行了一定的防采集处理，出于隐私保护、系统防护等原因，现在这种采集方式仅限于公共安全领域使用。拿 Wi-Fi 信号采集来说，其主要原理是通过信号探测的协议，在热点附近的移动设备探测 SSID 时建立网络连接，从网络协议中获取手机的网络设备号。

（2）图像识别采集

图像主要通过智能摄像头来采集，采集内容后会根据业务需要及存储成本要求进行处理，既可以输出原始或压缩过的视频流，也可以通过设备本身部署的算法模型识别图像的内容，输出结构化数据。例如，目标对象进入相应区域后摄像头可以识别相关信息，然后采集和保存图像并生成唯一标识（如 Face ID）、行为特征等描述信息供后续业务使用。

（3）设备日志采集

AIoT 设备记录了运行期间各类行为事件日志，这些日志数据的结构相对标准，有较强的时间属性，在工业制造、智能安防、执法稽查等领域广泛应用。由于缺少强制性的行业标准要求，当前大部分设备厂商为了构建自己的生态壁垒而使用私有协议进行数据传输。如果要采集和使用 AIoT 设备中的日志数据，企业通常需要先使用物联网平台或盒子对设备生产的数据进行协议转换，并通过订阅的方式获取基于标准协议传输的数据。

3. 互联网数据采集

网络爬虫又称为网页蜘蛛，是一种按照既定规则自动抓取互联网信息的程序或脚本，常用于网站的自动化测试和行为模拟。Google、搜狗、百度等搜索引擎都基于它们内部自建的网络爬虫，在遵守相关协议的情况下不断爬取互联网上的新鲜网页信息，对内容进行处理后提供相应的检索服务。

当企业的内部信息不足时，可以考虑利用外部互联网的数据进行一些"化学反应"，将外部的数据与内部数据有效融合，从而让内部数据在应用上有更多价值。网络爬虫有多种实现方式，目前有较多的开源框架，如 Apache Nutch 2、WebMagic、Scrapy、PHPCrawl 等，利用它们我们可以快速根据自己的实际应用场景构建数据抓取逻辑。当然，需要遵守相应的协议和法规，同时要避免对目标网站带来过大的请求压力。

4. 数据手工填报

受限于业务信息化程度较弱或数据保密要求，并不是所有的数据都会被机器记录，但这部分数据对决策分析等用途又至关重要。因此，为了能够将这些数据重新"信息化"，企业会使用数据填报类工具完成这部分数据的采集。

通常，数据收集员会定义收集数据的规范表单，比如填写字段、预设值、填写时间要求、填报人员等，下发给填报人员填写。数据填报与组织结构紧密关联，涉及多级上报时，还需要设定不同级别表单内容之间的联动计算方式，让整个上报过程更简单精确。

4.1.2 数据汇聚

数据汇聚不同于数据采集，数据采集有一定的数据生产的性质，其能力是将终端的对象业务过程信息用特定的方法记录后，通过中间系统的流转写入目标存储系统中。而数据汇聚则是通过一定的手段将已存在的数据从一个数据源搬运到另一个数据源的数据同步过程，也常被称为"数据集成"。企业可以根据汇聚数据类型、汇聚数据模式等维度筛选适合自身的数据汇聚工具。

1. 汇聚数据类型

数据可以根据自身的组织形式划分为 3 类。

- **结构化数据**：规则、完整、能够通过二维逻辑表现的数据，严格遵循数据格式与长度规范，常见的有数据库表、Excel 工作表等二维表。
- **半结构化数据**：数据规则、完整，同样严格遵循数据格式与长度规范，但无法通过二维逻辑来表现，常见的有用 JSON、XML 等形式表达的复杂结构。
- **非结构化数据**：数据结构不规则或不完整，不方便用二维逻辑来表现，需要经过复杂的逻辑处理才能提取其中的信息内容，如办公文档、图片、图像和音视频等。

2. 汇聚数据模式

应用哪种模式进行数据汇聚，主要依据业务应用的需要。汇聚数据模式主要分为以下两种。

- **离线**：主要用于大批量数据的周期性迁移。这种模式对时效性的要求不高，一般采用分布式批量数据同步的方式通过连接读取数据。读取数据有全量、增量两种方式，将数据经过统一处理后写入目标存储系统。
- **实时**：主要面向低时延的数据应用场景，一般通过增量日志或通知消息的方式实现，如通过读取数据库的操作日志（redo log、binlog）来实现相应的实时数据处理。业界常见的 Flink CDC、Canal、MaxWell、StreamSets、NiFi 等框架和组件都有较多的实际应用。

3. 汇聚数据方法

基于不同数据汇聚需求、硬件成本及网络带宽要求，可以选择不同的汇聚数据方法。

- ❏ ETL：Extract-Transform-Load 的缩写，指抽取—转换—存储这一过程，即在数据抽取过程中进行数据的加工转换，然后加载至存储系统中。ETL 模式在清洗过程中只抽取有价值的信息进行存储，而是否有价值是基于当前对数据的认知来判断的。由于数据价值会随着我们对数据的认知以及数据智能相关技术的发展而不断被挖掘，因此 ETL 模式很容易出现一些有价值的数据被清洗掉，导致当某一天需要用这些数据时又需要重新处理，甚至数据丢失无法找回。相比存储的成本，重新处理数据或者数据丢失的代价可能会更大。
- ❏ ELT：与 ETL 的缩写内容一致，只是顺序变为抽取—存储—转换。这种方法更适合大规模数据场景，它将数据抽取后直接加载到存储系统中，再通过大数据和人工智能相关技术对数据进行清洗与处理。在数据存储成本越来越低廉、数据量越来越庞大的今天，ELT 是更好的选择。

4. 汇聚数据工具

在数据能力建设过程中，很多企业结合自身的场景和最佳实践开源了一些优秀的汇聚工具，如 Flink CDC、Canal、Sqoop、DataX 等，这些工具的适用场景不同，也各有优缺点。

（1）Flink CDC

Flink CDC 于 2020 年发布，使用 CDC（变化数据捕捉）技术，通过源数据库日志更新的订阅及消费捕获源数据库数据的变化，并将数据同步到目的数据库，而且在同步过程中可以对数据进行一定的处理。

受惠于丰富的生态以及良好的场景兼容性，Flink CDC 已经成为主流数据同步工具。由于对有界数据流和无界数据流都有完善的兼容性，因此它可以同时应用在离线、实时以及混合的数据同步场景中，令从业人员的学习成本、部署维护成本大幅降低。

Flink CDC 的机制决定了它无法支持非结构化数据的同步，因此使用数据湖技术的企业还需选择非结构化数据同步工具。

（2）Canal

Canal Server 模拟 MySQL Slave 的交互协议，将自己伪装为 MySQL Slave 向 Master 发送 dump 协议，Master 收到请求后开始推送 binlog，Canal 解析字节流产出解析后的增量数据。

Canal 的主要优点是流程架构非常清晰，部署和配置等相对简单，同时可以额外做一些配置管理、开发改造的工作。它的主要缺点是 Server 中的 Instance 和 Client 之间是一对一消费的，不太适用于多消费和数据分发的场景。

（3）Sqoop

Sqoop 是目前市面上相对通用的一种解决方案，是在结构化数据和 HDFS 之间进行批量数据迁移的工具。其整体框架以 Hadoop 为核心，底层使用 MapReduce 程序实现，MapReduce 天生的特性保证了并行化和高容错率，任务运行在 Hadoop 集群上，减少了服务器资源的使用情况。

其主要优势是，在特定场景下，数据交换过程会有很大的性能提升。主要缺点是，处理过程定制程度较高，目前主要通过在命令行中配置参数来调整数据同步操作行为，在用户的一些自定义逻辑和数据同步链路监控方面比较薄弱。除此之外，任务运行完全依赖于 MapReduce，功能扩展性方面受到比较明显的约束和限制。

（4）DataX

DataX 是阿里巴巴开源的一套插件式离线数据同步工具，以实现各种异构数据源之间的高效数据同步为目标而设计，提供数据同步作业全链路的流量监控，将作业本身的状态、数据流量、数据速度、执行进度等信息进行展示，提供脏数据探测功能，支持在传输过程中对传输报错（如类型转换错误）进行策略化处理。由于它是基于进程内读写直连的方式，因此在高并发数据同步场景下它对机器内存要求比较高。

与 Flink CDC 相同，DataX 也不支持非结构化数据本身的同步，但它目前支持非结构化数据源。使用非结构化数据源时，在同步路径中需要存储一张逻辑意义上的二维表（如 CSV 格式的文本信息）供 DataX 读取，其本质还是将表格内的结构化数据同步到目的端。

4.1.3 数据交换

在数字化转型过程中，企业会因为自身数据不足无法快速开展业务，而希望从企业外部获取数据或数据能力以增强企业数据的完整性和丰富度，此时就出现了数据在组织之间的供需关系。通常使用数据交换来满足数据供需两端的各类场景诉求。

对于数据需求方，数据交换可以算作一种数据共享与获取的方法，需求方只需要与供给方约定好数据格式、传输协议、计算方式、结算逻辑、交换时间等就可以获取到数据，对于数据源存储的位置、形态、结构都不需要关注，这也是它在数据传输时与数据汇聚最大的区别。

根据业务需求与数据安全要求的不同，数据交换的场景五花八门。例如集团与子公司之间数据的定时报送，通常采用未加密数据的交换传输，更多在传输协议层面进行加密，因为在内网环境交换，数据泄露风险较低；再如企业的业务需求是让预测模型更准确，那么不需要直接获取真实数据，只要通过联邦学习的方式与数据供应方联合计算获取模型即可，虽然没有获取数据，但达到了获取数据的目的。

数据交换是数据中台的能力补充，通过数据交换，数据中台的数据以及数据能力能够逐步提升，也能够基于数据交换构建新的业态（数据交易）。当企业与企业之间的数据中台通过数据交换连接时，就实现了更广泛意义上的数据中台。

在本书中，我们将重点放在企业内部的数据中台建设及实践经验，所以下面以数据汇聚为重点进行讲解。

4.2 数据汇聚产品

从上文的介绍中可以了解到，各式各样的工具都无法独立满足企业复杂的数据汇聚场景。从数据类型来看，有结构化数据和非结构化数据；从作业实效性来看，有离线数据同步和实时数据同步。另外，数据汇聚是后续数据处理、加工作业的起点，因此，相应的同步、汇聚任务调度及状态要能够有效地与上下游形成依赖，借助统一调度的能力构建数据作业流。

数据汇聚产品首先要考虑的是屏蔽底层工具的复杂性，以可视化配置的方式提供给企业用户；其次需要考虑，为了解决数据孤岛问题，应满足异构存储、异构数据类型的同步需求；最后，还要考虑不同时效要求下的数据互通。因此，数据汇聚产品需要屏蔽系统底层协议、传输安全、特性组件等信息，让开发人员在数据接入过程中无须关注数据格式转换、数据路由、数据丢失等，而只需要关注与业务本身相关的数据同步、汇聚部分。

在构建数据同步、汇聚链路的实践过程中，基于异构数据源、异构厂商集群、数据应用时效性和相关技术栈等因素考虑，需要采取不同的同步策略：离线数据同步和实时数据同步。但是在产品形态上，两种同步服务可以采用相同的可视化同步配置策略，以降低用户操作成本。

1. 数据源

数据汇聚是将数据从一个存储点搬运到另一个存储点的动作，在搬运之前，需要让系统知晓数据原来在哪，搬运目的地在哪，以及如何连接，这样才能顺利进行数据同步与汇聚。这就需要对数据库连接方式进行配置、记录，即数据源管理。

数据源可以是已有系统存储业务数据的地方，作为数据中台的数据来源，也可以是数据应用场景，为应用场景提供结果数据存储的地方。

根据业务系统及数据应用场景的不同，数据源也有不同的选择。例如，广告场景对时效性要求很高，相应地，对数据源读性能的要求就会很高，有些场景对于大批量数据的多维分析有需求，因此数据源需要具备对大批量数据进行多维分析的能力。针对这些场景，涉及的数据源会有很多种，大致可以分成以下几类。

- 关系型数据库：如 Oracle、MySQL、SQL Server、PostgreSQL、DB2、KingBase、达梦、ClickHouse、TiDB 等。
- NoSQL：如 Redis、MongoDB、Elasticsearch、OTS、Neo4J 等。
- MPP 型数据库：如 Greenplum、AnalyticDB for PostgreSQL、GaussDB、GBase 等。
- 网络及 MQ：如 Kafka、Pulsar 等。
- 文件系统：如 HDFS、FTP、OSS 等。
- 大数据相关：如 Hive、Impala、Presto、Kudu、MaxCompute、LibrA、ELK 等。

2. 抽取与加载程序

数据汇聚、同步需要从源头数据源读取数据，并写入目标数据源。在实现上，抽象为从源头数据源读取数据的读取插件，以及向目标端写入数据的写入插件，理论上可以支持任意类型数据源的数据同步工作。

结构化数据和非结构化数据都可以通过扩展插件的方式进行同步。对于结构化数据，主要场景是将原始数据库中的数据复制到目标表，在源头数据端通常采用数据查询或者捕捉日志变化的方式获取数据，根据不同的需求设计开发适配插件。非结构化数据则有更多汇聚同步方法，常规的场景主要是以文件或数据块的方式进行同步，因此只需要适配源或目标存储系统的相应插件及数据处理的机制。例如文件传输，将数据块保存为特定格式的文件，即可满足相应的需求。一些非结构化数据由于规模比较大，并且全部搬运的意义不大（比如某个区域的监控录像），那么通常在传输过程中直接对视频流内容进行识别，并提取关键信息，最后写入目标端结构化存储系统中以降低存储成本。这类场景对读取和写入插件的适配要求没有变化，但在同步过程中增加了计算环节，需要数据处理模块发挥作用。

- **读取插件**：数据采集模块，负责采集数据源的数据，将数据发送给数据同步核心模块。

- **写入插件**：数据写入模块，不断从数据同步核心模块取数据，并将数据写入目标端。
- **数据同步核心模块**：用于连接读取插件和写入插件，作为两者的数据传输通道，并处理缓冲、流控、并发、数据转换等核心技术问题。

3. 同步模式

离线数据同步与实时数据同步是数据汇聚、同步的两种同步模式。

针对数据时效要求低、吞吐量大的场景，主要采用离线模式。在过去网络带宽紧张、业务数据库性能瓶颈很低时，主要使用该模式。当时，大部分企业将数据同步任务放在夜间执行，以降低对业务的影响，并在完成同步后处理数据、加工业务指标、生成报表，以供业务人员次日查阅。这种方式需要在任务执行前进行开发、测试、验证和发布，并由系统代理在次日启动程序进行同步。

而对于时效要求高、需要频繁实时获取最新数据的业务场景，就需要采用实时模式。实时同步支持将关系型数据库、消息队列中间件等多种数据源作为数据源端，通过读取数据库日志或者订阅消费的方式持续读取数据，将新增数据或者变更数据写入目标存储系统。实时同步可以在任务发布后立即开始同步，并且能够在网络抖动等造成同步中断后断点续传。

随着硬件性能的提升以及软件方案的成熟，流（实时）与批（离线）的界限越来越模糊，流批逐渐一体化。在过去，相同的数据同步内容需要单独开发任务，流批一体化后只需要开发一次同步任务，在执行时再根据资源、业务需求、数据存储要求自动或手动切换同步模式就能响应业务要求，从而大幅降低研发和维护成本。

4. 同步范围

数据是具备生命周期属性的要素，大部分数据的价值会伴随时间的推移而减弱，但不会完全消失。企业在数据汇聚时，要充分考虑目标数据对当下业务的重要程度、存储与计算成本、过去业务变化的价值影响等因素，选择汇聚全部数据（全量同步）还是只汇聚最近产生的数据（增量同步）。

- **全量同步**：全量数据同步分为表全量同步和库全量同步（整库同步）两种方式。表全量同步每次读取表中全量数据并写入；库全量同步是把库中所有表进行数据同步，要求源端和目标端的表名称、结构相同，允许目标表不存在，不存在时自动创建目标表。
- **增量同步**：增量同步分为新增、覆盖和更新三种策略。新增策略主要通过在目标端创建新分区或者直接追加写数据实现。覆盖和更新策略在同步配置时选择唯一键，根据唯一键对比同步中的数据和目标端数据，结合增量策略来判断数据是应覆盖还是更新。

数据汇聚产品中，既可以单独进行全量数据同步和增量数据同步，也可以将二者结合使用，先进行全量同步，然后自动进行增量同步，从而大幅降低技术人员的操作成本，无须重复设置。

5. 其他产品特性

数据汇聚与同步除了对数据传输有要求，对传输数据内容的规范性和安全性及传输过程的稳定性都有一定要求。

（1）前置稽核

在开始源端数据同步前，可以进行数据质量规则校验，根据配置规则的阻塞、告警等策略控制数据同步是否运行。

（2）数据转换

数据转换是指将各类非标准数据转换成标准数据格式，并且将转换后的数据推送到大数据平台指定的位置或库表。在数据同步、传输过程中，存在用户对于数据传输进行定制化的场景，包括字段截取、替换、编码转换等操作，可以借助 ETL 的 T（Transform，转换）过程实现。

在配置数据同步作业的字段映射关系时，可以对每个字段定义转换函数，例如字符串截取函数 dx_substr、字符串替换函数 dx_replace、字符串过滤函数 dx_filter，还支持用户用 Groovy 自定义转换逻辑。

（3）传输加密

数据中台通常建设在本地环境，与外网隔离，在数据传输过程中相对安全，不容易发生数据泄露，但也存在混合云、公有云部署的模式，为了防止数据泄露，在传输过程中会采取 SASL 认证等机制保证数据安全。也可以采用先在源端加密再传输到目标端的方式进行解密，但对计算资源的开销较高，除非是涉密数据、隐私数据，其他类型数据使用这种方式传输的性价比并不高。

（4）流量控制

数据存储、数据计算、网络资源都影响着数据传输的快慢，数据汇聚、同步任务也因业务的优先级、源系统的并发限制等需要调整资源占用比例。在产品中，可以调整内存的分配、运行的优先级别、传输速率等多项指标，以满足不同场景下的数据汇聚需求，同时充分利用硬件资源。

4.3 数据存储系统的选择

将各类数据汇聚后，首先面临的是存储压力，不同类型的数据内容、不同的数据汇聚方式及未来可能的使用场景，都会对存储系统的选择产生影响。常见的问题如下：

- ❏ 存储系统是选择关系型数据库还是大数据相关的技术（Hadoop 等）？
- ❏ 现有存储系统与新存储系统之间是什么关系？
- ❏ 选择数据仓库还是数据湖？

抛开技术指标的维度对比，选择存储系统时还需要考虑以下几个方面。

1）数据规模。当前的及未来的数据规模，这取决于对中台的定位及对未来的发展预期。DT 时代，企业的数据生产方式越来越丰富，数据量越来越大，选择成本可控且容易扩展的存储系统是比较常见的选择。

2）数据生产方式。有些数据生产端没有存储系统，因此会通过实时推送的方式将生产数据按特定协议和方式进行推送，这类场景要求数据采集时的存储系统能够满足数据实时落地的需求。有些目标存储系统不具备这种高性能落地的能力，因此需要考虑在数据生产端和目标存储端中间加一个写性能较好的存储系统。

3）数据应用方式。数据使用场景决定了数据存储系统的选型，如离线的数据分析适合非人机交互的场景，搜索则需要能够快速检查并支持一些关键字和权重处理。这些能力也需要有特定的存储系统来支撑。

针对这些复杂的场景，在大规模的数据处理下，任何一个以前认为可以忽视的小问题都有可能被无限放大，因此还像以前一样靠一种存储系统解决所有问题是不太可能的。在建设中台时，需要根据企业自身情况选择合适的存储系统组合来满足企业的数据战略和数据应用需求。

1. 在线与离线

在线存储是指存储设备和所存储的数据时刻保持在线状态，可供用户随时读取，满足计算平台对数据访问的速度要求，就像 PC 中常用的磁盘存储模式一样。在线存储设备一般为磁盘、磁盘阵列、云存储等。

离线存储用于对在线存储的数据进行备份，以防范可能发生的数据灾难。离线存储的数据不会经常被调用，一般也远离系统应用，"离线"一词生动地描述了这种存储方式。离线存储介质上的数据的读写是顺序进行的。读取数据时，需要先把磁带卷到头，再进行定位。当需要对已写入的数据进行修改时，需要将所有数据全部改写。因此，离线存储的访问速度慢、效率低。离线存储的主要介质是硬盘、磁带、光盘等。

2. OLTP 与 OLAP

OLTP 和 OLAP 是相对传统的术语，但是在大数据时代，它们又有了新的使命。需要强调的是，OLTP 和 OLAP 并不是竞争或者互斥的关系，相反，它们相互协作，互利共赢，OLTP 用于存储和管理日常操作的数据，OLAP 用于分析这些数据，如图 4-2 所示。

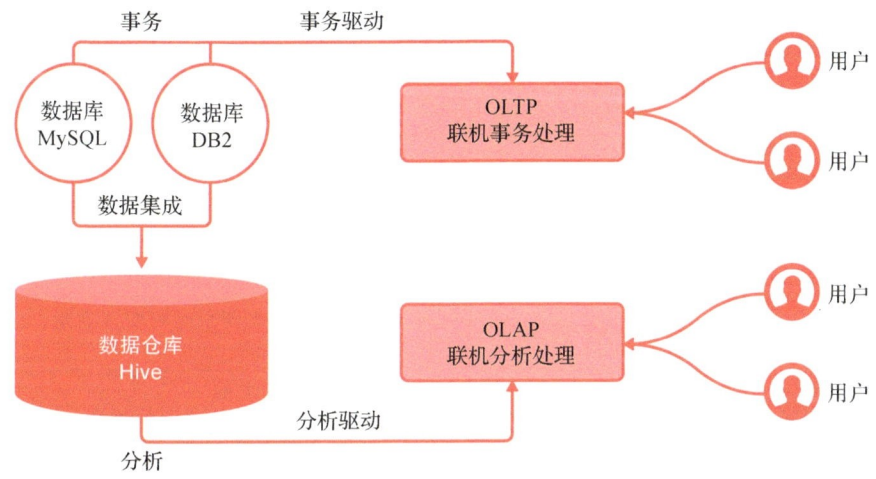

图 4-2　OLTP 与 OLAP 的关系

OLTP（On-Line Transaction Processing，联机事务处理）是专注于面向事务的任务的一类数据处理，通常涉及在数据库中插入、更新或删除少量数据，主要处理大量用户下的大量事务。OLTP 系统一般都是高可用的在线系统，以小的事务及小的查询为主，评估其系统的时候，一般看其每秒执行的事务及查询的数量。在这样的系统中，单个数据库每秒处理的事务往往有几百甚至几千个，Select 语句的执行量每秒有几千甚至几万个。典型的 OLTP 系统有电子商务系统、银行、证券等，如美国 eBay 的业务数据库就是很典型的 OLTP 数据库。

OLAP(On-Line Analytical Processing，联机分析处理）系统，有时也叫 DSS（决策支持系统），就是我们说的数据仓库。它常用于报表分析场景，相对于 OLTP，对准确性（如 id-mapping）、事务性和实时性要求较低。1993 年，E.F.Codd 认为 OLTP 已不能满足终端用户对数据库查询分析的需要，SQL 对大型数据库进行的简单查询也不能满足终端用户分析的要求。用户的决策分析需要对关系数据库进行大量计算才能得到结果，而查询的结果并不能满足决策者提出的需求。因此，他提出了多维数据库和多维分析的概念，即 OLAP。

OLAP 技术主要通过多维的方式来对数据进行分析、查询并生成报表，它不同于传统的 OLTP 应用。OLTP 应用主要用来完成用户的事务处理，如民航订票系统和银行的储蓄系统等，通常要进行大量的更新操作，并且对响应的时间要求比较高。而 OLAP 应用主要对用户当前数据和历史数据进行分析，帮助市场做决策，制定营销策略，主要用来执行大量的查询操作，对实时性要求低。表 4-1 对 OLTP 与 OLAP 进行了比较。

表 4-1　OLTP 与 OLAP 的比较

	OLTP	OLAP
用户	面向操作人员，支持日常操作	面向决策人员，支持管理需求
功能	日常操作处理	分析决策
DB 设计	面向应用，事务驱动	面向主题，分析驱动
数据	当前的、最新的、细节的、二维的、分立的	历史的、聚集的、多维的、集成的、统一的
存取	可更新，读/写数十条记录	不可更新，但周期性刷新，读上百万条记录
工作单位	简单的事务	复杂的查询
DB 大小	100MB 到 GB 级	100GB 到 TB 级

3. 存储技术

为了应对数据处理的压力，过去十年间，数据处理技术领域有了很多的创新和发展。除了面向高并发、短事务的 OLTP 内存数据库外（Altibase、TimesTen），其他的技术创新和产品都是面向数据分析的，而且是大规模数据分析，也可以说是大数据分析。有的采用 MPP（Massive Parallel Processing，大规模并行处理）架构的数据库集群，重点面向行业大数据，如 Greenplum、LibrA 等；有的采用 Shared Nothing 架构，通过列存储、粗粒度索引等多项大数据处理技术，再结合 MPP 架构高效的分布式计算模式，实现对分析类应用的支撑，运行环境多为低成本的 PC 服务器，具有高性能和高扩展性的特点；也有的采用从 Hadoop 技术生态圈中衍生的相关大数据技术，如 HBase 等。

（1）分布式系统

分布式系统包含多个自主的处理单元，通过计算机网络互联来协作完成分配的任务，其分而治之的策略能够更好地处理大规模数据分析问题。分布式系统主要包含以下 3 类。

❑ **分布式文件系统**：存储管理需要多种技术的协同工作，其中文件系统为其提供底层存储能力的支持。分布式文件系统 HDFS 是一个高容错性系统，被设计成适用于批量处理，能够提供高吞吐量的数据访问。

❑ **分布式键值系统**：用于存储关系简单的半结构化数据。典型的分布式键值系统有 Amazon Dynamo，获得广泛应用的对象存储（Object Storage）技术也可以视为键值系统，其存储和管理的是对象而不是数据块。
- **MPP 系统**：这里更多是指狭义上的分布式分析性数据库系统，如 Greenplum、Teradata 等。这类数据库具备良好的 SQL 兼容性，能够像操作关系型数据库一样执行任务，在集群节点规模上也能扩展到三位数，但是由于只能处理结构化数据，所以难以支持数据湖这类蕴含丰富非结构化数据的场景。

（2）NoSQL 数据库

关系型数据库已经无法满足 Web 2.0 的需求，主要表现为：
- 无法满足海量数据的管理需求；
- 无法满足数据高并发的需求；
- 高可扩展性和高可用性的功能太低。

NoSQL 数据库的优势为：可以支持超大规模数据存储，灵活的数据模型可以很好地支持 Web 2.0 应用，具有强大的横向扩展能力等。典型的 NoSQL 数据库包含以下几种：键值数据库、列族数据库、文档数据库和图形数据库等。

（3）云数据库

云数据库是一种基于云计算技术的共享基础架构的方法，是部署和虚拟化在云计算环境中的数据库。云数据库并非全新的数据库技术，而只是以服务方式提供的数据库功能。云数据库所采用的数据模型可以是关系型数据库所使用的关系模型（微软的 Azure SQL 云数据库都采用了关系模型）。同一家公司也可能提供采用不同数据模型的多种云数据库服务。

4. 数据湖

随着企业数据的爆发式增长，以及对非结构化数据存储与分析使用的需求增大，传统数据仓库的数据中台方案遇到了瓶颈。首先，数据中台需要将所有原始数据汇聚，非结构化数据的原始数据存放在各个 NAS、云盘、本地 FTP 等系统中，而受限于存储成本，难以将所有非结构化数据同步到数据中台；其次，数据仓库更多是结构化数据存算一体的架构，非结构化数据要进行处理再进入数据仓库，从数据处理、加工到使用的链路较长；最后，数据仓库作为 OLAP 的选型，ACID 方面无法保证，对于要求实时、精准分析数据的场景支持并不理想。

数据湖除了具备数据仓库的大部分能力外，还解决了上述棘手问题。通过表 4-2 对数据仓库与数据湖的比较我们能够更好地了解数据湖的主要能力。

表 4-2　数据仓库与数据湖的比较

	数据仓库	数据湖
数据类型	已经加工过的结构化数据	所有类型的数据
加工方式	写时模式	读时模式
存储计算	高成本存储，存算一体	低成本存储，存算分离
灵活性	不灵活	灵活可配
安全性	已成熟	正在发展
用户群体	业务专家	各类用户
应用场景	批处理报告、BI、可视化分析	机器学习、探索分析、流计算、特征分析

数据湖是一个以原始格式存储数据的存储库或系统，它按原样存储数据，而不事先对数据进行结构化处理。也就是说，数据湖既可以存储结构化数据，也可以存储非结构化数据，换句话说，可以存储企业的所有数据。

另外，搭配这一特性的还有数据的加工方式，数据仓库是写时模式，数据湖是读时模式。写时的意思是在写入数据时，就把数据结构（Scheme）定义好，系统已经知道这些数据的逻辑结构，可通过既定的程序输出计算结果；而读时模式则是数据在使用时，由使用者定义结构及分析方法，它相比读时更加灵活，可挖掘出更多的数据金矿。

(1) 数据编目

企业的数据存储系统以及业务系统逐年增加，数据存储在各个地方，存储介质多种多样，有机械硬盘、固态硬盘、内存等，数据湖可以通过数据编目的方式将这些存储系统统一管理起来，用于后续的计算。数据使用者无须关心数据的实际存储位置，只需要申请并执行计算任务即可获得结果。

数据编目可以是对原始数据的物理资源编目，也可以是基于业务需求和场景的逻辑编目。但无论采用何种编目方式，都需要保证用户和系统能够索引、定位到数据。

(2) 数据入湖

在存储计算方面，数据仓库采用的是存算一体的模式，如果要使用数据仓库，就需要单独搭建一套存储系统，将数据实际汇聚到存储系统当中。而数据湖可以做到存算分离，存储系统既可以是集中的，也可以是分散的，分散的数据在被使用时同步到加速计算引擎内，输出结果，这样就无须先将数据处理加工好再使用，因而能够更合理地利用组织内的存算资源。数据进入数据湖的方式主要有两种。

- **物理入湖**：数据编目完成后，即将数据汇聚、同步到数据湖的存储系统中。对于经常使用、分析的数据，建议使用物理入湖的方法，这样在数据分析时，数据无须进行传输就已经在系统中存储，因而能够让数据计算任务立刻跑起来，快速获取结果。
- **虚拟入湖**：仅完成数据编目的工作，而不进行数据汇聚、同步的工作，只有在计算时，才通过实时同步的方式将数据集中存储并计算。如果在原始存储系统中部署有计算节点，也可以先在边缘计算结果再传输到中心统一计算。对于非结构化数据这类存储开销大的或者使用频率低、难以评估使用频率的数据，都推荐使用虚拟入湖的方式"汇聚"到数据湖中。

数据湖能够真正将原始数据都"汇聚"起来，消灭数据孤岛；让企业数据管理者看到数据大盘，掌握数据概况，让数据开发者无须关注物理存储即可进行指标计算、数据挖掘，快速响应业务，是数据中台现阶段在技术层面的最佳选择。

数据与数据之间天然存在着显性的和隐性的关系，大数据的极致魅力就在于通过对这些关系的识别和挖掘，创造前所未有的应用场景，带来意想不到的巨大价值。而要实现这一切，首先需要将数据进行物理层面的汇聚，让有价值的数据自动、快速地整合到统一的存储空间，为后面的数据开发、机器学习、数据分析打好坚实的基础。

数据汇聚是数据中台建设的第一个环节，其主要目的是打破企业数据的物理孤岛，形成统一的数据中心，为后续数据资产的价值挖掘提供原始材料。企业的每一个业务端都是一个数据触点，会产生大量的数据，这些数据的生产和采集过程需要符合数据安全、隐私保护的相关要求。同时，异构的数据源所采用的汇聚方法也有一定的差异，本章介绍了常见的数据汇聚的方法和工具，以及企业在使用这些方法和工具的过程中，如何将它们包装成一个简单易用的工具，以便于快速满足数据汇聚的需求。此外，本章还阐述了针对不同的数据汇聚场景，企业需要考虑的存储系统选型。

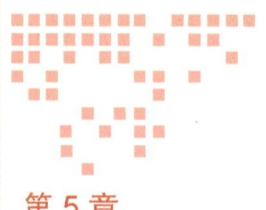

Chapter 5 第 5 章

数据开发：数据价值提炼工厂

汇聚联通到中台的数据，基本是按照数据的原始状态堆砌在一起的，是企业对过往所有 IT 信息化建设积累的成果的融合。这些数据构成了原始数据资源。

数据开发是数据资产内容建设的主战场，是数据价值生产过程中的核心环节，可以支撑大批量数据的离线处理、实时处理和数据挖掘等。

业务沉淀的数据就像原始的矿石或商品的原材料，数据开发这个环节就像是"商品"生产的流水线，通过这条流水线将数据转换成数据资产，让数据能根据业务的需求转换成新的形态，将原本看起来没有价值的数据变成对业务有价值的资产，为前端业务源源不断提供其所需要的"商品"。

数据开发涉及的产品能力主要包括 3 个部分，分别是离线开发、实时开发和算法开发，如图 5-1 所示。

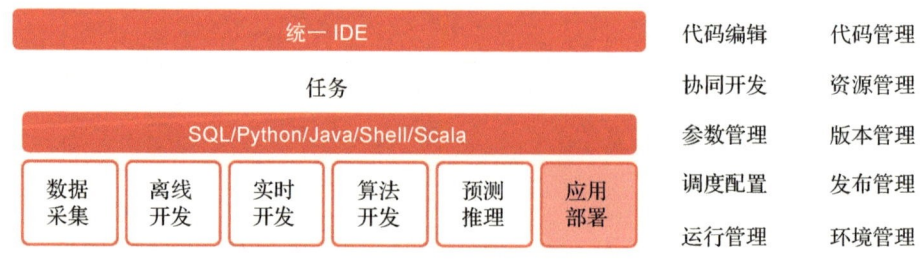

图 5-1　数据开发的产品能力

❑ **离线开发**主要包括离线数据的加工、发布、运维管理，以及数据分析、数据探索、在线查询和即席分析相关的工作。
- **实时开发**主要涉及数据的实时接入和实时处理，简化流数据的加工处理过程。
- **算法开发**主要提供简单易用的可视化拖曳方式和 Notebook 方式来实现数据价值的深度挖掘，并将产生的算法模型在数据开发中使用。

常见的加工场景有离线和实时数仓建设、算法模型训练、数据化运营分析、数据探索等。在这个过程中，通过数据开发套件对大数据的存储和计算能力进行封装，通过产品化的方式让用户更容易地使用大数据。计算能力与第 4 章中提到的存储能力是紧密联系的，由于数据规模不断增大，不仅存储能力需要细分，计算能力也需要细分。因此在建设过程中，需要对不同场景下的计算能力有一定了解。

5.1 数据计算能力的主要类型

笔者将计算能力根据场景抽象分成五大类，即批计算、流计算、流批一体、在线查询和即席分析，随着数据处理技术的发展，还融合出一种新的计算方式——流批一体。对于不同的场景应配合不同的存储和计算框架来实现，以满足业务的复杂需求，如图 5-2 所示。

图 5-2　数据计算能力的主要类型

1. 批计算

主要用于批量数据的高延时处理场景，如离线数仓的加工、大规模数据的清洗和挖掘等。目前大多利用 MapReduce、Hive、Spark 等计算框架进行处理，其特点是数据吞吐量大，延时高，适合人机交互少的场景。

2. 流计算

也叫实时流计算，对于数据的加工处理和应用有较高的时效性要求，常见于监控告警场景。例如实时分析网络事件，当有异常事件发生时能够及时介入处理。例如，阿里巴巴"双 11"可视化大屏上的数据展现就是流计算的一种应用——将浏览、交易数据进行流计算后展现。目前这类场景中使用较多的计算框架有 Flink、Spark Streaming 和 Storm 等。

3. 流批一体

随着企业处理的数据量越来越大，单纯的流计算或批计算都不能满足其业务需求，且由于流计算和批计算使用不同的计算框架，往往需要企业具备多种数据处理架构的能力，投入更多人力成本。为了解决这个问题，业界提出流批一体的技术理念，即计算引擎同时拥有流计算的低延迟、批计算的高吞吐量和高稳定性，并且用同一套编程接口实现批计算和流计算并保证底层执行逻辑一致，进而保证处理过程和结果的一致性。Flink 计算引擎对流批一体的概念落地起到了较大的推动作用。

4. 在线查询

主要用于数据结果的在线查询、条件过滤和筛选等，如数据检索、条件过滤等。根据不同的场景会有多种选择：如营销场景对响应延时要求高的，一般会采用缓存型的存储计算，如 Redis、Tair 等；对响应延时要求正常的，可以选择 HBase 和 MySQL 等；需要进行条件过滤、检索的，可以选择 Elasticsearch 等。企业一般对在线查询的需求比较旺盛，因而可能会有多套在线计算系统提供服务。

5. 即席分析

主要用于分析型场景和经验统计。一般而言，企业 80% 的数据处理需求是在线查询和即席分析。根据维度的不同，有多种分析方式，提前固定计算的维度、根据需求进行任意维度的交叉分析（ad-hoc）是常见的场景。目前已有很多相应的产品、框架来支撑这方面的应用，如 Kylin、Impala、ClickHouse、Hawk 等。

以上几种计算能力已经可以满足大多数数据处理的场景。如果你的数据处理涉及更复杂的参数和规则，可以利用机器学习或者深度学习算法。

5.1.1 批计算

由于数据量激增，原有的计算框架已经无法支撑 TB、PB 甚至 EB 级规模数据的处理，在这种大数据场景下，提供成本低廉且可水平扩容的计算能力，采用分而治之的方法是必然的。Google 的 3 篇论文开启了大数据处理的序章，其中 MapReduce 被各大公司作为数据处理的主要方案。传统的数据处理方式通常是将数据导入专门的数据分析工具中，但这样会面临两个问题：

- ❏ 源数据非常大时，往往仅移动数据就要花费较长时间；
- ❏ 传统的数据处理工具往往是单机的，或者系统架构无法快速扩容，面对海量数据时，数据处理的时间也是一个很大的问题。

MapReduce 是一种分布式编程模型，采用"分而治之"的思想，将一个大规模数据集分解为多个小规模数据集，然后分发给集群中多个节点共同完成计算。这样可以有效降低每一部分的运算复杂度，达到提高运算效率的目的。

MapReduce 模型将计算分为两个阶段：Map 阶段和 Reduce 阶段。图 5-3 为 MapReduce 模型的数据流图。Hadoop 将 MapReduce 的输入数据划分为等长的数据块，称为输入分片（Input Split），为每一个分片构建一个 Map 任务，并由该任务来运行用户自定义的 Map 函数，以处理分片中的每条记录。Map 任务输出时要按照 Reduce 任务的数量进行分区，即为每一个 Reduce 任务新建一个分区，同时对每个分区进行排序。Reduce 任务启动后，会向所有 Map 任务拉取数据并在 Reduce 端合并，Map 任务和 Reduce 任务之间的数据流称为混洗（Shuffle）。最后由用户自定义的 Reduce 函数处理，其输出通常存储在 HDFS 上，以实现可靠存储。

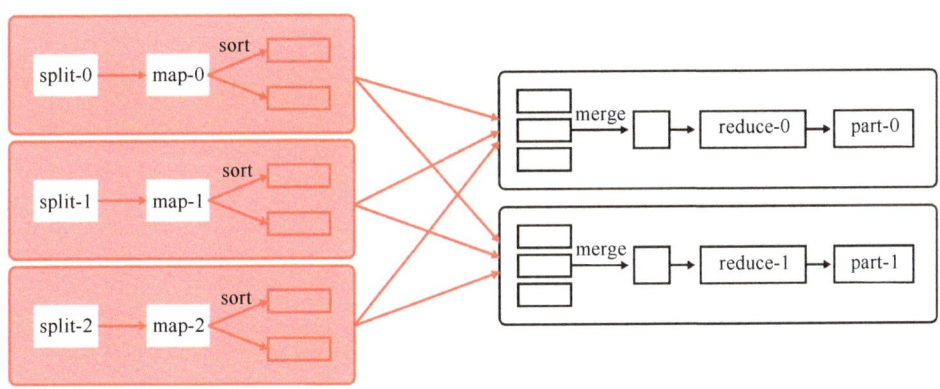

图 5-3　MapReduce 模型的数据流图

MapReduce 由于设计上的一些限制，处理性能较弱，针对这个问题，业界有很多优化方案及替代产品，但真正发展起来的目前主要有 Spark。Spark 也是一个批计算框架，它将数据抽象成 RDD、DataFrame，这是一种分布式的内存抽象，允许在大型集群上执行基于内存的计算，从而大大减少迭代计算所需的开销。相比 MapReduce，Spark 在以下几方面具有优势。

❑ **数据处理技术**：Spark 将执行模型抽象为通用的有向无环图（DAG）执行计划，这可以将多个 Stage 串联或者并行执行，而无须将 Stage 的中间结果输出到 HDFS 中。

❑ **数据格式和内存布局**：Spark RDD 能支持粗粒度写操作，而对于读操作，RDD 可以精确到每条记录，这使 RDD 可以用作分布式索引。

❑ **执行策略**：MapReduce 在数据混洗之前会花费大量时间排序，而 Spark 支持基于 Hash 的分布式聚合，调度中采用更为通用的任务执行 DAG，每一轮的输出结果都可以缓存在内存中。

5.1.2 流计算

批计算能应对多数大数据计算场景，然而要更快速、高效地获取数据中的价值，批计算就无法满足需求了。此时，一些优秀的实时处理框架，如 Storm、Flink、Spark Streaming 等逐渐发展起来，并被广泛使用。

流计算的常见应用场景如下。

- **流式 ETL**：集成流计算现有的诸多数据通道和 SQL 灵活的加工能力，对流式数据进行实时清洗、归并、结构化处理。同时，对离线数仓进行有效补充和优化，为数据的实时传输提供可计算通道。
- **流式报表**：实时采集、加工流式数据，实时监控与展现业务和客户的各类指标，让数据化运营实时化。
- **监控预警**：对系统和用户的行为进行实时监测与分析，以及时发现危险行为。
- **在线系统**：实时计算各类数据指标，并利用实时结果及时调整在线系统的相关策略，在内容投放、无线智能推送等领域有大量应用。

5.1.3 流批一体

流批一体主要体现在以下 4 个方面。

- **统一元数据**：无论是批计算还是流计算，面对的数据对象元数据保持统一。
- **统一数据存储**：使用同一套数据存储系统将对象存储、文件存储等进行统一，并提供多种协议供计算使用。
- **统一计算引擎**：离线计算和实时计算采用统一的计算引擎，并用同一种逻辑或代码覆盖两种场景，避免在多种计算引擎之间来回切换，增加学习和运维成本。
- **统一语义**：语义开发层的统一，从使用者的角度来思考设计，使数据开发过程便捷、低门槛、高效率。简单理解，统一语义可以分为 3 类：统一开发，如使用统一的 SQL 或 SDK；基于业务模型或逻辑模型进行开发，如使用低代码或无代码进行开发；统一特征开发过程，如在流计算或批计算中实现 AI 工程化。

在流批一体技术理念提出后，Kappa 架构走入主流视野。Kappa 架构将流批整合，通过消息队列来进行数据缓存，将结果数据存储到键值数据库（HBase/Elasticsearch）或 OLAP 数据库中，供业务方实时访问分析（见图 5-4）。数据开发工作者只需编写一套处理逻辑，即可保证数据的一致性，同时相对降低资源消耗和维护成本。

图 5-4　Flink+Kafka 类型的 Kappa 架构

随着数据湖和 Flink 等大数据技术的快速发展，基于 Flink+ 数据湖的 Kappa 架构（见图 5-5）成为建设流批一体的实时数仓的主流架构。

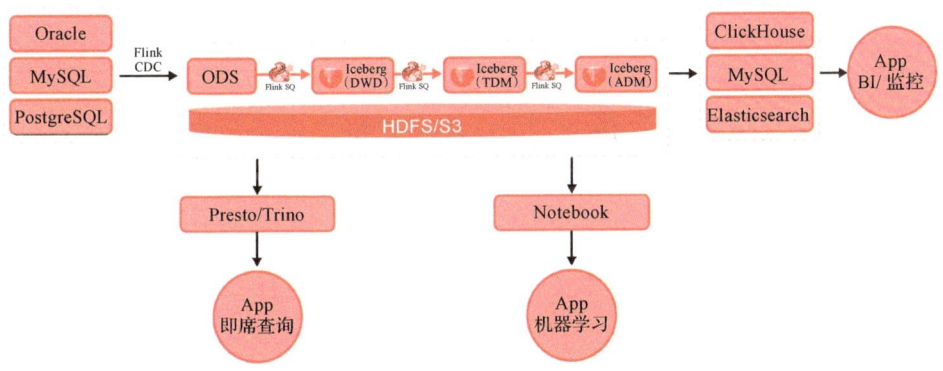

图 5-5　Flink+ 数据湖类型的 Kappa 架构

利用 Flink CDC 技术将全量和增量的原始数据写入 ODS 层，使用数据湖进行统一存储，后续只需利用 Flink 计算引擎编写一套代码对数据湖中的数据进行分层分域的数据计算，即可完成整个数据处理链路，保证数据的一致性，减少运维成本；同时，部分数据湖技术（如 Iceberg）还可以直接对接 Presto/Trino 计算引擎，快速支持实时数据即席分析的场景。

5.1.4　在线查询

在线查询需要处理大规模的数据结果集，同时需要提供一些快速计算的能力，如条件过滤筛选、在线检索等能力，快速从大规模结果中筛选和检索出结果信息，并且支持高并发、低延迟的快速响应。这种能力批计算、流计算都不具备，而需要提供在线查询的能力。常见的在线计算框架有 Elasticsearch、Redis 等，其主要应用场景是 OLTP 类的简单的增、删、改、查、全文检索等相关操作。

5.1.5 即席分析

即席分析是指面对大规模的数据集，如何快速进行数据的多维交叉分析，其大部分是聚合型操作，如 group by、sum、avg、count 等。批计算有足够的灵活性，但耗时比较久，一些传统的关系型数据库以及数仓架构，在一定维度的场景下可以满足响应要求，但数据量受限。在数据应用中，分析类应用的占比一直不低，因此一些优秀的处理框架（如 Impala、Kylin、ClickHouse 和 AnalyticDB 等即席计算框架）逐渐发展起来。针对即席分析的复杂场景，通过对时间、空间的权衡，即席分析常见的实现方式有两种。

- **ROLAP（关系联机分析处理）**：以关系型数据库为核心，以关系型结构进行多维数据的表示和存储，结合星型模式和雪花模式实现。
- **MOLAP（多维联机分析处理）**：基于多维数据组织的实现，以多维数据组织为核心，形成"立方块"的结构，通过对"立方块"进行各类处理来产生多维数据报表。

即席分析的常见应用场景如下。

- **交互式数据分析**：企业运营人员在日常工作中经常需要通过 SQL 从各个维度对当前业务进行分析，提供分析结果以便开展后续工作。离线计算的场景等待时间较久，用户体验不好，即席分析可以较好地规避这个问题。
- **群体对比分析场景**：在业务中经常会有 A/B 测试场景，针对不同的群体，从各个维度对比分析也是即席分析经常支撑的场景。

批计算、流计算、流批一体、在线查询、即席分析的区别见表 5-1。

表 5-1　批计算 vs 流计算 vs 流批一体 vs 在线查询 vs 即席分析

计算能力	数据来源类型	数据处理方式	底层框架	时延性
批计算	历史已存在的数据	批处理	MapReduce Spark	要求不高
流计算	源源不断的流式数据	微批处理 & 逐条处理	Storm Flink Spark Streaming	毫秒/秒级延迟
流批一体	源源不断的流式数据	逐条处理 & 微批处理	Flink Hudi Iceberg	毫秒/秒级延迟
在线查询	历史已存在的数据	逐条处理/检索过滤	Elasticsearch Redis	毫秒
即席分析	历史已存在的数据	批处理/聚合	Impala Kylin ClickHouse AnalyticDB	毫秒/秒级延迟

5.2 离线开发

离线开发套件封装了大数据相关的技术，包括数据加工、数据分析、在线查询、即席分析等能力，同时将任务的调度、发布、运维、监控、告警等进行整合，让开发者可以直接通过浏览器访问，不再需要安装任何服务，也不用关心底层技术的实现，只需专注于业务的开发，帮助企业快速构建数据服务，赋能业务。

将数据汇聚到中台后需要对其进行进一步加工处理，一般来说，企业有60%~80%的场景需要用到离线批处理的能力，这个过程就像一条数据的生产流水线，让采集和汇聚起来的原始数据经过离线加工的各个环节和相应的数据处理模型，形成有价值的数据资产。在这个过程中，离线开发套件需要一些核心功能（如作业调度的策略机制、对于数据生产时效的基线控制、企业当前信息化架构下各类异构数据源的适配、数据权限的管控等）来保障数据加工的过程易用、可控。

1. 作业调度

在数据开发过程中，经常需要配置作业的上游依赖作业，这样作业之间便会组成一个有向无环图（DAG），同时会配置作业的开始调度时间。例如，对于图 5-6 中的作业 B 来说，其父作业是作业为 A 和 C，调度开始时间设置为 05:00。

- **依赖调度**：在所有父作业运行完成后，当前作业才能开始运行。例如，图 5-6 中的作业 B，只有在父作业 A 和 C 运行完成后，才能开始被调度。
- **时间调度**：可指定作业的调度开始时间。例如，图 5-6 中的作业 B，只有到达 05:00 后才能开始被调度。

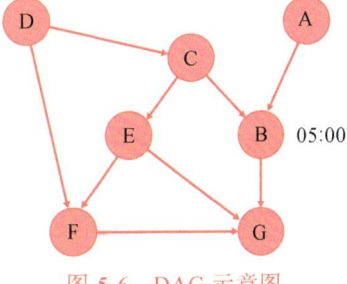

图 5-6　DAG 示意图

如果一个节点既有父作业又有调度时间约束，那么在调度过程中只有同时满足两种约束条件，才能开始被调度。

2. 基线控制

在大数据离线计算中，由于作业执行时间较长，经常会遇到急着用数据却发现数据还没出来的情形。重新跑数据需要几个小时，时间已然来不及。因此本书提出一种基线控制方法，用于统一管理数据处理作业的完成时间、优先级、告警策略，保障数据加工按时完成。调度模块会根据最先到达、最短执行时间原则，动态调整资源分配及作业的优先级，让资源利用效率最大化。

同时采用算法对作业完成时间进行智能预测。根据预测，当作业无法正常产出且动态调整无法完成时，调度中心会及时通过监控告警通知运维值班人员提前介入处理，为大数据作业执行留出充裕的时间。

3. 异构存储

当前，企业内部的计算存储引擎呈现多元化趋势。例如，国内某大型企业同时使用Oracle、IQ、HANA、Hadoop、LibrA等多种数据库，涉及关系型DB、MPP、大数据数仓等多种类型。其离线开发中心会针对每种类型的计算引擎开发不同的组件，例如，针对Oracle开发Oracle插件，针对Hadoop体系开发出Hive、Spark、MapReduce等插件。用户只需要新建各种类型的作业，例如Oracle、IQ、HANA、Hive、Spark、LibrA等，在执行时自动根据作业的类型寻找相应插件来运行作业。

4. 代码校验

在离线任务的开发过程中，会涉及各种各样的任务类型。对于常见的SQL任务类型，SQL检查器会做好严格的管控，做到事前发现问题，避免代码在周期调度过程中或运行完成后才发现问题。校验分为语法校验和规则校验。

- **语法校验**是对SQL的语法进行校验。不同类型的SQL语法是不一样的，如常用的Hive、Spark、Phoenix等；相同类型而不同版本的SQL语法也不一样，如Spark 1.x、Spark 2.x等。
- **规则校验**是指SQL检查器根据规则库提供的规则，对SQL进行校验。校验的规则是可以动态添加和扩展维护的，比如可以包含代码规范校验、代码质量校验、代码安全校验等。

5. 多环境级联

可以通过环境级联的方式灵活支持企业的各类环境需求，方便对资源、权限进行控制和隔离。例如在新建项目时，企业可根据自身需求配置各种环境和级联方式，每个环境拥有独立的Hive数据库、Yarn调度队列，甚至不同的Hadoop集群。常见环境如下。

- **单一环境**：只有一个生产环境，内部管理简单。
- **经典环境**：开发环境中存放脱敏数据，供开发测试使用，上生产走发布流程，用于真实数据生产。
- **复杂环境**：企业有外部人员和内部人员时，会给外部人员提供一个脱敏管控的环境，外部人员开发完的数据模型经过测试后发布到内部开发环境，由内部员工检查确认及内部测试验证流程，完成确认后发布。在内部生产、内部开发、外部开发等环境中，数据样本也会根据面向的群体不同，进行不同等级的加密和脱敏处理。

在新建项目时，一般会创建开发和生产两个环境，开发环境用于用户开发、任务调试，生产环境即线上环境，系统默认会按天进行周期调度以执行任务。生产环境不允许用户直接操作任务、资源和函数，用户必须在开发环境下进行新建、修改或删除，在经过提交、创建发布包、同意发布三个操作后，才可将发布包同步到生产环境。

6. 推荐依赖

随着业务的不断深入，企业对工作流和作业与业务结合的理解越来越深，数据开发人员需要开发的作业会不断累加，峰值时，一个工作流下会挂成千上万个作业。这会让工作流任务的人工维护非常艰难。如何从上千个作业中找到需要依赖的上游作业？如何保证选定了上游作业后，不会因形成环路而导致调度失败？这时候就需要一把能自动推荐上游作业的利器，既能保证准确找到需要定位的上游作业，又能保证不会形成环路。可以看图 5-7 所示的节点依赖。

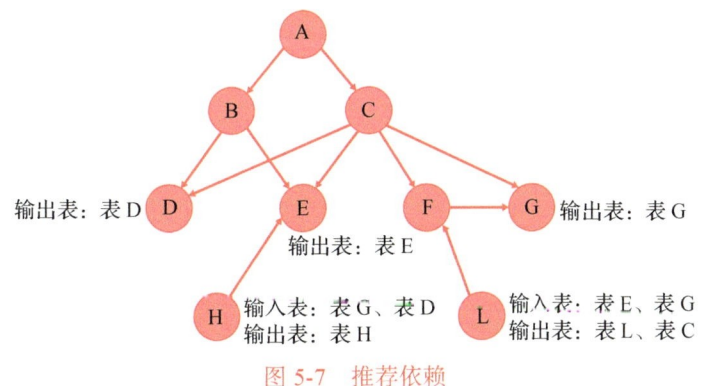

图 5-7　推荐依赖

已知表 A、B、C、D、E、F、G 及其依赖关系，现开发了两个新的作业 H 和 L，需要为其设置上游依赖信息。智能推荐依赖的工作原理如下：

- ❑ 获取推荐依赖的核心原理在于上下游作业输入和输出的表级血缘依赖图；
- ❑ 通过血缘分析当前作业的输入和输出，找到合适的上游作业；
- ❑ 对合适的作业进行环路检测，剔除存在闭环的作业；
- ❑ 返回合适的节点列表。

通过图 5-7 中的关系，可以智能推荐出 H 节点的上游作业为 D、G，L 节点的上游作业为 E、G。

7. 数据权限

由于企业内部计算引擎的多样化，数据权限的管理会面临如下问题。

1）部分引擎拥有独立的权限管理系统（例如 Oracle、IQ、HANA、LibrA），导致权限申请需要到每一种引擎上单独操作，让使用变得复杂。

对于同一种计算引擎，不同厂商的权限系统有多种。例如，Hadoop 自身无数据权限系统，由不同厂商各自实现，目前主要有以下两种策略。

- RBAC（Role-Based Access Control，基于角色的访问控制）：比如 Cloudera 用的是 Sentry，华为的 FusionInsight 也是用的类似的机制。
- PBAC（Policy-Based Access Control，基于策略的访问控制）：比如 Hortonworks 用的是 Ranger。

2）数据权限是由大数据集群或数据库运维人员管理的，开发人员无法直接操作或者接触，所有的权限申请都需要运维人员审批，造成运维人员负担过重。在实际开发中，一般需要运维人员把整个库的权限授权给某个开发负责人，由其负责库里的表、字段、函数的权限管理。

3）缺乏一套能同时支持多种计算引擎的权限申请、审批、管理系统。本书提出的数据权限管理目标就是构建统一的数据权限管理中心来支持多种引擎，可以直接在此中心上进行各种引擎的权限申请、审批和管理，无须接触底层引擎的权限管理系统。在适配不同引擎时，仍旧采用插件化的设计思路，针对每种权限管理系统开发一种插件，并支持用户通过二次开发来扩展插件。

数据权限管理中心提供界面化操作。数据申请方直接在页面上进行各种权限的申请，数据管理方在界面上审核权限，执行同意或拒绝操作。同时，所有权限的申请、审批都会有记录，便于进行权限审计。在统一数据权限服务中，会对接底层的各种权限管理系统，例如 Sentry、Ranger、Oracle，同时对数据权限管理中心提供服务，执行权限的申请、授权、撤销等操作。

5.3 实时开发

随着数据的应用场景越来越丰富，企业对于数据价值反馈到业务中的时效性要求越来越高，很早就有人提出过一个观点：数据的价值在于数据的在线化。实时开发套件是对流计算能力的产品封装。实时计算起源于对数据加工时效性的严苛需求：数据的业务价值随着时间的流逝会迅速降低，因此在数据产生后必须尽快对其进行计算和处理。通常而言，实时计算具备以下三大特点。

- 实时且无界（unbounded）的数据流：实时计算面对的计算是实时的、流式的，流数据是按照时间的先后顺序被实时计算订阅和消费的。并且，由于数据产生的持续性，数据流将长久且持续地集成到实时计算系统中。
- **持续且高效的计算**：实时计算是一种"事件触发"的计算模式，触发源就是上述的无界流数据。一旦有新的流数据进入实时计算，实时计算立刻发起并进行一次计算任务，因此整个实时计算是持续进行的高效计算。
- **流式且实时的数据集成**：流数据触发一次实时计算的计算结果，可以被直接写入目标存储中，例如，将计算后的报表数据直接写入 MySQL 进行报表展示。因此，流数据的计算结果可以类似流数据一样持续写入目标存储中。

基于 Flink 构建的一站式、高性能实时大数据处理能力，广泛适用于实时 ETL、实时报表、监控预警、在线系统等多种场景。让用户彻底规避繁重的底层流式处理逻辑开发工作，助力企业向实时大数据计算升级转型。实时开发涉及的核心功能点包括元数据管理、SQL 驱动式开发、组件化开发及监控告警。

1. 元数据管理

实时开发的元数据管理包括各类 Flink 的流表和静态表（以下简称 Flink 表）以及流计算相关的消息队列中数据的数据格式。Flink 表由多种数据库类型的表组成，格式多样；而消息中间件中的数据往往是没有格式约束的，导致后面进行实时计算时无法直接将消息流映射为结构化对象来进行 SQL 加工。统一元数据管理可以指定统一的 catalog 类型，将 Flink 表和 Topic 中相应的元数据信息统一维护到元数据注册中心，将数据和元数据进行解耦。在进行流计算和实时采集时，采集组件会通过数据表自动获取数据变化，并根据 Topic 自动寻找对应的元数据信息进而形成数据流，以便进行后续的实时计算。实际场景中，巨量的数据加工对存储及网络带宽都会带来一定的压力，选择特殊存储格式和压缩尤为必要。因此，元数据管理还支持配置各种数据存储格式，例如 JSON、Avro、Protobuf。

2. SQL 驱动式开发

可以将流计算当作动态数据表中的持续查询，将动态变动的视图看作变动的数据流。鉴于 SQL 的普适性，流计算 SQL 化可以大大减少开发人员的工作量，提高其开发效率。将变动的实时数据（如 Kafka 中不断推送的消息）、较少变动的维度表（如 HBase、kudu 表数据、CSV 文件、MySQL 表）等加载到流中，注册为临时视图。同时，加工的中间结果也可以注册为视图，这样在视图上就可以做 SQL 化的转换处理，最后写入结果表中。

3. 组件化开发及监控告警

为了更便捷地开发流计算任务，需要将流计算的输入源、转换逻辑、UDF（用户自定义函数）、结果的持久化等封装为组件。开发人员可以通过拖曳相关组件来进行简单的配置和 SQL 逻辑编写等，将任务具体化为流计算的加工拓扑图，由平台负责任务的调度、解析及运行。

在流计算中，基于窗口的计算往往需要基于时间维度划分计算窗口。而在实际业务场景中，eventTime 的数据来源各式各样，业务时间可能来自某些时间戳、字符类型的字段、多字段中日期与时间的组合，而时间格式也可能不同，因此统一 eventTime 尤为必要。简单选择或组合字段、日期格式后，由流计算平台进行统一 eventTime 处理，以利于后续基于窗口的加工计算。

对数据流中的加工数据可以配置延迟告警信息。当数据积压超过阈值时，可发出延迟告警，同时会触发流计算的 backPressure 机制，使输入流的速度变慢，从而不至于使整个流计算任务意外终止。对流计算中各组件的吞吐量、流速（读取、加工及写入的速率）等指标做统计分析，能帮助用户更加直观地分析计算瓶颈，进而准确地定位问题并进行优化。

实时开发的主要应用方向之一：实时数仓

传统意义上的数据仓库主要处理 T+1 的数据，而实时数仓一般是分钟级甚至秒级的 ETL 方案。准确地说，实时数仓要让数仓中的数据全实时地流动起来，而不是以微批（mini-batch）的方式流动。Flink 的发展，可以让流计算真正实现端到端全链路实时化分析能力，通过 Flink 的流批一体能力和 Flink CDC，可以让数据先进行全量的历史数据处理，再无缝对接增量数据，并且可以通过检查点（checkpoint/savepoint）进行断点续传。在实时数仓的构建中，用户可以自己选择数据是否需要中间落地。

同时，数据湖的发展，将数据仓库的数据结构和管理功能与数据湖的低成本存储和灵活性相结合，为企业提供一个统一、可共享的数据底座，同时解决了大数据存储下数据的 upsert、事务 ACID、存算分离以及元数据管理问题。避免传统的数据湖、数据仓库之间的数据移动，将原始数据、加工清洗数据、模型化数据共同存储于一体化的"湖仓"中，既能面向业务实现高并发、精准化、高性能的历史数据和实时数据的查询服务，又能承载分析报表、批处理、数据挖掘等分析型业务，即"湖仓一体"。

实时数仓主要采用 Kappa 架构（架构见图 5-5）。

5.4 算法开发

DT 时代的数据具有高维稀疏特征，对算法处理提出了更高的要求。面对百亿样本级别的数据量，传统的数据挖掘在辨识价值信息、挖掘数据关系和数据趋势方面捉襟见肘。此外，DT 时代的业务具有快速迭代、敏捷开发、灵活试错的特性，新的时代特征为数据智能化发展带来了新的挑战，具体表现在如下方面：

- ❏ 数据处理难度加大；
- ❏ 业务处理要求变高；
- ❏ 烟囱式的开发模型；
- ❏ 散落各地的模型服务；
- ❏ 模型研发环节繁多；
- ❏ 冗余、分散的基础设施；
- ❏ 数据处理 / 特征工程；
- ❏ 多角色企业研发团队。

因此，一款能支撑多环境、多集群、多形态模型服务化能力的算法开发工具对企业创新业务、实现数据智能化起着至关重要的作用。

算法开发套件作为一站式的企业级机器学习工具，旨在快速赋予企业构建核心算法服务的能力，它集成了以批计算为核心的离线模型训练功能，以流计算为核心的在线机器学习，以及基于在线查询、即席分析的数据探索和统计分析能力。算法开发套件为算法人员提供可视化建模和 Notebook 建模两种建模方式，集成主流的机器学习、深度学习计算框架和丰富的标准化算法组件能力，能够帮助企业快速实现数据智能、数据科研、预测分析等人工智能应用的构建与落地。它的架构如图 5-8 所示。

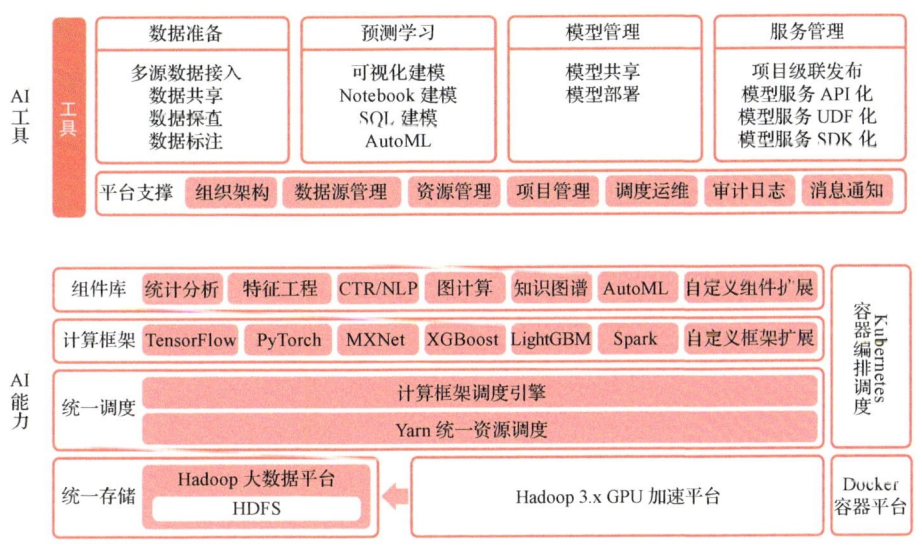

图 5-8　算法开发套件架构

面对前台的智能业务需求，传统的数据加工和分析难以满足，作为数据开发的重要工具，算法开发套件需要满足复杂的学习预测类智能需求，输出算法模型能力，将数据洞察升级为学习预测，驱动业务创新。当数据开发和资产加工无法满足数据挖掘、算法标签生产等场景的需求时，算法开发可为离线开发和实时开发提供算法模型。加工好的数据和标签资产又能被算法开发用于模型训练和学习预测，支持智能需求研发。

不同企业的算法应用场景不一样，数据的差异性决定了每个企业的算法效果会有很大差别，数据和特征决定了机器学习的上限。比较常见的应用场景如下。

- **金融风控和反欺诈**：利用关联分析、标签传播、PageRank 和社团发现等图算法组件，构建金融反欺诈核心能力，根据客户本身属性和行为数据识别虚假账号和欺诈行为，增强金融监管能力，保障金融业务稳定和安全。
- **文本挖掘分析**：利用命名实体识别[⊖]、图挖掘等文本算法能力，通过分析非结构化的文本信息自动识别其中的实体以及它们之间的关系，构建关系网，可以深度分析以前未处理的一些线索。
- **广告精准营销**：通过深入洞察客户需求、偏好和行为，利用特征分箱、LightGBM、PMI 等算法组件构建的机器学习模型来智能挖掘潜在客户，实现可持续的精准营销计划和高质量曝光率，有效提升广告点击率。
- **个性化推荐**：利用协同过滤、XGBoost 等推荐场景组件，通过分析海量用户行为数据构建多维用户画像，实现千人千面的推荐，提高转化率。

通过算法开发工具可以大幅提升这些场景的落地效率，当企业缺少算法工程师构建场景时，可以降低企业构建智能化场景的门槛，快速实现企业需求。

5.4.1 可视化建模

可视化建模面向算法工程师和数据分析人员，通过拖曳的可视化交互方式便捷编排算法实验，集数据处理、模型训练和评估、在线预测于一体，帮助开发者实现零代码的开发工作。为达到这一目标，功能设计需要考虑以下方面。

- **拖曳式实验流**：通过可视化拖曳，自由编排数据集、模型以及机器学习/深度学习等算法组件，组成有向无环图。屏蔽了复杂的算法代码开发过程，极大降低了用户进行算法开发或数据分析的门槛，为用户提供"所见即所得"的交互体验，帮助用户在面对智能业务需求时快速响应、快速试错。
- **丰富算法组件**：提供大量开箱即用的算法组件，支持用户完成数据处理、

⊖ 命名实体识别（Named Entity Recognition，NER）是自然语言处理的一项基本任务，指识别文本中具有特定意义的实体，对于文本信息的后结构化起着关键作用。

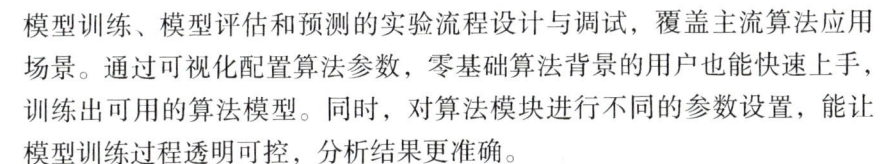

模型训练、模型评估和预测的实验流程设计与调试，覆盖主流算法应用场景。通过可视化配置算法参数，零基础算法背景的用户也能快速上手，训练出可用的算法模型。同时，对算法模块进行不同的参数设置，能让模型训练过程透明可控，分析结果更准确。
- **实验周期调度**：在实际的智能业务场景中，经常需要根据每天产生的最新数据来定时运行实验和训练算法模型。根据不同的需求灵活安排调度实验，需要支持细粒度的调度周期，包含分钟、小时、天、周、月等级别。
- **告警通知**：算法模型训练时间往往较长，设置告警通知可以保证在第一时间得知实验运行和模型训练的结果。提供不同的告警方式（邮件、短信、钉钉等），可自定义告警规则和内容，灵活适配不同的用户习惯。
- **多角色协同**：算法开发是一项团队性工作，需要很多角色共同参与。从底层资源的运维到上层的项目管理，多人多角色分工协作的项目管理模式，可以让算法开发者专注算法建模任务，减少烦琐的底层资源运维工作，同时保障人员权限隔离和数据安全。

5.4.2　Notebook 建模

Notebook 建模提供了一个集成的 Jupyter 工具，提供专业算法开发环境和主流算法框架，帮助算法工程师快速、轻松地通过代码开发来构建和训练机器学习模型。Notebook 建模环境的构建，需要考虑的功能点如下。

- **JupyterLab 在线编程**：主流的专业机器学习环境，轻便快捷，支持开发结果查看。JupyterLab 是一个交互式的开发环境，使用它，用户能够以灵活、集成可拓展的方式处理文档和活动。可开启终端，用于交互式代码运行，支持丰富的输出。它支持代码、Markdown 文档、JSON、YML、CSV、各种格式的图片、Vega 文件等多种文件，还支持多种插件，能最大限度提升算法开发生产力。
- **支持通过 API 方式调用标准算法组件**，内置大量优化的机器学习算法，高效处理海量数据，提高开发人员的开发效率。
- **支持多语言**：包括 Scala、Python、R、Shell 等，同时可进行拓展。
- **高可用**：支持共享存储，实现数据高可用和数据隔离；支持 Kubernetes 集群，保证服务的高可用和资源隔离。

5.4.3　数据集管理

数据集是算法建模过程中不可或缺的原材料。由于企业业务场景的复杂性，算法开发过程需要管理并整合不同来源的数据，同时对数据集进行标注和可视化探查，使数据的使用更高效，简化建模流程。作为统一维护数据集的场所，数据集管理需要考虑的功能点如下。

1. 数据接入

支持多种类型的数据，主要可分为结构化数据和非结构化数据。提供多种数据接入方式，包括本地数据上传、HDFS 数据上传、Kafka 数据接入、数据源接入等。可对数据集进行统一管理，并直接在可视化构建实验流时使用。

2. 数据标注

高质量的数据是模型和算法突破瓶颈的关键因素。通常，数据标注越精准，算法模型训练的效果就越好。大部分算法在拥有足够多普通标注数据的情况下，能够将准确率提升到 95%，但要从 95% 提升到 99% 甚至 99.9%，就需要大量高质量的标注数据。通过对人工少量标注的样本进行建模训练，然后用训练出来的模型进行数据预标注，由人工判断标注是否准确，并反馈结果用于优化算法，直到机器标注的准确率达到要求。支持的数据标注类型包括图片、语音、文本、视频等，通过抽检、多重审核机制把控标注结果的准确性，提升数据输出质量。

3. 数据探查

数据探查是算法开发人员建模前必不可少的工作。通过数据探查可快速评判数据集的质量和可用性，并根据数据集展现的特点评估适用的模型范围。在数据探查时，不仅可对数据内容进行预览，还可以搭配丰富的统计分析组件对数据进行可视化展示，直观反映字段级的数据特征。

5.4.4 核心算法组件

为了提高可用性和降低使用门槛，主流机器学习平台都会提供内置的机器学习算法组件，覆盖从数据接入、数据预处理、特征工程、模型训练到评估和导出的完整算法建模过程，辅助用户高效完成复杂的业务建模。主要算法组件如图 5-9 所示。

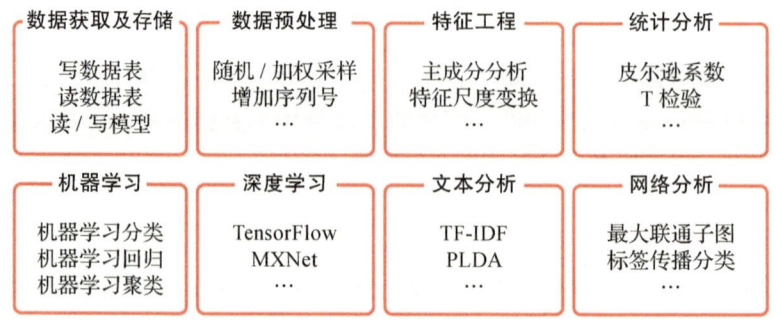

图 5-9 算法组件库一览

1. 数据获取及存储

数据获取及存储组件主要用来从 HDFS 等存储平台中读取或保存数据和文件，是整个机器学习平台的运行基础。

2. 数据预处理

由于现实中的大多数数据是不完整、不一致的脏数据，无法直接应用算法，或算法效果不尽如人意，因此需要在算法建模和预测之前对数据进行简单处理。此外，机器学习平台往往很难支持全量数据分析，当要处理或者分析大数据量时就需要借助抽样技术进行样本分析。为了解决上述问题，通常可以采用数据清理、数据集成、数据变换、数据归约及数据采样等方法。因此数据预处理是提高数据质量和算法效率的关键因素。常见的组件有随机采样、加权采样、分层采样、拆分、join、归一化、标准化、缺失值填充、类型转换等。

3. 特征工程

特征工程是指在算法开发过程中，利用特征选择、特征加工、特征降维等技术手段构建对结果具有显著影响或便于模型处理的特征。利用特征工程相关的组件可以快速构建特征体系，快速选择有效特征，进而大幅提高算法的质量，提升分析效率。常见的组件有主成分分析、特征尺度变换、特征离散、特征异常平滑、奇异值分解、one-hot 编码等。

4. 统计分析

主要用来探索和分析数据特征及其他相关数据的深层统计意义，涵盖相关性分析、分布、参数校验等功能。常见的组件有直方图、协方差、相关系数矩阵、正态检验、皮尔森系数、T 检验、百分位、洛伦兹曲线、经验概率密度图等。

5. 机器学习

机器学习是算法开发的核心模块之一，包含主流分类算法、回归算法和聚类算法，可以满足大多数算法需求。

（1）分类

分类是监督学习领域的一个核心问题，分类用于推测输入数据的类别。当分类的类别为两个时称之为二分类问题，当分类的类别为多个时称之为多分类问题。分类预测在许多领域都有应用，例如，在银行领域用来预测客户是否逾期还款，在新闻领域用来预测新闻所属的类别，在医学领域用来预测病人是否患病等。以预测病人是否患病为例，将历史病人数据作为训练数据，通过数据预处理和特征工程组件将病人的相关体征与信息处理成输入的特征，并将是否患病作为标签列，就可以通过分类组件与机器学习预测组件对后续的病人是否患病进行预测。常见的组件有 GBDT 二分类、线性支持向量机、k- 近邻、决策树分类、多层感知机分类、朴素贝叶斯分类、LightGBM 分类、随机森林分类、逻辑回归分类等。

（2）回归

回归是监督学习领域的一个重要问题，用于预测输入变量和输出变量之间的关系。按输入变量与输出变量之间的关系类型来分，回归可以分为线性回归和非线性回归。许多领域的问题都可以转化为回归问题，例如股价预测、销量预测、营业额预测、房价预测等。以房价预测为例，将过去一段时间的数据作为训练数据，利用数据预处理和特征工程组件将影响房价的信息处理成输入的特征，并将房价作为标签列，就可以通过回归组件与机器学习预测组件对未来的房价进行预测。常见的组件有 GBDT 回归、随机森林回归、线性回归、LightGBM 回归等。

（3）聚类

聚类是无监督学习领域被研究较多的问题，其目的是将数据分为多个簇，使得簇内的样本较为相似、簇与簇之间样本的差距较大。聚类在许多领域都有着广泛的应用，例如在电商领域用于发现兴趣相似的用户，进而向这类用户推荐相似的商品。通过数据预处理和特征工程组件将原始数据处理成输入的特征，就可以通过聚类组件对数据进行聚类。常见的组件有 k-means、高斯混合聚类等。

6. 深度学习

支持 TensorFlow、MXNet、Caffe、XGBoost、LightGBM 等主流深度学习框架，利用这些组件可以灵活、高效地构建深度学习应用。

7. 文本分析

主要包括文本相关的特征处理、模型构建等功能，专门用来实现文本分类、关键词抽取、摘要生成等文本相关应用。包括 PLDA、TF-IDF、Word2Vec、Doc2Vec、词频统计、去停用词、分词处理和关键词抽取等。

8. 网络分析

提供了基于图数据结构的分析组件，这些组件一般用于解决包含网状关系的业务场景，例如金融风控、社群发现、最短路径查找等。常见的组件有最大联通子图、标签传播分类、标签传播聚类、Modularity、树深度等。

9. 工具类

工具类组件是解决组件间数据格式不一致，以及满足其他额外数据处理需求的一系列组件，是对现有其他功能组件的补充。常见的组件有自定义 SQL、PySpark、表转文件、文件转表等，涵盖数据预处理、特征工程、机器学习、深度学习、文本处理、图像处理、视频处理、人脸识别、OCR、车牌识别、知识图谱构建与推理等。

5.4.5 多算法框架

机器学习框架涵盖用于分类、回归、聚类、异常检测和数据准备的各种学习方法。深度学习利用多层神经网络被广泛应用到图像、文本、语音等场景中。机器学习/深度学习计算框架的出现降低了算法开发的入门门槛，让开发人员可以方便地利用内置的算法 SDK，大大减少算法模型的开发工作量。算法开发工具需要具备以下功能特性。

1. 多算法框架支持

支持主流深度学习、机器学习计算框架，包括 TensorFlow、PyTorch、CNTK、Chainer、PaddlePaddle、Spark、LightGBM、XGBoost、Angel、LightLDA 等。下面简单介绍 3 种常用的框架。

- TensorFlow：TensorFlow 是谷歌研发的用于研究和生产的开源机器学习库，提供了各种 API，可供初学者和专家在桌面、移动、网络和云端环境下进行开发，是目前最常用的深度学习框架。
- PyTorch：它是 Facebook 开源的一个深度学习框架，采用动态计算图架构，具有先进的设计理念、完整的生态和易用的接口，也是目前常用的深度学习框架之一。
- LightGBM：它是一个梯度 boosting 框架，使用基于学习算法的决策树。它有以下优势：训练速度快，内存占用低，准确率高，支持并行计算。

2. 算法框架多版本支持

实现同一个框架不同版本统一运行，可对不同版本进行统一管理。同时支持机器学习/深度学习计算框架与大数据平台无缝打通，共享存储和计算资源。

多版本实现要支持两种技术：一种是基于 Conda 的环境隔离，可以将不同版本的算法框架打包成不同的 Conda 环境，支持运行时加载，不侵入已有的机器环境；另一种是基于 Docker 的隔离，将不同版本的算法框架打包成不同的镜像，运行时根据需要加载不同镜像来执行，该方案隔离性更好，但会有虚拟化性能的损失。

5.4.6 与离线、实时开发的联合应用

算法模型具备开发、运行这两个典型状态。开发态主要是对算法模型进行训练，通过输入训练数据集和测试数据集对模型进行训练，并周期生成模型；运行态是将算法模型部署到运行的容器或其他执行系统中，对输入数据进行计算并输出结果。

可见，无论是开发还是运行，都具备输入和输出这两个重要特性，因此也能够与数据批量处理、流处理进行深度整合使用。甚至可以将开发态、运行态整合在流批一体的计算引擎中，持续训练模型、发布模型，并通过最新模型处理数据和返回结果。

在训练模型方面，可以将训练文件引入数据开发的业务流程中，进行统一调度运行。在上游处理离线数据之后，启动模型训练，结合离线数据、实时数据完成模型训练并输出模型，同时自动创建版本用于后期的管理和引用。

在应用模型方面，可以将算法模型引入数据计算任务或即席分析过程中，通过动态加载定期更新版本的算法模型，为业务提供最新的算法服务，提升数据应用效果。

数据开发是数据中台的核心能力之一，是数据资产内容建设的主战场，是数据价值生产的核心环节。一个成熟的数据中台应具备大批量数据的离线处理、实时流数据处理、非结构化数据处理和数据挖掘等能力。本章介绍了数据计算能力的 5 种类型，包括批计算、流计算、流批一体、在线查询和即席分析，重点阐述了数据开发过程中的 3 种开发模式，包括离线开发、实时开发和算法开发。

第 6 章 数据体系建设

数据中台建设、管理、应用的核心是数据,那么数据中台中的数据采用的是什么体系结构?使用的是什么建设方法?本章就来对数据体系建设进行说明。

随着信息化、互联网、物联网、智能化的发展,数据积累越来越多。都知道数据是企业的资产,但杂乱的数据是无法产生业务价值的。本章将介绍数据的分层,以及每一层的建设规范、建设方法、采用的模型,让读者不仅对中台数据体系有一个总体了解,并且可以在实际工作中利用本章介绍的方法建设自己的数据体系。

6.1 数据体系规划

数据中台是企业全域数据的汇聚地,企业的一切数据都汇聚到数据中台,企业业务所需的数据总能在数据中台中找到。但数据中台中的数据并不是简单堆积在一起的,多种来源的原始数据简单堆积不但会使数据的存储管理成本很高,而且会使数据的易用性很差,这种方式只能在某些数据技术基础非常好的部门使用,而且会经常出现命名不一、口径不一的问题,从而导致整个企业数据无法真正用起来。数据中台数据体系是在全域原始数据的基础上进行标准定义及分层建模,数据体系建设最终呈现的结果是一套完整、规范、准确的数据体系,可以方便地支撑数据应用。

数据中台的数据体系应具备以下特征。

- **覆盖全域数据**：数据集中建设，覆盖所有业务过程数据，业务人员总能在数中台数据体系中找到需要的数据。
- **结构层次清晰**：纵向的数据分层，横向主题域、业务过程划分，让整个层次结构清晰易理解。
- **数据准确一致**：定义一致性指标，统一命名，统一业务含义，统一计算口径，并有专业团队负责建模，保证数据的准确一致。
- **性能提升**：统一的规划设计，选用合理的数据模型，清晰地定义并统一规范，并且考虑使用场景，使整体性能更好。
- **成本降低**：数据体系的建设使数据能被业务共享，这避免了大量烟囱式的重复建设，节约了计算、存储和人力成本。
- **方便易用**：易用的总体原则是越往后越能方便地直接使用数据，把复杂的处理尽可能前置，必要时进行适当的冗余处理。比如在数据的使用中，可以通过维度冗余和事实冗余来提前进行相关处理，以避免使用时才计算，通过公共计算下沉、明细与汇总共存等为业务提供灵活性。统一数据体系的建设让整个企业的业务都有机会使用数据。

为了使数据体系在建设时具备以上特征，需要一个体系化的数据层次架构，这个层次架构定义了数据分层及每一层的模型建设规范。数据体系架构是一套指导规范，实施过程中应严格按照架构执行。下面以某地产公司为例来分析适合绝大多数企业的数据中台数据体系架构，如图 6-1 所示。

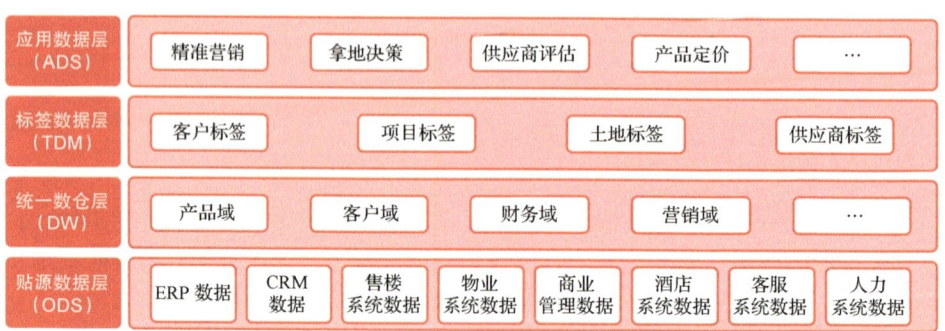

图 6-1　数据中台数据体系架构

图 6-1 涉及以下 4 个数据分层。

- **贴源数据层**（Operational Data Store，ODS，又称操作数据层）：对各业务系统数据进行采集、汇聚，尽可能保留原始业务流程数据，与业务系统基本保持一致，仅进行简单整合、非结构化数据结构化处理或者增加标识数据日期描述信息，不进行深度清洗加工。
- **统一数仓层**（Data Warehouse，DW）：分为明细数据层（Data Warehouse Detail，DWD）和汇总数据层（Data Warehouse Summary，DWS），与传统数据仓库功能基本一致，对全历史业务过程数据进行建模存储。对来源于业务系统的数据进行重新组织。业务系统是按照业务流程方便操作的方式来组织数据的，而统一数仓层从业务易理解的视角来重新组织，定义一致的指标、维度，各业务板块、业务域按照统一规范独立建设，从而形成统一规范的标准业务数据体系。
- **标签数据层**（Tag Data Model，TDM）：面向对象建模，对跨业务板块、跨数据域的特定对象数据进行整合，通过 ID-Mapping 把各个业务板块、各个业务过程中的同一对象的数据打通，形成对象的全域标签体系，方便深度分析、挖掘、应用。
- **应用数据层**（Application Data Store，ADS）：按照业务的需要从统一数仓层、标签数据层抽取数据，并面向业务的特殊需要加工业务特定数据，以满足业务及性能需求，向特定应用组装应用数据。

另外，建设过程中数据的读取也有严格的规范要求。按照规范，贴源数据层直接从业务系统、日志系统、IoT 系统或者外部接口、文件中获取数据。贴源数据层的数据只被统一数仓层使用，统一数仓层数据只被标签数据层和应用数据层使用。贴源数据层、统一数仓层只能被标签数据层、应用数据层在加工标签数据和组装应用数据时引用，贴源数据层、统一数仓层不直接支撑业务，所有业务使用的数据均来源于标签数据层和应用数据层。

在实际建设过程中，由于业务使用数据时经常非常紧急，而统一数仓层的建设进度有时跟不上业务的需要，企业可能会让标签数据层、应用数据层直接引用贴源数据层的数据，这种不规范操作有可能导致出现数据口径不一致的情况。待统一数仓层建设完毕，要切换回统一数仓层用统一标准的数据源来支撑标签数据层或者应用数据层数据建设。

贴源数据层仅做业务数据的同步与存储，应用数据层面向特定业务组装数据，这两层没有太多的建模规范，故只简单介绍。下面会重点介绍统一数仓层与标签数据层的建设。

6.2 贴源数据层建设——全域数据统一存储

贴源数据层会对企业各业务系统的数据进行汇聚和整合，保留企业全量业务原始数据，并作为统一数仓层建设的数据源。贴源数据层数据不只是业务数据库中产生的数据，跟企业相关的所有数据都应该汇聚到贴源数据层，包括业务系统数据、业务运行的日志数据、机器运转产生的日志数据、网络爬虫以及通过其他方式获取的外部数据。

6.2.1 相关概念

贴源数据层也称操作数据层，是数据体系架构中最接近数据源的一层，是全企业业务数据的集中存储处，除了在有需要的特殊情况下对半结构化、非结构化数据进行结构化处理以及对相同数据进行整合外，并不对业务数据进行过多的清洗加工，而尽可能保留数据的原始状态。贴源数据层建设的目标是把企业的全域原始数据都汇聚到数据中台，从而能在数据中台查询到所有的企业数据，为后面的统一数仓层、标签数据层、应用数据层建设做准备。

数据中台的贴源数据层数据获取方式与传统数仓的ETL（Extract-Transform-Load）过程类似，但有不同。传统数仓的ETL过程是在抽取（Extract）和装载（Load）的过程中进行清洗转换（Transform）操作，装载到数仓的是被清洗转换后的数据。这样的方式如果转换规则复杂，就会导致在ETL过程中消耗大量的计算资源，另外如果转换有错误，由于没有保留原始数据，则会导致在数仓层面无法追溯问题。进入大数据时代，由于存储成本降低和数据量增大，ETL过程中的复杂处理非常耗时，因此建议采用ELT（Extract-Load-Transform）方式，即将所有原始数据都抽取到数据中台的贴源数据层，在数据中台内部再利用大数据底层平台的计算能力进行转换操作。这样既可让数据的抽取过程尽可能简单，又保留了所有的原始数据，以便于问题的追溯，还能充分利用大数据的计算能力。图6-2所示为数据中台数据抽取与转换的过程。

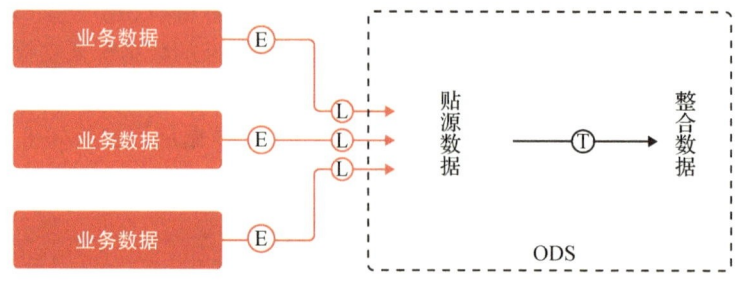

图 6-2　数据中台数据抽取与转换的过程

虽然也把贴源数据层称为ODS，但是它与ODS系统还是有所区别的。贴源数据层仅进行多源数据的汇聚、整合，并不具备传统意义上的ODS系统的功能，

ODS 系统的数据交换、实时性、报表等功能需要通过数据中台的其他功能模块实现。

按照数据结构类型的不同，贴源数据可以分为以下 3 类。

- **结构化数据**：主要是关系型数据库中的数据，直接从业务系统 DB 抽取到贴源数据层。
- **半结构化数据**：一般是纯文本数据，以各种日志数据为主，半结构化数据保留贴源数据的同时通常也会进行结构化处理，结构化处理后更方便后续使用。
- **非结构化数据**：主要是图片、音频、视频，由于这类数据一般体积比较庞大，而且很难定性挖掘其包含的业务价值，所以贴源数据层通常不对其进行挖掘或结构化处理，只保留对原始数据文件的描述，比如地址、名称、类型、分辨率等以方便随时按需查阅，至于其包含的有价值信息将在业务应用中再挖掘。

6.2.2 贴源数据表设计

贴源数据层中的数据表（贴源数据表）与对应的业务系统数据表原则上保持一致，数据结构上几乎不做修改，所以参考业务系统数据表结构来设计贴源数据层表结构即可，结构设计上没有太多的规范要求。考虑到业务系统数据的多样性，贴源数据表的设计要遵循一定的规范，具体如下。

- 贴源数据表的命名采用前缀 + 业务系统表名的方式。比如，ODS_ 系统简称 _ 业务系统表名，这样既可以最大限度保持与业务系统命名一致，又可以有清晰的层次，还可以区分来源。
- 贴源数据表的字段名与业务系统字段名保持一致，在贴源数据层中不进行字段命名归一。字段类型也尽可能保持一致，如果数据中台没有与业务系统对应的数据类型，则用一个可以兼容的数据类型。比如，业务系统的数据类型是 float，数据中台的存储系统没有 float 类型，则可以用 double 代替。
- 对于一些数据量较大的业务数据表，如果采用增量同步的方式，则要同时建立增量表和全量表，增量表利用后缀标识。比如，ODS_ 系统简称 _ 业务系统表名 _delta，汇聚到增量表的数据通过数据加工任务合并生成全量表数据。
- 对于日志、文件等半结构化数据，不仅要存储原始数据，为了方便后续使用，很多时候还要对数据进行结构化处理，并存储结构化之后的数据。

原始数据可以按行存储在文本类型的大字段中，然后再通过解析任务把数据解析到结构化数据表中。

遵循以上设计规范，可保障企业所有业务数据按照一致的存储方式存储到数据中台中。

6.2.3 贴源数据表实现

贴源数据层一般采用数据同步工具实现数据的同步落地。具体的实现步骤如下：

1）确定业务系统源表与贴源数据层目标表；

2）配置数据字段映射关系，目标表可能会增加采集日期、分区、原系统标识等必要信息，业务相关内容不进行转换；

3）如果是增量同步或者有条件地同步部分数据，则配置数据同步条件；

4）清理目标表对应数据；

5）启动同步任务，往贴源数据层目标表导入数据；

6）验证任务是否可以正确运行，并且采集到准确数据；

7）发布采集任务，加入生产调度，并配置相关限速、容错、质量监控、告警机制。

6.3 统一数仓层建设——标准化的数据底座

贴源数据层只对企业各个来源的数据做汇聚、整合，并没有做过多的加工处理，数据基本还是原始结构，且业务系统更多是按照流程组织数据，为保证流程的完整、方便，没有按照业务的本质来组织数据，贴源数据并不方便业务理解，更不适合用来分析、挖掘。

统一数仓层是站在业务的视角，不考虑业务系统流程，从业务完整性的角度重新组织数据。统一数仓层的目标是建设一套覆盖全域、全历史的企业数据体系，利用这套数据体系可以还原企业任意时刻的业务运转状态。只要能达到这个目标，利用范式建模、维度建模、实体建模中任意一种建模方法都是可以的。这里主要介绍维度建模，因为它更适合大数据时代数据量巨大的特点。

维度建模是实现统一数仓层建设目标的一种推荐建模方式，它用事实表、维度表来组织数据，这种技术已经有近30年的历史，经过大量案例验证，这套简单的模型技术满足建模需求。维度建模具备以下特点。

❑ **模型简单易理解**：仅有维度、事实两种类型数据，站在业务的角度组织数据。

❑ **性能好**：维度建模使用的是可预测的标准框架，允许数据库系统和最终用户通过查询工具在数据方面生成强大的假设条件,这些数据主要在表现和性能方面起作用。
- **可扩展性好**:具有非常好的可扩展性,以便容纳不可预知的新数据源和新的设计决策。可以在不改变模型粒度的情况下,很方便地增加新的分析维度和事实,不需要重载数据,也不需要为了适应新的改变而重新编码。良好的可扩展性意味着以前的所有应用都可以继续运行,并不会产生不同的结果。
- **数据冗余**:在构建事实表星型模型之前需要进行大量的数据预处理,这会带来大量的数据处理工作。而且,当业务发生变化,需要重新进行维度的定义时,往往需要重新进行维度数据的预处理。而在这些预处理过程中,往往会产生大量的数据冗余。

大数据时代,数据是资产,数据应该在业务中发挥更大作用,而易理解、易用、性能好、扩展性好的模型技术能让数据更方便地参与业务。随着技术的发展,存储、计算成本不断降低,我们经常会以存储换取性能和易用性。综上考虑,笔者推荐使用维度建模。

6.3.1 相关概念

统一数仓层建设过程以维度建模为理论基础,构建总线矩阵,划分业务板块,定义数据域、业务过程、维度、原子指标、修饰类型、修饰词、派生指标,进而确定维度表、事实表的模型设计。统一数仓层建设过程如图 6-3 所示。

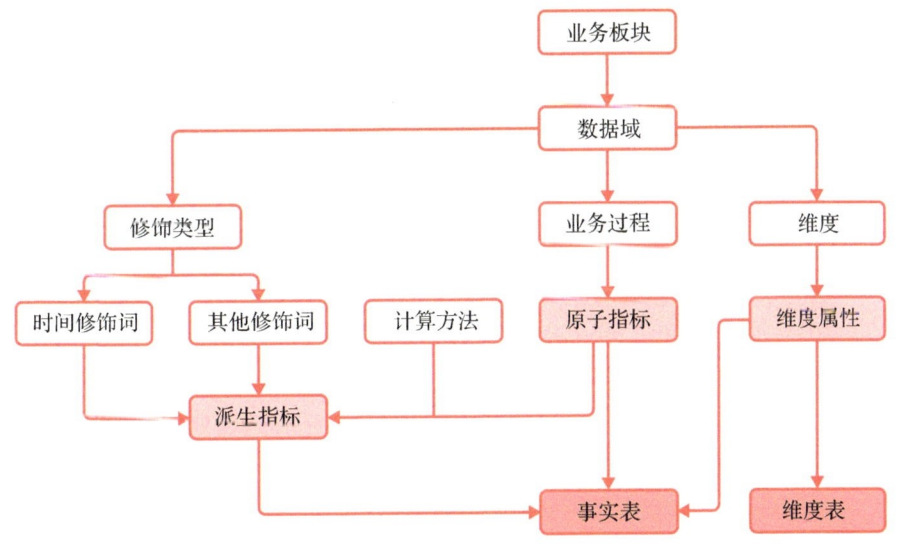

图 6-3 统一数仓层建设过程

另外，准确定义术语非常关键，有时候描述不清楚复杂流程和场景的根本原因是没有厘清其中的一些概念。本节介绍维度建模设计的核心概念，后续的建模工作都是围绕这些概念展开的，了解这些概念有助于理解整个模型技术。

- **模型设计**：以建模理论为基础，基于维度建模总线架构，构建一致性的维度和事实，同时设计出一套表命名规范。
- **业务板块**：根据业务的属性划分出的相对独立的业务。业务板块是一种大的划分，各业务板块中的业务重叠度极低，数据独立建设，比如地产板块、金融板块、医疗板块等。
- **数据域**：数据域是统一数仓层的顶层划分，是一个较高层次的数据归类标准，是对企业业务过程进行抽象、提炼、组合的集合，面向业务分析，一个数据域对应一个宏观分析领域，比如采购域、供应链域、HR域等。数据域是抽象、提炼出来的，并且不轻易变动，既能涵盖当前所有业务需求，又能在新业务进入时无影响地将其分配到已有的数据域中，只有当所有分类都不合适时才会扩展新的数据域。数据域是有效归纳、组织业务过程的方式，同时方便定位指标/度量。
- **业务过程**：业务过程是一种企业的业务活动事件，且是企业经营过程中不可拆分的行为事件，比如下订单、银行转账、注册账号都是业务过程。业务过程产生度量，并且会被转换为最终的事实表中的事实。业务过程一般与事实表一一对应，也有一对多或者多对一的特殊情况，比如累计快照事实表就会把多个业务过程产生的事实放在同一张表中表达。
- **修饰词**：修饰词指除统计维度以外的对指标进行限定抽象的业务场景词语，修饰词隶属于一个修饰类型。比如，在日志域的访问终端类型下，有修饰词"PC""无线端"。修饰类型的出现是为了方便管理、使用修饰词。
- **原子指标**：原子指标是针对某一业务事件行为的度量，是一种不可拆分的指标，具有明确的业务含义，比如支付金额。原子指标有确定的字段名称、数据类型、算法说明、所属数据域和业务过程。原子指标一般采用"动作＋度量"方式的命名，比如支付金额、注册用户数。
- **派生指标**：派生指标可以理解为对原子指标业务统计范围的圈定，比如最近1天北京买家支付金额（"最近1天"是时间周期，"北京"是修饰词，修饰词"买家"是维度）。派生指标＝1个原子指标＋多个修饰词＋时间修饰词。
- **计算方法**：指标的数学计算方式，比如汇总、平均、最大、最小等。

- **维度表**：维度是观察事物的角度，提供某一业务过程事件所涉及的用于过滤及分类事实的描述性属性，用于描述与"谁、什么、哪里、何时、为什么、如何"（5W1H）有关的事件。比如"早上小王在小卖部花费5元钱购买了一个面包"，以购买为业务过程进行分析，可从这段信息中提取3个维度，即时间维度（早上）、地点维度（小卖部）和商品维度（面包）。维度表是统一设计的，在整个数据仓库中共享，所有数据域、业务过程都需要用到维度，都可以在公共维度表中获取相关维度属性。
- **事实表**：事实是观察事物得到的事实数据，事实涉及来自业务过程事件的度量，基本都是以数量值表示的。比如一次购买行为就可以理解为一个事实，5元就是事实信息。在确定数据域与业务过程后，就可以根据业务过程涉及的维度、度量及粒度设计相关的事实表。事实表不跨数据域，根据需要，一个事实表可能对应同数据域下一个或多个业务过程。

事实表又分为明细事实表和汇总事实表。明细事实表记录事务层面的事实，保存的是原子数据，数据的粒度通常是每个事务一条记录，明细事实表数据被插入，数据就不再进行更改，其更新方式为增量更新。汇总事实表是由明细事实聚合形成的事实表，包括周期快照事实表和累计快照事实表，其中前者以具有规律性的、可预见的时间间隔来记录事实，而后者以不确定的周期来记录事实。

- **粒度**：粒度是指统一数仓层数据的细化或综合程度，对各事实表行实际代表的内容给出明确的说明，用于确定某一事实表中的行表示什么。确定维度或者事实之前必须声明粒度，因为每个维度和事实都必须与定义的粒度保持一致。原子粒度是最低级别的粒度，是对业务过程最详细的刻画。原子粒度事实必须保留。
- **一致性指标定义**：指标归属到具体数据域，定义指标的含义、命名、类型、计算方法，确保指标的全局一致性。

6.3.2 数据域划分

数据域是指面向业务或数据进行本质分析，归纳总结出来的数据集合。为保障整个体系的生命力，数据域需要抽象提炼，并且长期维护和更新，但不轻易变动。在划分数据域时，既要能涵盖当前的所有业务需求，又要能在新业务进入时无影响地将其插进已有的数据域中或者扩展新的数据域。数据域划分过程如图6-4所示。

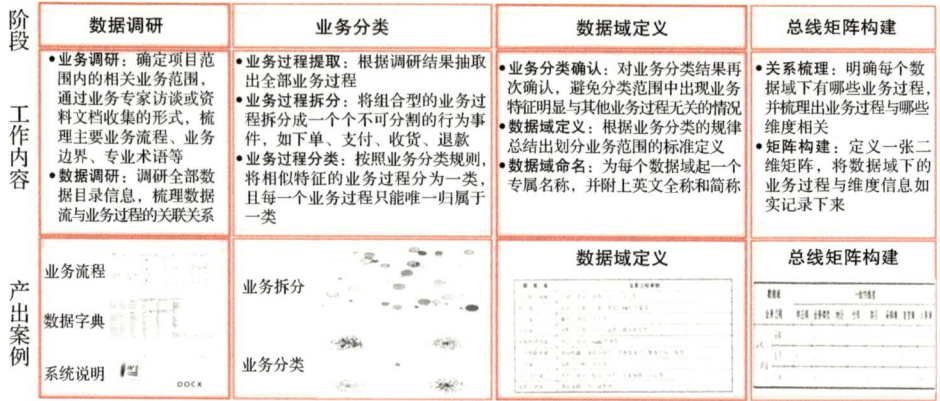

图 6-4 数据域划分过程

第一阶段：数据调研。

- **业务调研**：确定项目要涵盖的业务领域和业务线，以及各个业务线可以细分成哪几个业务模块，各业务模块具体的业务流程是怎样的，通过业务专家访谈或资料文档收集，梳理主要业务流程、业务边界、专业术语等。
- **数据调研**：调研全部数据目录信息，梳理数据流与业务过程的关联关系。

第二阶段：业务分类。

- **业务过程提取**：根据调研结果抽取出全部业务过程。
- **业务过程拆分**：将组合型的业务过程拆分成一个个不可分割的行为事件，如把交易拆分成下单、支付、收货、退款。
- **业务过程分类**：按照业务分类规则，将相似特征的业务过程分为一类，且每一个业务过程只能唯一归属于一类。

第三阶段：数据域定义。

- **业务分类确认**：对业务分类结果再次确认，避免分类范围中出现业务特征明显与其他业务过程无关的情况。
- **数据域定义**：根据业务分类的规律总结出划分业务范围的标准定义。
- **数据域命名**：为每个数据域起一个专属名称，并附上英文全称和简称。

第四阶段：总线矩阵构建。

- **关系梳理**：明确每个数据域下有哪些业务过程，并梳理出业务过程与哪些维度相关。
- **矩阵构建**：定义一张二维矩阵，将数据域下的业务过程与维度信息如实记录下来。

数据域和业务过程示例如图 6-5 所示。

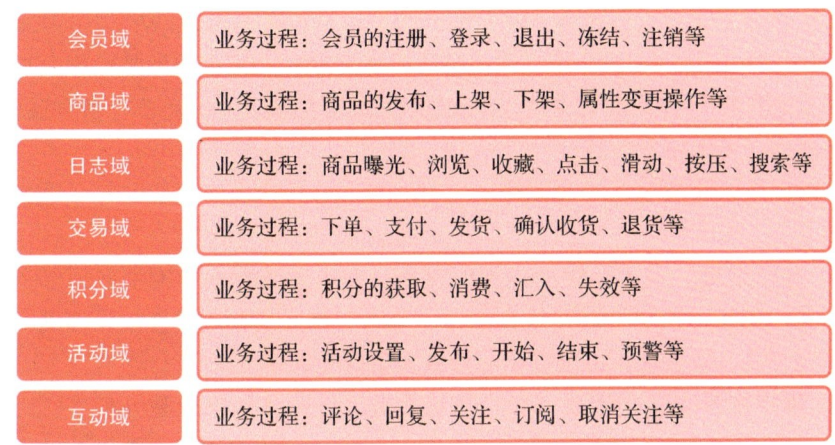

图 6-5　数据域和业务过程示例

6.3.3　指标设计

指标就是在企业业务运转过程中产生的度量事实。一致性指标设计是为了在企业内外部使指标的命名、计算方法、业务理解达到一致，避免不同部门同一个指标的数据对不上或者对同一个指标的数据理解不一致。

一致性指标的定义为描述原子指标、修饰词、时间周期和派生指标的含义、类型、命名、算法，被用于模型设计，是建模的基础。派生指标的生成过程如图 6-6 所示。

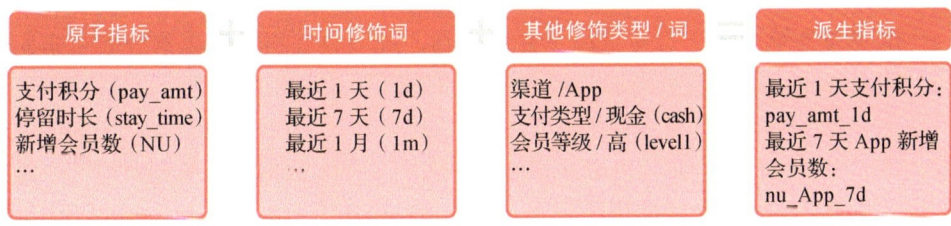

图 6-6　派生指标生成过程示例

一致性指标设计是事实表模型设计的来源，有了一致性的指标定义，在设计事实表模型时引用定义好的一致性指标，可达到指标的一致性与标志性。

6.3.4　维度表设计

维度是维度建模的核心，它决定了维度建模的效果。维度表存储了事实表的相关信息和上下文，它们包含 5W（Who, What, When, Where, Why）等基本信息以及其他属性字段。维度设计要选择合适的维度属性。维度属性是数据分析的重要依据，它们可以作为查询条件、分组依据和报表标签。维度表有多个属性列，这些属性列描述了维度的特征。

维度表设计主要包括选择维度、确定主维表、梳理关联维表、定义维度属性等过程。

1）**选择维度**：维度是维度建模的核心，在企业级数据仓库中必须保证维度的唯一性。维度一般用于查询约束条件、分组、排序的关键属性。维度既可以通过分析报表需求来获取，也可以从与业务人员的交谈中发现。

2）**确定主维表**：主维表一般直接从业务系统同步而来，是分析事实时所需环境描述的最基础、最频繁的维度属性集合。比如用户维表从业务系统的用户基本信息表中产出。

3）**梳理关联维表**：数据仓库是业务源系统的数据整合，不同业务系统或者同一业务系统中的表间存在关联性。根据对业务的梳理，确定哪些表和主维表存在关联关系，并选择其中的某些表用于生成维度属性。例如，商品与类目、SPU、卖家、店铺等维度存在关联关系。

4）**定义维度属性**：从主维表或关联维表中选择维度属性或生成新的维度属性，过程中尽量生成更丰富、更通用的维度属性，并维护和描述维度属性的层次及关联关系。例如商品维表中，商品属于类目，类目属于行业。

6.3.5 事实表设计

事实表是统一数仓层建设的主要产出物，统一数仓层的绝大部分表是事实表。一般来说，事实表由两部分组成：一部分是由主键和外键组成的键值部分，另一部分是用来描述业务过程的事实度量。事实表的键值部分确定了事实表的粒度，事实表通过粒度和事实度量来描述业务过程。事实表的外键总是对应某个维度表的主键，实际建设和使用过程中，为了提升事实表的易用性和性能，不仅会存储维度主键，还会把关键的维度属性存储在事实表中。这样事实表就包含表达粒度的键值部分、事实度量及退化的维度属性。一切数据应用和分析都是围绕事实表来展开的，稳定的数据模型能大幅提高数据复用性。

在 Kimball 的维度建模理论中主要定义了事务事实表、周期快照事实表、累计快照事实表三种类型的事实表。

❑ **事务事实表**：事务事实表描述业务过程事务层面的事实，每条记录代表一个事务事件，保留事务事件活动的原始内容。事务事实表中的数据在事务事件发生后记录，一般记录后数据就不再进行更改，其更新方式为增量更新。事务事实表相对其他事实表保存的数据粒度更细，可以通过事务事实表对事务行为进行详细分析。

- **周期快照事实表**：周期快照事实表以具有规律性、可预见的时间间隔产生快照来记录事实，每行代表某个时间周期的一条记录，记录的事实是时间周期内的聚集事实值或状态度量。周期快照事实表的内容一般在所表达的时间周期结束后才会产生，一般记录后数据就不再更改，其更新方式为增量更新。周期快照事实表一般是建立在事务事实表之上的聚集，维度比事务事实表少，粒度比事务事实表粗，但是由于对事实进行了多种形式的加工从而产生了新的事实，故一般来说事实会比事务事实表多。
- **累计快照事实表**：累计快照事实表覆盖一个事务从开始到结束的所有关键事件，覆盖事务的整个生命周期，通常具有多个日期字段来记录关键事件的时间点。周期快照事实表涉及的多个事件中任意一个的产生都要记录。由于周期快照事实表涉及的多个事件的首次加载和后续更新时间是不确定的，因此允许在首次加载后对记录进行更新（一般采用全量刷新的方式更新）。

累计快照事实表一般用于追踪某个业务的全生命周期及状态转换。例如，交易业务涉及下单、支付、发货、确认收货等事件，这些事件在不同的事务事实表中，通过事务事实表很难看出它们之间的转化及状态变化，而通过累计快照事实表可把相关事件串起来放在一条记录中，这样就很容易看出不同事件之间的转化及状态变化了。

不管哪种类型的事实表，设计方法都类似，设计事实表时可以遵循以下步骤。

第一步：确定业务过程。

企业业务是由一个个业务过程组成的，事实表的作用是记录这些业务过程产生的事实，以便还原任意时刻的业务运转状态。所以设计事实表的第一步就是确定事实所要表达的是哪一个或者哪几个业务过程。根据笔者的理解，业务过程是指企业活动事件，比如注册、登录、下单、投诉等。最简单的情况是一张事实表对应一个业务过程，但在实际开发过程中，事实表和业务过程会存在多对多的关系。

第二步：定义粒度。

不管一张事实表对应的是一个还是多个业务过程，粒度都必须是确定的，每张事实表都有且只能有唯一的粒度。粒度是事实表的每一行所表示的业务含义，是事实的细节级别。在实际设计过程中，粒度与主键等价，粒度更偏向业务，而主键是站在技术角度说的。虽然粒度在最终的事实表中很难体现，但是定义粒度是必不可少的步骤，这样可以避免整个事实表的业务含义模糊。

第三步：确定维度。

定义粒度之后，事实表每一行的业务含义就确定了。那么业务人员会站在哪些角度来描述事实度量？这就要确定维度了，常见的维度有时间、区域、客户、产品、员工等。维度依附于粒度，是粒度的环境描述。

第四步：确定事实。

事实就是事实表度量的内容，也就是业务过程产生的事实度量的计算结果，比如注册量、登录次数、交易金额、退款量等。事实表的所有事实度量都与事实表所表达的业务过程相关，所有事实必须满足第二步所定义的粒度。

第五步：增加冗余维度属性。

事实表的设计要综合考虑数据来源和使用需求，在满足业务事实记录的同时要满足使用的便利性和性能要求。大数据时代，事实表记录数动辄上亿，甚至数十亿、数百亿，维表也有可能达到亿级甚至更多。利用标准维度模型会经常出现维表与事实表关联的情况，这种对亿级表的关联计算，在性能上是灾难性的。为了满足业务需求，降低资源消耗，建议适当在事实表中增加冗余维度属性数据，确保直接利用事实表就可以完成绝大部分业务的使用需求，这样下游在使用时可减少大表关联，提升效率。所以在大数据时代，适当进行维度冗余是可取的。

注意：维度属性冗余与模型的稳定性是有矛盾的，因为维度的属性是有可能改变的，如果冗余属性已经增加到事实表中，那么维度属性就与事实一起被记录到事实表中。如果后续维度属性值改变，由于事实表已经生成，事实表的内容基本不会再改变，这样就会出现已记录的维度属性与真实的维度属性不一致，导致数据错误的情况。增加冗余属性是一种优化建议，对于冗余带来的收益与弊端要综合考虑。

6.3.6 模型落地实现

经过以上数据域的划分、指标的定义、维表设计、事实表设计，就完成了整个统一数仓层的设计工作。接下来要在数据开发平台结合数据平台工具，进行统一数仓层物理层面的建设。模型结构与内容已经确定，仅仅需要代码和运维层面的实施。落地实施的具体步骤如下：

1）按照命名规范创建表，包括维表和事实表；

2）开发生成维表和事实表数据的逻辑代码；

3）进行代码逻辑测试，验证数据加工逻辑的正确性；
4）代码发布，加入生产调度，并配置相应的质量监控和报警机制；
5）持续任务运维监控。

6.4 标签数据层建设——数据价值的魅力所在

统一数仓层建设是按照数仓的维度规范建模，对业务数据进行重新组织和标准化。但是同一个对象的各种信息分散在不同的数据域并且有不同的数据粒度。比如客户数据，基本信息在客户域按照客户粒度组织，交易信息在交易域按照订单粒度组织，社交信息在社交域按照关系对粒度组织，这导致很难了解一个客户的全面信息，要全面了解就要进行各种关联计算，致使数据使用成本较高。而获取、分析客户的全面数据是多个业务的共同需求，这种需求可以通过建设标签数据层来满足。大数据的典型应用基本都是通过建立标签体系来支撑的，大数据的核心价值和魅力通过标签数据的多样应用得到充分体现。

6.4.1 相关概念

标签数据层是一种面向对象的数据模型，它可以把不同业务板块和数据域中同一对象的各种标识统一起来，把同一对象的数据按照相同的粒度整合到一起，形成对象的全面、丰富的标签体系。标签数据层建设有两个作用：其一，让数据变得可阅读，易理解，方便业务使用；其二，通过标签类目体系将标签组织编目，以一种适用性更好的组织方式来匹配未来变化的业务场景需求。

标签归属到一个对象，标签按照产生和计算的方式不同可分为属性标签、统计标签、算法标签。对象本身的性质就是属性标签。对象在业务过程事件中产生原子指标，原子指标与修饰词、计算方法可以组装出统计标签。对于对象在多个业务过程的规律特征，利用特定的算法模型可以计算出算法标签。另外对象在特定的业务过程中会与其他对象关联，关联对象的属性也可以作为标签打在主对象上。一个对象的属性标签、统计标签、算法标签与该对象的标签类目、标识组装起来就生成对象标签表。对于对象标签表来说一切都是标签，并没有严格的维度与事实的区分，笔者称对象标签表为标签融合表。

图 6-7 所示为标签融合表的建设过程，其中涉及很多名词，业务过程、原子指标、修饰类型、修饰词、计算方法等在讲解统一数仓层时已经做了介绍，这里主要介绍对象、对象标识、标签、标签类目、属性标签、统计标签、算法标签、标签融合表等新出现的名词。

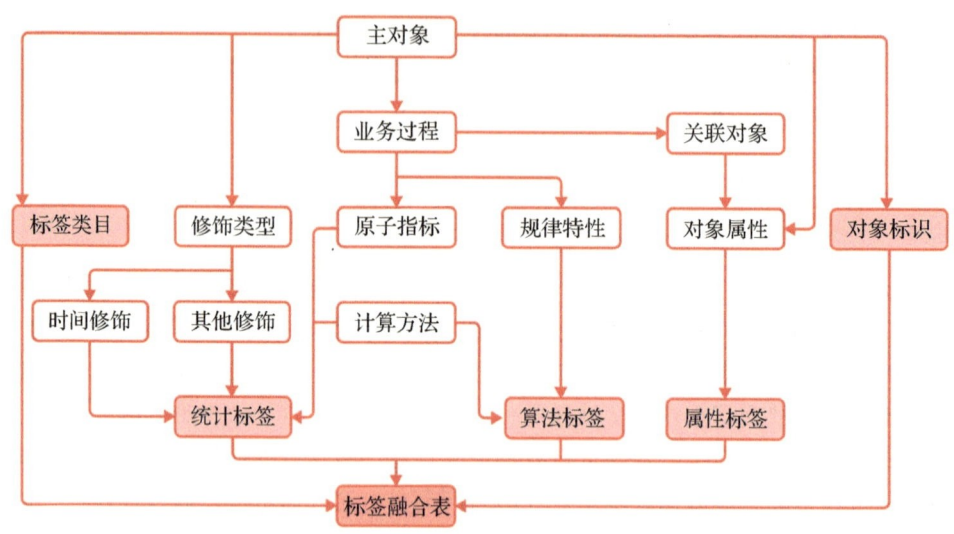

图 6-7 标签融合表建设过程

- 对象：客观世界中研究目标的抽象，可以是现实存在的，也可以是虚拟的，是具备独立特征的个体，比如自然人、产品、账户等。
- 对象标识：用于标识一个对象，一般是各种 ID，比如手机号、身份证、登录账号。
- 标签：利用原始数据，通过一定的加工逻辑产出，能够为业务所直接使用的可阅读、易理解、有业务价值的数据。
- 标签类目：标签的分类组织方式，是标签信息的一种结构化描述，目的是管理、查找标签，一般采用多级类目。
- 属性标签：属性是对实体基本性质的刻画，属性的变化非常缓慢，有些甚至永远固定，属性是一类实体区别于另一类实体的差异所在。属性标签是根据人类对实体的长期认知得出的，比如性别、年龄、体重。
- 统计标签：统计标签是特定场景下维度和度量的组合。构建出实体所在场景的维度、度量矩阵，就可以根据经验和实际业务需要组装统计标签，比如日均登录次数、最近 30 天交易额。
- 算法标签：算法标签是不可以直接获取的，需要通过复杂逻辑分析推理得出，是通过分析对象在多个场景下发生多个事件的规律性得出的相关结论，比如信用指数、购买能力、品牌偏好。
- 标签融合表：以对象为核心把属性标签、统计标签、算法标签组装起来得到的表，是标签数据层落地的产出物。标签融合表设计要考虑标签的类目结构进行合理组织。

6.4.2 确定对象

进行标签建设，首先要清楚对哪类对象建设标签，也就是确定对象。对象是客观世界中研究目标的抽象，有实体的对象，也有虚拟的对象。在企业经营过程中可以抽象出非常多的对象，这些对象在不同业务场景下交叉产生联系，是企业的重要资产，需要全面刻画了解。

经过对多个行业、多个标签体系建设经验的总结，可把对象分为"人""物""关系"三大类。其中"人"包括自然人、自然人群体、法人、法人群体等，例如消费者、消费者协会、电商企业、电商企业联合会，这类是可以主动发起行为的主体。"物"包括物品、物体、物品集合等，例如商品、仓库等，是行为中的被施与对象。"关系"指的是人、物、人和物、人和人、物和物在某时某刻发生的某种行为、关联、关系，包括行为关系、归属关系、思维关系等各种强弱关系，例如购物、运货、聊天、监管等。可以采用这种对象识别方法，将现实世界中的一切事物、关系一一对应到相应的对象分类中。

三种对象是不一样的，"人"往往具有主动性和智慧，能主动参与社会活动，主动发挥推动作用，往往是关系的发出者。"物"往往是被动的，包括原料、设备、建筑物、简单操作的工具或功能集合等，是关系的接收者。当常规意义上的设备具有了充分的人工智能，变成了机器人，那么它就属于"人"这一类对象。"人"和"物"是实体类的对象，即看得到、摸得着的对象，而"关系"属于一种虚拟对象，是对两两实体对象间的联系的定义。因为关系很重要，企业大多数情况下反而是在对关系进行定义、反复发生、记录、分析、优化，因此需要"关系"这种对象存在，对关系进行属性描述和研究。关系按照产生的动因不同，又分为事实关系和归属关系，事实关系会产生可量化的事实度量，归属关系只是一种归属属性。

明确了对象的定义和分类，就可以根据业务的需要确定要对哪些对象建立标签体系。企业的对象非常多，企业不会对所有对象都建立标签体系，一般选择典型的对象，比如客户、员工、产品、设备等建立标签体系。一种对象标签体系的建设并不会影响另一种对象标签体系的建设，可以根据资源和业务紧急度合理安排标签体系建设的前后关系。

6.4.3 对象 ID 打通

在确认对象后，由于存在同一个对象在多个不同业务中的标识 ID 不同的情况，因此需要将同一个具体对象的不同 ID 标识打通，以使所有业务数据都能在该对象上打通，完成对该对象全面数据的刻画。比如一个自然人，他本身由身份证进行唯一识别，但是他看病时用的是医保账号进行挂号缴费，缴纳水电煤费用时又有不同的水表账号、电表账号、天然气账号，购买了手机又有手机的设备账号，上网购物会有电商账号，上网聊天会有聊天应用账号……不同账号记录了他不同类型的大量行为记录。如果需要对一个特定对象进行全面的数据收集、完整刻画，就需要将多方数据进行融合打通。要完成对象的 ID 打通，一般会为每个对象设置一个超级 ID，比如 SUPER-ID 作为唯一识别该对象的标识码，业务系统中不同的对象标识 ID 都通过一定的算法规则与这个 SUPER-ID 打通，进而完成对象所有业务标识 ID 的打通。

要完成 ID 打通，首先必须有 ID 之间的两两映射打通关系，通过 ID 之间两两映射关系表，将多种 ID 之间的关联打通。比如手机号、身份证号码可以打通，手机号、邮箱账号可以打通，这样通过手机号就可以把身份证号码和邮箱账号也打通了。完全孤立的 ID 是无法进行打通的。通过 ID 之间的两两映射打通整个 ID 关系，看似简单，实则计算复杂，计算量非常大。想象一下，假如某种对象有数亿个个体，每个个体又有数十种不同的 ID 标识，任意两种 ID 之间都可能有打通关系，想要完成这类对象的所有个体 ID 打通需要数亿亿次的计算，一般的计算机甚至大数据集群都无法完成。大数据领域中的 ID-Mapping 技术的作用就是用机器学习算法来取代野蛮计算，解决对象数据打通的问题。基于输入的 ID 关系对，利用机器学习算法进行稳定性和收敛性计算，输出关系稳定的 ID 关系对，并生成一个 SUPER-ID 作为唯一识别该对象的标识码。

另外要说明的是，通过算法打通对象的不同 ID 标识，两两 ID 之间的打通关系会有一定的误差。可以用置信度来描述这个误差，置信度越高则误差越小，反之则越大。不同业务可以根据自身的需要选择不同的置信度，比如要做财务统计，就要 100% 的置信度才行，而如果是做营销推广，80% 的置信度可能就可以了。

一般来说，ID 打通是标签体系建设的前提，没有 ID 打通就无法收集到一个对象的全面信息，也就无法对这个对象进行全面标签化刻画。

6.4.4 标签类目设计

企业业务需要使用的标签项一般都会非常之多，当标签项超过 50 个时，业务人员要使用或查找标签就开始变得麻烦，管理标签也会变得困难。因此笔者借鉴了图书管理学中的经典方法：海量图书需要有专门的图书分类体系对书本进行编号并按照编号分柜排放，阅读者在查阅图书时只需要按编号索引即可快速找到自己所需图书，图书管理员也可以方便、有效地理清所有图书状况。笔者也通过建立对象标签类目体系来对对象的标签进行分类管理。构建标签类目体系首先需要确定根目录。根目录就是上文提到的对象，因此有三大类根目录：人、物、关系。根目录就像树根一样直接确定这是一棵什么树。如果根目录是人，即这个标签类目体系就是人的标签类目体系,每个根目录都有一个识别列来唯一识别具体对象。对根目录展开,可以构建多级类目结构:针对"人""物""关系"的标签集都可以分别构建出多级的标签类目体系。

标签类目体系是对业务所需标签采用类目体系的方法进行设计、归属、分类。类目体系本身是对某一类目标物进行分类、架构组织,分类通常使用一级类目、二级类目、三级类目等作为分类名,将 item 分入合适的类目中,每个具体的 item 都是叶节点。某大型互联网集团构建的商品类目体系,是对海量商品进行行业类目梳理的经典成功案例,具体如下:先对所售商品进行一级分类,分为美妆、女装、母婴、数码、鞋包等;美妆一级分类下有基础护理、彩妆、美发、美体等二级分类;基础护理二级分类下又细分为卸妆、洁面、化妆水、乳液面霜等三级分类,卸妆三级分类下再下挂卸妆油、卸妆液等具体商品。

根目录下可以设置类目结构,类目结构可以用树状结构来类比:根上长出的第一级分支,称为一级类目;从第一级分支中长出的第二级分支,称为二级类目;从第二级分支中长出的第三级分支,称为三级类目。一般类目结构设为三级分层结构即可。没有下一级分类的类目叫叶类目,挂在叶类目上的具体叶子就是标签。没有上一级类目的叫一级类目,有下一级类目的类目是其下一级类目的父类目,有上一级类目的类目是其上一级类目的子类目,如图 6-8 所示。

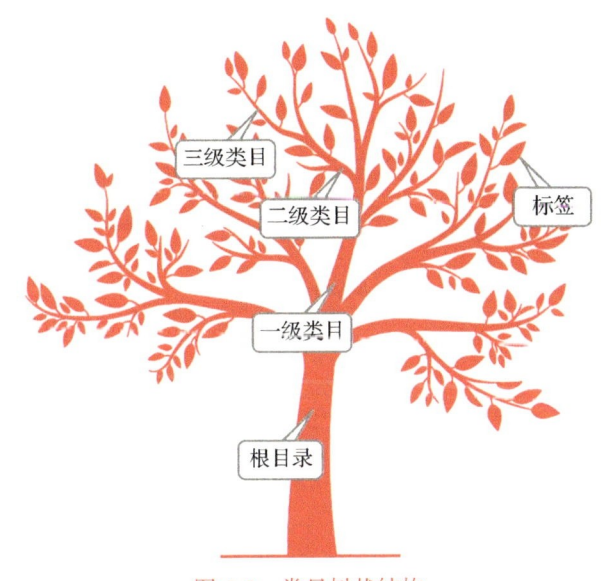

图 6-8 类目树状结构

类目体系的层级构建尽量以用户最容易理解的分类方式展开,因为类目体系存在的核心意义是帮助用户快速查找、管理数据/标签。

对于数据类目体系，建议按照数据采集、存储、管理等系统原有的业务体系进行划分，因为对于数据开发者或数据库管理员来说，按照数据产生、存储等技术方式组织的数据查找方式是最容易理解的，这样划分可以让他们在合适的类目下快速找到所需数据。

对于标签类目体系，则建议按照数据理解、使用、价值等数据应用的角度进行划分，因为标签类目体系的作用是供业务方、产品经理等数据使用者理解、查找、探索业务上所需指标，这是体现数据价值的地方，而这样的划分方式对业务方、产品经理等非技术人员是非常友好的。

没有完全严格、统一的类目体系结构来满足所有客户业务场景的需求，不变的原则是按照客户的真实业务需求来构建类目结构。

图 6-9 所示为某银行构建的客户标签类目体系，其中客户是根目录，会由 custom_id 来进行唯一识别，根目录下有"基本特征""资产特征""行为特征""偏好特征""价值特征""风险特征""营销特征"等一级类目。"基本特征"一级类目下又分"ID 信息""人口统计""地址信息""职业信息"等二级类目。"地址信息"二级类目下再细分为"账单地址""家庭地址""工作地址""手机地址"等三级类目。"账单地址"三级类目下挂有"账单详细地址""账单地址邮编""账单地址所在省"等标签。

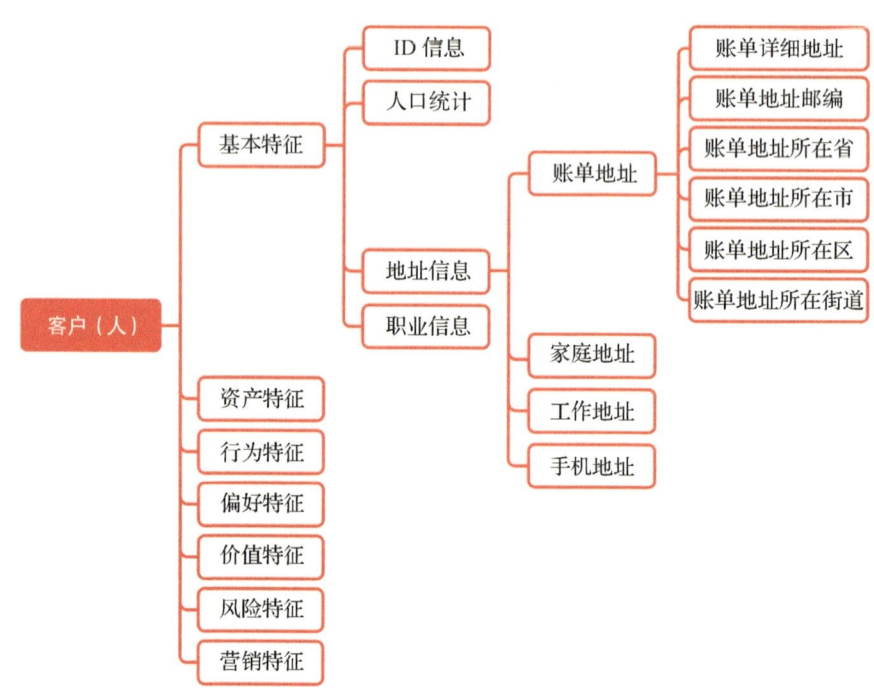

图 6-9　某银行客户标签类目体系示例

将以上各项内容，即人、物、关系的标签类目体系汇总后，可以得到一家企业的标签类目体系结构图。以一家服务企业的标签类目体系为例，汇总后包含加盟商（人）、员工（人）、消费者（人）、门店（物）、仓库（物）、商品（物）、交易记录（关系）、库存记录（关系）、要货记录（关系）、销售趋势（关系）、库存预警（关系）、订货辅助（关系）等的标签类目体系（见图6-10）。人/物标签类目体系中的标签除了人/物基本固有属性信息外，也包括各种关系中转化而来的标签。关系的标签类目体系既包括从业务流程中抽象出的关系，也包括从新建的数据应用或数据业务中抽象出的关系。

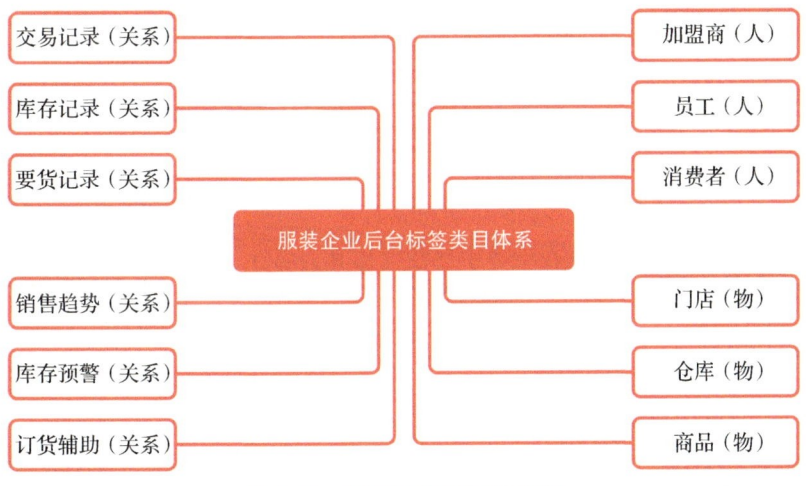

图6-10 某服装企业标签对象

通常说的标签体系一般是指一类对象的标签类目+标签。对象标签体系设计的核心是标签类目设计，标签类目设计完成，整个标签体系的框架就有了，接下来要做的就是往每个叶类目下填充有业务价值并且可以加工出来的标签，进而完成整个标签体系的设计。标签类目体系也与标签实现的物理存储相关，这一点会在6.4.6节介绍。

6.4.5 标签设计

通过标签类目设计，已经有了某类对象的标签体系框架，只是还没有具体的标签内容。标签设计就是设计合适的标签并将其挂载到标签类目。前面介绍标签按照产生和计算方式的不同可以分为属性标签、统计标签、算法标签，每一类标签深挖下去，都可以有无数个。这里探讨什么样的标签才是需要的、有什么原则以及注意事项。标签本质上是一种对客观世界中实体对象的度量或描述，是经过缜密的逻辑分析和处理后的产物，用以引导发挥数据应用价值。数据必须转化成能帮助业务提升的标签才具有价值，否则就是数据负累。因此大数据业内一直尝试探索的最核心环节就是数据的商业变现，或者叫数据到商机价值之间的桥梁通道建设。

标签即业务需求的数据呈现，商业价值核心承载在标签上，再配以相应的工程化能力，将标签快速、稳定、便捷地输送到业务以供使用，即完成了数据服务过程。将数据提炼转化为标签的过程就叫标签化，也就是标签设计过程。一个好的标签设计，等于已经完成了好的数据服务 50% 的工作，标签设计考验的是理解、抽象、提炼、提升业务场景的数据能力。标签设计要充分考虑两大前提条件，如图 6-11 所示。

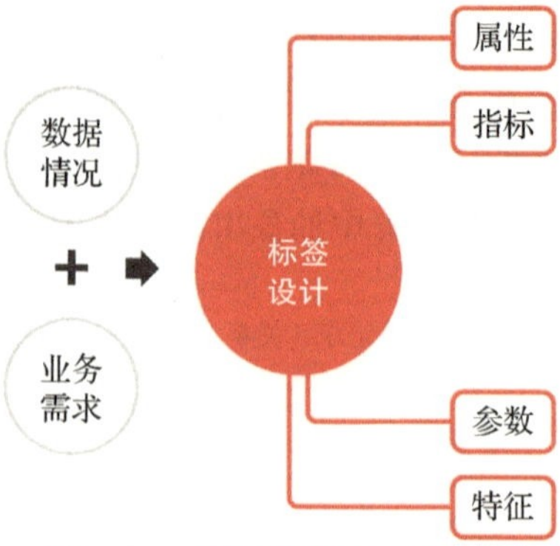

1）标签必须是业务上需要的，能体现业务价值，帮助业务人员做出业务判断或者创造性地唤醒新业务场景的数据项，在业务中往往会称其为属性、指标、参数、特征等。

图 6-11　标签设计的两大前提

2）必须探查清楚根据业务需求提炼、整理出的标签是否具有数据可行性，是否有原始数据可以用于加工成标签，不能天马行空，没有落地点。

在分析业务需求，设计出初始业务所需标签之后，要进行数据可行性分析，剔除没有数据支撑的标签，这是一个筛减调整的过程。进行数据可行性的判断时需要了解数据源有哪些，了解数据普查信息及数据字典信息，充分利用数据设计丰富的标签以保障标签的落地可行性。

了解了标签设计的两个前提条件，就可以着手设计满足条件的标签了。标签的设计是业务需求与经验结合的结晶，是一个漫长的持续迭代过程，没有具体的步骤可以快速构建。提到标签，有一些容易混淆的概念，比如标签类目和标签、标签与标签值。标签设计的内容不仅包括标签名，还要有归属标签类目、计算逻辑、取值范围、安全等级等。另外标签设计也有一些必须关注的事项。厘清标签设计中容易混淆的一些概念、设计所包含的内容及注意事项，有助于设计出更规范化、体系化、可扩展的标签体系。

1. 标签根目录、标签类目、标签和标签值

标签根目录指的是标签的对象，例如购房者、旅游酒店、交易关系。按照之前提到的大数据思维，世上的一切事物都可以归类为人、物、关系三类对象，因此一个用来指向某类对象的词往往是根目录。标签根目录在物理层面可以和某张大宽表中的主键对应，这张大宽表是对该主键对象的详细刻画和数据记录。

对对象的详细刻画内容的分类一般是标签类目，例如基本信息、地理位置、社交关系、功能效用、从属关系等。标签类目在物理层面可以和某张具体表对应，多张这样的具体表按照共同的主键关联在一起，就可以形成该主键对象的大宽表。

对对象具体属性、特征、信息、内容的字段级刻画是标签，例如购房者姓名、购房者电话、旅游酒店地址、报修工单号、报修时间，往往由前后两个名词构成，前一个名词作为定语修饰后一个名词。标签在物理层面可以和某张具体表中的字段对应，因此最近1天报修工单量、最近3天报修工单量、最近7天报修工单量，这些时间维度不同、统计方式和统计对象相同的标签属于3个标签，因为它们的底层与3个字段分别对应。

对对象属性、特征、信息、内容的具体取值是标签值，例如张三、李四是购房者姓名这个标签的标签值，男、女是性别这个标签的标签值，往往由形容词、名词、数字组成。标签值在物理层面可以和某张具体表中的字段值字典对应。标签值有些是可枚举的离散值，有些是不可枚举的连续值。要特别注意的是，往常习惯给别人打标签、贴标签的动作，其实不是在设计标签，而是在设计标签值。例如对某个人的定义"女、20~30岁、白领、活泼开朗"，分别是性别、年龄段、职业、性格标签的具体标签值。

在实际的标签设计过程中经常会碰到的问题是，同一个标签是否能够多挂，即一个标签是否会属于多个叶子类目。在标签体系方法论中，没有严格规定允许还是不允许多挂，方法论的最核心思维是必须结合企业自身需要来设计和组织标签类目体系。因此一家企业如果按照自身需要用严格不冗余的做法来组织和安排标签分类的话，就不能多挂。如果企业没有严格要求，为了最大限度帮助业务同事用数据的方式理解事物，或在所需场景中找到所需数据，或根据现有数据激发新场景思考，则在必要时可以多挂。但这并不意味着所有可以多挂的标签都要多挂，因为那样会引起冗余问题。一般情况下，如果只有个别标签具备多种类目归属，是可以多挂的；但如果有一整片大批量标签都有多重属性，则建议单独成立一个类目。总而言之，视企业具体情况而定，做好平衡即可。

2. 标签设计内容

标签的标签，即元标签的设计内容主要包括标签类目、标签名、标签加工类型、标签逻辑、值字典、取值类型、示例、更新周期、安全等级、表名、字段名、负责人、完成时间等。其中"标签类目、标签名、标签加工类型、标签逻辑、值字典、取值类型、示例、更新周期、安全等级"偏向业务方向，主要登记与业务所需相关的指标；"表名、字段名、负责人、完成时间"偏向技术方向，主要登记与技术开发实施过程相关的指标。标签设计文档的截图如图6-12所示。

一级类目	二级类目	三级类目	标签名	加工类型	标签逻辑	值字典	取值类型
企业关系	合作关系	已有合作企业	合作企业名称	原始类	和某企业存在已有合作关系的企业名称	企业名称，如：杭州数澜科技有限公司	文本型
			合作企业数量	统计类	历史/最近一个月/15天/7天合作企业总数量	数值（单位：家）	数值型
			合作类型	原始类	已有合作关系类型	1：上游合作（采购）；2：下游合作（销售）；3：联合合作	离散型
			合作次数	统计类	历史/最近一个月/15天/7天合作次数总和	数值（单位：次）	数值型
			合作金额	统计类	历史/最近一个月/15天/7天合作金额综合	数值（单位：元）	数值型
			合作商品总量	统计类	历史/最近一个月/15天/7天交易商品总数量	数值（单位：个）	数值型
	竞争关系	已有竞争企业	已有竞争企业行业排名	算法类	竞争企业在该行业内的综合能力得分排名	数值	数值型
			已有竞争企业数量	统计类	历史/最近一个月/15天/7天竞争企业总数量	数值（单位：家）	数值型
		潜在竞争企业	潜在竞争企业行业排名	算法类	潜在竞争企业在该行业内的综合能力得分排名	数值	数值型
	关联关系	子公司	子公司名称	原始类	某企业下设子公司名称	企业名称，如：杭州数澜科技有限公司	文本型
			子公司密切度	算法类	模型计算得到的某企业与子公司关联人或关联部门	0~100	数值型
			子公司桥接节点	算法类	某企业与子公司关联人或关联部门	关联人名称或部门名称	文本型
		母公司	母公司名称	原始类	某企业所属母公司名称	企业名称，如：杭州数澜科技有限公司	文本型
			母公司密切度	算法类	模型计算得到的某企业与母公司的密切程度	0~100	数值型
			母公司桥接节点	算法类	某企业与母公司关联人或关联部门	关联人名称或部门名称	文本型
		控股公司	控股公司名称	原始类	某企业所属控股公司名称	企业名称，如：杭州数澜科技有限公司	文本型
			控股公司数量	统计类	某企业控股公司数量	数值（单位：家）	数值型
			控股公司桥接节点	算法类	某企业与控股公司关联人或关联部门	关联人名称或部门名称	文本型

图 6-12 标签设计-文档截图

3. 标签设计注意事项

1）某具体对象某标签的标签值只允许有一条记录，对应在数据表里，是一个字段取值。例如人的某个标签的标签值，在用户表里就只有一个值、一条记录，不存在多条记录，人有"性别"这个标签，每个人的"性别"取值就一个，要么男、要么女、要么未知，不存在男、女两条取值记录。

"性别"标签容易理解，再举一个复杂一些的例子——"同住时长"标签。该标签可能是人的标签，也有可能是同住关系的标签。如果"同住时长"是人的标签，那么标签取值类型应该是 K-V 型，记录的是历次同住人同住时长，标签值如"张三：2 年；李四：1 年"。不允许出现两条标签取值的记录，如"2 年"和"1 年"，因为标签和标签之间是相互独立的，不存在一个标签必须依赖另一个标签才能使用的情况，因此不能说"同住时长"必须和"同住人"标签联合起来用。从这里也可以看出标签处理和 SQL 处理的区别。当然如果"同住时长"是同住关系的标签，那么每一次的同住关系记录就会有一个"同住时长"的标签，这时候"同住时长"可以是数值型的标签。

2）对于人、物、关系各对象标签间的转化。大家可能会认为身份证号、证件号是"用户"的标签，但实际上身份证号、证件号是"物"的标签，要变成"用户"标签，需要转化成"拥有的身份证号"这个标签。同时，由于一个人可能拥有多个证件（身份证、护照、军官证、驾驶证等），因此"拥有的各证件号"就需要是 K-V 型，通过 key 来识别证件类型，其标签值应为"身份证：330110********0001；护照：110*******001"，而不能直接存证件号，否则通过"拥有的证件号"取到的号码数值无法区分是什么证件的号码。当然还有一种处理方式是拆成多个标签，如"拥有的护照号""拥有的军官证号""拥有的驾驶证号"。

从以上实例中可以发现，不管是物的标签还是关系的标签，都可以按需转化成人的标签，同理也可以实现其他对象类型间的标签转化。

经过以上原则方法，可以设计出符合企业业务需要的标签体系。由于企业的业务在不断变化，数据在不断变化，业务对标签的诉求及标签的加工方式也在不断变化。所以标签体系建设不是一蹴而就的，而应是一个动态调整的过程。不断更新迭代标签体系，才能更好地支撑业务，更能体现数据价值。

6.4.6 标签融合表设计

对象的标签体系是对象有价值数据的全域标签，跨业务板块，跨主题，包括属性标签、统计标签、算法标签，比如性别、到达次数、消费额、品牌偏好都是标签。特定对象的标签体系是面向对象组织数据，对于标签表来说并没有维度和事实的区分，所以标签表又称为标签融合表。那么在大数据平台中该如何设计标签融合表呢？

一般标签融合表有以下两种组织方式。

1）纵表：类似 K-V 表，每行表示对象的一个标签，通常的表结构如下：

ID	标签名	标签值

2）横表：就是普通的二维表，每行表示一个对象，包含对象的多个标签，表结构如下：

ID	标签1	标签2	标签3	…

通过以上表结构，对纵表和横表做个对比：

1）**模型稳定性**：纵表模型比较稳定，要增加新的标签时，增加记录即可，无须修改模型结构；横表模型不稳定，只要增加或者修改标签元数据，都会涉及模型的修改。

2）**易用性**：横表就是普通的二维表，比较容易理解，另外现在市面上大部分数据处理技术是面向二维表的，横表易用性较高。纵表类似 K-V 表，只适合做单值的查询，对于复杂计算并不方便，易用性较差。

3）**性能**：纵表每增加一个标签，就要所有对象都增加一条记录，假如有 1 亿个对象，每个对象有 1000 个标签，那么用纵表将是有 1000 亿条记录的标签表，这个数据量对于任何一个平台来说都是非常难处理的。而横表增加标签仅增加列，不管有多少标签，行数都是与对象数相同的，性能相对较好。

大数据时代，用户或者设备动辄数以亿计，性能是不得不考虑的因素，而且方便易用的数据服务是数据中台建设的主要目标，模型的不稳定可以利用平台技术来屏蔽。推荐使用横表的方式设计标签融合表，以满足性能和易用性的要求。横表作为标签融合表落地的设计方式，标签数据该如何组装呢？是用一张表还是用多张表？由于标签众多，一般不会用一张标签融合表来存储所有标签，而要用多张标签融合表。标签融合表与标签类目对应，尽可能把相同类目的信息挂载在同一张表中，图 6-13 所示为标签类目与标签融合表的对应关系。另外要考虑标签数量的均衡性，不要有些表有数百个标签，有些表只有几个标签。标签融合表中的标签数量尽量均衡，如果某个类目下标签太多，考虑在下一级类目建表。在考虑了标签类目、标签数的均衡性的基础上，再结合标签本身，就完成了标签融合表的设计。

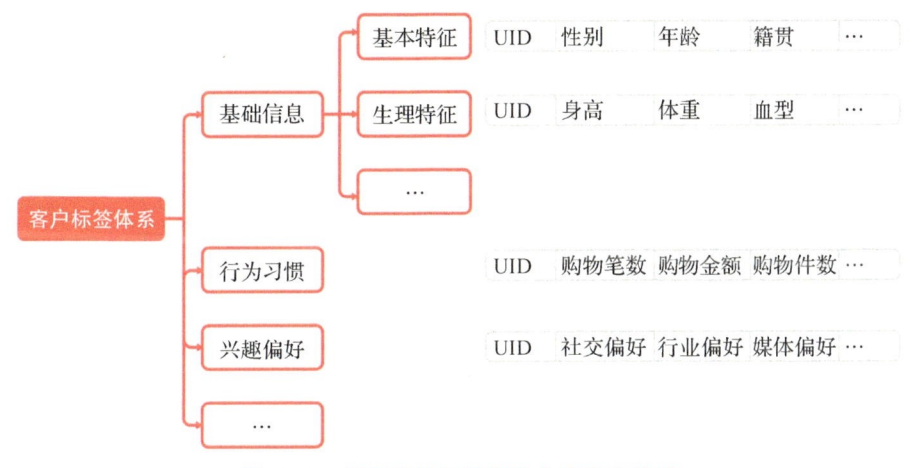

图 6-13 标签类目与标签融合表对应关系

注意：如果一张融合表中大部分标签的产出时间较早，某个标签产出时间特别晚，也要考虑把产出晚的标签移出该表或者做特殊处理。

6.4.7 标签融合表实现

经过对象的确定、对象 ID 打通、标签类目设计、标签设计、标签融合表设计，就完成了标签数据层一个对象的模型设计工作。标签融合表的实现就是利用数据中台的数据开发能力开发代码，加工设计好的标签融合表数据。标签融合表开发实施与统一数仓层类似，在数据中台的开发平台进行代码和运维的实施。

落地实施的具体步骤如下：
1）按照设计和命名规范创建标签表；
2）开发生成标签数据的逻辑代码；
3）进行代码逻辑测试，验证数据加工逻辑是否正确；
4）代码发布，加入生产调度，并配置相应的质量监控和报警机制；
5）持续进行任务运维监控。

6.5 应用数据层建设——灵活支撑业务需求

统一数仓层和标签数据层数据相对稳定，然而最终用户的需求和使用方式是千变万化的，统一数仓层和标签数据层无法灵活适应各类用户的使用需求。另外最终用户使用数据也需要灵活性和高性能，而这与规范是矛盾的，因为按规范进行建设就会把数据按照各种域、业务过程、维度、粒度等拆分，使用的时候需要各种连接，这样就无法满足对灵活、高性能的要求。为了解决规范稳定与灵活、高性能之间的矛盾，要增加应用数据层。

6.5.1 相关概念

应用数据层是按照业务使用的需要，组织已经加工好的数据以及一些面向业务的特定个性化指标加工，以满足最终业务应用的场景。应用数据层一般也采用维度建模的方法，但是为了满足业务的个性需求以及性能的要求，会有一些反规范化的操作，所以应用数据层并没有非常规范的建设标准。

应用数据层类似于传统的数据集市，但是比数据集市更轻量化、更灵活，用于解决特定的业务问题。应用数据层整体而言是构建在统一数仓层与标签数据层之上的简单数据组装层，不像数据集市那样要为某个特定的业务独立构建，应用数据层的构建和完善是从企业级多个类似业务场景来考虑的，同时它又具备数据集市灵活响应业务需求的特点。

6.5.2 应用数据表设计

应用数据层是在统一数仓层、标签数据层都已经建设好的基础上，面向特定业务需求而准备的个性数据组装层，除了特殊的业务个性标签需要单独加工外，其他尽可能复用统一数仓层和标签数据层的建设成果。

应用数据层的建设是强业务驱动的，业务部门需要参与到应用数据层的建设中来。推荐的工作方式是，业务部门的业务专家把业务需求告知数据部门的数据工程师，然后在建模过程中深入沟通，这样最终形成的应用数据层的表设计才能既满足业务需求又符合整体的规范。因此应用数据层的特点就是考虑使用场景，它有以下几种结构：

1）应用场景是多维的即席分析，一般为了减少连接，提升性能，会采用大宽表的形式组织。

2）如果是特定指标的查询，可以采用K-V表形式组织，涉及此类表的时候需要深入了解具体的查询场景，例如是否有模糊查询，以便于选择最适合的数据结构。

3）有些场景下一次要查询多种信息，也可能会用复杂数据结构组织。

6.5.3 应用数据表实现

应用数据层建设步骤如下：

1）调研业务应用对数据内容、使用方式、性能的要求，需要明确业务应用需要哪些数据，数据是怎么交互的，对于请求的响应速度和吞吐量等有什么期望。这个时候需要参与沟通的可能不只是业务部门的业务专家，还有业务系统的研发人员。

2）盘点现有统一数仓层、标签数据层数据是否满足业务数据需求，如果满足则直接跳到第 3 步；如果有个性化指标需求，统一数仓层、标签数据层数据无法满足，则进行个性化数据加工。

3）组装应用层数据。组装考虑性能和使用方式，比如应用层是多维的自由聚合分析，那就把统一数仓层、标签数据层以及个性化加工的指标组装成大宽表；如果是特定指标的查询，可以考虑组装成 K-V 结构数据。

6.5.4　应用数据场景化支撑

随着数据技术的发展，数据应用场景已经不限于做 BI 分析出报表，而是在更广的业务领域发挥价值，比如根据客户兴趣做推荐，根据客户的历史行为做搜索优化，也有可能快速获取客户信息服务业务。这些不同的使用场景，对数据的组织方式和底层的存储计算技术的要求是不同的，应用层的模型设计要考虑业务需要和技术环境。应用数据层加工的结果数据集，要根据不同的使用场景同步到不同的存储介质，以达到业务对不同吞吐量和响应时间的需要，如图 6-14 所示。

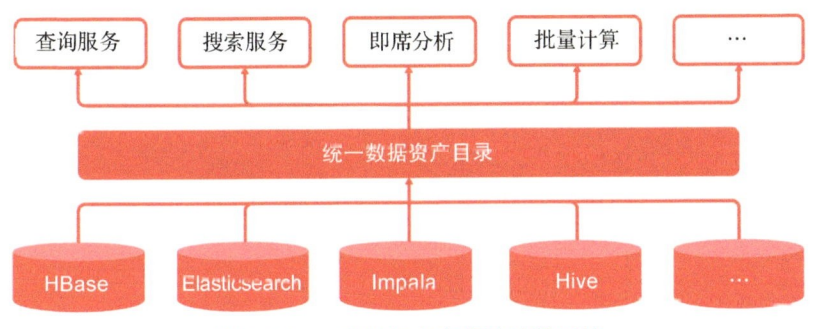

图 6-14　一套数据多套存储计算环境

比如交叉分析和特定指标查询，所有数据都是数据工程师、算法工程师在数据平台中加工而成的，一般采用分布式离线加工，加工的结果存放在分布式文件中。但是交叉分析和指标查询都需要毫秒级的快速响应，大数据存储层计算环境无法满足这样的低延迟要求，这就需要把加工好的数据同步到可以满足的环境介质中。这里交叉分析一般同步到具备高吞吐量、低延迟的即席分析环境，比如 Greenplum、Impala；指标查询一般同步到 K-V 数据库，比如 HBase。这样就达到一套数据多套存储，以满足业务对于性能的要求。

本章用相对简短的篇幅，结合笔者自身的体会介绍了数据中台最核心的数据内容体系结构和相应的建设方法。本章只是概要介绍，关于模型建设的详细步骤和方法，请参考 Ralph Kimball 和 Margy Ross 的《数据仓库工具集》或阿里巴巴的《大数据之路》等书。

第 7 章 数据资产管理

随着大数据时代的到来，人们已经认识到数据是一种无形的宝贵资产，谷歌、Meta、亚马逊、阿里巴巴、腾讯等企业之所以市值高达数千亿乃至上万亿美元，原因不仅在于其独特的商业模式和市场地位，更在于其拥有的海量用户数据所蕴含的巨大价值。对于数据的拥有者和管理者来说，通过对数据的合理管理和有效应用，能盘活并充分释放数据的巨大价值。但如果数据的拥有者和管理者缺乏对数据的有效管理，数据就用不起来，或者即便用起来也用不好，在这种情况下，堆积如山的无序数据给企业带来的是高额的成本，数据成为一项棘手的"负债"。从这个角度来说，数据资产的管理能力是衡量一家企业能否成功的重要因素。

本章从数据资产的定义和特征出发，循序渐进地阐述了数据资产的管理现状和挑战、数据资产管理的目标、数据资产管理与数据中台的关系、数据治理的概念以及数据治理与数据资产管理的关系，重点阐述了数据资产管理的 13 个职能。

7.1 数据资产的定义和 3 个特征

在阐述数据资产管理之前，首先需要厘清数据资产和数据资产管理的概念，了解数据和数据资产的区别。

2021 年 12 月中国信通院联合多家企业发布了《数据资产管理实践白皮书 5.0》，其中将数据资产定义为：由组织（政府机构、企事业单位等）合法拥有或控制的数据资源，以电子或其他方式记录，例如文本、图像、语音、视频、网页、数据库、传感信号等结构化或非结构化数据，可进行计量或交易，能直接或间接带来经济效益和社会效益。

从这个定义可以看出，数据资产的 3 个特征为：

1）"**组织拥有或控制**"。这个特征指明了数据是有其主体的，同时说明了数据资源可能来源于组织内部的信息系统或者日常经营活动的沉淀，也有可能是组织通过外部的交换、购买等手段获取的。

2）"**能带来经济利益和社会效益**"。这个特征清楚地表明了在组织中，并非所有的数据都构成数据资产，数据资产是能够为组织产生价值的数据资源。

3）"**数据资源**"。这个特征表明了数据资产的存在形态，即以物理或者电子方式记录下来的数据。

《数据资产管理实践白皮书 5.0》中对数据资产管理的定义为：对数据资产进行规划、控制和提供的一组活动职能，包括开发、执行和监督有关数据的计划、政策、方案、项目、流程、方法和程序，从而控制、保护、交付和提高数据资产的价值。

笔者认同《数据资产管理实践白皮书 5.0》中对数据资产和数据资产管理的这两个定义，因此本书沿用它们。

7.2 数据资产管理现状和挑战

在过去，国内大部分领先企业陆续建设了 ERP 系统、人力资源系统、供应链管理系统、物流系统、电子商务系统、集成门户、协同办公、决策支持系统等各类信息化系统，这些系统在支撑企业经营活动的同时，也带来了数据量的高速膨胀。随着数据积累逐渐增多，大部分企业在数据管理方面遇到了诸多挑战。

- **缺乏统一的数据视图**：数据资源分布在企业的多个业务系统中，分布在线上线下，甚至企业的内外部，由于缺乏统一的数据视图，数据的管理人员和使用人员无法准确快速地找到自己需要的数据。数据管理人员也无法从宏观层面掌握自己拥有哪些数据资产，拥有多少数据资产，这些数据资产分布在哪里，变化情况怎么样。
- **数据基础薄弱**：大部分企业的数据基础还很薄弱，存在数据标准混乱、数据质量参差不齐、各业务系统之间数据孤岛化严重、没有进行数据资产的萃取等现象，阻碍了数据的有效应用。
- **数据应用不足**：受限于数据基础薄弱和应用能力不足，多数企业的数据应用刚刚起步，主要在精准营销、舆情感知和风险控制等有限场景中进行了一些探索，数据应用的深度不够，应用空间亟待开拓。
- **数据价值难估**：企业难就数据对业务的贡献进行评估，从而难以像运营有形资产一样运营数据。产生这个问题的原因有两个：一是没有建立起合理的数据价值评估模型；二是数据价值与企业的商业模式密不可分，在不同应用场景下，同一项数据资产的价值可能截然不同。
- **缺乏安全的数据环境**：随着数据的价值越来越得到全社会的广泛认可，针对数据的犯罪活动日渐猖獗，数据泄露、个人隐私受到伤害等现象层出不穷。很多数据犯罪是安全管理制度不完善、缺乏相应的数据安全管控措施导致的。
- **数据管理浮于表面**：没有建立一套符合数据驱动的组织管理制度和流程，没有建设先进的数据管理平台工具，导致数据管理工作很难落地。

这些问题已经严重影响到数据价值的发挥，导致企业的数据越积越多，却逐渐成为企业的负担，大数据管理部门也成为企业的成本中心，而不是创新中心和利润部门。

7.3 数据资产管理的 4 个目标

数据资产管理是数据中台面向企业提供数据能力的一个窗口，数据资产中心将企业的数据资产统一管理起来，实现数据资产的可见、可懂、可用、可运营。

- **可见**：通过对数据资产的全面盘点，形成数据资产地图。从数据生产者、管理者、使用者等不同的角度，用数据资产目录的方式共享数据资产，用户可以快速、精确地查找到自己关心的数据资产。
- **可懂**：通过元数据管理，完善对数据资产的描述。同时在数据资产的建设过程中，注重数据资产业务含义的提炼，将数据加工和组织成人人可懂、无歧义的数据资产。具体来说，在数据中台之上，需要将数据资产进行标签化，标签是面向业务视角的数据组织方式。
- **可用**：通过统一数据标准、提升数据质量和数据安全性等措施，增强数据的可信度，让数据科学家和数据分析人员没有后顾之忧，放心地使用数据资产，降低数据不可用、不可信导致的沟通成本和管理成本。
- **可运营**：数据资产运营的最终目的是让数据价值越滚越大，因此数据资产运营要始终围绕资产价值来展开。通过建立一套符合数据驱动的组织管理制度流程和价值评估体系，促进数据资产建设过程的不断改进，提升数据资产管理的水平，提升数据资产的价值。

7.4 数据资产管理在数据中台中的位置

数据资产管理在数据中台中位于中间位置，介于数据开发和数据应用之间，处于承上启下的重要地位（见图7-1）。

数据资产体系是通过数据开发得到的宝贵成果。通过良好的数据资产管理：一方面可以保证数据资产的质量，提升数据资产的可信度；另一方面，组织良好的数据资产，既能为各类角色的用户提供数据资产的直观视图，方便其查看和使用，又能源源不断地输出数据资产服务能力，持续赋能业务场景。

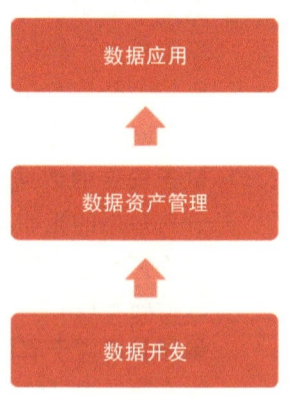

图7-1 数据资产管理在数据中台中的位置

7.5 数据资产管理与数据治理的关系

数据治理概念是在20世纪90年代提出的，率先大规模开展数据治理工作的是强监管要求下的以银行为代表的金融业。

DAMA对数据治理的定义是：数据治理（Data Governance，DG）是指对数据资产管理行使权力和控制的活动集合（规划、监督和执行）。

而7.1节中沿用的中国信通院对数据资产管理的定义是：对数据资产进行规划、控制和提供的一组活动职能，包括开发、执行和监督有关数据的计划、政策、方案、项目、流程、方法和程序，从而控制、保护、交付和提高数据资产的价值。

从上面两段描述看出，数据治理和数据资产管理的定义有异曲同工之处，它们围绕的对象都是数据资产。而中国信通院在《数据资产管理实践白皮书5.0》中阐述的数据资产管理十大职能中，数据标准管理、元数据管理、数据质量管理、数据安全管理等，同时属于传统数据治理的必要工作内容。数据资产管理在传统数据治理的基础上加入了数据资产流通、数据价值评估、数据资产运营等内容。

因此，本书不再另用一章阐述数据治理，而将数据治理的内容包含在本章数据资产管理内容中。

7.6 数据资产管理职能

在《数据资产管理实践白皮书5.0》中，数据资产管理的活动职能包括数据标准管理、数据模型管理、元数据管理、主数据管理、数据质量管理、数据安全管理、数据开发管理、数据资产流通、数据价值评估以及数据资产运营10个方面。本书中，结合数据中台建设的特点，加入数据生命周期管理、标签管理、数据资产门户3个新的管理职能，一共形成13个职能体系。本书对这些职能的阐述参考了《数据资产管理实践白皮书5.0》中的内容，但并不照搬，而是结合数据中台本身的特点，加上笔者的实践，在某些职能域中做了一定的修改和扩充，使之更符合开展数据资产管理工作中的实际情况。下面分别对这13个职能域进行详细阐述。

7.6.1 数据标准管理

1. 数据标准概念

数据标准工作一直是数据治理中的基础性重要内容。但是对于数据标准，不同的人却有不同的看法：有人认为数据标准极其重要，只要制定好了数据标准，所有数据相关的工作依标进行，数据治理大部分目标就水到渠成了；也有人认为数据标准几乎没什么用，做了大量的梳理，建设了一整套全面的标准，最后还是被束之高阁，被人遗忘，几乎没有发挥任何作用。

其实这两种看法都是不对的，至少是片面的。实际上，数据标准工作是一项复杂且涉及面广的系统性、长期性工作。数据标准管理工作，始于定义数据标准，但重在落地。

首先厘清数据标准的定义。《数据资产管理实践白皮书5.0》中对数据标准管理的主要观点如下：

"数据标准是指保障数据的内外部使用和交换的一致性和准确性的规范性约束。数据标准管理的目标是通过制定和发布由数据利益相关方确认的数据标准，结合制度约束、过程管控、技术工具等手段，推动数据的标准化，进一步提升数据质量。"

2. 如何制定数据标准

数据标准来源非常丰富，有外部的监管要求、行业的通用标准、专家的实践经验，同时必须考虑到企业内部数据的实际情况。通过资料收集、调研访谈、分析评估等工作流程，梳理其中的业务指标、数据项、代码等，最终形成并制定适用于组织的数据标准，并对标准进行发布和公示。数据标准的制定流程如图7-2所示。

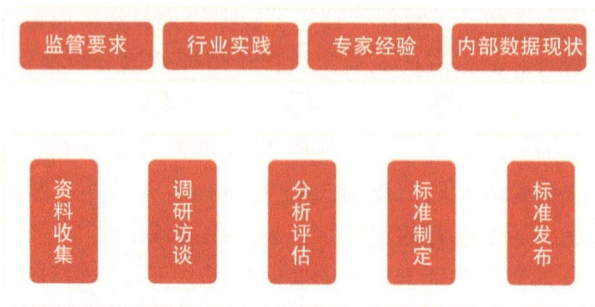

图 7-2 数据标准的制定流程

3. 数据标准落地的难题

首先明晰数据标准和数据标准落地在概念上的区别。数据标准是一经制定发布后相对稳定的静态文件；而数据标准落地是一项带有系统性、复杂性、艰巨性、长期性特征的动态管理工作。在数据标准管理中，数据标准落地比数据标准制定要困难得多。

国内的数据标准管理工作已经发展多年，但取得显著效果的案例并不多。为什么会出现这种情况？主要有两个原因：

一是制定的数据标准本身有问题。有些标准一味地追求先进，向行业领先者看齐，标准大而全，脱离实际的数据情况，导致很难落地。

二是标准化推进过程中出了问题。这是笔者重点阐述的原因，主要有以下几种情况：

- **对建设数据标准的目的不明确**。某些组织建设数据标准的目的不是统一组织内部的数据口径，指导信息系统建设，提高数据质量，更可信地处理和交换数据，而是应付上级和监管机构的检查，因此需要的就是一堆标准文件和制度文件，根本就没有执行的计划。
- **过于依赖咨询公司**。一些组织没有建设数据标准的能力，因此请咨询公司来帮忙规划和执行。一旦咨询公司撤离，组织依然缺乏将这些标准落地的能力和条件。
- **对数据标准落地的难度估计不足**。很多公司上来就说要做数据标准，却不知道数据标准的范围很大，很难以一个项目的方式都做完，而是一个持续推进的长期过程，结果是越做遇到的阻力越大，困难越多，最后自己都没有信心了，转而把前期梳理的一堆成果束之高阁。这是最普遍的问题。
- **缺乏落地的制度和流程规划**。数据标准的落地需要多个系统、部门的配合。如果只梳理出数据标准，而没有规划具体的落地方案，缺乏技术、业务部门、系统开发商的支持，尤其是缺乏领导层的支持，数据标准是无论如何也不可能落地的。
- **组织管理水平不足**。数据标准落地的长期性、复杂性、系统性的特点，决定了推动落地的组织机构的管理能力必须保持在很高的水平线上，且架构必须持续稳定，才能有序地不断推进。

以上这些原因导致数据标准落地工作难以取得较好的成效。这是数据资产管理面临的难题，不容回避。

4. 如何应对这些难题

应对以上这些难题，最经济、最理想的模式当然是：先建标准，再建应用系统、大数据平台、数据仓库、数据应用等。但正因为这种模式太过理想化，它几乎是见不到的。因为一般的组织不大可能有这样的认识，很多时候大家都是先建设再治理，先污染后治理。

要解决数据标准化的难题，需要从以下几个方面入手：

第一，制定可落地的执行方案。执行方案要侧重于可落地性，不能落地的方案最终只能被废弃。一个可落地的方案要有组织架构和人员分工，每个人负责什么，如何考核，怎么监管，都必须纳入执行方案中。

第二，正确认识到数据标准建设的目的是统一组织内的数据口径，指导信息系统建设，提高数据质量，更可信地处理和交换数据，而不是应付上级和监管机构的检查。这样可以避免数据标准制定出来，应付完监测后就被束之高阁的情况发生，后者显然只是一个短期的临时策略，难以产生长期的正面影响。

第三，正确认识咨询公司在数据资产管理工作前期的作用。咨询公司的定位应该是准确地评估组织的数据管理水平，制定可以落地的方案，而不是一味地追求咨询输出物的高端形象。尽量聘请行业经验丰富、可靠的咨询公司帮助做数据资产管理前期的咨询工作。

第四，充分认识到数据标准化的难度，取得管理决策层的支持，提升组织管理水平，做好长期推进的工作准备，建立起数据标准化的工作制度和流程，遇到问题通过正式的流程和沟通机制逐步解决。

第五，实际落地中，建立起科学可行的数据标准落地形式。在实践中，往往需要考虑如何把数据标准落地到已有的系统和大数据平台中。数据标准的落地通常有三种形式：

- **源系统改造**：对源系统的改造是将数据标准落地最直接的方式，有助于控制未来数据的质量，但工作量与难度都较高，现实中往往不会选择这种方式。例如，"客户编号"这个字段涉及多个系统，范围广，重要程度高，影响大，一旦修改该字段，相关的系统都需要修改。但也不是完全不可行，可以借系统改造、重新上线的机会，对相关源系统的数据进行部分的对标落地。
- **数据中心落地**：根据数据标准要求建设数据中心（或者数据仓库、数据中台），源系统数据与数据中心做好映射，保证传输到数据中心的数据为标准化后的数据。这种方式的可行性较高，是绝大多数组织的选择。
- **数据接口标准化**：对已有的系统间的数据传输接口进行改造，让数据在系统间进行传输的时候，全部遵循数据标准。这也是一种可行的方法，但应用得并不多。因为对接口的改造是一个相当复杂的工作，会涉及系统底层代码的重构，还可能给接口调用方带来不可知的风险。

管理好数据标准，是提升数据质量、管理好数据模型等数据资产管理工作的重要基础。

7.6.2 数据模型管理

1. 数据模型管理现状

数据模型是指现实世界数据特征的抽象，用于描述一组数据的概念和定义。

数据模型管理是指在信息系统设计时，参考逻辑模型，使用标准化用语、单词等数据要素设计数据模型，并在信息系统建设和运行维护过程中，严格按照数据模型管理制度，审核和管理新建的与存量的数据模型。

数据模型从抽象层次上描述了数据的静态特征、动态行为和约束条件。企业在数据模型管理中遇到的问题如下：

- 生产库里存在大量没有注释的字段和表，意思含糊不清、同名不同义、同义不同名、冗余字段、枚举值不一致等问题普遍存在，这些问题都会直接影响到用户对数据的识别。
- 模型变更前没有任何合理性判断。
- 模型修改过程中缺乏监管和管理，有很多模型的变更虽然通过了评审，但是变更的过程是否按照原来的标准变更是不得而知的。
- 很多企业的数据模型是一个黑盒子，有的甚至根本就没有数据模型。

2. 数据模型管理内容

数据模型管理通过关联数据标准来保证最终数据开发的规范性，通过模型管理维护各级模型的映射关系。理想的数据模型应该具有非冗余、稳定、一致、易用等特征。

数据模型管理的关键活动包括：
- 数据模型计划；
- 数据模型执行；
- 数据模型检查；
- 数据模型改进。

采用企业架构指导建立企业级数据模型，并采用一体化建模的方法，是提升数据模型业务指导性和模型质量的有效方式。

通过数据模型管理可以清楚地表达企业内部各种业务主体之间的数据相关性，使不同部门的业务人员、应用开发人员和系统管理人员获得关于企业内部业务数据的统一完整视图。

7.6.3 元数据管理

1. 元数据的概念

元数据（Metadata）是一个相当抽象、不易理解的概念，所以要先把元数据是什么搞懂。这一节共提出3个概念。

（1）元数据是描述数据的数据

这是元数据的标准定义，但这么说有些抽象，技术人员能听懂，倘若读者缺乏相应的技术背景，可能当场就懵了。不妨借用一个比喻来描述元数据：元数据是数据的户口本。想想一个人的户口本是什么，是这个人的信息登记册：上面有他的姓名、年龄、性别、身份证号码、住址、原籍、何时从何地迁入等，除了这些基本的描述信息之外，还有他和家人的血缘关系，比如说父子、兄妹等。所有这些信息加起来，构成对这个人的描述。而所有这些信息都可以称为这个人的元数据。

同样，如果要描述清楚一个现实中的数据，以某张表为例，需要知道表名、表别名、表的所有者、主键、索引、表中有哪些字段、这张表与其他表之间的关系等。所有这些信息加起来，就是这张表的元数据。

（2）元数据管理是数据治理的核心和基础

为什么说元数据管理是数据治理的核心和基础？它的地位为何如此特殊？

想象一下，一位将军要去打仗，他要掌握的必不可少的信息是什么？对，是战场的地图。很难相信手里没有军事地图的将军能打胜仗。而元数据就相当于所有数据的一张地图。

在这张关于数据的地图中,可以知道:
- 有哪些种类的数据;
- 有哪些信息系统、哪些数据库、哪些表、哪些字段;
- 数据全量是多少,每日增量是多少;
- 数据分布在哪里;
- 数据之间有什么流向关系。

所有这些信息都可以从元数据中找到。如果没有掌握这张地图,做数据资产管理就犹如盲人摸象。所以说,元数据是一个组织内的数据地图,它是数据治理的核心和基础。

(3)有没有描述元数据的数据

有。描述元数据的数据叫元模型(Metamodel)。数据、元数据和元模型三者之间的关系如图 7-3 所示。

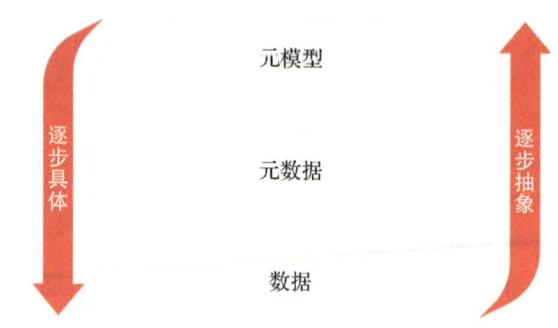

图 7-3　数据—元数据—元模型关系图

对于元模型的概念,本书不做深入讨论,感兴趣的读者可以寻找相关的学习材料深入研究。

2. 元数据从何而来

在数据中台中,元数据贯穿数据生命周期的全过程,主要包括数据源元数据、数据加工处理过程元数据、指标层元数据、标签层元数据、服务层元数据、应用层元数据等。

业内通常把元数据分为以下类型。
- **技术元数据**:库表结构、字段约束、数据模型、ETL 程序、SQL 程序等。
- **业务元数据**:业务指标、业务代码、业务术语等。
- **管理元数据**:数据所有者、数据质量定责、数据安全等级等。

元数据采集是指获取分布在不同系统中的元数据,对元数据进行组织,然后将元数据写入数据库中的过程。

要获取元数据，需要采取多种方式，在采集方式上，使用数据库直连、接口、日志文件等技术手段，对结构化数据的数据字典及非结构化数据的元数据信息、业务指标、代码、数据加工过程等元数据信息进行自动化和手动采集。

元数据采集完成后，会被组织成方便查看和分析的数据结构，通常被存储在关系型数据库中。

3. 元数据的管理

元数据的管理包含元数据的共享和维护、变更管理、对比分析、统计分析等动作管理。

- **元数据共享和维护**。通过对不同的角色赋予相应的权限，实现元数据在组织范围内的信息共享。值得注意的是，对元数据的修改、删除、新增等维护操作，必须经过元数据管理员的审核流程。
- **元数据变更管理**。对元数据的变更历史进行查询，对变更前后的版本进行比对等。
- **元数据对比分析**。对相似的元数据进行比对。比如，对近似的两张表进行对比，发现它们之间细微的差异。
- **元数据统计分析**。用于统计各类元数据的数量，如各类数据的种类、数量、数据量等，方便用户掌握元数据的汇总信息。

4. 元数据的应用

有了元数据，能做什么呢？

（1）元数据浏览和检索

通过为用户提供直观的可视化界面，用户可以按不同类型对元数据进行浏览和检索。通过合理的权限分配，元数据浏览和检索可以大大提升信息在组织内的共享。

（2）数据血缘分析

数据血缘和影响性分析主要解决"数据之间有什么关系"的问题。因其具有重要价值，有的厂商会将其从元数据管理中单独提取出来，作为一个独立的重要功能。但是考虑到数据血缘关系和影响性分析的依据其实就来自元数据信息，所以这里还是放在元数据管理中来描述。

数据血缘分析指的是获取数据的血缘关系，以历史事实的方式记录数据的来源、处理过程等。

以某张表的血缘关系为例，其血缘分析展示如图 7-4 所示。

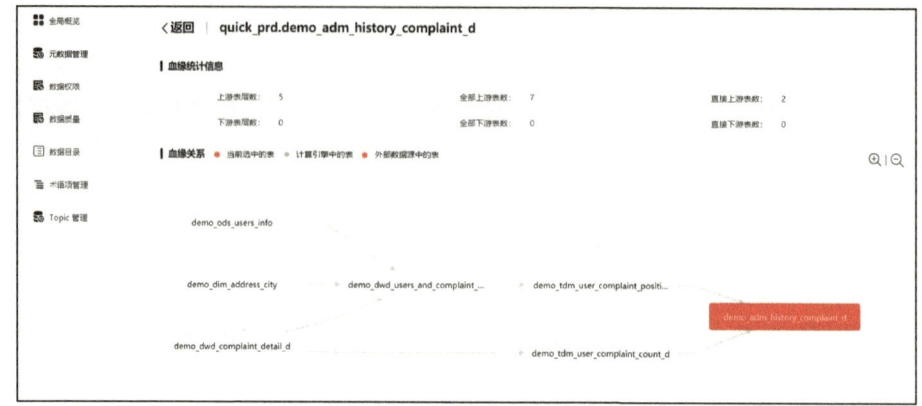

图 7-4 数据血缘分析

数据血缘分析对于用户具有重要的价值，例如，在数据分析中发现问题数据的时候，可以依赖血缘关系追根溯源，快速定位到问题数据的来源和加工流程，减少分析时间和降低分析难度。

(3) 数据影响性分析

除了血缘分析之外，还有一种影响性分析，它能分析出数据的下游流向。当系统进行升级改造的时候，如果修改了数据结构、ETL 程序等元数据信息，依赖数据的影响性分析，可以快速定位出元数据修改会影响到哪些下游系统，从而减少系统升级改造带来的风险。

从上面的描述可以知道，数据影响性分析和血缘分析正好相反，血缘分析指向数据的上游来源，影响性分析指向数据的下游。

7.6.4 主数据管理

1. 主数据的概念

主数据（Master Data）是指用来描述企业核心业务实体的数据，是企业核心业务对象、交易业务的执行主体，是在整个价值链上被重复和共享应用于多个业务流程的、跨越各个业务部门和系统的高价值基础数据，是各业务应用和各系统之间进行数据交互的基础。从业务角度看，主数据是相对"固定"的，变化缓慢。主数据是企业信息系统的神经中枢，是业务运行和决策分析的基础。常见的主数据有供应商、客户、企业组织机构和员工、产品、渠道、科目、交易方式等。

由于 IT 系统建设的历史局限性，主数据分布在不同的应用系统中，而不同应用系统之间主数据的定义、属性、编码存在诸多不一致的地方，极大影响了系统和数据之间的融合与集成。因此需要进行主数据管理建设，统一规范企业级主数据。

2. 主数据管理内容

主数据管理（Master Data Management，MDM）是一系列规则、应用和技术，用以协调和管理与企业的核心业务实体相关的系统记录数据。主数据管理的主要内容如下。

- **主数据相关标准及规范设计**：主数据的标准和规范是主数据建设的核心工作，需要企业抽调专业人员集中精力进行梳理和汇总，建立一套完整的标准体系和代码库，对企业经营活动中所涉及的各类主数据制定统一数据标准和规范，如数据模型标准、数据编码标准、主数据接口标准等。
- **主数据建模**：对主数据进行数据模型设计，建立主数据架构的物理模型，包括数据属性的定义、数据结构设计、数据管理定义等方面，通过数据发布来创建数据存储实体。
- **主数据梳理与集成**：根据主数据标准规范，依托于数据集成平台及主数据质量模块，辅助业务部门将现有的主数据内容重新进行数据编码、数据转换、数据清洗等，形成企业标准的主数据库。
- **主数据质量管理**：对主数据系统中的数据质量进行统一闭环管理，覆盖数据质量的定义、监控、问题分析、整改和评估，推动质量问题的解决。围绕数据质量管理，建立考核机制，提升数据资产的业务价值；在数据清洗过程中，进行数据质量的管理，并生成数据质量报告，提供数据质量管理服务。
- **建立灵活的主数据共享服务**：主数据的特殊性决定了主数据系统与业务系统之间需要进行频繁的数据共享，主数据系统需提供灵活的服务接口，以保证能够快速实现数据集成且最大限度减少集成成本。
- **建立主数据维护流程**：协助梳理企业内主数据管理相关流程，明确流程流转方向、各环节表单及责任人，并在主数据系统中进行流程配置，逐步实现梳理成果的自动化落地，在主数据系统中实现跨业务部门的流程贯通。

主数据管理通过对主数据值进行控制，使企业可以跨系统地使用一致的和共享的主数据，提供来自权威数据源的协调一致的高质量主数据，降低成本和复杂度，从而支撑跨部门、跨系统数据融合应用。

7.6.5 数据质量管理

1. 数据质量管理的目标

数据质量管理主要解决"数据质量现状如何，谁来改进，如何提高，怎样考核"的问题。无论数据资产管理发展到何种程度，提升数据质量始终是其最重要的目标之一。

为什么数据质量问题如此重要？因为数据要发挥其价值，关键在于其质量的高低，高质量的数据是一切数据应用的基础。如果一个组织根据劣质的数据去分析业务、指导决策、进行创新，那还不如没有数据，因为通过错误的数据分析出的结果往往会带来"精确的误导"，对于任何组织来说，这种"精确误导"都无异于一场灾难。

2. 数据质量问题产生的根源

做数据质量管理，首先要搞清楚数据质量问题产生的原因。原因有很多方面，比如技术、管理、流程等。造成质量问题的原因通常很复杂，比如企业的信息系统一般是由外部的供应商承建的，在建设过程中，这些系统使用当时条件下不同的标准生产和使用数据，甚至没有标准，只有当时的IT人员自己的"标准"。这就导致系统间存在大量的重复数据、脏数据、不同口径的数据。

这些数据质量问题产生的原因，从本质上来说，还是管理不善，技术和流程只是其表象。所以，要解决数据质量问题，也就不能只从技术角度来考虑，希望通过购买某个工具就能解决质量问题，还是要从业务、管理、技术等多方面入手。

从多个角度思考问题，整合资源，解决数据质量问题，重要的是建立一套科学可行的数据质量评估标准和管理流程。

3. 数据质量评估的标准

当谈到数据质量管理的时候，必须有一个数据质量评估的标准，有了这个标准，才能知道如何评估数据的质量，才能把数据质量量化，并知道改进的方向，评估改进后的效果。

目前业内认可的数据质量标准有以下几类。

1）**准确性**：描述数据是否与其对应客观实体的特征一致。

举例：用户的住址是否准确；某个字段应该是英文字符，在其位置上是否存在乱码。

2）**完整性**：描述数据是否存在缺失记录或缺失字段。

举例：某个字段不能为 null 或者空字符。

3）**一致性**：描述同一实体同一属性的值在不同的系统中是否一致。

举例：男女是否在不同的库表中都使用同一种表述。例如在 A 系统中，男性表述为 1，女性表述为 0；在 B 系统中，男性表述为 M，女性表述为 F。

4）**有效性**：描述数据是否满足用户定义的条件或在一定的取值范围内。

举例：年龄的值域在 0~200 之间。另一个枚举的有效性例子是银行的币种代码。

5）**唯一性**：描述数据是否存在重复记录。

举例：身份证号码不能重复，学号不能重复。

6）**及时性**：描述数据的产生和供应是否及时。

举例：生产数据必须在凌晨 2：00 入库到 ODS（Operational Data Store，操作数据层）。

7）**稳定性**：描述数据的波动是否稳定，是否在其有效范围内。

举例：产品质量抽样统计的合格率，不会有超过 20% 的波动范围。

8）**连续性**：描述数据的编号是不是连续的。

举例：政府处理环保违法案件，案件的编号必须是连续的。

9）**合理性**：描述两个字段之间的逻辑关系是否合理。

举例：企业注销时间必须晚于注册时间，自然人的死亡时间必须晚于出生时间。

以上数据质量标准只是一些通用的规则，这些标准可以根据客户数据的实际情况和业务要求进行扩展，如进行交叉表数据质量校验等。

4. 数据质量管理的流程

要提升数据质量，需要以问题数据为切入点，注重问题的分析、解决、跟踪、持续优化、知识积累，形成数据质量持续提升的闭环。数据质量管理的流程如图 7-5 所示。

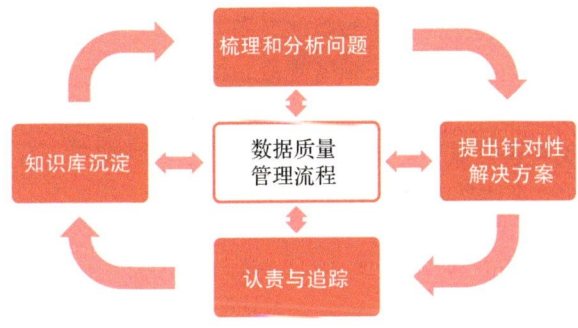

图 7-5　数据质量管理流程

首先，梳理和分析数据质量问题，摸清楚数据质量的现状。在这个过程中，需要使用数据质量评估标准和评估工具对业务数据进行全量或抽样扫描，找出不符合质量要求的数据，形成数据质量报告，供用户参考。

然后，针对不同的质量问题选择合适的解决办法，制订详细的解决方案。如在落地到数据中心的过程中进行数据清洗，在数据录入的源头进行质量把控，对数据建模过程进行是否符合质量标准的审核，多源比对后对不符合质量要求的数据进行自动更正，等等。

接着，进行问题认责，追踪方案执行的效果，监督检查，持续优化。在这一步，要真正把每一个问题都落实到具体的责任人，并形成一套最终的考核机制，督促相关责任人持续不断地关注与提升数据质量。

最后，形成数据质量问题解决的知识库，以供后来者参考。数据质量问题往往不是偶然出现的，许多问题都有其共性，比如，如果在数据录入环节没有严格限定输入框中输入内容的格式，就会造成大量同样的数据质量问题，把这些质量问题的解决过程沉淀下来，形成知识库，有助于提升后续数据质量问题处理的效率。

将上述步骤不断迭代，形成数据质量管理的闭环。

从以上流程可以看出，要管理好数据质量，仅有工具支撑是远远不够的，必须让组织架构、制度流程都参与进来，才能形成一套完整、有效的管理流程。

7.6.6 数据安全管理

《数据资产管理实践白皮书 5.0》中对数据安全管理的主要观点如下：

数据安全是指通过采取必要措施，确保数据处于有效保护和合法利用的状态，以及具备保障持续安全状态的能力。

数据安全管理是指在组织数据安全战略的指导下，为确保数据处于有效保护和合法利用的状态，多个部门协作实施的一系列活动的集合，包括建立组织数据安全治理团队，制定数据安全相关制度规范，构建数据安全技术体系，建设数据安全人才梯队等。

无论是对于政府还是对于企业、个人，数据安全管理都十分重要，为此笔者专门用一章来阐述这个主题，请参考第 10 章。

7.6.7 数据开发管理

《数据资产管理实践白皮书 5.0》中对数据开发管理的主要观点如下：

数据开发是指将原始数据加工为数据资产的各类处理过程。

数据开发管理是指通过建立开发管理规范与管理机制，面向数据、程序、任务等处理对象，对开发过程和质量进行监控与管控，使数据资产管理的开发逻辑清晰化、开发过程标准化，增强开发任务的复用性，提升开发的效率。

本书遵循数据中台的建设方法论，在第 4~6 章中，从多个维度阐述了如何进行数据开发，请读者移步至相关章节进行回顾。

7.6.8 数据资产流通

《数据资产管理实践白皮书 5.0》中对数据资产流通的主要观点如下：

数据资产流通是指通过数据共享、数据开放或数据交易等流通模式，推动数据资产在组织内外部的价值实现。

数据共享是指打通组织各部门间的数据壁垒，建立统一的数据共享机制，加速数据资源在组织内部流动。

数据开放是指向社会公众提供易于获取和理解的数据。对于政府而言，数据开放主要是指公共数据资源开放；对于企业而言，数据开放主要是指披露企业运行情况、推动政企数据融合等。

数据交易是指交易双方通过合同约定，在安全合规的前提下，开展以数据或其衍生形态为主要标的的交易行为。

当前，数据共享、数据开放和数据交易还面临着部门壁垒、组织内部与外部间的壁垒、数据资产的价值难以准确和全面地评估、合法合规性的风险等现实问题。各个地方政府的公共数据有序开放，各地建设的数据交易所等，这些数据资产流通方面的探索性工作有力地推动了数据的共享、开放和交易。

7.6.9 数据价值评估

《数据资产管理实践白皮书 5.0》中对数据价值评估的主要观点如下：

狭义的数据价值是指数据的经济效益，广义的数据价值是除了经济效益之外，还考虑数据的业务效益、投入成本等因素。我们聚焦于广义的数据价值。

数据价值评估是指通过构建价值评估体系，计量数据的经济效益、业务效益、投入成本等活动。

数据价值评估是数据资产流通的基础之一。近年来，各个主管机构、协会、企业在数据价值评估方面进行了很多有益的探索，通常从内在价值、成本价值、经济价值、市场价值四个维度出发，建立数据资产价值评估体系。但我们应认识到，数据资产不同于有形资产，其价值评估有局限性和灵活性，比如同一份数据，在不同应用场景下的价值可能有天壤之别。

7.6.10 数据资产运营

《数据资产管理实践白皮书 5.0》中对数据资产运营的主要观点如下：

数据资产运营是指通过对数据服务、数据流通情况进行持续跟踪和分析，以数据价值管理为参考，从数据使用者的视角出发，全面评价数据应用效果，建立科学的正向反馈和闭环管理机制，促进数据资产的迭代和完善，不断适应和满足数据资产的应用与创新需求。

在数据中台体系中，运营机制被放在一个突出的位置上。第 9 章将从多个维度阐述如何进行数据中台的运营。

7.6.11　数据生命周期管理

数据资产管理过程中，生命周期的管理也是非常重要的部分，每一类数据都有其价值周期，设置数据生命周期时需要考虑各方面的因素。

在数据中台的实践过程中，首先会将数据分成两类：不可恢复的数据与可恢复的数据。涉及原始数据的数据一般会被定义为不可恢复的数据，即清除后没办法找回来；而一些中间过程或者结果数据，只要原始数据和相关的加工逻辑在，都可以被重新加工恢复。因此在生命周期的管理策略上，需要区别对待这两类数据。

（1）不可恢复的数据

对于这类数据，一般建议永久保存，在实际实施过程中可以根据企业各方面的因素来综合考虑。数据当前没有价值不代表未来没有价值，可能只是当前的技术、认知和场景没有办法发挥其价值。当然也需要从企业成本上来考虑，如果什么数据都存，成本无法承受，反而会将数据变成一种负债，拖累企业发展。在实施过程中，可以考虑冷数据用低价存储的方式，未来需要使用时再进行恢复。这种方式虽然会有一些效率上的损失，但能够降低实际的资金成本，因而也是企业常常会选择的方式。

（2）可恢复的数据

这类数据只需要有原始数据和加工模型在，都可以通过平台的调度策略进行恢复，因此这类数据的生命周期一般会根据实际使用情况来灵活调整。平台侧可以根据数据使用情况，推荐具体的生命周期保留时长，用户也可以自主选择设置，让生命周期的设置符合实际企业需要。

生命周期管理不仅提供了生命周期的设置和自动清理功能，还提供了生命周期建议的功能，结合数据的热度、存储量变化情况为用户提供建议的合理生命周期，帮助用户合理配置。

7.6.12　标签管理

在数据中台中，标签是一类重要的数据资产。把标签定义为对象的一种描述方法，更容易被理解、被识别的一种分类及描述的组织形式。业界常见的标签一般分成两类：一类是数据的分类方式，如根据数据的来源、更新频率、归属部门等进行标识和分类；还有一类是对数据的内容进行重新描述甚至重新组织的方式，如根据行为特点组织的还贷能力、某个属性从业务视角的重新定义等。

在标签管理中，采用标签类目体系的方式来进行分类组织。标签类目体系是标签信息的一种结构化描述，目的是方便业务人员管理、查找所需的指标，因此标签类目体系的构建是需要按照客户真实业务需求来考虑的。

标签管理与资产中心子模块其他部分的一个不同点是它主要针对业务人员，标签管理让业务人员可以看懂数据，可以低成本地把数据用起来。

标签管理一般包含标签体系的管理、标签与数据映射关系、标签的应用管理。以某产品为例，标签管理包含标签池、标签场景和标签应用，标签池对标签体系及标签与数据映射关系进行管理，标签场景对每个用户不同的应用场景提供支持，标签应用支持用户在标签管理模块基于标签做一些数据探索工作。

7.6.13 数据资产门户

数据资产门户为用户提供访问和使用数据资产的入口。

1. 数据资产地图

数据资产地图为用户提供多层次、多视角的数据资产图形化呈现形式。数据资产地图让用户用最直观的方式掌握数据资产的概况，如数据总量、每日数据增量、数据资产质量的整体状况、数据资产的分类情况、数据资产的分布情况、数据资产的冷热度排名、各个业务域及系统之间的数据流动关系等。

2. 数据资产目录

数据资产目录通过对数据资产进行良好的组织，为用户带来直观的体验，可以使用户花较少的时间查找到自己关心的数据资产。

根据用户角色的不同，数据资产目录有多种展现视角，概括来讲，有这3类用户角色：数据资产开发者、数据资产管理者、数据资产使用者。

数据资产开发者关注当前开发的数据资产是否有重复，是否有准确的定义，通过数据资产目录，数据资产开发者可以将自己负责开发的数据资产发布到合理的资产目录下。

数据资产管理者必须掌握数据资产的全局情况，包括拥有哪些数据资产、数据资产分布在哪里、数据资产的质量情况、数据资产的使用情况等。数据资产管理者通过对数据资产的合理授权，控制数据资产的使用。

数据资产使用者关心数据是什么、数据在哪里、如何获取数据。通过数据资产目录和获取的合理授权，数据资产使用者能快速定位到自己需要的数据资产，掌握数据资产的存在形式是什么（结构化还是半结构化），如何获取自己想要的数据，评估现有的数据资产能否满足所建应用的需要。

3. 数据资产检索

数据资产检索服务为用户提供一键式资产检索服务，通过对关键字的匹配，数据资产门户检索出相关的数据资产集，用户可以根据所需找到相关数据资产，可以查看数据资产的名称、创建者、业务语义、加工过程等详情，以便于理解和使用数据。

数据资产管理在数据中台中的角色类似于一个大管家，掌控着数据中台中最有价值的那部分资产。而数据资产的管理能力决定一个企业能否成功地完成数字化转型。

本章从数据资产的定义和特征出发，详细阐述了数据资产的管理现状和挑战、数据资产管理的目标、数据资产管理与数据中台的关系、数据治理与数据资产管理的关系，重点阐述了数据资产管理的 13 个职能。

第 8 章 Chapter 8
数据应用体系建设

在当今信息化时代,数据已经成为企业最重要的资产之一。数据不仅可以帮助企业了解市场和客户,还可以支持企业进行创新和优化。然而,大量积累的原始数据本身并没有直接价值,只有经过有效利用才能发挥价值。那么,如何有效地利用数据呢?数据应用就是用来解决这个问题的。数据应用是数据中台实现数据业务化的核心,旨在将数据转化为业务价值。

本章主要介绍数据应用体系建设相关内容,包括数据应用概述、数据应用体系建设流程、数据应用管理与运营以及数据应用的发展趋势。

8.1 数据应用概述

数据是数字化转型的核心资源,但要让数据真正发挥价值,需要通过数据应用将数据与业务有效结合起来。数据应用是实现数据业务化的最核心的一环,是实现数据价值最后一公里的主要途径。在业务执行中要想有效地利用数据,就要根据业务的实际情况考虑利用什么数据,有什么样的性能要求,以怎样的方式参与业务。在数据中台中,我们需要准备好业务所需的数据资产和算法模型,构建匹配的数据应用引擎,选择合适的交互方式,将数据应用到具体的业务中,最终实现数据赋能业务,提升数字化转型的效果。本节将从定义、架构、特点和价值4个方面介绍数据应用的基本概念与方法。

8.1.1 数据应用的定义

数据应用是指以数据为基础,通过查询、检索、分析和推理,为用户提供信息服务或产品功能,实现数据与业务的有效结合。数据应用的组成架构如图 8-1 所示。

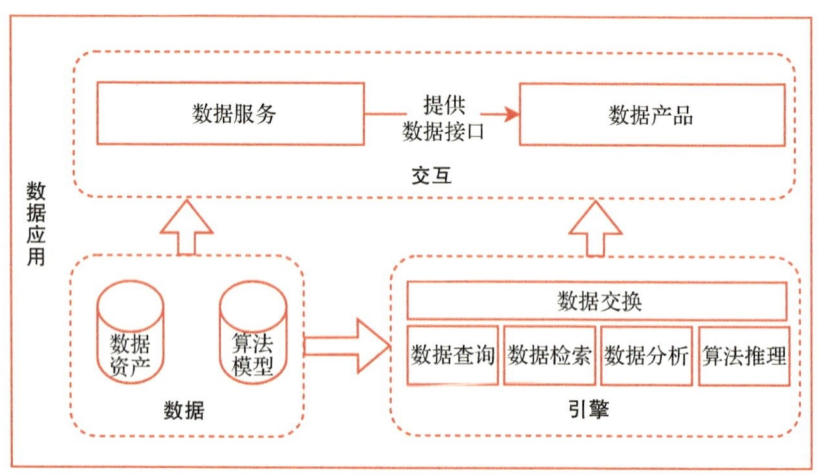

图 8-1 数据应用的组成架构

数据应用主要由以下三部分组成:
- **数据**:数据是数据应用的基础支撑,其目的是为业务提供数据支持,在数据中台中,数据主要包括数据资产和算法模型。
- **引擎**:引擎是数据应用的核心能力,其目的是提供业务所需的数据查询、检索、分析及挖掘能力。
- **交互**:交互是数据应用的表现形式,其目的是提供友好、高效、智能的用户体验,让用户方便地获取和使用数据。交互有数据服务和数据产品两种形式。

数据中台通过数据、引擎、交互三部分的协作和组合,构建出适合不同场景的数据应用,让数据和业务紧密结合,为企业带来更精准、更高效、更智能的决策和服务。

8.1.2 数据应用的架构

数据应用按照分层架构的思路,可以分为数据资源层、应用引擎层和应用交互层,整体架构如图 8-2 所示。

第 8 章 数据应用体系建设 ◆ 129

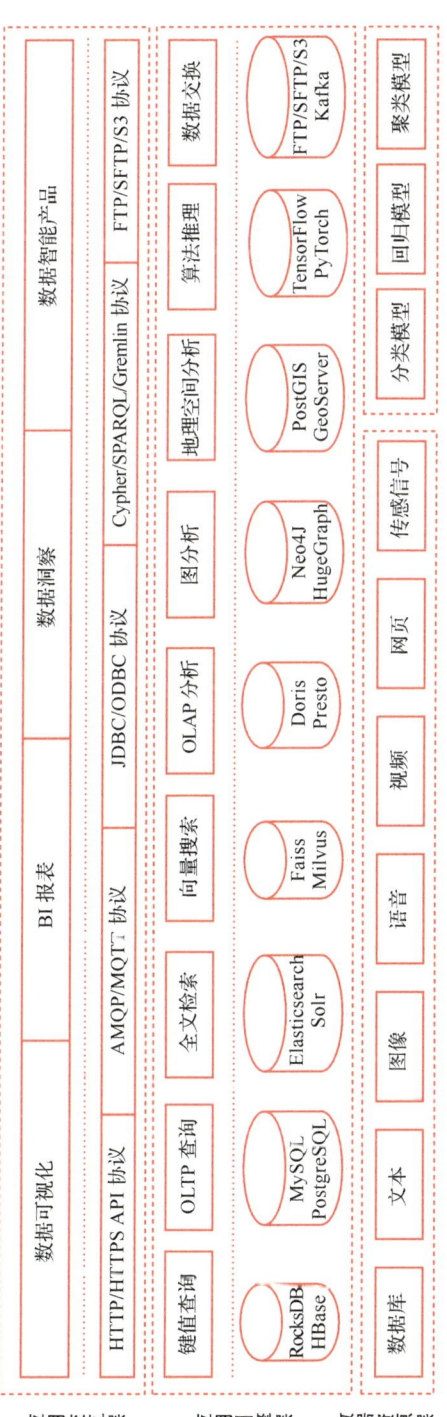

图 8-2 数据应用分层架构

数据资源层是数据应用的基础支撑层，它包含了数据中台的各种类型的数据资产（如数据库、文本、图像等）和算法模型（如分类、回归等）。

应用引擎层是数据应用的核心能力层，它提供了 5 类引擎来处理不同的数据需求。例如，查询引擎可以进行键值（KV）查询和 OLTP 查询，搜索引擎可以进行全文检索和向量搜索，分析引擎可以进行 OLAP 分析、图分析和地理空间分析，算法推理引擎可以进行算法推理，数据交换引擎可以进行文件交换和实时交换。

应用交互层是数据应用的表现形式层，它有两种方式来利用数据：数据服务和数据产品。数据服务是以接口的形式提供数据，有多种协议可供选择（如 HTTP/HTTPS API 协议、AMQP/MQTT 协议等）；数据产品是以界面的形式展示数据，有多种形式可供选择（如可视化大屏、BI 报表等）。

8.1.3　数据应用的特点

数据应用有 4 个显著特点，如图 8-3 所示。

- **价值导向**：数据应用能够深度挖掘和分析多源异构的海量数据，找出其中隐藏的规律、关联、异常等有价值的信息，并以可视化或推荐等方式展示给用户，让用户更清楚地了解业务环境和趋势，做出更优的决策或行动。
- **多跨场景**：数据应用能够适应多种业务场景，通过融合分析不同领域、部门、需求的数据，帮助企业更全面地理解业务环境和趋势，做出更好的决策。
- **数据驱动**：数据应用依赖于大量（PB 级别以上）、多源（包括社交媒体、物联网设备等）、异构（包括图像、声音、文件等）的数据资源，推动企业实现数据驱动的数字化转型。
- **多模引擎**：数据应用提供了多种类型的数据应用引擎能力，包括查询类（如 SQL 查询、全文检索等）、分析类（如 OLAP 分析、图分析）、挖掘类（如机器学习、深度学习等）和决策类（如智能推荐、智能预测等）。

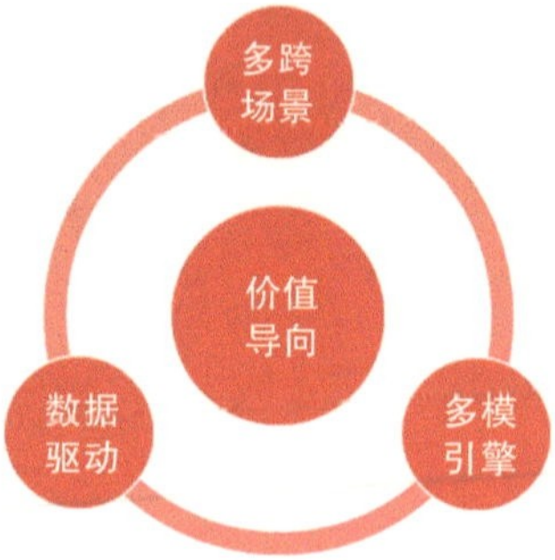

图 8-3　数据应用的 4 个特点

8.1.4　数据应用的价值

数据应用对企业有三方面的价值：

- **提高数字化转型能力**：数据应用能够帮助企业整合内外部数据，提供高效的数据服务，从而提高企业决策水平和业务效果。通过数据应用，企业可以持续、充分地利用数据，让数据变得可见、可用、可运营，形成以数据为驱动力进行决策和运营的机制，加速数字化转型的进程。
- ❏ **促进大规模商业创新**：只有依靠数据和算法，把从海量数据中挖掘出来的价值转化为行动，才能实现大规模的商业创新。通过数据应用，企业可以根据不同的场景和需求，开发出以数据为基础的应用系统，如可视化、报表、智能推荐等，帮助用户了解业务环境和趋势，做出更优的决策或行动。
- ❏ **建立坚固的竞争优势**：通过消除不同主题域之间的壁垒，在全域视角下构建完善的标签体系和指标体系，并形成持续增值的数据资产，企业可以更深入地理解客户需求，并提供更个性化、更智能化的产品和服务。同时，在快速构建服务能力、加速商业创新、提升业务适配等方面，也可以更快地响应和满足客户。

8.2 数据应用体系建设流程

在上一节，我们介绍了数据应用的基本概念和方法，本节我们将进一步深入探讨数据应用体系的建设。数据应用体系建设是一个复杂的过程，涉及多个方面的考量和决策。本节将从 3 个层面来介绍数据应用体系建设的方法和步骤，分别是数据准备、引擎选型和服务及产品建设，总体建设流程如图 8-4 所示。

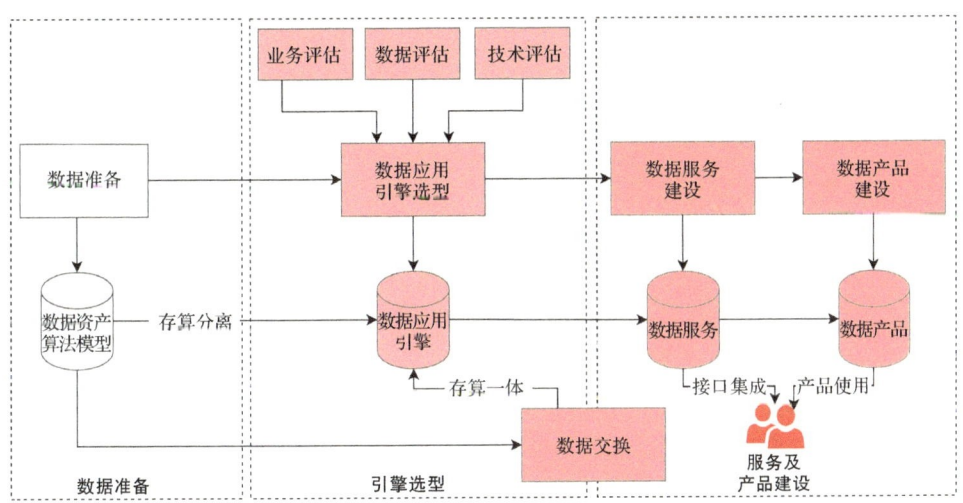

图 8-4　数据应用的总体建设流程

8.2.1 数据准备

数据准备是指为数据应用提供高质量、高效率、高价值的数据和算法支持的过程。数据准备是数据应用体系建设的基础，决定了数据应用的质量和效果。数据准备主要包括两个方面：数据资产和算法模型。

1. 数据资产

数据资产是指数据中台中存储和管理的各种类型的数据，包括数据库、文本、图像等。数据资产是数据应用的基础支撑，为业务提供所需的数据。在 6.5 节中，我们介绍了应用数据层建设规范。应用数据层是数据资产最重要的组成部分，它是指根据业务使用的需要，对数仓层或标签层的数据进行建模组装，生成方便使用的一个个应用场景数据集。由于应用数据层面向业务使用，因此要适配不同的引擎环境，满足业务对于吞吐量、并发度、响应时间等性能的要求。为了构建高效、高质量的应用数据层，需要考虑以下几个因素：

- **数据源**：确认业务应用需要的数据来源，一般情况下数据源是利用数仓层或标签层的数据加工出来的，但是也有可能需要接入外部数据，比如第三方数据、公开数据等。数据源决定了能否准备好满足业务需求的数据集。
- **性能要求**：根据业务使用场景的不同，选择合适的引擎环境来存储和处理应用数据。比如同样内容的数据集，如果面向低吞吐、高并发的查询场景，就要选择支持快速查询的引擎环境；如果面向高吞吐、低并发的分析场景，就要选择支持大规模计算的引擎环境。引擎环境的选择也影响了数据组织的方式，比如分区、索引、压缩等。
- **方便性**：应用数据集的作用是让业务人员方便地进行业务操作，所以它要尽可能符合业务人员的习惯和需求，不能有太高的技术门槛。有时为了提高方便性，可能会牺牲部分规范性，比如冗余字段、重复计算等。
- **可靠性**：应用数据为业务提供支持和决策依据，所以质量必须得到保障。不同业务场景对数据质量的要求不同，比如财务统计要求精确无误，趋势预测可以容忍一定的误差。要根据每种场景对数据质量的要求来设计和实施数据准备过程，避免出现质量问题，也避免过度设计。
- **扩展性**：业务是在不断变化和发展的，应用数据要能够适应业务变化和发展的需求，具备一定的扩展性。比如：可以预留一些字段或表来满足未来可能出现的新需求；可以采用模块化或服务化的方式来组织应用数据层，方便增加或修改功能。
- **成本**：在满足上述因素的基础上，还要考虑成本问题。成本包括软硬件成本、人力成本、时间成本等。要根据组织的人员能力和资源情况，选择合适的软硬件平台和技术方案来构建应用数据层。以稳定可控的技术为首要目标，不盲目追求新架构、新技术。

有了以上考虑，就可以根据业务的需要组装出满足业务需求的应用数据集，为数据应用提供数据支撑。

2. 算法模型

算法模型是指利用人工智能技术对数据进行智能化的处理和应用，所生成的具有预测或推荐能力的模型。例如，电商平台的算法模型包括商品推荐模型、用户画像模型、价格预测模型等。算法模型的建设主要通过机器学习、深度学习等技术来实现。机器学习是指让计算机从数据中自动学习规律和知识，生成能够完成对新数据进行分类、回归或聚类等任务的模型；深度学习是指利用多层神经网络对复杂的非线性问题进行建模，生成能够处理高维度和多模态的数据的模型。在数据中台中，可以通过算法开发构建机器学习和深度学习模型。

为了构建高效、高质量的算法模型，需要考虑以下几个因素：

- **业务目标**：明确算法模型要解决的业务问题和目标，比如提高用户留存率、增加商品销量、降低运营成本等。业务目标决定了算法模型的类型和评估指标，比如分类问题、回归问题、聚类问题等。
- **数据质量**：保证算法模型所需的数据质量，包括数据完整性、准确性、一致性、时效性等。数据质量直接影响了算法模型的效果和可信度，因此需要进行数据清洗、预处理、特征工程等操作，以提高数据质量。
- **模型选择**：根据业务目标和数据质量选择合适的算法模型或框架，比如决策树、支持向量机、神经网络等。模型选择要考虑模型的复杂度、可解释性、泛化能力等因素，避免过拟合或欠拟合。
- **模型训练**：利用已有的数据集对算法模型进行训练和优化，找出最优的参数和权重，使模型达到预期的效果。模型训练要考虑训练时间、计算资源、调参策略等因素，提高训练效率。
- **模型评估**：利用测试集或验证集对算法模型进行评估和测试，检验模型是否符合业务目标和评估指标，比如准确率、召回率、AUC等。模型评估要考虑评估方法、评估标准、评估结果等因素，提高评估可信度。
- **模型部署**：将算法模型部署到生产环境中，为业务提供实时或离线的预测或推荐服务。模型部署要考虑部署方式、部署平台、部署效果等因素，提高部署稳定性。
- **模型监控**：对算法模型在生产环境中的运行状况进行监控和分析，及时发现并解决可能出现的问题或异常，比如性能下降、数据偏移、用户反馈等。模型监控要考虑监控指标、监控方法、监控结果等因素，提高监控效果。
- **模型更新**：根据模型监控的结果和业务变化的需求，对算法模型进行更新和优化，比如重新训练、调整参数、更换模型等。模型更新要考虑更新频率、更新方式、更新影响等因素，提高更新效率。

数据准备是一个重要而复杂的过程，需要根据不同的业务场景和技术条件来进行规划和实施。只有建立起一个完善的数据体系，才能为后续的引擎选型、服务及产品建设提供坚实的基础。

8.2.2 引擎选型

在数据应用的构建过程中，引擎选型是一个核心环节，它涉及如何选择合适的数据存储和计算引擎来满足不同的业务场景与性能要求。引擎选型的目的是为数据应用提供高效、稳定、可扩展的存储和计算能力。从业务场景出发，数据应用引擎主要分为 5 类，分别是查询引擎、搜索引擎、分析引擎、算法推理引擎和数据交换引擎，如图 8-5 所示。

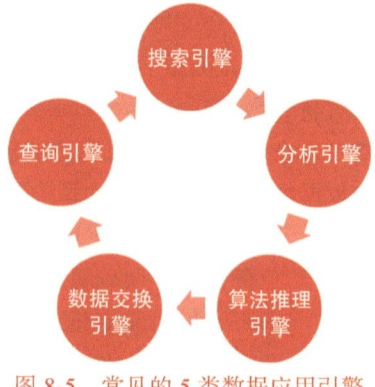

图 8-5　常见的 5 类数据应用引擎

引擎选型需要根据业务需求、数据特征和技术条件来进行，一般来说，引擎选型主要包括以下几个环节：

- ❏ **业务评估**：根据数据应用的目标和场景，确定数据应用的需求和指标，如功能、性能、可扩展性等。
- ❏ **数据评估**：根据数据资产和算法模型的特点，确定数据应用的规模和复杂度，如数据量、数据类型、数据变化率等。
- ❏ **技术评估**：根据市场上可用的数据存储和计算引擎的特点，确定数据应用的性能和效率，如响应时间、吞吐量、可靠性等。
- ❏ **引擎选择**：根据业务评估、数据评估和技术评估的结果，选择最适合数据应用的数据存储和计算引擎，如关系型数据库、非关系型数据库、搜索引擎等。

1. 查询引擎

查询引擎主要用于对结构化或半结构化数据进行快速、灵活、多维度的查询和分析，支持 SQL 或类 SQL 语言。查询引擎通常基于键值数据库或关系型数据库（如 Redis、HBase、MySQL、PostgreSQL 等）实现。查询引擎的业务目标是满足用户对数据的实时访问需求，提供高效、准确的查询结果。查询引擎的核心特性是支持多种数据格式（如 JSON）、多种索引类型（如 B-tree、LSM-tree）、多种查询优化策略（如缓存、分区）等。查询引擎的技术选型参考如表 8-1 所示。

第8章 数据应用体系建设

表 8-1 查询引擎的技术选型参考

序号	能力分类	技术选型	技术简介	适用场景	数据规模/条	响应延迟	并发量/OPS	运维复杂度
1	键值查询	Redis	内存数据库，使用键值对存储数据	适用于需要高速读写、低延迟、高并发的场景，如会话缓存、排行榜、计数器、消息队列等	数万到数十亿级	毫秒级	数百万	运维相对简单，需要关注内存使用情况，避免内存溢出等问题
2		RocksDB	高性能的嵌入式键值存储系统，支持快速的数据插入、更新、删除和查询操作	适用于需要高速读写、低延迟、高并发、海量数据的场景，如搜索引擎、广告系统、日志处理等	数十亿到数百亿级	毫秒级	数十万到数百万	运维相对复杂，需要关注磁盘使用情况、数据备份等
3		HBase	高性能的分布式列存储系统，基于 Hadoop HDFS 存储数据，通常用于海量结构化数据的存储和处理	适用于需要海量数据存储和快速查询的场景，如日志分析、搜索引擎、实时计算等	数百亿到数十亿级	毫秒到秒级	数万到数十万	运维相对复杂，需要关注集群规模、数据备份、数据恢复等问题
4	OLTP查询	MySQL	广泛使用的开源关系型数据库管理系统，一种经量级的数据库管理系统	适用于小型和中型的应用程序，特别是 Web 应用程序	百万级	毫秒级	数千到数万	运维相对简单，有完善的文档和社区支持
5		PostgreSQL	高度可扩展的开源关系型数据库管理系统	适用于需要高度可靠性和数据一致性的应用程序	亿级	毫秒级	数千到数万	运维相对复杂，需要专业技能和经验，它提供了很多高级功能，比如复制、分区、扩展等，可以满足复杂的应用需求

2. 搜索引擎

搜索引擎主要用于对非结构化或半结构化数据进行全文检索、相似度匹配、相关性排序等，支持自然语言或关键词搜索。搜索引擎通常基于倒排索引或 LSM-tree（如 Elasticsearch、Solr、Faiss 等）实现。搜索引擎的业务目标是满足用户对海量数据的快速检索需求，提供高质量、高相关性、高可用性的搜索结果。搜索引擎的核心特性是支持多种分词算法（如 IK）、多种评分模型（如 BM25）、多种搜索模式（如布尔搜索、向量搜索）等。搜索引擎的技术选型参考如表 8-2 所示。

3. 分析引擎

分析引擎主要用于对大规模数据进行统计分析、聚合分析等，支持 SQL 或编程语言。分析引擎通常基于 MPP 分布式计算框架（如 Doris、Presto 等）实现。分析引擎的业务目标是满足用户对数据的深度分析需求，提供高效、可扩展、可并行的分析能力。分析引擎的核心特性是支持多种数据源（如 HDFS、S3）、多种执行引擎、多种存储格式（如 ORC3、Parquet3）、多种分析能力（如 OLAP 分析、图分析）等。分析引擎的技术选型参考如表 8-3 所示。

4. 算法推理引擎

算法推理引擎主要用于对数据进行智能化处理，如分类、聚类、推荐、预测等。算法推理引擎通常基于 TensorFlow 或 PyTorch 等深度学习框架实现，如 TensorFlow Serving、Torch Serving 等。算法推理引擎的业务目标是满足用户对数据的智能化应用需求，提供高效、稳定、可扩展的人工智能服务。算法推理引擎的核心特性包括支持多种模型格式（如 SavedModel、TorchScript）、多种服务模式（如 RESTful API、gRPC）、多种部署方式（如容器化、云服务）等。算法推理引擎的技术选型参考如表 8-4 所示。

5. 数据交换引擎

数据交换引擎主要用于对不同类型的数据源进行数据的共享分发等，支持多种数据格式和协议。数据交换引擎通常基于中间件或框架（如 FTP/SFTP、S3、Kafka 等）实现。数据交换引擎的业务目标是满足用户对数据资源的共享分发需求，提供高效、可靠、可定制的数据交换能力。数据交换引擎的技术选型参考如表 8-5 所示。

表 8-2 搜索引擎的技术选型参考

序号	引擎能力	技术选型	技术简介	适用场景	数据规模/条	响应延迟	并发量/OPS	运维复杂度
1	全文检索	Elasticsearch	一个基于 Lucene 搜索引擎的分布式、REST 风格的开源搜索和分析引擎	适用于全文搜索、日志分析、业务智能、监控和分析等场景	数千亿到数百亿级	几百毫秒至几秒	数万	运维复杂度相对较高，需要专业技能和经验
2		Solr	基于 Lucene 搜索引擎的开源搜索平台，可定制性强	适用于全文搜索、推荐系统、电子商务和信息检索等场景	数亿亿级	几百毫秒至几秒	数万	运维复杂度相对较高，需要专业技能和经验
3	向量搜索	Faiss	一款高效的向量相似度搜索库，支持多种相似度量方法和搜索算法，可以在大规模向量数据中快速检索最相似的向量	适用于需要在大规模数据中进行相似度匹配和搜索的场景，比如图像识别、自然语言处理等领域	数百万到数千亿级	毫秒级	数万	运维复杂度相对较低，它是一个轻量级的库，易于安装和使用
4		Mivus	一种分布式向量搜索引擎，可以高效地处理大规模向量数据，可以实现高速的相似度匹配和向量搜索	适用于需要在大规模数据中进行相似度匹配和搜索的场景，比如推荐系统、广告投放、图像识别等领域	数千亿级	毫秒级	数万	运维复杂度较高，需要一定的专业技能和经验

表 8-3 分析引擎的技术选型参考

序号	引擎能力	技术选型	技术简介	适用场景	数据规模/条	响应延迟	并发量/OPS	运维复杂度
1	OLAP分析	Doris	一款分布式数据仓库，它支持实时数据查询和分析，并具有高可靠性和可扩展性	适用于需要进行大规模数据分析和处理的场景，比如数据仓库、日志分库、BI 报表等领域	数百亿到数万亿级	几秒至几十秒	数十	运维复杂度较高，需要一定的专业技能和经验
2		Presto	一款分布式 SQL 查询引擎，可在大规模数据集上快速执行复杂的查询，它可以与多种数据源集成，支持高效的数据分析和处理	适用于需要进行大规模数据查询和分析的场景，比如数据仓库、日志分库、BI 报表等领域	数十亿到数千亿级	几秒至几十秒	数十	运维复杂度较高，需要一定的专业技能和经验

(续)

序号	引擎能力	技术选型	技术简介	适用场景	数据规模/条	响应延迟	并发量/OPS	运维复杂度
3	OLAP分析	ClickHouse	一款列式数据库，可以处理大规模数据集的高速查询和分析	适用于需要高速处理大规模数据的场景，比如日志分析、监控数据处理、时序数据处理等领域	数百亿到数万亿级	几秒至几十秒	数十	运维复杂度高，需要专业技能和经验
4	图分析	Neo4j	一款基于图形理论的高性能图形数据库，使用Cypher查询语言，可以快速对海量数据进行复杂的图形分析和处理	适用于需要对复杂图形数据进行查询、分析和可视化的场景，如社交网络、推荐系统、知识图谱等领域	百万级	几百毫秒至几秒	数千到数万	运维复杂度较低，易于管理和维护
5		HugeGraph	一种分布式图数据库，使用Gremlin查询语言，支持多种数据存储和索引方式，具有高可扩展性和高性能	适用于需要处理大规模复杂图形数据的场景，如社交网络、知识图谱、网络安全等领域	数千至数千亿级	几百毫秒至几秒	数千到数万	运维复杂度较低，具有高可扩展性和高性能，易于管理和维护
6		Nebula Graph	一种分布式图数据库，支持多种数据存储和查询方式，采用Raft协议进行数据同步和容错，使用GQL查询语言，可以快速地对海量图形数据进行复杂的查询和分析	适用于需要处理大规模图形数据的场景，如社交网络、知识图谱、物联网等领域	数十至数千亿级	几百毫秒至几秒	数千到数万	运维复杂度较低，具有高可扩展性和高性能，易于管理和维护
7	地理空间分析	PostGIS	一个为PostgreSQL数据库扩展，它为PostgreSQL数据库对象的支持，支持多种地理空间数据类型和操作，也支持基本的空间查询和空间分析功能	适用于需要处理地理空间数据的场景，如地理信息系统、位置服务、物流领域	数百万到数十亿级	毫秒级	数千到数万	运维复杂度相对较高，需要专业技能和经验
8		GeoServer	一个开源的地理空间数据服务器，它支持多种地理空间数据格式和协议，并提供了基本的地图渲染和空间分析功能	适用于需要发布和共享地理空间数据的场景，如地理信息系统、位置服务、城市规划等领域	数百万到数千亿级	毫秒级	数千到数万	运维复杂度较低，易于部署和管理，同时支持集群部署和负载均衡

第 8 章 数据应用体系建设 ❖ 139

表 8-4 算法推理引擎的技术选型参考

序号	核心能力	技术选型	技术简介	适用场景	数据规模/条	响应延迟	并发量/OPS	运维复杂度
1	算法推理	TensorFlow	支持各种各样的机器学习任务，包括神经网络、强化学习、自然语言处理等	适用于各种各样的机器学习任务，特别是在大规模数据集上的深度学习任务，如图像识别、语音识别、自然语言处理、推荐系统等	—	毫秒级	数百到数千	运维复杂度较高，需要熟悉分布式计算、GPU计算等技术，并能对硬件和软件环境进行调试与优化
2		PyTorch	开源机器学习框架，它以动态计算图的方式进行计算，方便使用户进行模型构建和调试	适用于各种各样的机器学习任务，特别是在小规模数据集上的深度学习任务，如图像分类、语音识别、自然语言处理等	—	毫秒级	数百到数千	运维复杂度相对较低，使用方便、可读性强，不需要特别的硬件和软件环境

表 8-5 数据交换引擎的技术选型参考

序号	核心能力	技术选型	技术简介	适用场景	数据规模/条	响应延迟	并发量/OPS	运维复杂度
1	数据交换	FTP/SFTP	FTP是一种基于客户端/服务器模型的文件传输协议，通过FTP可以在客户端和服务器之间传输文件；SFTP则在FTP上加入了SSH安全协议，可以加密传输数据，提高了传输的安全性	适用于文件传输和备份场景，如网站文件的上传和备份、数据归档等	TB级			安装和配置相对简单，比较适合小规模的数据传输和备份任务。对于大规模的数据传输和备份服务器，需要注意服务和资源和网络带宽的扩展问题
2		S3	高度可扩展的对象存储服务，可以存储和检索任意数量的数据	适用于各种数据存储场景，如图像、音频、视频、文档等。S3也可以用于备份和灾难恢复复杂场景	PB级			运维复杂度较低
3		Kafka	一个分布式流处理平台，主要用于高吞吐量、实时数据的处理和分发	适用于实时数据的交换	数十亿到数千亿			运维复杂度相对较高，需要专业的运维人员进行配置、监控和维护，以确保系统的稳定性和可靠性

数据应用的核心是引擎选型，引擎选型需要考虑多个方面，如查询、搜索、分析、算法、数据交换等。引擎选型不仅要根据当前的业务需求进行合适的匹配，还要预测未来的业务发展趋势。在引擎选型的过程中，也要注意引擎的多功能性和简洁性，尽量降低部署与运维的难度和成本。引擎选型是数据应用的重要环节，也是数据应用成功的关键。

8.2.3 服务及产品建设

在数据应用的构建过程中，服务及产品建设是最主要的内容，它涉及如何根据不同的用户需求和场景，构建不同的服务及产品来发挥数据的价值和功能。服务及产品建设的目的是为用户提供易用、灵活、高价值的数据服务和数据产品。服务及产品建设主要包括以下两个环节：

- **数据服务透出**：数据应用要提供服务，需要根据功能和接口确定服务形式，如 API、JDBC、消息推送等，并设计好服务的规范和文档。
- **数据产品构建**：根据用户需求和场景确定数据应用所需的产品形式，如数据可视化、BI 报表、数据洞察和数据智能应用等，并设计好产品的界面和交互。

1. 数据服务透出

数据服务透出是指将数据从数据源中提取出来并以特定形式呈现给用户或供应用程序使用。数据服务透出通常分为以下两种方式：

- **主动调用**：主动调用是指用户或应用程序通过调用数据源提供的接口来获取数据。主动调用通常使用应用接口实现。
- **订阅推送**：订阅推送是指用户或应用程序向数据源注册一个订阅请求，当数据源中的数据发生变化时，数据源会自动将新数据推送给用户或应用程序。订阅推送通常使用消息中间件实现。

数据服务透出协议类型包括应用接口、消息中间件、关系数据查询、图数据查询和文件交换等。

- **应用接口**：应用接口是一种通过 API 来获取数据的方式。应用接口通常使用 HTTP API 或 HTTPS API 实现。
- **消息中间件**：消息中间件是一种通过消息队列来传输和处理消息的方式。消息中间件通常使用 AMQP 或 MQTT 等协议实现。
- **关系数据查询**：关系数据查询是一种使用 SQL 来获取结构化数据的方式。关系数据查询通常使用 JDBC 或 ODBC 等 API 实现。
- **图数据查询**：图数据查询是一种使用图结构来获取结构化和半结构化数据的方式。图数据查询通常使用 Cypher、SPARQL 或 Gremlin 等语言实现。
- **文件交换**：文件交换是一种通过文件传输来获取和处理数据的方式。文件交换通常使用 FTP 或 SFTP 等协议实现。

数据服务的常用协议如表 8-6 所示。

表 8-6 数据服务的常用协议

序号	分类	协议	数据服务方式	简介	优点	缺点	场景
1	应用接口	HTTP API	主动调用	一种基于 HTTP 的 Web API，它允许接客户端和服务器之间通过 HTTP 请求与响应来交换数据	简单、灵活、易用	不安全，数据是明文传输的，容易被窃听、篡改或伪造	一些静态的信息展示，不需要输入任何个人信息或密码，可以使用 HTTP API
2	应用接口	HTTPS API	主动调用	一种基于 HTTPS 的 Web API，它在 HTTP API 的基础上增加了 SSL/TLS 加密层，用来保护数据的安全性和完整性	安全、可靠、符合标准	需要额外的证书和计算资源，可能会影响性能和成本	对于敏感数据的查询，应该使用 HTTPS API
3	消息中间件	AMQP	订阅推送	高级消息队列协议，它是一个基于二进制的应用层协议，定义了在消息代理和客户端之间传递消息的标准方式	跨平台、跨语言、可靠、灵活、可扩展	复杂，学习成本高，性能受网络影响	如一个系统需要在多个组件之间发送和接收的业务消息，实现解耦和协作，可以使用 AMQP
4	消息中间件	MQTT	订阅推送	消息队列遥测传输协议，是一个基于发布/订阅模式的轻量级协议，适用于低带宽、高延迟或不可靠的网络环境	简单、易用、节省资源、适应性强	不支持多对多通信，不支持消息回溯，不支持数据加密	如一个设备之间发送和接收简单的状态或命令消息，实现远程控制和监控，可以使用 MQTT
5	关系数据查询	JDBC	主动调用	Java 数据库连接，是一种面向 Java 语言的数据库访问接口	跨平台、面向对象、易用	只能用于 Java 语言，不能访问非关系型数据库，如 MongoDB、Redis 等	如需要用 Java 语言开发基于 Web 的应用程序，并且只需要访问关系型数据库，可以使用 JDBC
6	关系数据查询	ODBC	主动调用	开放式数据库连接，是一种面向多种语言和平台的数据库访问接口	通用、灵活、兼容	复杂，性能低，平台相关	如需要用其他语言开发本地或桌面应用程序，并且需要访问多种类型的数据库，可以使用 ODBC

(续)

序号	分类	协议	数据服务方式	简介	优点	缺点	场景
7	图数据查询	Cypher	主动调用	Neo4j 的声明式图查询语言，它使用类似于 SQL 的语法，通过节点、关系和属性来表示写查询图数据	易于学习，易于阅读，支持模式匹配，支持聚合和排序等操作	不够通用，性能受索引影响，不支持递归查询等	如一个系统需要使用 Neo4j 存储社交网络数据，并且需要查询某个用户的好友关系，可以使用 Cypher
8		SPARQL	主动调用	W3C 的标准图查询语言，主要用于查询 RDF（资源描述框架）数据，也可以扩展到其他图数据模型	通用，灵活，支持多种查询模式（如选择、描述、构造、询问等）	复杂，难以优化，不支持属性图	如一个系统需要使用 RDF 存储知识图谱数据，并且需要查询某个实体的属性和关系，可以使用 SPARQL
9		Gremlin	主动调用	TinkerPop 框架下的图遍历语言，它是一种命令式的语言，基于 Groovy 语言实现，可以用多种编程语言编写	跨平台，跨语言，支持属性图，支持图计算和分析等	难以学习，难以调试，语法冗长等	如使用其他支持 TinkerPop 框架的图数据库，并且需要进行高级的图遍历和分析，可以使用 Gremlin
10	文件交换	FTP	主动调用、订阅推送	文件传输协议，基于 TCP/IP 的应用层协议，用于在客户端和服务器之间传输文件	简单、易用、广泛支持	不安全、效率低、不支持断点续传等	如一个系统需要在本地服务器上备份数据库文件，并且不涉及敏感信息，可以使用 FTP
11		SFTP	主动调用、订阅推送	安全文件传输协议，一种基于 SSH 的应用层协议，用于在客户端和服务器之间安全地传输文件	安全性高，灵活性强，可靠性高	速度慢，配置复杂	如一个系统需要在远程服务器上上传或下载代码文件，并且需要保证数据的完整性和机密性，可以使用 SFTP
12		S3	主动调用	一种基于云计算的对象存储服务，用于在互联网上存储和检索任意数量的数据	可靠、可扩展、低成本、易集成	不支持文件系统操作，不支持实时处理，不支持事务等	需要存储大量非结构化数据，且需要快速访问

数据服务透出形式多种多样，为数据产品的构建提供了支撑。用户也可以直接访问数据服务，然后基于数据服务进行自己的业务应用集成。

2. 数据产品构建

数据产品指的是基于构建好的数据服务，开发出能够满足业务需求和场景的数据产品，从而实现数据价值的最大化。

一般来说，数据产品可以分为以下四大类：

- **可视化大屏**：通过组合各类图表元素，将数据以直观、美观、易理解的方式呈现给用户，帮助用户快速了解业务状况和趋势。
- **BI 报表**：通过多维度、多角度、多层次的数据切片和钻取，以及各种统计分析方法，帮助用户深入挖掘数据背后的规律和原因，支持用户进行业务分析和优化。
- **数据洞察**：通过数据分析技术，从数据中洞察对业务有价值的信息，帮助用户理解业务现状、发现问题和机会、制定策略并行动。
- **数据智能产品**：利用机器学习等技术对数据进行建模和预测，为用户提供智能化的决策支持和推荐服务。

表 8-7 总结了这四大类数据产品的主要特点和主要区别。

表 8-7 数据产品的主要特点和主要区别

数据产品类型	主要特点	主要区别
可视化大屏	数据展示的形式，以图表为主，简洁明了，易理解	侧重于展示数据的概况和趋势，不提供深入的分析和洞察，适用于宣传和汇报
BI 报表	数据分析的工具，以表格为主，多维度、多角度、灵活切换	侧重于提供数据的细节和原因，支持用户自主进行分析和优化，适用于探索和诊断
数据洞察	数据分析的结果，以文本为主，结合图和表格，全面系统，有结论、有建议	侧重于提供数据的价值和洞察，帮助用户理解业务现状和问题，制定策略并行动，适用于决策和指导
数据智能产品	数据预测的服务，以模型为主，结合算法和人工智能，智能化、自动化，有预测、有推荐	侧重于提供数据的未来和可能性，为用户提供智能化的决策支持和推荐服务，适用于预测和创新

在构建数据产品时，需要遵循以下几个原则：

- **以用户为中心**：明确用户需求和场景，设计符合用户习惯和期望的交互与体验。
- **以数据为基础**：确保数据质量和完整性，选择合适的数据源和指标，展示真实和准确的数据。

- **以价值为导向**：突出数据产品的核心价值点，避免过度复杂、冗余的功能和内容，提高数据产品的使用效率和效果。

接下来，我们详细介绍可视化大屏、BI 报表、数据洞察和数据智能产品的概念及主要应用场景。

（1）可视化大屏

可视化大屏是一种将数据以图形化的方式呈现给用户的数据产品，它可以帮助用户快速了解业务状况和趋势，发现数据中的异常和问题，以及进行简单的比较和分析。

可视化大屏有以下两类使用场景：

- **业务展厅**：企业或者政府部门通常会建设展厅，在展厅中通过可视化大屏这种大气和美观的方式展示自己的组织文化、业务发展、产品特性、未来战略等。另外，在一些会议会展、业绩汇报等场景，也可以用可视化大屏向媒体和公众展示管理成绩、营收效益，以宣扬团队实力。业务展厅的交互方式以轮播为主，通过小屏控制大屏的交互场景也较多。
- **业务监控**：通过可视化大屏监控一些风险预警、实时作战指挥中心等场景，对管辖区域内的动态用户数据大屏进行监测和分析，以达到实时、动态调度指挥的目标。业务监控载体为数据大屏、液晶显示器、计算机等，可直接通过鼠标交互。

（2）BI 报表

BI 报表是一种利用数据仓库、数据集市、数据立方体等多维数据模型，以及各种统计分析方法和工具，对数据进行深入探索的数据产品。BI 报表的常见形式如下：

- **数据切片和钻取**：数据切片和钻取是一种根据不同的维度与指标对数据进行筛选、分组、汇总和比较的方法，它可以帮助用户从不同的视角观察数据，发现数据中的差异和变化。
- **OLAP 分析**：OLAP 分析是一种利用数据立方体等多维数据模型以及各种统计分析方法和工具，对数据进行复杂计算和分析的方法，它可以帮助用户从多个维度、多个角度、多个层次对业务进行分析和优化，发现数据中的规律和原因，以及提出改进的建议和方案。

BI 报表的主要应用场景如下：

- **财务管理领域**：通过 BI 报表工具，企业可以分析资产、盈利、现金流、收入、成本费用、存货、预算等核心板块，并且对业务的财务指标进行实时监控和跟踪，从而帮助企业决策者迅速地进行数据分析和预测。
- **市场营销领域**：通过 BI 报表工具，企业可以分析客户的行为、偏好、满意度、忠诚度等数据，以及市场的需求、竞争、趋势等数据，从而制定更有效的营销策略和方案，提升客户价值和市场份额。
- **生产运营领域**：通过 BI 报表工具，企业可以分析供应商的质量、成本、交货期等数据，以及生产过程的效率、质量、成本等数据，从而优化供应链的设计和管理，提升生产运营的水平和效益。

BI 报表还可以应用在其他领域，如人力资源管理、项目管理、风险管理等。

（3）数据洞察

数据洞察是一种利用数据分析技术，从数据中洞察对业务有价值的信息，帮助用户理解业务现状、发现问题和机会、制定策略并行动的数据产品。数据洞察不仅提供数据信息，还提供有意义的结论和建议，为用户的决策提供数据依据。数据洞察可以针对某个特定的业务场景或问题，从多个角度和维度进行全面分析，展示数据的关联性、趋势性、异常性等特征，揭示数据背后的逻辑和规律。数据洞察的常见产品形态如下：

- **CDP（客户数据平台）**：一种集成客户数据的平台，可以帮助用户构建客户画像、分析客户行为、优化客户体验、提升客户价值等。
- **DMP（数据管理平台）**：一种管理广告投放数据的平台，可以帮助用户收集、整合、分析、应用各种来源的广告数据，实现精准营销和效果评估等。
- **指标平台**：一种管理业务指标的平台，可以帮助用户定义、监控、分析各种业务指标，实现业务目标的跟踪和优化等。
- **标签平台**：一种管理数据标签的平台，可以帮助用户构建、管理、使用和共享各种类型的数据标签，实现数据洞察和价值挖掘等。

数据洞察的主要应用场景如下：

- **零售领域**：通过数据洞察，零售商可以分析客户的购买、浏览、评价等数据，以及商品的销量、库存、价格等数据，从而优化商品推荐和促销策略，提高转化率和利润率，增强客户忠诚度和品牌影响力。
- **金融领域**：通过数据洞察，金融机构可以分析客户的信用、风险、行为、偏好等数据，以及市场的需求、竞争、趋势等数据，从而制定更有效的贷款、投资、营销、风控等策略和方案，提升客户价值和市场份额。
- **医疗领域**：通过数据洞察，医疗机构可以分析患者的病历、检验、诊断、治疗等数据，以及疾病的流行、预防、控制等数据，从而提高诊断准确率和治疗效果，降低医疗成本和风险，提升患者满意度和健康水平。
- **教育领域**：通过数据洞察，教育机构可以分析学生的学习、考试、评估等数据，以及教师的教学、管理、反馈等数据，从而提升教学质量和效果，个性化设置学习路径和资源，促进学生的成长和发展。

（4）数据智能产品

数据智能产品是一种利用机器学习等技术对数据进行建模和预测，为用户提供智能化的决策支持和推荐服务的数据产品，它可以帮助用户在复杂和不确定的业务环境中提高决策的效率和效果，增强业务的竞争力和创新力。数据智能产品的常见形式如下：

- **预测分析**：预测分析是一种利用机器学习等技术对历史数据进行分析和建模，从而对未来的事件或结果进行预测的方法，它可以帮助用户提前发现与应对潜在的风险和机会，优化业务策略和行动。
- **推荐系统**：推荐系统是一种利用机器学习等技术对用户的行为和偏好进行分析与建模，从而为用户提供个性化的内容或服务推荐的方法，它可以帮助用户发现自己感兴趣或需要的内容或服务，提升用户的满意度和忠诚度。
- **智能助理**：智能助理是一种利用机器学习等技术与用户进行自然语言交互，提供各种信息和服务的软件应用，它可以帮助用户简化和优化日常任务，提高生活和工作的便利性与效率。

数据智能产品的主要应用场景如下：

- **金融领域**：如精准营销和风控反欺诈系统，通过数据智能技术，对用户的信用、偏好、行为等数据进行建模和预测，从而为用户提供个性化的金融产品或服务推荐，同时识别和防范潜在的欺诈风险。
- **公安领域**：如刑侦破案系统，通过数据智能技术，对案件的现场、证据、嫌疑人等数据进行分析和挖掘，从而为侦查人员提供线索、推理、建议等智能化的决策支持。
- **工业领域**：如故障预测预警系统，通过数据智能技术，对设备的运行状态、参数、环境等数据进行建模和预测，从而为运维人员提供故障的诊断、预防、处理等智能化的服务。

数据智能产品还可以应用在其他领域，如内容社区、电商平台、音乐软件等，通过数据智能技术，对用户的兴趣、需求、行为等数据进行建模和预测，从而为用户提供个性化的内容或商品推荐，提升用户的满意度和忠诚度。

8.3 数据应用管理与运营

数据应用管理与运营是指在数据应用开发完成后，对数据应用进行有效的管理和优化，以保证数据应用的质量、安全、效果和价值。本节将从管理体系建设、质量管理监控、效果评估与改进、持续运营优化 4 个方面进行介绍。

8.3.1 管理体系建设

为了使数据应用开发和运营过程中的质量、安全、效率和价值等方面达到标准，企业需要建立一套规范和有效的数据应用管理体系。这套体系包括以下几个方面：

- **数据应用需求分析管理**：通过市场调研、用户访谈等方式收集用户和客户对数据应用产品的设计需求，明确产品的功能、性能、界面等要求。
- **数据应用开发计划管理**：根据需求分析结果制订合理可行的开发计划，明确产品的目标、时间表、资源分配、风险评估等内容。
- **数据应用开发实施管理**：按照开发计划进行实际的开发工作，采取敏捷开发等方法进行快速迭代和测试，保证产品的质量和进度。
- **数据应用发布上线管理**：完成开发工作后，进行系统测试、用户测试等环节，根据测试结果进行优化调整，最终发布上线，交付给用户和客户。
- **数据应用运营维护管理**：发布上线后，进行持续的运营维护工作，根据用户反馈、市场变化等因素，进行产品升级、改进、优化，提升产品的价值和用户满意度。

数据应用管理体系建设是提高数据应用水平、满足用户需求和实现企业目标的重要保障。但是，当前的数据应用环境具有快速变化、复杂多元、竞争激烈、不确定性高等特征，给数据应用管理体系建设带来了多方面的挑战，例如需求变化快速、技术更新迅速、质量难以保证、安全风险高等。

8.3.2 质量管理监控

数据应用质量管理监控是指通过各种手段对数据应用质量进行检测、评估和改进。数据应用质量包括以下五个方面：

- **功能性**：数据应用是否能够满足用户需求，正常运行，无错误或缺陷。
- **可靠性**：数据应用是否能够稳定运行，承受高并发或异常情况，及时恢复。
- **易用性**：数据应用是否有友好的用户界面，容易操作，符合用户习惯。
- **效率性**：数据应用是否具有很快的响应速度、很低的资源消耗、充分优化的性能。
- **安全性**：数据应用是否能保障用户的数据安全，遵守法律规范，防范风险。

为了保证数据应用质量管理监控有效实施，我们需要采取以下 4 种方法：

- **自动化测试**：通过编写测试脚本或使用测试工具，在开发和发布过程中对数据应用进行自动化测试，并生成测试报告。
- **人工审核**：邀请专业人员或目标用户在开发和发布过程中对数据应用进行人工审核，并收集反馈意见和建议。
- **质量评估**：通过使用质量评估模型或工具，在发布后对数据应用进行定期或不定期的质量评估，并给出评分和评价。
- **质量改进**：根据测试、审核、评估等环节得到的结果反馈，在开发运营过程中对数据应用进行不断的改进，并验证改进效果。

8.3.3 效果评估与改进

数据应用效果是指数据应用对用户和企业的实际影响与价值，包括用户满意度、用户留存率、用户转化率、收入增长等。数据应用效果评估是指在运营过程中通过各种手段对数据应用效果进行测量分析的过程。数据应用效果改进是指在运营过程中根据效果评估结果对数据应用的功能、内容、界面等进行调整和改善的过程。为了实现数据应用效果评估与改进，我们需要采取以下 4 种方法：

- **设置目标与指标**：在运营前期明确要达成的目标及衡量的指标，并设定合理的预期值或基准值。
- **收集与分析数据**：在运营过程中收集与目标相关的各种数据，并使用统计分析或可视化工具分析数据的规律、趋势、异常、原因、影响等。
- **制定与实施优化方案**：根据数据分析结果制定合理有效的优化方案，并在运营过程中测试、验证优化方案对效果的影响。
- **评估与反馈优化效果**：在实施优化方案后再次收集与分析数据评估和优化方案是否达到预期效果并给出反馈。

通过不断地循环以上过程，我们可以持续地评估与改进数据应用效果。

8.3.4 持续运营优化

数据应用持续运营优化是指在数据应用开发和运营过程中通过各种手段对数据应用进行优化改善以实现其商业价值和运营潜力。为了实现数据应用持续运营，我们需要考虑以下几个方面：

- **开放数据接口**：企业可以通过开放数据接口允许第三方应用或系统访问自身的数据资源，实现数据共享交换，从而拓展用户群体，提高市场占有率。
- **开放技术能力**：企业可以通过开放技术能力将自身技术能力共享给合作

伙伴，实现技术互通共享，从而加快产品开发速度，提升用户体验。
- ❑ **建立合作生态**：企业可以建立合作伙伴生态圈，与合作伙伴实现资源共享、优势互补，共同推动产品发展，从而实现多方共赢。
- ❑ **严格管理数据安全**：在开放过程中，企业需要保障数据安全，遵守法律规范，防范风险，从而保护自身利益。
- ❑ **提供完善服务**：为了吸引更多的合作伙伴用户参与产品应用，企业需要提供完善的服务，包括客户服务、技术支持、培训课程等，从而提升用户满意度。
- ❑ **持续优化产品**：为了适应不同的需求，企业需要不断地对产品进行优化和改进，包括收集反馈、进行迭代升级等，从而提高产品的应用效果和价值。

通过以上方法，我们可以实现数据应用持续运营，并促进自身的可持续发展与创新。

8.4 数据应用的发展趋势

随着数据中台的不断优化，数据在各行各业中的应用日益广泛，数据应用正在向着自动化/智能化、云原生容器化、低代码/无代码、融合交互体验以及数据安全与隐私保护等方向迅猛发展。

- ❑ **自动化/智能化**：人工智能技术的进步，让未来的数据应用更加智能化和自动化。以 ChatGPT 为例，这种新一代的人工智能技术可以把数据查询、展现变成数据成果智能生成，从而最大化数据的价值。
- ❑ **云原生容器化**：云原生技术以容器化为基础，可以实现数据应用的快速迭代和部署，更好地适应不断变化的业务需求。通过使用 Kubernetes 等容器编排平台，可以更好地管理和调度数据应用，进一步提高应用的效率和可靠性。
- ❑ **低代码/无代码**：随着低代码/无代码技术的发展，数据应用将更容易进行开发和维护。低代码/无代码平台让非专业开发人员也能够进行数据应用开发，从而实现快速的原型开发和敏捷开发。低代码/无代码平台还可以提供可视化的界面和模块化的组件，使开发人员能够更快地构建数据应用，并降低出错的可能性。
- ❑ **融合交互体验**：数据应用的交互体验也将成为未来的发展趋势。人们希望通过更直接的方式理解和分析数据，并实现更好的决策支持。数据应用将逐渐实现与业务和用户的融合，通过可视化和自然语言交互等方式，使用户更容易理解和利用数据，实现更高效的决策和业务处理。
- **数据安全与隐私保护**：随着数据泄露事件的频繁发生，数据安全和隐私保护成为数据应用发展的重要问题。因此，未来的数据应用必须加强对数据的安全保护和隐私保护，采用先进的数据加密、权限控制和数据备份等技术，保障数据的完整性和安全性。

第 9 章

数据中台运营机制

企业数据中台搭建完毕后，就要考虑如何让数据中台中的数据资产越用越多，越用越活，越用越稳定，而这是即将要进入的下一个阶段——数据中台运营阶段的工作。

本章将从如何评估运营效果、如何切入运营、如何做资产运营、如何做成本运营以及实践经验等多方面系统介绍如何建立数据中台运营机制，使数据中台真正发挥价值。

9.1 数据中台运营效果评估模型

随着数据中台建设的逐步完善，企业的底层 IT 架构、数据架构和数据资产基本搭建完毕，移动互联网、物联网传感器 +5G 趋势的出现，为各行业提供了大量的新数据通道，让企业积累下海量的日志、行为和业务数据。那么，如何让海量的数据持续用起来？企业如何运用数据资产为自身赋能？数据中台的出现解了许多企业的燃眉之急，为企业的数据管理需求提供了强有力的支撑。

但数据中台不是一款简单的产品，而是一个让数据持续用起来的机制，如何通过运营策略，让数据中台在企业内部持续发挥出更大的价值，是中台运营团队需要时刻思考的问题。

首先，可以通过图 9-1 所示的模型来思考你所在企业的数据中台运营体系处于什么状态。

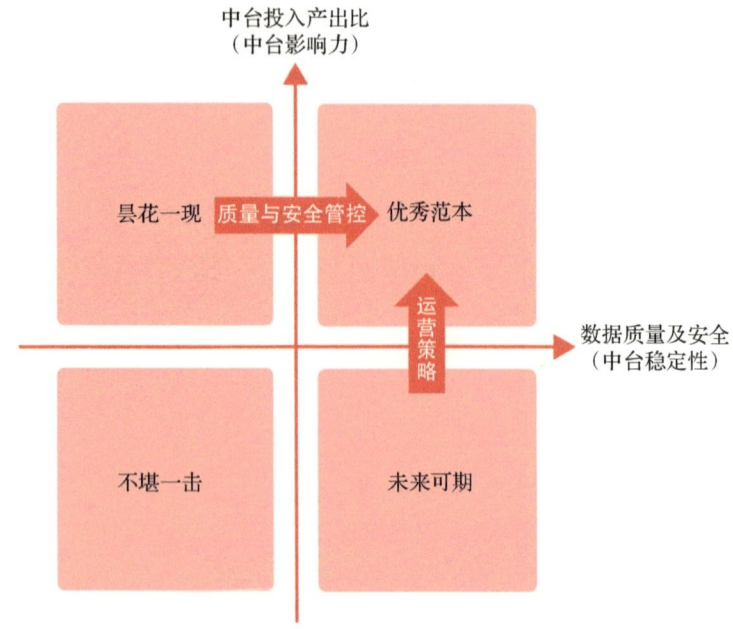

图 9-1 数据中台运营阶段自评模型

如果在你所在的企业，高质量的数据被持续生产出来，数据消费者可以便捷地获取数据，并能在安全、有监管的环境中使用，最终让数据资产达到一种比较理想的"越来越多，越来越好"的状态，那么恭喜你，你的企业数据中台已经运营成一个非常优秀的范本了。

但如果你发现你所在的企业无法做到上述任何一点，那么非常遗憾，你们的数据资产可能正处在一个非常脆弱的危险境地，此时急需采取强运营机制来提升数据运营质量。

也许有人会有疑惑，为什么处于第二和第四象限中的中台运营状态，同样都只满足了其中一个维度的要求，但却有着天差地别的前景？其中缘由并不难理解：数据质量及安全是数据中台能够运作起来的基础保障，哪怕前期的运营成本稍高一些，产出的数据效益暂时还无法令人满意，但只要采取了适当的运营策略，一段时间后提升到"优秀范本"的可能性还是很大的；而反观另一种情况，如果一个企业的数据中台在短期内爆发出惊人的能量，为企业带来了可观的效益，但数据安全和质量没有保障，那就像一座没有地基的高楼，但凡遇到一点风浪，就会轰然倒塌。尤其是数据的安全漏洞就像一颗埋藏在企业中的定时炸弹，是企业长期稳定发展的重大隐患。换一个角度来说，收益提升之后，如果后期无法持续通过优化降低成本，那么也会"吃掉"中台本身为企业带来的收益，两相抵消，投入产出比降低。

综上所述，可以用两句话来概括数据中台运营团队的使命及目标：
- 数据安全及质量是中台可持续运营的基础。
- 提效降本是打造中台影响力的关键。

9.2 数据中台运营的 4 个价值切入点

既然数据中台有那么大的价值，那么其运营工作到底应该从何入手？如何才能在整个公司体系内落地呢？这里其实可以从 4 个层面（价值切入点）来开展工作，如图 9-2 所示。

图 9-2　数据中台运营的 4 个价值切入点

1. 统一战略

在战略层级上，管理层需要：对为什么建设数据中台有非常清晰的认知，坚定做数据中台的决心；让企业上下都明确数字化转型对于企业生存的必要性；让全体员工，尤其是战略管理层和执行管理层都理解数据中台在数字化转型中的关键位置与重要性。只有在战略层级给予数据中台足够高的重视，并反映在各高级管理层的年终考核及关键管理策略上，才能够形成真正有效的战略支撑，否则数据中台建设就是董事长和 CEO 自己的一时"口舌之快"，终不见落地。此时还要特别注意一点，建设数据中台，信息部门 CIO 可以牵头落地，但是运营好数据中台一定是 CEO、CMO、COO、CFO 等各业务高管共同背负的目标。

2. 搭建组织

在组织架构上，需要配套相应的组织及具体的人为数据中台运营负责，以保证企业员工有数据运营的意识。具体负责的人员，除了常规的数据分析人员、数据产品经理，还可能是专门的数据运营专家及盘点开发整体数据资产的数据架构师。当这些角色都已经到位，并指定他们在大的组织体系内向首席数据官汇报之后，这个组织才算成形，成本和收益才能被更好地度量，如图 9-3 和图 9-4 所示。

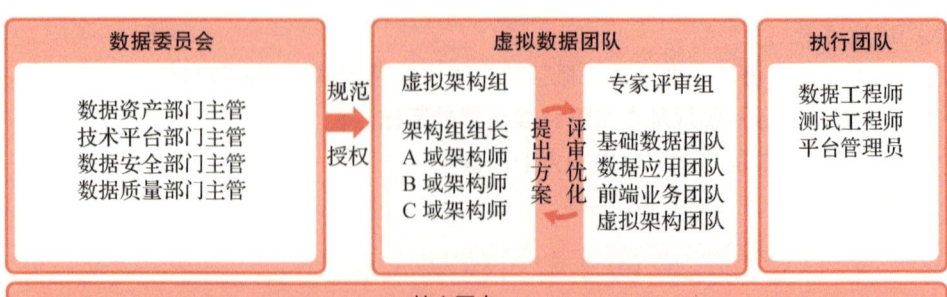

图 9-3 集团型企业数据运营团队组织架构示例

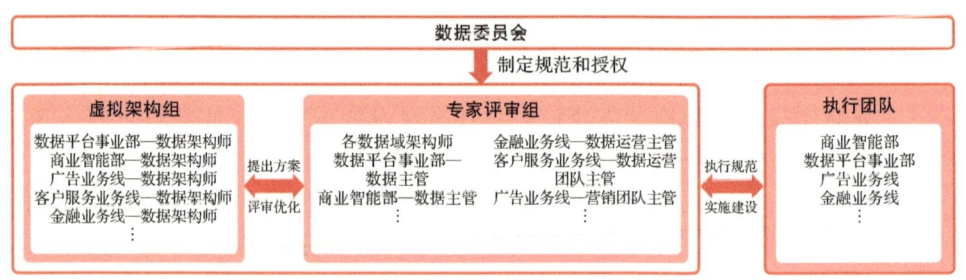

图 9-4 某顶尖科技企业数据委员会架构

其中,数据委员会主要负责确定数据建设战略方向,并授权相关职能部门具体执行落地工作。因此,建议指定数据相关部门的总监、主管、数据专家等人员来担任主要职位。而虚拟数据团队则需要通过一个企业制定的选拔原则来进行选拔,比如,是业务部门数据团队的核心成员、熟悉数据建模理论、具备丰富的数据开发经验等。专家评审组则需要提前通知各团队推荐人员准备进组,按照专项评审流程推进工作,记录要点,然后进行改进。

作为组织中负责具体执行的团队,执行团队需要制定统一的开发标准规范,做到有迹可循,有据可依。除此之外,数据测试要做到全面,测试报告要按照要求归档。任务投产需要经过平台管理员审核,按要求发布到生产环境。

以上种种,都是组织高效运转、团队效能最大发挥的有效保障。各企业可以参考这种组织架构搭建思路,结合企业自身人员架构情况,进行再设计和调整。

3. 营造氛围

在人员到位以后，重点要在整个企业内部营造使用数据的氛围。举个简单的例子，如果你去大企业参观，对方首先会带你去看他们的数据大屏，因为这里可以看到整个企业层面的东西，看着就很厉害。这个数据大屏其实就是数据可视化的一种手段。把数据以企业全局视角呈现并公开分析，潜移默化，在员工心里就会慢慢形成数据影响力。

当然，要注意，大的数据屏幕不等于大数据，更不等于数据中台，这只是唤醒企业内部数据意识的一种"花招"，对此数据中台运营负责人一定要牢记于心，万不可引以为豪，止步于此。

4. 实践创新

在数据意识被唤醒之后，就需要选定合适的业务方，一起进行数据结合业务的创新实践。其中的重点在于如何形成让各部门争相使用数据的内部竞合态势。

比如一个传媒集团旗下有几十种刊物，每条业务线上的员工的数据意识是不一样的。有人觉得数据没用，有人可能当前正遇到业务瓶颈，希望通过数据寻求突破。这个时候，企业就要奖励那些将业务和数据充分结合并进行创新的行为，树立"优秀数据化部门"的典型，用表扬激励机制去倡导内部员工用数据。

再举个例子，2014年国内最早做数据中台的互联网巨头提出，所有业务部门都需要数据化，KPI也下到了各个事业部的副总裁身上。其实当时整个集团内，大家都不知道如何清晰定义数据化，但他们知道有个部门叫数据平台事业部，这个事业部的人"好像看起来"很会"数据化"，所以各事业部的副总裁就要求部门员工多去找数据平台事业部共创，多找业务和数据的结合点，最终形成多个总裁级数据化创新项目。业务创新失败率很高，但是不管失败还是成功，都为这家巨头企业提供了一种可抽象的正负样本，什么叫"业务数据化"，什么叫"数据业务化"，"数据化"的路径怎样会成功、怎样会失败，都被提炼成了方法论，最终成为企业内部建成数据中台的指导路径。

由此可以看出，在组织层面有大战略的要求后，下边的各个业务部门都会想尽办法去探索数据创新，慢慢地会冒出一些成功的尝试。刚开始，创新的失败率是非常高的，整个数据赋能业务的过程其实也是慢慢找到焦点、逐渐落地、形成方法论的过程。

而每个行业、每家企业的特性都是不一样的，别人的经验未必能复用，所以必须自己尝试才能有所沉淀，才能有成功的样本。

9.3 数据资产运营

数据中台运营中有一项非常核心的内容是数据资产运营，下文将围绕数据资产运营目标、数据资产运营完整链路、数据资产运营执行工作、数据资产质量评估、数据资产安全管理、数据资产运营报告等方面展开论述。

9.3.1 数据资产运营的 4 个目标

企业数据资产是指由企业业务经营或内部管理形成的，由企业拥有或者控制的，会给企业带来价值利益的数据资源。数据资产的特点是有较好的组织形式，并通过这种组织形式实现数据资产的看、选、用、治、评链路。

因此数据资产运营的目标就是将数据资产变得可阅读、易理解、好使用、有价值，如图 9-5 所示，最终目标是通过有序的正向循环不断提升数据资产的价值，使之变成企业的核心增值资产。

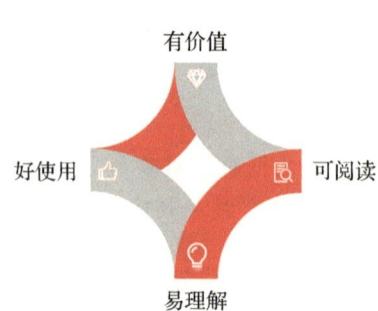

图 9-5 数据资产运营的 4 个目标

（1）可阅读

数据信息仅仅存放在数据库中，通过数据表、数据字段等形式展现的弊端是，只有具备一定数据库基础的人员才能通过库表操作读取数据字段，而业务人员往往并不具备这一技术能力，因此就丧失了直接读取数据字段的能力和兴趣，这严重制约了业务人员使用数据。长此以往，这会产生以下几个弊端：

1）信息在多次传递后容易偏离它原本的意图，技术人员反馈的可能并不是业务人员想要的；

2）信息的传递有漫长的反馈周期，有时业务人员在提出数据需求后，需要等待几天甚至几周才能收到反馈；

3）技术资源匮乏，当业务人员对数据的需求量越来越大时，灵活变化的数据信息查询需求会层出不穷，根本没有足够多的技术资源来满足这种数据需求。

因此，需要有一个资产信息的读取门户或资产地图，在该门户/地图中，业务人员能够直接自己上手操作，通过简单的检索、分类查找、智能推荐等方式便捷地获知数据资产信息，且资产信息必须以业务人员的阅读习惯呈现，而非以面向技术人员的组织方式呈现。图 9-6 所示为数据资产门户的弊端与价值点。

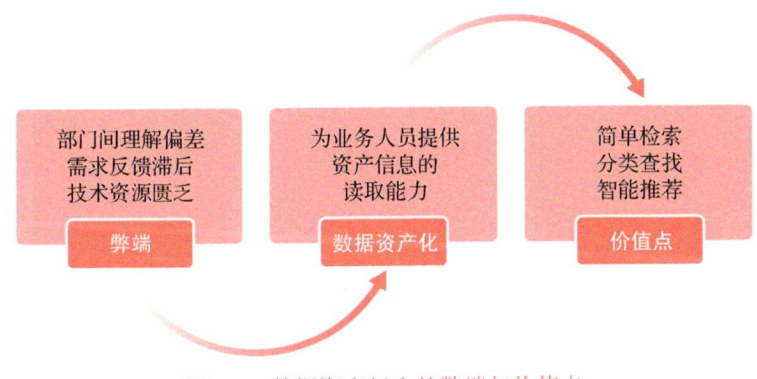

图 9-6 数据资产门户的弊端与价值点

（2）易理解

资产信息除了可阅读，也要容易理解，因此需要将数据资产标签化。标签是面向业务视角的数据组织方式。

首先通过业务人员理解事物的方式来确定对象，所有的标签都是围绕特定对象的属性描述。因此数据资产首先是根据对象展开的。

例如：一个用户的"年龄"字段，以往常规的数据信息只有字段名"age"和"年龄"、存储表"user_info"等简单的词组备注，业务人员难以判断这些字段的生产加工逻辑、数据追溯血缘、有效值覆盖量、历史使用情况等信息，无法判断它们是不是本业务可用的数据。可以认为，这些没有良好组织信息的数据尚不能称为数据资产，只有通过标签化、具备面向业务组织形式的数据才能称为数据资产。

那么，一个"年龄"标签就应该有标签名"年龄"、标签描述"通过注册身份证信息获得的年龄信息"、标签逻辑"由身份证第7~10位信息抽取出的出生年份信息，进行年龄计算"、取值类型"数值型"、值字典"0, 1, 2, …"等基础的元标签信息（见图9-7）。同时，也会有"年龄"标签的来源表字段信息、拥有"年龄"标签的用户覆盖量、"年龄"标签的历史调用量和调用方、"年龄"标签的价值分和质量分等，这些都是可以帮助业务人员真正理解数据资产的必需信息。

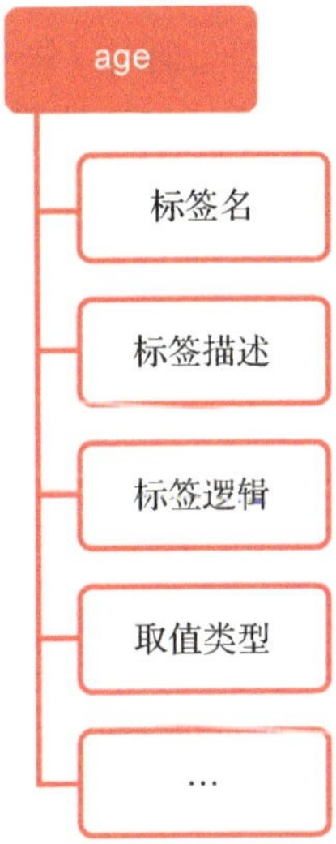

（3）好使用

数据资产被业务理解后，将面临如何方便、有

图 9-7 标签的元标签信息示例

效地使用的问题。业务人员在充分了解所需信息后，一定会问："我该如何使用这些数据资产？"

传统的使用方式往往是，业务人员告知开发人员需要使用哪些数据字段，然后开发人员编写数据服务接口，对接业务系统或数据应用系统，供业务人员查看、查询、分析、使用数据。

前文提到的数据服务体系是一种有效的数据资产使用方式。通过数据服务体系，可以实现对数据使用方法的抽象，供业务部门理解后直接配置使用，从而解决业务人员难以准确描述需求的问题。同时，数据服务配置生成过程简单快速，极大缩短了从零开始的编程过程。如果需要修改使用的数据资产、数据资产的使用计算逻辑方式或性能要求，都可以通过修改参数设置的方式来快速实现，从而大大降低数据使用的试错成本。

（4）有价值

数据资产运营的最终目的是让数据价值越滚越大，因此数据资产运营要始终围绕资产价值来开展。在数据资产的使用过程中应该记录调用信息、效果信息、反馈信息、业务信息等所有可以用来评估数据资产价值的信息，如图 9-8 所示。

当数据资产的经济价值较难衡量时，可以考虑通过数据资产的调用信息来衡量，例如根据某标签的历史调用总量、平均每日调用总量、持续调用量走势、环比/同比、调用受众量、调用业务量等维度来间接评估标签的重要程度。

图 9-8　数据资产价值评估维度

此外，通过数据资产服务使用前后的业务指标差异也可以衡量数据资产的价值。例如，通过 A/B 测试或灰度测试，比较使用了数据资产服务支撑的业务和未使用数据资产服务支撑的业务在核心业务指标，如用户黏性、转化率、营业额、访问量、访问深度、好评率、回头率、忠诚度等上的差异，进而衡量数据资产的价值。

更传统一些的企业业务，虽然无法通过信息化手段自动记录业务调用、变化情况，但也可以采用最原始的客户访谈、意见填写等反馈方式来收集数据资产价值。

但是仍然需要探索数据价值的直接体现。在一些有效的探索中，互联网公司的业务部门可以根据积累的大量信息化数据，计算和分析出某一项数据服务能为业务带来多少比例的收益增长，进而将这一部分收益增长归为数据服务带来的价值。例如，通过大量持续的 A/B 测试发现某一项数据服务能给原有业务带来 $N\%$ 的增长，那么可以认为后续业务收入中的 $N/(100+N)$ 是由该数据服务带来的直接收益。

9.3.2 数据资产运营的完整链路

数据资产生产之后运营的完整链路分为看、选、用、治、评五个面向用户使用的环节，如图 9-9 所示。

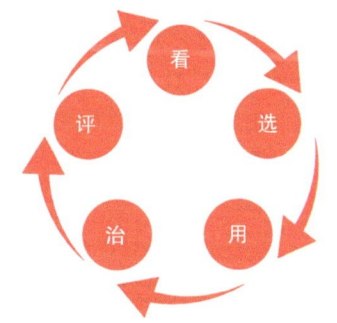

图 9-9 数据资产运营的完整链路

（1）看

数据资产要通过一个合适的资产门户或资产管理场所，供数据消费方简单、便捷、详细地了解资产信息。数据消费方以可阅读的方式查看资产信息后才能判断其是不是当前业务所需的数据资产对象。

（2）选

数据消费方查看资产信息后，可以选择所需的数据资产对象，为后一阶段的使用做准备。

选的落地有多种形式：对于传统企业来说，选可能通过文档的方式进行记录和提报；对于信息化做得较好的企业来说，可以通过生成一条数据申请使用的信息流来确认所需数据信息；对于数据管理水平较高的企业来说，就可以通过资产管理系统，将所需数据资产加入购物车或者收藏夹，放入一个意向的资产库中，方便业务人员简单便捷地查看、研究、复用重点数据资产。

（3）用

消费方选择好所需数据资产后，就要生成相应的服务接口或通过数据应用产品来使用这些数据资产。用是数据资产运营中最为核心的一环，因为它和价值体现息息相关，所有的数据资产运营的核心追求就是通过不断迭代让资产使用价值最大化。

（4）治

在数据资产使用过程中，会有各种各样针对数据资产本身的问题，因此需要推动数据资产治理的环节。

数据资产治理分为面向业务层的标签治理及面向存储层的数据治理。标签治理包含新标签设计、标签上下架管理、标签类目管理、标签血缘分析、元标签标准、标签质量评估、标签使用安全等，数据治理包含以数据表/字段为对象的生命周期管理、血缘分析、元数据标准、数据质量评估、数据安全方案等。

(5)评

数据资产最终还要基于统一的标准进行完整、系统的评估。评估的角度可以是数据资产的质量层面、使用层面、成本层面、故障层面等多个维度。评估的依据除了通过系统产生的调用次数、调用频率等计算类指标，还包括业务人员对标签使用的反馈评价等。

同时，只有形成了对数据资产的评估信息，才能让数据资产消费者在"看"的环节更加全面地理解数据资产的质量、应用价值、风险等，形成闭环，最终实现数据资产价值的最大化。

9.3.3 数据资产运营执行的 5 个动作

要有效开展数据资产运营，需要配备专职运营人员对资产对象进行运营执行，因此和看、选、用、治、评相对应的有以下几部分运营执行工作，如图 9-10 所示。

图 9-10 数据资产运营执行的 5 个动作

1. 组织登记

组织登记是数据资产运营执行的第一步。想要让消费者能够看到数据资产进而利用数据推动业务发展，实现企业业绩的增长，需要资产运营人员先将数据资产在系统登记入库，在通过管理审核后，再对消费者开放。

在这一阶段，资产运营人员首先需要确认企业当前有哪些数据，其中有哪些对业务有帮助，然后将对业务有帮助的数据资产进行完整信息登记并上架数据资产信息，供业务人员在前台的资产门户页面中查看。

(1) 掌握现有数据

"巧妇难为无米之炊"，资产运营人员想要利用数据资产来推动业务运营，先要掌握企业现有的数据资产情况。

不同行业、不同规模的企业所掌握的数据各不相同，但是只要是实现了信息化的企业，都可以在其使用的业务系统、管理系统中找到可用的数据资产。

对于规模较小的企业，数据库及数据表的数量较少，方便整理，通过简单分类、标注即可让资产运营人员掌握当前大部分数据。

对于大规模的企业，会存在跨部门、跨业务、跨系统、跨项目的现实情况，不同的数据库与表的干系人、权限要求各有不同，会给数据收集带来很大挑战。

当企业的数据资产标准化之后，资产运营人员即可看到企业数据资产的全貌，掌握哪些数据资产可用。

（2）收集业务需求

资产运营人员收集完企业现有的全量数据资产信息后，需要根据当前主流、核心的业务需求筛选有价值的数据资产对象进行信息登记上架。

业务需求通常来自一线业务人员，不同行业的业务人员在日常工作中面对的对象不同，提出的需求也各不相同。比如：电商行业的类目运营人员可能会针对复购率高的女性用户精细化运营，那么他们在向资产运营人员提需求时，就会将"复购率"和"性别"作为主要的标签需求；对于制造业的业务人员来说，要增强设备制造产品的成品率，那么某零件的"制造失败率"就是主要的标签需求。

资产运营人员在调研、收集、了解、提炼数据需求时，不仅要理解一线业务人员所描述的内容，还要掌握他们参与的生产经营活动流程，这样才能在标签信息的登记工作中以面向业务的视角记录、录入资产信息时，准确地使用专业术语定义及标签信息规则。同时，由于对生产经营活动流程非常熟悉，因而能够不局限于现有流程需要用到的数据资产对象，而可以基于对流程发展的有效预估，将未来可能使用的数据资产对象一并入库登记，提早考虑可能会用到的数据资产。

（3）信息登记上架

数据资产是一种承载价值的"商品"，只有被"交易"或者"使用"，才能体现出数据以及对数据进行梳理、开发的价值，也才能基于数据消费者的反馈来优化、改善，持续提升数据对业务的赋能能力。因此还需要一个数据资产管理工具来实现资产的上架、展示、使用。

数据资产管理工具需要支持数据资产申请上架、使用审批、使用、评价等功能，以与前台的资产门户配合起来供业务人员"看""选""用"，并持续完成"治""评"。

当资产运营人员认为某数据资产可能发挥价值时，选择该数据资产可用业务范围，并提交上架申请。通过批准后，相关业务人员即可看到该数据资产并申请使用。当使用量长时间为零或者因为业务调整不再需要这种数据资产时，可以将其下架，此时系统需要发送通知给正在使用或曾经使用、关注该数据资产的业务人员，并在一定时间后停止支持对该数据资产的计算、存储与读取。

2. 宣传推广

宣传推广是数据资产运营执行的第二步。资产运营人员通过各种营销手段和方案激发业务人员对数据资产的兴趣后，后者才有可能进入选用合适数据的阶段。

数据资产在上架审核通过后，就可以对外展示了。初始阶段，数据资产对于业务人员是一个新概念，如何将数据资产进行包装并推广到实际应用中，考验着资产运营人员对运营和营销知识的掌握程度以及对业务使用数据场景的理解。同时，在数据资产的不断生产和上新过程中，也需要对新标签、优化标签、高质量与高价值标签进行包装和营销，方便业务人员在第一时间了解标签上新信息，或者对标签产生需求。因此在数据资产的推广宣传上，需要融入一些营销的思路，才能更快地让企业的数据被用起来。

对于数据资产，要以点带面地进行推广宣传，无法一蹴而就。初期的推广，仅针对已有的标签进行即可。在上义提到的标签需求收集阶段，资产运营人员与小范围的业务人员进行了接触，对于数据资产这个"产品"而言，这部分业务人员是种子用户。面向种子用户，撰写精准、有吸引力的广告文案或者推送消息，在资产门户端对数据资产这个"产品"进行产品营销。在这一阶段，需要资产运营人员持续跟进已有标签在实际业务中发挥的作用和产生的效果。可以定期安排业务人员产出报告，将标签使用后与使用前的业务状态进行对比，比如在使用标签后，业务进行效率是否有提升、盈利能力是否有上升等。除此之外，也可以通过监控标签调用频率来了解标签使用频率。如果标签调用的频率稳步增长，说明前台业务对它的依赖逐渐增强，这些标签的价值逐步体现，也证明了标签的有效性。

验证过数据资产价值后，可以通过持续的宣传推广来传递有效标签信息：对于原有组织用户，推荐更多适配业务场景需求的有价值、高质量的标签；对于新组织的用户，可以研究分析其业务共性、数据需求，将现有成功案例包装宣传，通过内部邮件、事务海报、内网发帖、行政建议等方式介绍现有数据资产并将其效果广而告之，以此激发更广泛的业务人员对数据的兴趣。

有效的推广宣传除了会引导产生对现有数据资产的使用动作，还会产生对新数据资产的使用需求，资产运营人员需要对收集到的新资产需求进行评估、设计、下发开发任务、登记上架等操作，并逐步完善数据资产体系。

3. 服务保障

服务保障是数据资产运营执行的第三步。资产运营人员只有搭建出一个可看、可控、可追溯、可预警的服务保障平台，业务人员才能放心使用数据服务。

数据资产通过与各种服务组件，例如分析服务组件、圈人服务组件、推荐服务组件等结合，形成各种类型的数据服务，供上层应用产品或业务系统调用。在这个过程中，资产运营人员要保障数据服务的稳定性，避免数据服务不稳定导致企业业务受损。那么如何保障数据服务的稳定性呢？

首先，需要对所有要调用数据服务的上层应用进行审核，确保所有的上层应用都是经过授权的，避免外部应用不经过授权直接调用服务，从而导致数据资产泄露。

其次，还需要对服务调用的性能进行保障，服务调用的响应时间、QPS、处理数据体量等都会对应不同的计算引擎选型，同时要配合一些负载优化、分流控流的机制来避免调用激增、恶意攻击等在短时间内带来过多服务调用，导致服务请求阻塞而引起故障。也可以通过流量控制实现流量倾斜，控制尾部应用的服务调用次数，向头部应用提供更多的流量，以保障头部应用服务的稳定性。

最后，还需要一套完整的服务监控体系，对所有的服务进行监控。当服务出现请求异常、内容匹配异常及访问超时等情况时，系统会自动向相关的运营人员和技术人员发送告警邮件，告知相关人员去修复该服务，从而保障服务正常。每周期定时提供服务监控报告，告知运营人员服务的调用情况，例如哪些服务经常被调用，哪些服务没怎么被调用，哪些服务调用的请求时间比较长，哪些时间段服务被调用得比较频繁等。根据服务监控报告，运营人员可以制订并执行相应的运营策略，从而保障服务正常运行。

4. 治理优化

治理优化是数据资产运营执行的第四步。资产运营人员作为数据资产管理者中的一员，需要对数据资产使用过程中的问题做好登记、人工修正或下发治理任务，同时不断迭代优化资产，形成正向循环。

在项目管理领域有一个模型叫戴明循环，也就是 PDCA 循环。它是一个持续改进模型，包括持续改进与不断学习的 4 个循环反复的阶段（见图 9-11）。其中 A 代表 Action，表示效果优化。对于做得好的部分，可以通过模式化或者标准化进行推广；而对于做得不好的地方，要总结经验，在下次任务中优化。对于数据资产管理，戴明循环同样适用。

数据资产并不是用完就可以不管了，运营人员需要对其进行持续优化：

1）对于业务人员反馈的使用过程中的资产问题，及时做好信息登记，并触发工作流任务。部分资产问题可以由运营人员自己解决，例如：元标签信息不够完备、有错误、不标准；某些数据资产具体取值存在错误，需要人工审核；随着企业业务发展，原有的资产类目结构不再适用，或者需要新增修改类目结构，等等。部分资产问题由于需要以技术方式解决，因此需要交由技术人员解决。

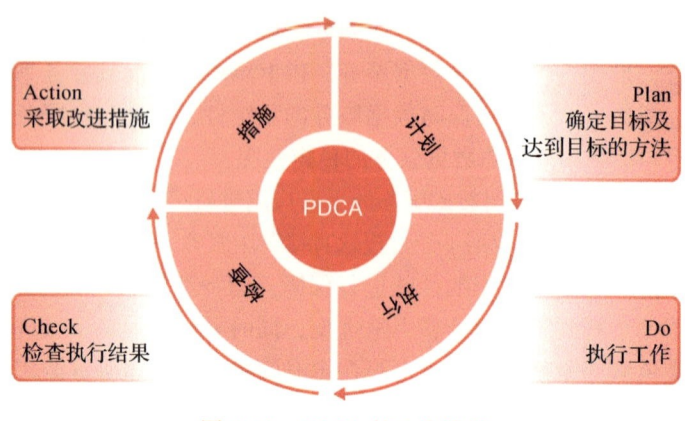

图 9-11　PDCA 的 4 个阶段

2）对于能正常使用的数据资产，也要定期关注其使用价值情况及占用资源成本，需要及时清理长期不用、过时、性价比低或不合时宜的资产，沉淀出有价值的数据资产及数据资产体系优化方法，进而影响新数据资产的设计、迭代、落地。

例如在保险业务中，因为渠道考核的标准变化比较频繁，所以经常需要对数据资产进行优化和迭代。拿保费来举例，根据监管要求，有些渠道需要关注规模保费指标，有些渠道需要关注价值规模保费指标，还有些渠道需要关注 VNB（新业务价值）指标。根据监管不同的要求（业务显性驱动），要对这些指标数据不断迭代和优化。

如果说上面这个例子是业务方强制优化和迭代数据资产，那么下面这个就是业务驱动的例子。在电商平台上，早期的手机配件市场远没有现在这么庞大，它是作为数码 3C 下的一个子类目存在的。智能手机的爆发式增长带动了手机配件市场的火爆，许多用户开始在电商平台上查找手机配件。以往通过先查找数码 3C 再查找手机配件的方式，整个链路太长，导致许多用户放弃下单。这个时候，就需要对现有的数据资产做优化。原本作为二级类目的手机配件变成和数码 3C 平级的一级类目，这大幅提高了转化率，减少了用户流失（见图 9-12）。

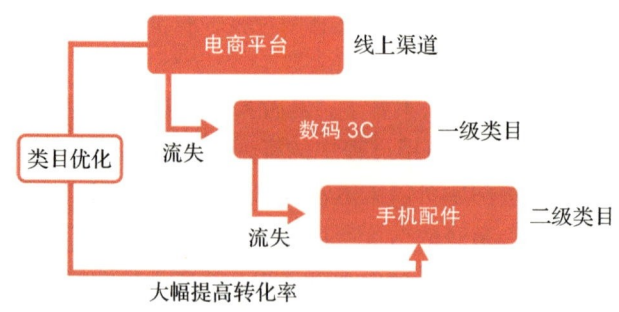

图 9-12　业务驱动数据类目优化

所以，无论出于什么目的，资产运营人员都需要持续对数据资产进行治理和优化，这样数据资产才能真正发挥价值。

5. 价值评估

价值评估是数据资产运营执行的第五步。运营人员作为管理角色，还要对数据资产进行价值评估，同时需要将这些价值信息定期上报管理层并合理展示给业务人员，以方便业务人员对数据资产的持续性、扩展性使用。

毫无疑问，对于数据资产的价值是通过数据资产的使用情况进行整体评估的。作为数据资产的载体，标签的使用情况也就代表了数据资产的使用情况。如果一个标签被开发人员辛辛苦苦加工出来却无人问津，那么它的价值可想而知；反之，如果一个标签被加工出来后，被业务频繁使用，甚至连业务的运转都离不开它，那么它的价值显然更高。

当然，对于标签的价值，并不能仅仅根据标签调用次数这一个指标进行评估。要知道有些标签虽然调用次数比较多，但并不能给业务带来多大的实际价值。比如"用户姓名""用户手机号"等标签，虽然大多数业务线都会调用，但这只是因为它们是基础标签。而一些算法标签，比如"用户信用评分"这个标签，可能只被风控业务线调用，但是给该业务线带来的价值却是巨大的，甚至整个业务线都会围绕它运转。

所以，在对数据资产进行价值评估时，资产运营人员需要综合多个指标进行多维评估，包括数据资产使用准确率、关注热度、调用量、可用率、故障率、持续优化度、持续使用度、成本性价比等。同时，系统也可以把每一个价值评估指标放入价值评估模型中进行模型运算，最终得到标签的综合价值分，从而得到数据资产价值的综合排名。

因此，对数据资产的价值评估既可以从各个细分维度展开，也可以根据综合指标进行排名。运营人员可以根据需求制定数据资产的价值看板或 BI 报表上报给管理层进行阅览，同时需要将这些资产价值信息通过登记、同步、联动等方式展示在资产门户的相应位置上，方便业务人员根据价值评估指标判断所需数据资产能否满足业务使用的性能、质量要求。

9.3.4 数据资产质量评估

资产质量评估维度包括完整性、规范性、准确性、一致性、唯一性、时效性等。在本章开头提到的数据运营效果评估模型中，如果你发现你的企业数据处在一个低质量或者低安全系数的状况下，那么运营团队需要特别关注以下内容。下文将从源头数据质量、加工过程质量和使用价值质量三个方面来系统阐述数据资产质量评估体系。

(1) 源头数据质量

数据资产质量首先和源头数据质量有关，源头数据不完整、不准确或不及时都会影响下游数据资产质量。衡量源头数据质量的典型指标如下：

- **源头数据安全性**：源头数据是否为合法取得、是否得到用户授权许可等，会间接影响标签的数据安全性。
- **源头数据准确性**：源头数据是第一现场取得、间接获取还是边缘推算出的，将与标签最终的准确性密切相关。
- **源头数据稳定性**：源头数据产生的稳定性，包括产生周期、产生时段、产生数据量、产生数据格式、产生数据取值等的稳定性。
- **源头数据时效性**：源头数据从第一现场产生到传输录入的时间间隔，行为类数据的时效性会间接影响标签准确度。
- **源头数据全面性**：源头数据是否全面，各个层面的数据是否都能整合打通，进行全域计算。

(2) 加工过程质量

数据资产质量也和数据资产加工过程有关，加工过程中的规范性和时效性、加工产出的资产覆盖率和完整度都是加工过程类的质量指标。笔者将资产标签加工过程相关质量指标总结如下：

- **标签测试准确率**：标签在建模、测试过程中得到的准确率，是一种类似试验性质的初始准确率，供参考。
- **标签产出稳定性**：标签每天计算、加工、产出时间的稳定性，能否准时产出，这也是业务使用时重点考虑的指标。
- **标签生产时效性**：标签生产所耗费的时间，时间越短，时效性越强。这个指标对实时类标签尤为重要。
- **标签覆盖量**：具有某标签的标签值的对象个体数量。每个对象个体的数据完善程度不同，同一个标签能覆盖到的对象群体也不同。例如用户信息中，可能有些用户登记有性别信息，有些用户没有登记性别信息，因此性别这个标签的覆盖量是那些有性别信息的群体量。
- **标签完善度**：标签有很多元数据信息，即标签的"标签"，这些元数据信息的完善程度是业务使用的可用性指标。
- **标签规范性**：标签的元数据信息，需要按照标准的格式规范进行登记，现有标签的元数据信息是否合规，合规程度如何。
- **标签值离散度**：标签取值是集中在某个数值区间或某几个取值，还是呈相对平均分布。离散度没有绝对的好坏，一般场景下离散度越大越好，说明人群在该标签属性下均匀分布于不同特征值。

（3）使用价值质量

在大数据时代，企业对数据价值的实现常常体现在数据分析、数据挖掘、数据应用等层面。数据资产作为一种无形资产，其价值质量的衡量标准应当是数据资产产生的数据服务或数据应用给企业业务带来的经济利益提升或经营成本降低。只有对数据资产使用价值进行合理评估，才能以更有效率的方式管理数据资产。

资产质量会体现在资产的使用过程中，目前笔者所归纳的与资产使用价值相关的质量指标如下：

- **标签使用准确率**：标签在使用过程中，经过业务场景验证、反馈得出的标签准确率，是一种较为真实的正确率判断。
- **标签调用量**：标签平均每日的调用量、今日当前累计调用量、历史累计调用量、历史调用量峰值都是可参考的调用量信息，反映该标签被业务采用的真实调用次数。
- **标签受众热度**：标签被多少业务部门、业务场景、业务人员申请使用，可以反映标签的适用性、泛化能力。
- **标签可用率**：标签在真实使用场景中，历史总调用成功次数占历史总调用次数的比例。
- **标签故障率**：标签在真实使用场景中，历史故障时长占历史总服务时长的比例。
- **标签关注热度**：对标签在标签集市中被搜索、浏览、收藏、咨询、讨论等方面的热度，进行综合计算后得出关注热度。
- **标签持续优化度**：标签是在被开发人员持续迭代优化还是尚处于开发阶段，反映了标签经过反复迭代、持续优化的程度。
- **标签持续使用度**：标签被业务申请使用后，平均持续调用的时长、频率、推广，反映了标签能够真正给业务带来的价值。
- **标签成本性价比**：标签加工过程中所投入的数据源成本、计算成本、存储成本，与为业务带来的价值、调用量、应用重要程度等产生的性价比指标，是一个纵观成本和价值的平衡参数。

9.3.5 数据资产安全管理

在数据资产运营中，还有一个重要的组成部分就是通过实施安全策略保障资产的安全。一旦数据资产出现安全漏洞，是十分有可能对企业造成毁灭性打击的。这也是为什么在数据中台运营效果评估模型中，将数据中台影响力强、数据质量及安全弱的公司归为"昙花一现"。下文将从资产的分级分类管理、脱敏和加密、监控和审计三个层面来阐述数据资产的安全管理。

（1）分级分类管理

按照信息分类保护的思想，从安全性上考虑，将系统中所存储、传输和处理的数据信息进行分类，并将每一类数据信息对应于一个确定的安全保护等级；对数据的安全级别进行等级划分，保障数据的使用安全。可以由业务应用倒推资产重要程度，对资产实行分级管理。资产分级分类方式一般包含以下几点：

- **按资产与核心业务的关联程度划分**：如果某数据资产对于核心业务流程的转化十分关键，那么它的等级就会很高。例如在营销系统中，订单表、客户信息表、财务流水表是与核心业务紧密相关的数据，因此其等级很高。而由核心数据衍生出来的统计或关联数据，它们的等级就要比核心数据低一些。
- **按资产敏感程度划分**：由业务部门对已分类的数据资产进行敏感分级，划分为C1、C2、C3或C4。其中：C1为完全公开，表示数据对内外都公开；C2为内部公开，表示数据对内部人员公开，对外不可见；C3为保密，表示数据对特定人员公开；C4为机密，表示数据对平台管理员公开。
- **按资产更新周期划分**：根据数据资源的更新频率，分为实时、每日、每周、每月、每季度、每年等。

（2）脱敏和加密

数据脱敏是为了防止人员非法获取有价值数据，同时保证用户根据其业务所需和安全等级有层次地访问敏感数据而加设的数据防护手段。当业务人员访问系统数据时，该模块会对数据进行实时筛选，并依据访问者的角色权限或数据安全规范对敏感数据进行模糊化处理。

资产脱敏管理主要包含两部分：数据屏蔽和存储数据加密（服务器敏感数据隔离）。屏蔽可分为全部屏蔽、部分屏蔽、替换、乱序，加密可支持DES、RC4算法进行加密。

脱敏设置提供"屏蔽""替换"等多种脱敏方式对查询和透出的数据进行转换。脱敏为不可逆操作，数据经过脱敏后不能反推出原始数据，可防止数据泄露，实现数据可用不可见的效果。数据加密是对数据存储的操作，配置加密后数据存储的是密文，实际使用数据时需要先解密再使用。数据加密可防止通过"拖库"类操作直接从存储层泄露数据。

（3）监控和审计

资产监控包括对资产的存储、质量、安全使用等进行监控。监控规则一般按照通用和自定义的稽核规则进行校验与检查，并配合可视化工具对问题数据和任务进行记录与展示，对于有问题的数据资产，需要提供多种处理方式。

常见的质量、存储、安全监控主要包含如下几个方面：

- **表记录数的波动监控**。对指定表分区的行数和历史数据进行比较，得出波动值，判断是否超出设定阈值。
- **字段的统计值波动监控**。对指定表的一列进行统计，然后将统计结果与历史数据比较，得出波动值，也可以将其与用户指定的期望值进行比较。
- **数据量监控**。对整张表或者表的分区和历史数据进行比较，得出波动值，判断是否超出设定阈值。
- **数据资产各种质量类指标的监控**。为各标签的质量指标设定最低阈值，判断质量绝对值是否下降到设定阈值；或对质量指标设定与历史均值比较的波动值，判断是否超出设定阈值。
- **数据资产分级分类监控**。定期扫描，监控数据资产是否按照标准规范进行分级分类，并监控数据资产使用人员是否按照其权限范围访问、查询、使用、同步、下载数据资产，是否有违规操作。
- **数据资产脱敏监控**。定期扫描，监控数据资产是否按照标准规范进行脱敏加密，是否有人访问、查询、使用、同步、下载了未脱敏数据，是否有违规操作。

在数据安全监控过程中，需要配有完整的审计机制。审计方式从审计体系规范建设入手，同时需要建立数据资产审计办法和专职人员审计办法。审计对象包括数据权限使用制度及审批流程、日志留存管理办法、数据备份恢复管理机制、监控审计体系规范及安全操作方案等制度规范。数据资产管理在实施过程中需要保障集中审计的可行性。

数据资产与业务场景存在较强的相关性，所以需要注意权限和安全问题。一般地，数据资产的可见性、可用性会与业务人员所在业务部门或者项目关联，在实践中，使用数据资产的并不是具体的"人"，而是其代表的组织整体。所以在业务人员想使用某个标签时，需要提交审批，经过业务部门和数据资产部门审批后方可使用。如果该业务人员转岗到其他无法使用该标签的部门时，那么它的使用权限也要随之取消。

数据安全审计是一个安全的平台必须支持的功能特性。审计是记录用户使用数据中台进行所有活动的过程，是提高安全性的重要工具。通过对安全事件的不断收集与积累并加以分析，有选择性地对其中的某些用户进行审计跟踪，以便为发现的或可能产生的破坏性行为提供有力的证据。

9.3.6 数据资产运营报告

通过定期生成数据资产运营报告，用户可以直观地掌握数据资产的运营情况。通过报告的横向和纵向对比，用户能找出运营中的差距，有针对性地补足短板，不断提升运营水平。

可以每周生成数据资产运营报告，也可以每月生成。以一份地方政府的公共数据运营报告为例，报告中包含以下内容。

（1）本月运营总体情况

截至××月末，全市各区共编制资源目录××个，目录的资源挂载率为×××%。

共制定数据业务标准××个，目录数据标准覆盖率为××%。

本月新增归集入湖数据××亿条。

本月数据的平均归集时间为××天，平均较上月减少××天。

本月新增数据需求××个，较上月增加××%。

本月新增需求数量排名前三的区分别是××区、××区和××区。

本月新增需求数量排名前五的数据资源分别是××数据、××数据、××数据、××数据和××数据。相关资源调用××万次，占本月调用总量的××%。

本期全市各区公共数据质量的平均得分为××分，排名前三的区分别是××区、××区和××区。

本月发生数据安全事件的次数为××次。

（2）具体运营内容

- 数据标准情况：月度数据标准的制定和落地情况报告。
- 资源目录编制情况：资源目录的编制情况和规范性等情况的报告。
- 数据汇聚情况：各区县、各部门的数据汇聚情况，包括数量、及时性等指标。
- 数据资产共享情况：数据资产被访问和调用的情况报告。
- 数据质量情况：多个维度对各区县、各部门的数据质量评估报告。
- 数据安全情况：数据安全巡检的报告和数据安全事件的报告。

（3）附件

- 《各区县数据质量评分表》
- 《资源目录编制情况表》

- 《数据汇聚情况表》
- 《数据资产共享情况表》
- 《数据安全巡检报告》

……

9.3.7 数据资产运营与数据资产管理的关系

在 9.3.2 节中谈到,在数据资产使用过程中会遇到数据资产本身的问题,如数据质量问题、安全问题、血缘链路不全的问题等,因此需要推动数据资产治理的环节,持续改善数据资产的质量水平。

数据资产运营和数据资产管理是相互促进的关系。在运营的过程中发现数据资产存在问题,倒逼数据资产管理水平的提升;同时数据资产管理水平与数据资产质量的提升,本身又能促进数据资产运营更加顺利地开展下去。两者的关系如图 9-13 所示。

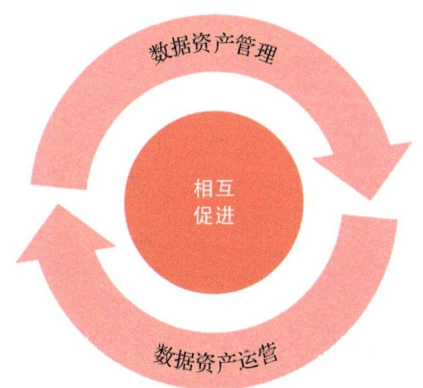

图 9-13 数据资产运营与数据资产管理的关系

这样一种相互促进的关系并不是天然形成的,必须打通数据资产运营和数据资产管理之间的联系通道。具体来说,首先需要实现数据资产的认责和问责,真正把每一项数据资产、每一个问题都落实到具体的责任人,并且形成一套最终的考核机制,督促相关责任人持续不断地关注与提升数据资产的质量。

9.4 数据成本运营

随着企业数据的增多,数据的存储成本也会随之增加,而数据价值是一个缓慢释放的过程,不会马上被挖掘出来,因此需要对数据的存储成本进行分析,进而用分析得到的数据来支撑成本运营优化。

在企业发展初期，存储成本可能不是企业关注的重点，但当数据体量达到一定规模时，数据存储成本会升级为企业的财务包袱。举个非常典型的例子，2014年时，阿里巴巴集团预测，按照它的自有数据增长情况，如果再不进行数据的管理和成本治理，那么企业的利润可能会被数据增长所带来的硬件和计算开支吞噬殆尽。

在数据中台运营的第3个大阶段，企业需要精细化管理数据存储成本。下文将从存储成本和计算成本两个维度展开讨论。

1. 通过细分数据类型，优化数据资产存储成本

伴随着业务的发展，有些数据资产将失去使用价值，但同时会出现蕴含更高价值的新数据资产。为了最大限度地将有限的计算、存储资源用在更高价值的数据资产上，需要对数据资产的可用性进行管理。通过对数据资产的上下架管理，控制其可用性。

数据按所处阶段可划分成原始数据、过程数据、结果数据，不同阶段数据的存储处理会有所不同。

（1）原始数据成本优化

对于原始数据，一般建议永久保存。有些数据可能当前并没有应用价值，但随着场景的不断深入以及挖掘技术的提升，其价值可能会被逐步释放。而如果没有将原始数据保留，当价值挖掘条件具备但发现数据不够时，时间成本可能会更高。当然，具体情况要结合企业的实际阶段、业务特点来判断。

（2）过程数据成本优化

过程数据又可以分为临时性的过程数据和支撑结果计算的过程数据。临时性的过程数据一般以临时表的形式存在，支持单次作业计算或者某个任务流的计算过程，处理完之后就可以清除。但有时候开发不够规范时，可能只做了创建、存储的动作，而没有做删除、清理的动作，导致存储成本的增加。因此在设定开发规范时，可以先对这类数据进行区分，比如为临时表的名称统一前缀，如"tmp_"，以方便在成本分析处理时快速定位。

支撑结果计算的过程数据，也可以认为是ETL过程的中间结果数据，如对一些原始数据进行清洗加工、规整之后形成的汇总表或明细表数据。这类数据在某些特定场景也可以作为结果数据，但由于其体量较大，一般在实际应用时还会再进行一次提取。考虑到存储成本，这类数据一般有三种存储策略：

- **全量存储**：不需要跟踪数据的历史变化时一般会采用这种方式，即只存储最新的一份快照数据，比如用户上传的一份字典数据。全量存储的管理相对简单，只要有别的表依赖于某份数据，就需要一直将这份数据保

留在系统中。

❏ **增量存储**：当需要分析数据的历史变化，且数据体量较大时，一般会采用增量存储这类方式。增量存储只记录更新周期内的新增或变化数据，而不是每次都存储全量数据。这样可以节省存储空间，提高数据处理效率，减少数据冗余和不一致性。

❏ **周期快照**：需要跟踪数据历史变化，且重复存储历史数据的成本不太大时，一般会采用这类方式。在这类存储方式下，数据的易用性可以大大提升。引用者一般主要还是引用最新的数据，但出现一些意外情况时，则可以取最近的数据来保障业务正常运转。例如新周期数据没有产出时，业务方可以用上一个周期的数据来补充。另外，在分析历史变迁过程的状态时，也可以通过这种方式来应用。例如通过大家所熟悉的淘宝时光机，可以获取特征数据不同时间阶段的不同变化等。

周期性的生产依赖于数据被引用的情况，如果所有任务对数据的引用不超过7天，那么留30%左右的冗余，总共10天左右的存储周期，就可以保障下游的正常生产了。当然，如果出现某一天需要引用更多数据时，则需要联系相关表的所有人来进行补数据操作，将数据补齐到下游所需的最长时间，以保障业务方的正常使用。

（3）结果数据成本优化

在构建数据体系时，根据分层模型最终产出直接为业务提供支撑的数据层，如 TDM、ADM 的数据集。以前构建数据体系时会看业务需求，需要什么生产什么，而数据中台中的数据体系建设除了业务需求的输入外，也会从数据层出发构建基于某个对象特定的数据标签集。这种方式可能会带来一些存储上的浪费，就像在研发产品时，哪些产品有价值、哪些没有价值需要由市场来检验一样，在构建数据体系时，哪些数据集有价值、哪些没有价值也需要通过业务来验证。因此在制定结果数据的成本策略时，往往会借助于数据在实际场景中的应用情况来分析，并根据应用数据提供成本策略建议。加工和挖掘更多数据体系来供业务选择，还是专注于打磨某个数据体系、做深做透其数据价值，需要根据企业的不同阶段、不同业务特点而定，因此在数据的成本策略选择上也需要同步跟进。

2. 4 种关键优化策略，破解计算成本控制难题

和存储成本息息相关的，就是计算成本。企业在数据量增加之后，需要不断对数据进行价值挖掘，才能真正发挥数据的力量，实现降本增效。而数据量越大，消耗的计算量也就越大，这也是 Hadoop、Spark 等产品生态欣欣向荣的一个非常重要的原因。

计算的成本比存储要高很多，CPU、内存都属于稀缺资源，而同时大量的计算会产生大量的热量，需要为数据中心提供合适的物理环境，配备专用的机房通风、降温设施，甚至有的大企业为了给服务器降温，把数据中心放到千岛湖、放在贵州的山里，还有的把数据中心建在内蒙古，利用风能来降低用电成本。可见计算成本的控制，对具有一定数据规模的企业来说也非常关键。

计算成本的控制有很多方面，专属硬件、指令优化等各种手段各显神通。笔者更关注数据加工处理的逻辑，以及通过运营的手段来看计算是否合理、高效。根据相关的运营经验，笔者将常见的影响计算成本的因素总结为以下5个。

（1）**重复计算**

和软件系统的研发相比，目前在企业中数据的利用显得更为松散。由于其主要的使用者往往不是研发人员，而是业务方，而且使用场景更多更散，因此相应的计算也会存在一定的浪费。其中最常见的现象就是集群资源排满了任务，相互等待资源的释放，数据处理逻辑存在较多重复计算。例如：

某用户加工了一张结果表A，他的加工逻辑是对5张源表进行关联加工，而另一个用户想用某个数据，该数据也需要对这5张源表进行关联加工得到，但他发现想要的数据之前并没有人使用，因此也自己动手加工了一张结果表B。当然表B除了所需要的数据外，还可能会加工一些当前不需要的字段。

类似场景在使用数据的人员较多的情况下很容易发生。其中存在以下这些比较明显的问题：

- **命名相似**：系统识别到多个任务的名称、相应产出的表名和字段名相似度较高，结合某些周期产出数据的抽样对比计算出相似度指数，如果相似度指数达到了阈值，系统会向相关责任人发出提醒邮件，相关责任人需要进行任务合并或者给出解释。
- **相同源头**：多个数据抽取任务的输入源头是同一个库的一张或多张表，这样会把同样的数据多次复制到ODS层，这种情况往往是负责不同业务的数据工程师之间沟通不充分和数据使用不规范造成的。
- **计算类似**：多个数据处理任务读取的表相同，输出的表的结果也相同，并且对表的处理特征相似，比如代码逻辑中使用了同样的函数，对结果抽样对比一致。
- **产出类似**：不同的计算任务可能会产生相似或可替代的结果。因此，为了提高计算效率和资源利用率，我们可以考虑将这些任务合并为一个任务。

如何避免上述问题的发生？首先需要通过量化的方式计算出作业的重复度，包括输入的重复度和输出的重复度。在进行重复度计算时，需要对每个任务的逻辑或输入/输出进行分析，识别出其中的加工方法及输入/输出的匹配情况。在具体运营过程中，可以根据实际情况设置重复率达到多少比例时需要推进优化，同时配合相应的运营考核机制，推动重复的合并和优化。

（2）冗余计算

在计算过程中，有时由于个人能力有限和对实现过程的思考不够全面，无法做到最优的数据处理及计算控制，而不合理的数据处理量将大大提高计算的成本，导致企业算力的浪费。在数据指标的加工过程中，合理的数据量输入检测也是需要考虑的问题。在处理逻辑时，如忽略限定条件而导致数据处理量过大、数据处理耗时过长等，则容易出现这类情形。可以通过提取数据量与处理耗时的算力基线，以及数据加工输入量的合理性基线分析，发现一些不合理的处理逻辑，从而减少可能存在的冗余计算过程。

（3）低价值计算

和存储类似，也存在一些经过加工得到的数据并没有直接被业务使用，造成计算成本浪费的问题。而当大部分的计算成本消耗在当前不需要用到的数据集上时，需要考虑降低这部分的资源或者暂停执行不必要的处理逻辑，以避免计算资源的无效利用。

除此之外，也可能出现某些任务在一定的时间长度，比如最近半年内每个周期运算的结果数据持续为空，没有产出任何数据的空跑表情况，在业务上没有意义，却造成了计算成本的浪费。

（4）调度不合理

在数据应用过程中，有一种特别常见的现象是每个人都觉得自己的任务优先级很高，都希望在某个时间产出相应的结果，而至于是否合理，缺少统一的衡量标准。如何将作业合理分配到不同的时间周期并进行调度，如何让一些作业见缝插针地利用计算资源，是我们在进行计算成本运营时必须面对的问题。

对于调度时效性，通过业务的实际需求可能无法精准判断，但通过下游业务的使用情况及上游的作业加工逻辑，可以做一些分析来为运营提供支撑，尤其是下游的作业与当前作业的时间要求相差较大时。例如：下游作业在23点处理完即可，却要求上游作业必须在当天凌晨6点完成，这时调度可能就不是很合理；如果上游作业的加工产出时间是23点，而下游作业却要在当天凌晨6点完成，则逻辑上是完全矛盾的。这时，可以通过调度设置将调度资源进行重新分配，以达到合理使用算力的目的。

（5）频率不符

某些任务的数据产出频率和使用该数据的业务对数据更新的频率要求不一

致，比如某些任务产出的表保持每小时或者每分钟的高频率更新，但是使用该表的业务仅仅需要 T+1 的数据，造成了计算资源的浪费。

3. 数据中台成本账单监管

成本运营是一个不断优化的过程，除了对存储成本及计算成本精细化管理以外，还需要建立一个责任追踪规范：对于任何一个成本支出账单都可以在第一时间找到责任人，迅速定位成本支出异常的原因，并配合运营团队共同进行降本增效。

这需要从数据的源头开始分析。企业所产生的数据都是有源头的，任何数据的生产加工和最终使用都可以落实到对应的责任人。企业数据运营的负责人需要明确数据由谁生产，被谁管理，在为谁服务，从而将一张表、一个数据库每天所产生的账单分解到对应的责任人或者部门上。比如，集团公司、子公司、事业部、业务单元，它们今天所产生的数据存储成本、计算成本、使用成本等，都应该被归结成一种账单，发送到各个相应的责任单元，并且进入到它们的内部成本考核体系，让各个使用人和数据部门负责人来进行持续优化。

图 9-14 为企业内部数据成本账单的范例，运营负责人可以设置账单报表生成周期，系统会自动按照相关部门使用的存储资源、计算资源、数据底层资源等生成账单，并发送给相关责任人。

	数据平台客户广告部门资源账单		
BU名称： 广告部门	计费周期 2014年02月	数据负责人：	

账单汇总

费用名称	计量	金额
存储资源	21.48 PB	2 139 349.43 元
计算资源	12.11 PB	1 194 177.11 元
统一数据底层资源		免费
本月消耗资源合计：		2 730 840.25 元
本月新增Project: 0	合计Project: 28	集团存储占用排名: 2

图 9-14　细化到部门和责任人的数据成本账单是关键

在这些账单体系建立之后，运营负责人该如何进行监控？运营团队可以通过稽查工具等扫描和检查规范执行、重复建设、资源占用等情况，以邮件或者公开信息的形式向个人或者团队通告稽查结果，提供个人或者团队的排名及警告信息，并给出优化建议。所有数据开发人员都关注稽查排名及警告信息，并有专门的团队监督稽查结果的改进进度。如果长期不改进就会触发考核升级机制，并降低占用资源的优先级，从而确保规范落地。

9.5 数据中台运营的实践经验

数据中台运营的好坏与运营人员、业务人员、开发团队等都密不可分，其核心是围绕数据中台价值的体现来推动运营的各个环节。这里介绍笔者在实际落地过程中积累的几个经验教训供借鉴参考。

1. 全员具备数据意识是中台战略开展的基础保障

数据中台的运营涉及多个部门的联动配合，因此单个部门往往难以支撑，做到最后很可能就不了了之了。在每个部门人员动作起来之前，最应当做的是建立对数据中台的统一的正确认知。

针对数据中台中最核心的资产部分，首先应该和所有部门明确的是，任何事物都可以用数据去记录、表述、展示，业务开展、评价、优化都需要考虑是否有数据记录，且通过数据进行分析、展示、汇报。数据是唯一客观评价企业管理问题或业务状态的指示牌，所有人都要尊重数据结果，形成以数据指标为导向来说明问题、实践数据化运营的思路。只有把数据意识根植到每个人的心中，在之后的配合行动中才能最快达成共识，免去不必要的争执和试错成本。

其次要明确的是，大家对数据、数据技术、数据资产、数据平台解决问题的能力要有正确的认知，这些都仅仅是资源、工具、能力，最终要想产生价值还需借助组织的力量灵活、坚持、充分地运用。因此数据平台并不能解决所有的业务问题，也不要过于神化云计算、大数据、人工智能的替代作用，企业要想的是如何将这些先进技术运用到自己的业务、管理中去，而不是寄希望买一套数据平台或搭建一套数据平台就能自动化解决难题。

最后，每一个和数据资产运营相关的岗位人员都要对自身岗位职责、其他岗位职责有清楚的认知。技术人员的岗位职责是搭建运维平台、生产数据资产、保障数据服务和数据应用的稳定性，而且要学会站在业务端思考问题。技术人员开发出的结果只有让业务人员使用起来才是有用的，否则都是堆积在仓库的存储，时间久了都要被清理淘汰。而业务人员的岗位职责是提出数据需求，将数据资产充分运用起来，并及时给出优化反馈。业务人员一方面要理解数据技术能力的有限性，不能想当然地认为数据可以解决所有问题或者可以立刻解决问题；另一方面也要学习一些数据理论，来使自己能和技术人员进行一定层次的对话。

在整个数据观树立的过程中，一定是需要企业组织结构从上到下的重视、认知和执行的。通过大量的实践发现，在数据资产运营过程中一定会有大量的新工作，且工作量不小，因此一线工作人员的自发配合是很难形成的，甚至会存在一定的阻力。因此需要建立从公司CEO、CTO、CIO等高层到公司核心管理层，到公司中层，再到一线员工的统一认知和意识，提高对数据工作的重视程度，需要将数据工作与工作目标、工作业绩打通，才能使相关人员较好地配合执行。

2. 数据中台运营一定要以场景需求为导向

上文提到不同工种需要相互理解、相互融合对方的业务知识，但是在某一阶段，必须进行优先级判断或者必须做出一个倾向性的选择时，笔者的建议是以场景优先，而非纯以业务需求为先。场景分析来自业务需求，但是需要对需求进行抽象。科学技术是生产力，但前提是要为生产服务，不能服务于生产的科学技术只是课本中的理论知识。因此，所有围绕数据的采集、清洗、加工、服务化都需要有一个明确的目的：面向业务需求进行场景抽象，进而最终解决业务问题。

因此数据技术人员需要在原有的一般数据工作的基础上，增加对业务知识、业务人员、业务操作的理解，同时进行必要的场景需求抽象。数据资产的价值，只有业务将其用起来才能体现；让业务把数据用起来，不能只靠业务人员自己去学习，而要把数据概念、数据能力、数据产品转化到他们能理解的方式和水平。

当业务人员能够理解、查看数据资产时，需要有运营、技术团队来协助其先完成一个成功的数据应用案例，让他了解数据使用的全流程闭环，感受数据的力量，产生对数据资产的兴趣和信心。

不管是教会业务人员自己看、选、用数据资产，还是通过技术团队直接将数据资产封装成数据应用系统供业务使用，最终目标都是让业务人员走通并成功实践过数据应用。运营人员需要通过培训、咨询、典型案例操盘等方式，协助业务人员通过数据应用获得业务效率或收益的提升，让业务人员对数据资产的作用有切身的体会并产生持续使用的兴趣，才会逐渐把所有的业务流程都与数据绑定在一起，养成使用数据的工作习惯。不需要一开始就全面切换数据驱动决策或者数据化运营，这种方式往往过重，所需时间过长，对业务人员的培训和改造工作量也较大，不利于积极性、主动性的培养。数据资产要真正运营起来，不能仅靠行政命令，也不能仅靠技术积累，关键还是让业务人员学会运用并积极主动地运用数据资产。

3. 运营中台本质上是对各部门需求及资源的盘活

在中台运营过程中，数据管理部门（下称数据部门）和业务部门是两大核心协作的部门，紧密配合的协作关系可以将中台价值最大化，反之可能会陷入僵局。以数据资产优化过程为例，以往企业中负责数据资产优化的责任部门是数据部门，由数据部门发起数据资产的优化迭代。如果这种优化迭代仅限于数据加工和生产研发范围内，那么数据部门还能推动起来并有效完成；但是当优化迭代涉及数据原始采集部分、数据资产的使用反馈等部分时，因为涉及业务部门的配合，工作就会难以开展。而且因为缺乏数据资产的使用过程信息，就算数据部门想要治理、优化数据资产，可能都会无从下手。因此，最合适的资产优化的推动者应该是业务部门。只有当业务人员迫切需要源源不断的、更高质量的数据资产时，他们才会自发推动数据技术保障团队来一起完成数据资产的优化工作，并且会配合完成数据使用的埋点、数据使用的反馈、新数据的需求整理等工作。

另一个重要考虑是，由于业务部门往往是企业的营收中心，而数据部门往往是企业的成本中心，因此业务部门的话语权更大。当资产优化过程中涉及人员投入、设备采购、资源分配等问题时，业务部门有更大范围的调配权。

因此关于如何调动各部门的积极性，使其在优化中台机制的过程中紧密配合，需要中台运营团队设计出一套运营机制，在其中进行资源调配及价值宣导，让企业各部门共同对数据中台优化的结果负责。

图 9-15 给出了一个经过实践证明较为有效的协作方式，供大家参考。

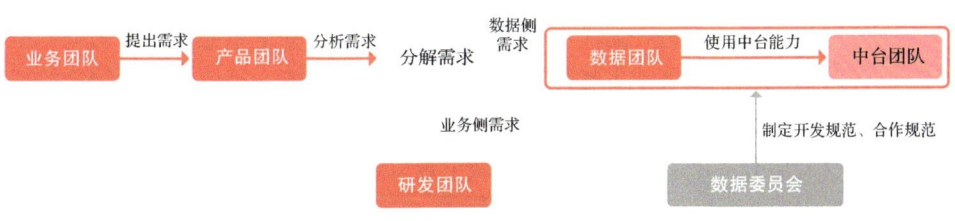

图 9-15　业务、产品、研发、数据团队配合示意图

业务团队向对口的产品团队提出具体的需求，产品团队分析需求之后，梳理出业务流程，并把需求拆分为业务侧需求和数据侧需求，其中，前者指的是与数据本身关系不大的流程类、信息架构类、前端展现形式类的需求，后者指的是纯粹依赖数据本身的需求，如期望展现哪种数据结果、希望怎样夫统计、构建怎样的数据模型等。以规划阿里巴巴的商家数据产品平台生意参谋初版为例，目标是为商家提供店铺的流量、商品、交易等经营全链路的数据，为此生意参谋的产品经理把用户操作流程设计、功能模块划分、前端呈现和交互作为业务侧需求，同时把每个数据表所需要的数据结果、数据定义和对数据的操作作为数据侧需求，例如店铺的 UV、PV 信息，该统计哪些粒度，以什么频率更新，对 UV 和 PV 能进行哪些维度的筛选等。

9.6 数据中台运营的要素与口诀

数据中台建设是项持续性的工作，有起点没终点。**高层的数据战略是人、财、物持续投入的保障，有高层的数据战略才有全企业的数据意识**，数据意识推动数据应用场景落地，发挥数据价值。

同时，数据中台建设还需要有一套契合企业数据现状及未来发展方向的方法与规范。**数据建模方法大同小异，关键是要有一套规范**，比如命名规范、开发规范、数据分层规范、数据隔离规范、易用性原则来保障方法的执行，这套规范是数据体系可用、易用、好用的关键，是数据更多参与业务的基础。

另外，数据中台建设涉及多个团队的长期协作，而人员在变动，业务在发展变化，很难靠人来保证规范的持续执行。数据相关工具，如建模、质量、稽查、数据地图等是保障规范执行的有效手段。很多中台建设走在前列的企业**把规范融入工具，这是统一数据层建设成功的关键**。

最后，战略的执行、方法规范的制定、数据工具的落地都需要有组织人员保障。**要有数据委员会做顶层设计，制定建设目标、规范、制度并且推动执行**。要有专业、稳定的数据业务团队和数据技术团队来落实目标规范的执行。要将数据团队的考核与业务发展绑定，推动数据在业务中发挥实际价值。

数据中台从立项到正式运作起来，是条漫漫长路，在地基稳固的基础上，运营工作是数据中台这条路越走越宽敞、越走越平坦的保障。因此，贯穿始终的精细化运营是企业数据中台建设过程中必不可少的一环。

结合以上内容，附上一套简单好记的中台运营口诀，方便大家理解中台建设及运营过程中的要点和方法，如图 9-16 所示。

中台运营7要素

战略层面要重视　　组织架构打扎实
数据氛围造起来　　内部典型需周知
安全意识不放松　　成本账单详追踪
质量规范严落地　　中台运营必成功

图 9-16　中台运营口诀

第 10 章

数据安全管理

进入大数据时代，数据安全面临愈发严峻的挑战，各国政府、各个组织和个人也都更加重视数据的保护，通过建立安全管理体系，包括一系列的法律政策、制度流程、技术手段等，来保障数据的安全与隐私。

数据安全管理既是数据资产管理不可或缺的一部分，又是信息安全管理的重要组成部分。因为其重要性和特殊性，笔者将其从数据资产管理中剥离出来，专门用这章来阐述。

10.1 数据安全面临的挑战

随着大数据技术和应用的快速发展，数据所承载的多维度业务价值已被越来越多地挖掘和应用变现，随之而来的是数据安全和隐私成为世界性的关注点，上升到国家战略层面。如何在满足用户隐私保护、数据安全和政府法规的前提下进行跨组织的高效数据应用，是大数据时代必须解决的一大难题。

10.1.1 数据安全问题带来的四大损害

数据安全出现问题，可能会在个人安全、组织安全、公共安全、国家安全四个层面造成损害。

- ❏ **个人安全**：数据滥用行为危害到个人安全，包括人身、财产、名誉等合法权益。但个人信息保护的合法化、客户授权、去标识化、可审计等要求与个人信息频繁、高效使用存在天然的矛盾,如何化解这些矛盾,给数据安全管理工作提出了非常高的要求。
- ❑ **组织安全**:数据处理行为危害到其他组织的合法利益,包括知识产权、商业秘密,以及其他竞争和名誉等方面的利益。例如企业非法爬取其他企业的数据,非法窃取其他企业的商业秘密,非法使用其他企业的知识产权(比如商标、专利等)。
- ❑ **公共安全、公共利益、公共秩序**:数据处理行为危害到公共安全、公共利益、公共秩序。例如企业公开发布统计信息影响行政管理、经济秩序等。
- ❑ **国家主权、安全、发展利益**:数据处理行为危害到"国家在政治、经济、国防、外交等领域的安全和利益"。例如企业通过数据聚合分析,推论出国家秘密,进而影响国防、国际关系等。

10.1.2 法律与政策背景

自从数据产生以来,数据的安全与隐私管理就是一个非常重要也非常庞大的话题。人类进入大数据时代,由于数据大量汇聚,不占体积,极易被复制、携带和传输,而其本身又是在网络节点之间不断流动,使得黑客成功攻击一次就有可能获得大量有价值的数据,极大降低了黑客的攻击成本。针对数据的犯罪日趋猖獗,后果也越来越严重,因此数据安全与隐私管理在世界各国愈加受到重视。

为了维护国家安全、社会公共利益,保护公民、法人和其他组织在网络空间的合法权益,保障个人信息和重要数据安全,我国先后发布了《中华人民共和国网络安全法》《中华人民共和国数据安全法》《中华人民共和国个人信息保护法》等法律法规。这些法律法规系统地规定了网络运营者数据收集、数据处理使用、数据安全监督管理等覆盖数据全生命周期的综合合规要求,直面强制捆绑授权、网络爬虫、定向推送、自动化洗稿、算法歧视等新型数据安全问题,对违反数据安全,侵犯个人隐私的行为进行了有效约束,标志着我国数据安全管理迈出了具有里程碑意义的一步。

"九一一"事件后,美国政府意识到信息安全的重要性,先后制定了一系列法案来打击计算机网络犯罪,保障关键信息基础设施的安全,如《联邦信息安全管理法案》《加强网络安全法》《公共网络安全法》《加强计算机安全法》等。近年来,云计算、大数据、物联网、移动互联网等新技术的迅速普及,给个人信息安全保护造成了极大冲击,也推动了新时期各国对相关法律的立法及修订进程。美国在原有体系之上,积极制定了应对上述挑战的法案,于 2012 年 2 月 23 日发布了《网络环境下消费者数据的隐私保护——在全球数字经济背景下保护隐私和促进创新的政策框架》,正式提出《消费者隐私权利法案》,规范大数据时代隐私保护措施,以确定隐私保护的法治框架。

欧盟 GDPR（General Data Protection Regulation，通用数据保护条例）于 2018 年 5 月 25 日正式生效，被称作史上最严苛隐私数据保护法。GDPR 与其前身《数据保护指令》相比，适用于更大范围的组织，所有处理欧盟国家公民数据的组织都必须遵守该法案，这意味着凡是要跟欧盟打交道的机构，无论是政府还是社会组织、公司，都必须遵守该法案。众多可能违反 GDPR 的公司受到调查和巨额罚款，这些案件的主体涉及众多互联网巨头，其中包括谷歌、苹果、Facebook、WhatsApp、Instagram、Twitter、LinkedIn、Quantcast 等。

总体而言，世界各国都越来越重视数据安全保护，并从法律与政策等各方面进行引导与约束。

10.1.3 数据安全的三大技术挑战

数据安全面临的技术挑战可以总结为以下 3 条。

1. 平台安全

从大数据技术的发展来看，基于 Hadoop 生态系统的大数据平台随着企业的不断采用及开源组织的持续优化、增强，已逐渐成为大数据平台建设的标准产品。然而 Hadoop 最初的设计专注于发展数据处理能力，相对而言忽视了其他能力的发展。Hadoop 生态系统作为一个分布式系统，集中了海量的数据，承载了丰富的应用，管理和保护这些数据充满挑战。当前市场上，大数据平台在数据本身的安全管控方面普遍存在严重缺失和较大的漏洞。

除了面临传统的恶意代码、攻击软件套件、物理损坏与丢失等安全威胁外，大数据平台由于自身架构要根据企业业务需求和安全要求的变化不断改进，因而还有传统的身份认证、数据加密手段适用性问题。由于大数据平台是复杂且异构的，所以安全保障必须是整体性的，以确保大数据服务的可用性和连续性。

2. 服务安全

为了更好地利用大数据的价值，越来越多的大数据平台开始面向企业内外部用户提供基于大数据的服务。便捷的互联网应用环境下，在提供优质数据服务的同时，也为大数据服务安全带来严峻的安全挑战，大数据平台需要应对基于 Web 的攻击、应用程序攻击、注入攻击、拒绝服务攻击、网络钓鱼、用户身份盗窃等威胁，抵御信息泄露、网络瘫痪、服务中断等安全风险。

3. 数据本身的安全

在企业开展业务和对大数据进行开发利用的同时，数据本身的安全非常重要。数据安全涉及数据生命周期各个阶段，包括数据采集、数据传输、数据存储、数据处理、数据交换、数据销毁等。行业间及行业内部进行数据交换和共享时的数据安全,是迫切需要解决的问题,是大数据资源实现开放共享的关键。

数据已经被社会公认为有价值的资产,数据可变现、易变现的特点使得接触到数据的人员窃取数据的动机或可能性大大增加。不同于传统的资产,数据不占体积,极易被复制、携带和传输,而其本身又是在网络节点之间不断流动着的,这些特点使得数据安全管理的难度极高。而数据泄露所带来的损失又是实实在在的,一旦发生高风险事件,会造成巨大的经济损失甚至有可能触犯法律,社会上已经有很多这方面的惨痛教训。这给数据安全管理带来更大的挑战。

10.2 贯穿数据生命周期的数据安全管理体系

广义上的数据安全管理涵盖范围很广,包括监管主体、监管方式、监管对象、国家立法、互联网信息安全、个人隐私保护等多方面的内容。本章要介绍的数据安全管理侧重于企业或者政府组织内部的数据安全管理,是狭义上的数据安全管理,重点放在数据中台的安全管理技术手段上。数据安全管理既是数据资产管理不可或缺的一部分,又是信息安全管理的重要组成部分。

10.2.1 数据生命周期

在过去,数据基本都在某个组织的内部,使用人员相对可控,可变现程度较低,只要把网络安全和系统安全做好,就可以在很大程度上防范数据安全风险。但我们已经迈入大数据时代,数据具有高流动性、高价值、可衍生性等特点,数据安全管理需要针对数据流动的每一个环节,因此,数据安全管理必须贯穿图 10-1 所示的数据生命周期。

图 10-1　数据生命周期

1)**数据产生**:新的数据产生或者现有数据内容发生显著改变或更新的阶段。
2)**数据存储**:非动态数据以任何数字格式进行物理存储的阶段。
3)**数据传输**:数据在组织内部从一个实体通过网络流动到另一个实体的过程。

4）**数据使用**：组织通过有效利用动态数据进行高效决策、智能评估、持续改进等一系列活动的过程。

5）**数据共享**：数据经由组织与外部组织及个人产生交互的阶段。

6）**数据销毁**：利用物理或者技术手段使数据永久或临时不可用的过程。

在数据生命周期的每一环节上，基于不同类型的数据、不同的应用系统、不同的人员等有不同的风险，无论哪一个环节出现了问题，都有可能发生数据安全事件。这也很容易理解，只要出现一个薄弱环节，敌人一定会首先从那里发起攻击。数据的价值与日俱增，靠窃取数据牟取非法收入的黑灰色产业链给数据安全防护带来巨大风险。

10.2.2 数据安全管理体系

整体的数据安全管理体系通过分层建设、分级防护，利用平台能力及应用的可成长、可扩充性，创造面向数据的安全管理体系框架，形成完整的数据安全管理体系。

数据中台的建设，应该始终把数据安全管理放在最重要的位置上，通过设计完备的数据安全管理体系，多方面、多层次保障数据安全。一个完备的数据安全管理体系包含数据安全战略保障、数据安全组织管理、数据安全过程管理、数据安全技术保障和数据安全运营保障，其中，数据安全运营保障又包含数据运行能力保障和数据生命周期安全保障，如图10-2所示。

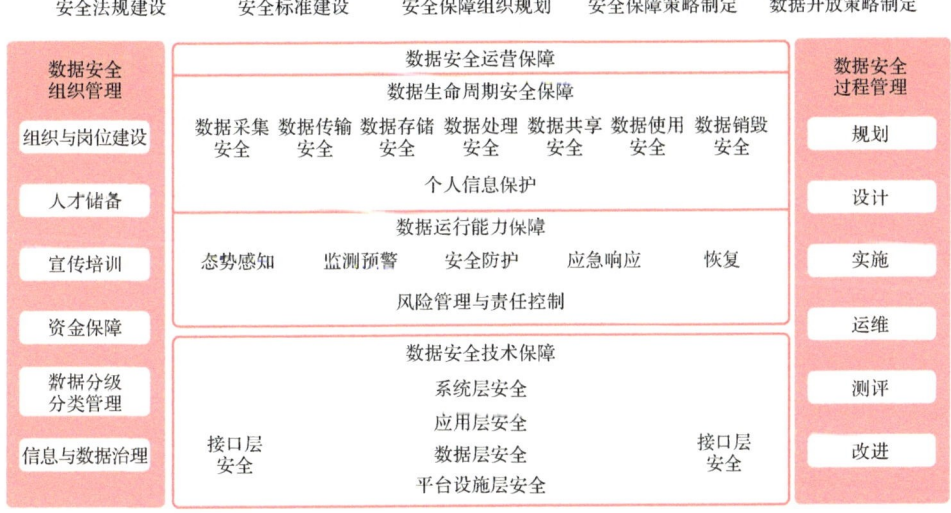

图10-2 数据安全管理体系

(1) 数据安全战略保障层面

企业的主要负责人要带头深入理解业务范围内世界各国在数据安全与隐私方面的法律法规，制定适合企业的可落地制度，并进行组织规划。

(2) 数据安全组织管理层面

要建设相关的数据安全保障组织，开展人才储备、宣传培训等工作，并保证相关的资源到位。

(3) 数据安全过程管理层面

需要设计一套涵盖规划、设计、实施、运维、测评、改进的安全管控流程，通过流程的不断循环，持续改善安全管理各个环节的水平。

(4) 数据安全技术保障层面

要从系统层安全、应用层安全、数据层安全、平台设施层安全等多个层次保障安全。以系统层安全为例，需要选用安全性高、成熟的操作系统，从官方渠道下载和打系统补丁，保障安全扫描软件的正常运行等。

(5) 数据运行能力保障层面

需要使用态势感知、监控预警、阻断和恢复等多种手段来保障数据的安全运行。举例来说，数据中台上可以识别和监控可疑账户，一旦可疑账户发生异常访问，如访问敏感数据，或者频繁地查询和获取某些数据，系统可以立刻发出告警，并阻断和跟踪该账户的其他网络行为。

(6) 数据生命周期安全保障层面

要根据数据在生命周期的不同阶段设计不同的安全防护措施。以数据传输安全为例，要保证数据传输的安全，保证敏感数据在传输的时候不会被截取，需要采用传输加密和解密等手段，即使黑客截获了数据包，也无法解析其中的内容。

只有兼顾数据安全管理体系中的这 6 个层面，从多个维度保障数据，才能打造一个安全可靠的数据中台体系。

10.3 数据中台的安全管理技术手段

考虑到数据安全的重要性和特殊性，一个成熟的数据中台技术体系，必须在设计之初就将数据安全保护放在优先的位置上。通过一系列安全管理技术手段，结合客户的数据安全管理相关的制度，共同保护客户的数据安全。

10.3.1 统一安全认证

有了数据安全管理的理论支持、管控措施，还需要将其落实到具体的技术实现上。一提到 Hadoop 集群安全，我们首先就会想到业界通用的解决方案——Kerberos。Kerberos 是一种网络认证协议，其设计目标是通过密钥系统为客户机/服务器应用程序提供强大的认证服务。该认证过程的实现不依赖于主机操作系统的认证，不需要基于主机地址的信任，不要求网络上所有主机的物理安全，并假定网络上传送的数据包可以被任意地读取、修改和插入数据。在以上情况下，Kerberos 作为一种可信任的第三方认证服务，是通过传统的密码技术（如共享密钥）执行认证服务的。

Kerberos 通常会与 LDAP 配合使用。在数据中台中，通常服务器多，租户也较多，需要进行 Linux 层面及应用层面的统一，这也就是构建 Kerberos+LDAP 这一组合的缘由。LDAP 是一个轻量级的产品，作为一个统一认证的解决方案，其主要优点在于能够快速响应用户的查找需求。当需要进行账号认证时，会请求 KDC Server 即 Kerberos 的服务端（请求者需要安装客户端，客户端中存有 KDC 所在服务器的域名），KDC 拿到账号密码后，会向 LDAP 查询密码的请求，这个步骤很快，在大量并发时通常比 MySQL 要快。如果密码匹配则通过认证。通过认证后，就可以在服务器上进行其他操作。

10.3.2 数据访问权限管理

在数据的访问和操作过程中，可以通过权限管理控制不同角色操作数据的权限。设计良好的数据中台权限管理能从以下两个维度控制角色权限：

- 控制粒度，如控制到表级、字段级权限。两个不同角色的用户，可能第一个用户只能访问一张表的前 5 个字段，第二个用户只能访问同一张表的后 5 个字段。
- 控制动作，如控制该角色是否能进行 select、alter、delete 等操作。

10.3.3 多租户数据资源隔离

在资源隔离层面，可以通过建立不同的租户对不同权限的数据资源进行隔离。多租户技术是一种软件架构技术，它可以让多个租户（通常是企业用户）共享同一个应用程序实例。同时，它可以确保各个租户之间的数据和配置不会相互干扰。因此，在一个多租户架构中，应用程序可以根据租户的不同需求，提供不同的数据、配置、用户管理、功能和属性。需要指出的是，租户和用户是两个常常会混淆的概念。简单来说，用户是资源的使用者，而租户通常是指企业或组织，租户对资源往往具有独占性和排他性。

多租户在数据存储上存在 3 种主要的方案，按照隔离程度从高到低，分别是：

- 独立数据库；
- 共享数据库，隔离数据架构；
- 共享数据库，共享数据架构。

通过多租户数据资源隔离机制，可以显著提升数据的安全性，同时降低平台的运维成本。

10.3.4 数据加密

数据加密是用某种特殊的算法改变原有的信息数据使其不可读或无意义，使未授权用户即便获得了加密后的信息，也会因不知解密的方法而无法了解信息的内容。在大数据环境下，数据具有多源、异构的特点，数据量大且类型众多，若对所有数据制订同样的加密策略，则会大大降低数据的机密性和可用性。因此，需要先进行数据资产安全分类分级，然后对不同类型、不同安全等级的数据制定不同的加密要求与加密强度。

根据数据是否流动，数据加密可分为存储加密和传输加密。

数据存储加密会根据数据的安全分级采用不同的加密方式：对于一般数据，可以直接采用明文存储或者明文加上验证码存储；对于重要数据和关键数据，除了附加验证码之外，还需要先加密后存储，以防止数据被非法窃取或篡改。

数据传输加密是指在数据流转过程中，通过端对端的专用加密通道使数据以密文形式在网络上传输，防止数据被截取。

根据密钥类型的不同，将现代密码技术分为两类：对称加密算法（秘密钥匙加密）和非对称加密算法（公开密钥加密）。

对称加密算法是加密和解密采用同一个密钥，而且通信双方都必须获得这个密钥，并保守密钥的秘密。非对称加密算法采用的加密钥匙（公钥）和解密钥匙（私钥）是不同的。

用户应该根据所操作数据的特点来确定具体使用哪种算法。由于非对称加密算法的运行速度比对称加密算法的速度慢很多，当用户需要加密大量数据时，建议采用对称加密算法以提高加解密速度。对称加密算法不能实现签名，因此签名只能采用非对称加密算法。由于对称加密算法的密钥管理是一个复杂的过程，密钥的管理直接决定着它的安全性，因此当数据量很小时，可以考虑采用非对称加密算法。

10.3.5 数据脱敏

为了防止用户隐私信息、商业机密信息和企业内部数据的泄露，在数据的传输、共享、展现等环节，往往需要对数据中台中的某些敏感数据（如姓名、身份证号码、手机号、住址等）进行脱敏操作。

数据脱敏主要包括以下两大功能：

- **敏感数据识别**：通过设置敏感数据的发现机制，计算机自动识别敏感数据，并在发现敏感数据后自动为其打上相应的标签。
- **敏感数据脱敏**：提供敏感数据的动态脱敏功能，保障敏感数据访问安全。同时基于大数据安全分析技术，发现访问敏感数据的异常行为，并在可能的情况下进行追踪。

可根据用户的不同需求定制数据脱敏方法，最常见的脱敏方法如下：

- **数据替换**：以虚构数据代替数据的真实值。
- **截断、加密、隐藏或使之无效**：以"无效"或"*****"等代替数据的真实值。
- **随机化**：以随机数据代替数据的真实值。
- **偏移**：通过随机移位改变数字型的数据。

10.3.6 数据共享安全

数据对外共享一般包括两种方式：接口和文件。

接口方式包括接口数据（JSON/XML）、流式数据（Kafka）等多种数据访问方式。通过 API 操作权限管理、API 流量管控、API 认证管理等手段实现接口管控。

文件方式主要指通过 FTP、SFTP、邮件等对外共享数据，数据类型包括 TXT、CSV、Word、PPT、Excel、网页等，通过数字暗水印进行安全防护。通过在共享文件中嵌入数字暗水印作为标记（暗水印会与共享文件一起传输），确保在发生数据泄露时，能够通过提取水印信息追踪至责任人，达到事后安全保护的目的，从而解决数据泄露后无法追踪、难以定责、难以避免再发生的问题。

10.3.7 数据的容灾备份

服务器的硬件故障、软件故障、网络发生问题等都可能导致数据丢失、错误或损坏。另外，人为的操作失误、自然灾害、战争等不可预料的因素也可能导致不可挽回的数据丢失，给用户带来巨大的损失。为了应对这些情况，用户必须考虑数据的容灾备份，确保在任何情况下都不会影响到重要业务活动的持续开展。

用户可以根据恢复目标将业务的关键等级划分为核心业务系统、一般性重要业务系统和一般业务系统三个级别，并根据不同级别分别制订容灾备份方案。比如针对核心业务系统，采用存储数据双活的方式来实现业务平台的持续可用；针对一般性重要业务系统，可以采用主流的成熟备份系统进行定时备份保护；针对一般业务系统，可根据业务数据的重要程度采用定时备份策略。

10.3.8 数据安全的其他技术

除了前面所讲的统一安全认证、访问权限管理、资源隔离、数据加密、数据脱敏、数据共享安全、数据容灾备份之外，还有一些数据安全技术同样在数据安全管理中应用广泛，如数据的匿名处理、人工加干扰，应对数据共享、发布时的匿名保护，以及隐私数据可信销毁、数据水印、数据溯源、角色挖掘等。

- **数据发布匿名保护技术**。数据发布匿名保护技术使用 K- 匿名化（K-anonymization）等手段，使攻击者不能判别出隐私信息所属的具体个体，从而保护了个人隐私。
- **数字水印技术**。数字水印是指将标识信息以难以察觉的方式嵌入数据载体内部且不影响其使用方法，多见于多媒体数据版权保护，也有针对数据库和文本文件的水印方案。数字水印技术能确保在发生数据泄露时，能够通过提取水印信息追踪至责任人。
- **数据溯源技术**。数据溯源技术的目标是帮助人们确定各项数据的来源，也可用于文件的溯源与恢复。其基本方法是标记法，比如通过对数据进行标记来记录数据在数据中台中的查询、流动与传播历史。
- **角色挖掘技术**。角色挖掘技术指的是根据现有"用户—对象"授权情况，设计算法自动实现角色的提取与优化。有效的角色挖掘可以为用户权限提供角色最优分配，鉴别在正常模式外进行操作的用户，检测并删除冗余、过量的角色或用户权限，使角色定义及用户权限保持最新。

10.4 数据安全保护的技术趋势

全球数据安全形势愈发严峻，严重影响到数字化转型的正常进行，也极大刺激了数据安全市场的需求供给和技术升级。近年来，涌现出的一些创新型技术将引领数据安全的未来，这些技术包括但不限于以下几种：

- **零信任网络访问（ZTNA）**：一种新的访问安全与访问控制解决方案，专为"本地+远程"相结合的复杂分布式网络环境而设计。
- **安全多方计算**：一种让多个计算参与方在没有可信第三方的情况下，以全程密文形式联合各自信息、共同计算指定函数的隐私保护技术。
- **机密计算**：从硬件层对使用中的数据进行加密、保护的机制，该技术能够在参与方分布碎片化或复杂的协作环境中提供最高级别的安全性、隐私性并满足合规要求。
- **联邦学习**：一种分布式隐私保护建模方法，是在保证所有训练数据不出域的前提下，多个参与方通过与聚合模型协作并从中学习来共同训练新数据模型的方法。
- **区块链**：区块链为无中心、弱中心的场景提供数字信任，解决数据交换过程中的"数据确权""不可篡改的数据使用留痕""数据按约使用"等特定问题。
- **硬件安全**：提供加密和强认证的密钥管理产品，可通过外部防篡改设备或添加到计算机/服务器扩展槽的插入式串行卡进行交付。硬件安全模块配合企业密钥管理基础设施产品，在保护主加密证书等高价值数字资产的场景下有着众多的落地实践。

进入大数据时代，数据安全面临越来越严峻的挑战，一旦发生数据泄露事件，往往影响着一个企业的信誉甚至生死。但同时数据安全管理也是容易被忽视的工作。这是因为在人们的意识中总是存在着一种侥幸心理，默认"未发生的总是不重要的、不紧迫的"。本章介绍了数据安全面临的挑战、数据安全管理体系建设方法、保障大数据安全的技术手段等内容。

Chapter 11 第 11 章

数据中台工程化交付体系

数据中台作为企业数字化转型的重要枢纽，不断赋予数据新的内涵和价值。构建数据中台工程化交付体系对于推进数据中台项目顺利落地、支撑企业数字化转型具有重要意义。然而在实践中，数据中台交付体系还面临诸多挑战，若不妥善解决，将会降低服务质量，影响企业数字化建设的顺利开展。

本章将介绍数据中台工程化交付体系：首先，阐述数据中台交付体系的概念和特点；其次，介绍工程化交付框架的内容和结构；最后，总结数据中台的交付是一种可持续演进的过程。

11.1　数据中台交付体系概述

数据中台项目是企业数字化转型的核心项目，它涉及多个部门、多个环节、多个难点，必须有一套体系化的工程交付框架做指引，才能保证项目的顺利开展和成功落地。为了应对数据中台项目的交付挑战，我们结合自身多年在 500 强企业以及大型国央企的交付实践，提出了 "1 + 3 + 6 + 1" 的交付体系，整体架构如图 11-1 所示。

- ❑ **1 个目标**：数据中台的交付目标是聚焦客户成功，以数据价值和客户体验为导向，通过数据中台的交付服务，帮助客户解决业务问题、提升业务效率、创造业务价值。

第 11 章 数据中台工程化交付体系 ❖ 193

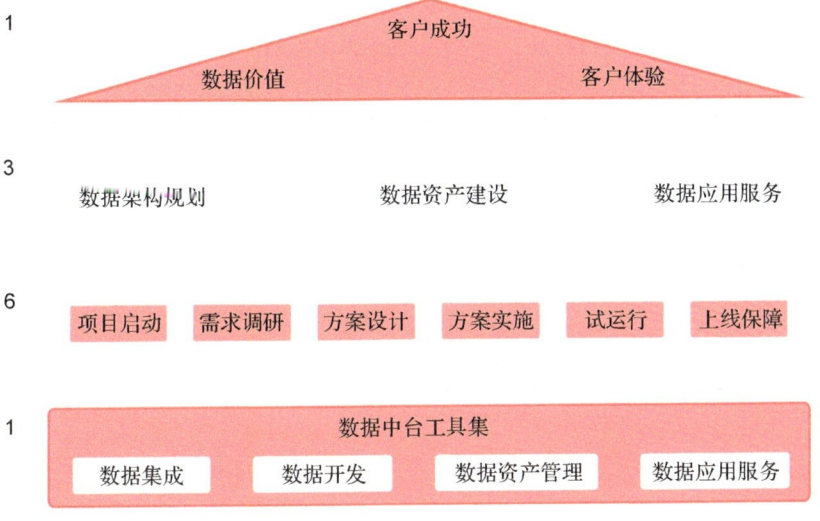

图 11-1 数据中台交付体系整体架构

- **3 个内容**：根据客户需求定制并提供三类核心服务，即数据架构规划、数据资产建设和数据应用服务。
  - **数据架构规划**：根据客户的业务场景和目标，设计合理且符合客户实际的技术架构方案，包括数据源接入、数据存储、数据加工、数据服务等内容。
  - **数据资产建设**：根据客户的业务需求和数据规范，构建标准化、统一化、高质量的数据资产，包括主题域、指标体系、元数据管理等内容。
  - **数据应用服务**：根据客户的业务目标和用户画像，提供个性化、智能化、价值化的数据应用服务，包括报表分析、大屏展示、智能推荐等功能。
- **6 个环节**：数据中台交付环节包括项目启动、需求调研、方案设计、方案实施、试运行和上线保障。每个环节都有明确的交付任务、质量要求和文档模板，以保障交付过程的规范性和高效性。
  - **项目启动**：明确项目背景和目标，组建项目团队，制订项目计划和风险控制策略，并与客户进行沟通和确认。
  - **需求调研**：深入了解客户的业务场景和痛点，收集并分析客户的需求和期望，并输出调研报告。

- **方案设计**：根据需求分析结果，设计满足客户需求且符合最佳实践的方案，并与客户进行沟通和确认，进而输出方案设计文档。
- **方案实施**：按照方案设计文档，在统一的平台上进行数据开发、应用开发、测试验证等工作，并及时跟进项目进度和问题反馈。
- **试运行**：正式上线前，在真实环境下进行系统试运行，收集用户反馈和意见，并输出试运行报告。
- **上线保障**：完成系统上线部署和项目验收，并提供必要的培训、文档、售后等服务。

❑ **1套工具**：交付团队会基于一整套的数据中台工具集，以体系化的方式支撑项目的交付。这些工具包括数据集成工具、数据开发工具、数据资产管理工具和数据应用服务工具，可以提高交付效率和质量，降低交付门槛。

笔者提出的"1 + 3 + 6 + 1"的交付体系明确了数据中台交付的目标、内容、环节和工具，为项目交付提供了全方位的支撑和指导。对于正在或者计划进行数据中台项目建设的企业，这一交付体系可以作为参考，帮助企业更好地落实数据中台项目，推进数字化转型，实现业务创新和价值提升。

11.2　数据中台工程化交付框架

数据中台项目是一项复杂而重要的工程化任务，需要有一套标准化的交付框架指导项目稳定有序地执行。我们结合多年数据中台项目交付经验，总结归纳出"1 + 3 + 6 + 18"数据中台工程化交付框架，该框架覆盖了数据中台项目交付的全生命周期，包括1个团队、3个内容、6个环节和18项任务，整体框架如图11-2所示。

11.2.1　构建铁三角交付团队

完备的交付团队是数据中台项目顺利落地的关键。这个团队需要具有业务、数据、应用等多方面的角色，分为3个核心部分：

❑ **项目管理**：负责制订并执行项目计划，控制项目进度、质量和预算。
❑ **需求管理**：负责沟通和分析业务需求，设计产品方案。
❑ **技术管理**：负责技术选型，设计技术架构，开发系统功能并进行测试验证。

这 3 个部分形成了交付铁三角（见图 11-3），它们相互协调和支持，推动数据中台项目从需求分析到方案实施全过程的顺利进行。

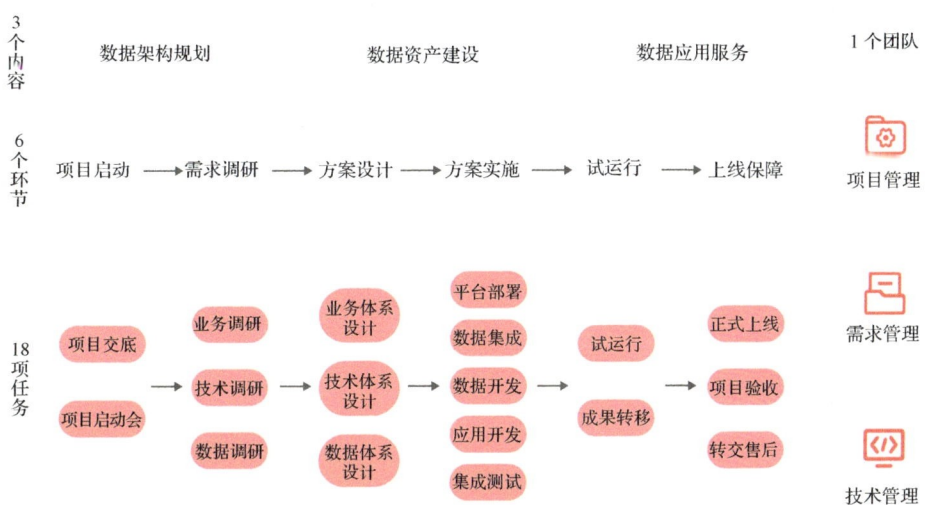

图 11-2 数据中台工程化交付整体框架

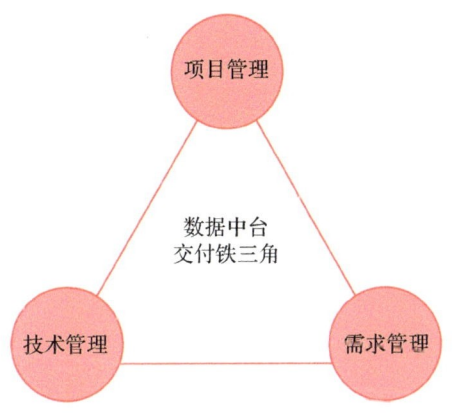

图 11-3 数据中台交付铁三角

围绕交付铁三角，数据中台项目交付需要多个岗位协同合作。根据多年实践经验，我们总结出了 12 个主要岗位及其职责和任务，见表 11-1。

表 11-1 数据中台项目主要岗位及其职责和任务

序号	所属分组	岗位名称	岗位简称	岗位职责	主要参与环节	主要参与任务	补位角色
1	项目管理	项目经理	PM	负责整个数据中台项目的规划、执行和控制,包括项目计划、项目进度、项目质量和项目预算等方面的管理	项目启动、需求调研、试运行、上线保障	项目交底、试运行、成果转移、正式上线、项目验收	BA/PD/TM
2		业务架构师	BA	负责设计与管理数据中台的业务架构和规则,确保数据中台能够满足业务需求,并与业务团队和技术团队进行沟通与协调,促进业务流程的改进与优化	项目启动、需求调研、方案设计	项目交底、业务调研、数据调研	PD/TM
3	需求管理	产品经理	PD	负责整个数据中台产品的规划、设计,包括产品功能、产品需求、验和产品价值等方面的管理	项目启动、需求调研、方案设计	项目交底、业务调研、业务体系设计	BA
4		体验设计师	UED	负责数据中台项目数据产品的视觉设计,为用户设计友好、高效、有价值的产品体验	方案设计、方案实施	业务体系设计、集成测试	PD
5		技术经理	TM	负责整个数据中台项目的技术架构和开发,包括技术选型、系统架构、开发流程和代码质量等方面的管理	项目启动、需求调研、方案实施	项目交底、技术调研、技术体系设计、数据体系设计	DE/AE
6		数据工程师	DE	负责数据中台项目的数据开发和数据处理,包括数据清洗、数据建模、数据仓库和数据分析等方面的工作	方案设计、方案实施	数据体系集成、数据开发	TM/AE
7		应用工程师	AE	负责数据中台项目的应用开发,包括应用设计、应用开发、应用部署等方面的工作	方案实施	应用开发	TM
8	技术管理	测试工程师	TE	负责数据中台项目的测试和质量保障,包括测试计划、测试用例、测试执行和测试报告等方面的管理	方案设计、方案实施	技术体系设计、集成测试	PD/TM/PM

9	运维工程师	OE	负责数据中台项目的运行和维护，包括系统部署、监控、故障排除、备份恢复和安全管理等方面的工作	方案实施、试运行、上线保障	平台部署、试运行、正式上线、转交售后	TM/DE/AE
10	售后工程师	SE	负责数据中台项目的售后服务和支持，包括用户培训、故障处理、问题解决和客户满意度调查等方面的工作	上线保障	转交售后	OE
11	客户经理	CM	负责维系客户关系、了解客户需求，提供产品或者服务方案，跟进客户满意度以及开拓新客户	项目启动、上线保障	项目交底、项目验收	—
12	项目管理办公室	PMO	负责数据中台项目的指导和监督，具体工作包括确定项目管理方法和流程，监督项目进度，参与项目风险管理和资源管理等	项目启动、上线保障	项目交底、项目验收	BA/PM/PD

注：1. 项目经理：Project Manager (PM)
2. 业务架构师：Business Architect (BA)
3. 产品设计师：Product Designer (PD)
4. 体验设计师：User Experience Designer (UED)
5. 技术经理：Technical Manager (TM)
6. 数据工程师：Data Engineer (DE)
7. 应用工程师：Application Engineer (AE)
8. 测试工程师：Test Engineer (TE)
9. 运维工程师：Operations Engineer (OE)
10. 售后工程师：Support Engineer (SE)
11. 客户经理：Customer Manager (CM)
12. 项目管理办公室：Project Management Office (PMO)

11.2.2 聚焦三大交付内容

在具体落地数据中台交付项目时，我们主要聚焦三大交付内容，即数据架构规划、数据资产建设和数据应用服务，如图 11-4 所示。

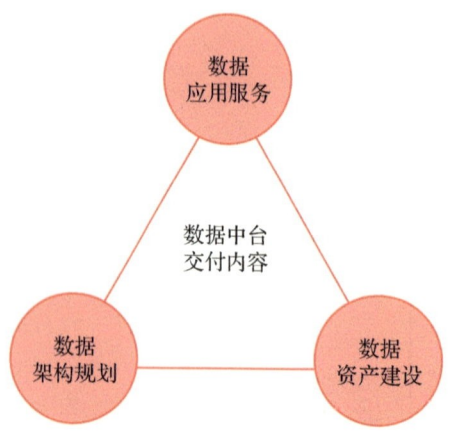

图 11-4　数据中台交付内容

1. 数据架构规划

数据架构规划是指根据客户方的业务场景和目标，设计合理且符合客户实际情况的数据架构方案。数据架构规划是数据中台建设的基础，也是影响后续交付效果和质量的关键因素。在进行数据架构规划时，我们需要重点考虑 6 个方面，如图 11-5 所示。

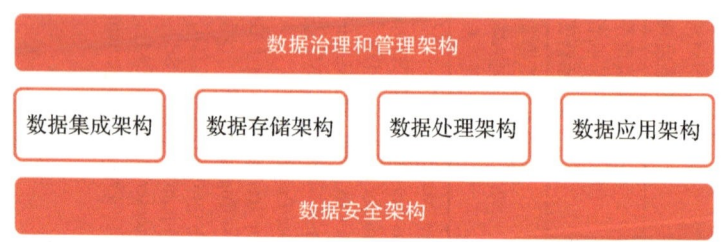

图 11-5　数据架构组成部分

❏ **数据集成架构**：能够将不同类型、不同来源（如关系型数据库、文件系统、消息队列等）的数据收集、整合到统一平台上，并进行相应的处理（如清洗、转换、加工等）。在设计数据集成架构时，我们需要充分调研现有 IT 基础设施情况，并设置合适的集成策略（如全量抽取、增量抽取等），以确保不会对线上系统产生明显的影响。
- **数据存储架构**：能够在实现大规模结构化或非结构化数据存储的同时，保证其可靠性、高可用性和易访问性。传统关系型数据库通常无法满足大规模并发访问或多样化查询需求，因此一些大数据存储技术（如 Hadoop、NoSQL 数据库等）就被广泛采用。在设计数据存储架构时，我们需要充分利用既有基础设施，并将其与现有的 IT 架构充分融合。
- **数据处理架构**：能够提供高效、灵活和可扩展的数据分析与处理能力，以支持各种数据分析与挖掘工作。数据中台需要支持多种数据分析方式，包括在线分析处理（OLAP）、批量处理（Batch）和实时流处理（Stream）等。在设计数据处理架构时，我们需要选择合适的技术框架（如 Spark、Flink 等），并根据不同的场景和需求进行优化。
- **数据应用架构**：能够提供一系列数据应用服务，以支持业务部门的数据分析和应用需求。这些数据应用服务包括数据仪表盘、报表、可视化分析、数据挖掘和机器学习等。在设计数据应用架构时，我们需要考虑用户体验、交互方式、功能完善度等因素，并提供友好的前端界面。
- **数据治理和管理架构**：能够确保数据的准确性、高效性、一致性和可管理性。这包括元数据管理、数据血缘分析、数据资产管理等方面。在设计数据治理和管理架构时，我们需要建立完善的规范流程、文档模板、工具平台等支撑，并建立相应的组织机制和责任体系。
- **数据安全架构**：能够保护数据的安全性，防止数据泄露、篡改等事件发生。这包括加密、访问控制、身份认证等方面。在设计数据安全架构时，我们需要遵循相关的法律法规和行业标准，并采用成熟的安全技术和工具。

2. 数据资产建设

数据资产建设是指根据数据架构规划，设计并实施数据采集和数据整合方案，将原始数据转化为可用的、高质量的数据资产，同时建立相应的数据质量管理机制。数据资产建设是数据中台交付内容的核心部分，也是支撑后续数据应用服务的基础。在进行数据资产建设时，我们需要重点考虑以下几个方面：

- **数据标准建设**：对数据元素、数据结构、数据格式、数据内容等进行统一规范和标准化。在进行数据标准建设时，我们需要制定数据命名规则、数据编码规则、数据类型、数据长度等标准，并建立数据词典和元数据管理机制，以确保数据的一致性和可比性。
- ❏ **数据模型建设**：对数据的结构和关系进行描述与定义，是建立数据资产的基础。在进行数据模型建设时，我们需要根据业务需求和数据分析需求设计合适的数据模型。这包括逻辑数据模型和物理数据模型。逻辑数据模型描述数据之间的关系和约束，物理数据模型则描述数据在数据库中的存储和访问方式。
- ❏ **主数据建设**：主数据是指一个组织中具有唯一性和重要性的数据，如客户、产品、供应商等。在进行主数据建设时，我们需要建立主数据管理机制，确保主数据的准确性、完整性和一致性。这包括建立主数据定义、主数据管理流程、主数据管理规则、主数据管理系统等。
- ❏ **数据质量管理**：对数据资产进行质量监控和评估，并根据结果进行改进和提升。在进行数据质量管理时，我们需要建立数据质量规则、数据质量监控平台、数据质量报告和反馈机制等，以确保数据的准确性、完整性、一致性和可靠性。
- ❏ **数据全生命周期管理**：对不同类型和来源的数据进行合理的生命周期划分，并根据其价值和使用情况进行相应的存储策略和清理策略。在进行数据全生命周期管理时，我们需要区分不可恢复的数据（如原始数据）和可恢复的数据（如中间过程或结果数据），并具备设置相应生命周期阈值和自动清理等功能，以节省存储空间和成本。

3. 数据应用服务

数据应用服务是指根据客户方的业务需求，利用数据中台提供的数据资产和能力，开发出具有业务价值和用户价值的数据应用产品或服务。数据应用服务是数据中台交付内容的重要组成部分，也是展示数据中台价值和效果的直接方式。在进行数据应用服务时，我们需要重点考虑以下几个方面：
- ❏ **数据应用场景分析**：对客户方的业务场景进行深入的分析和理解，找出可以通过数据应用服务来解决或优化的问题或需求，并明确目标和预期的效果。
- ❏ **数据应用方案设计**：根据数据应用场景分析的结果，设计出合适的数据应用方案，并给出详细的实施步骤和资源计划。在设计时，我们需要充分利用现有的数据资产和能力，并考虑用户体验、交互方式、功能完善度等因素。
- **数据应用开发实施**：按照数据应用方案设计的要求进行具体的开发工作，并进行测试验证和上线部署。在开发实施时，我们需要遵循相关的规范流程、文档模板、工具平台等支撑，并保证代码质量和项目进度。
- **数据应用运营评估**：对已经上线运行的数据应用服务进行持续的监控、运营和评估，并根据反馈信息进行优化改进或迭代升级。在运营评估时，我们需要建立完善的数据指标体系，定期收集和分析数据应用服务的使用情况、效果情况、用户满意度等，并及时发现和解决问题。

数据架构规划、数据资产建设和数据应用服务是数据中台交付的核心内容，它们相互协同，为企业数字化转型提供强有力的支撑。

11.2.3 标准化交付环节任务

标准化的交付环节任务是数据中台项目顺利交付的重要保障，也是提升团队协作和工作效率的关键。数据中台标准化交付环节任务主要分为 6 个环节 18 项任务，整体内容如图 11-6 所示。

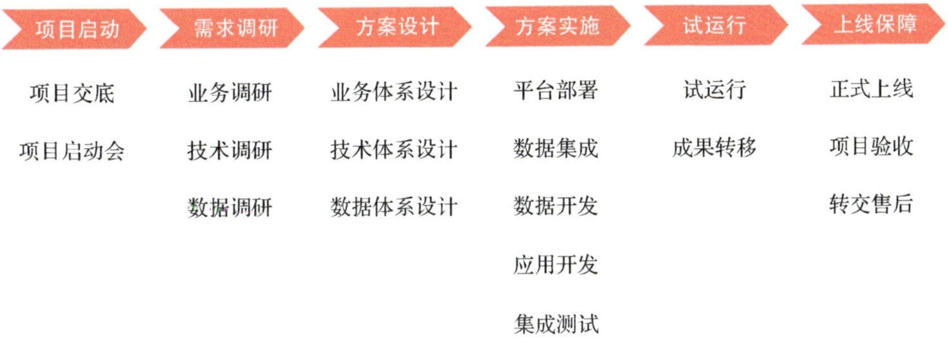

项目启动	需求调研	方案设计	方案实施	试运行	上线保障
项目交底	业务调研	业务体系设计	平台部署	试运行	正式上线
项目启动会	技术调研	技术体系设计	数据集成	成果转移	项目验收
	数据调研	数据体系设计	数据开发		转交售后
			应用开发		
			集成测试		

图 11-6 标准化交付的 6 个环节 18 项任务

在具体落地 6 个环节 18 项任务时，我们结合多个大型企业数据中台项目交付实践，梳理出了标准化交付流程，如图 11-7 所示。

在具体落地标准化交付任务时需要团队成员各司其职并协同合作。按照 RACI 模型，我们梳理了 18 个标准化交付任务的责任分配矩阵，如图 11-8 所示。

每项任务的具体分工及产出物见表 11-2。

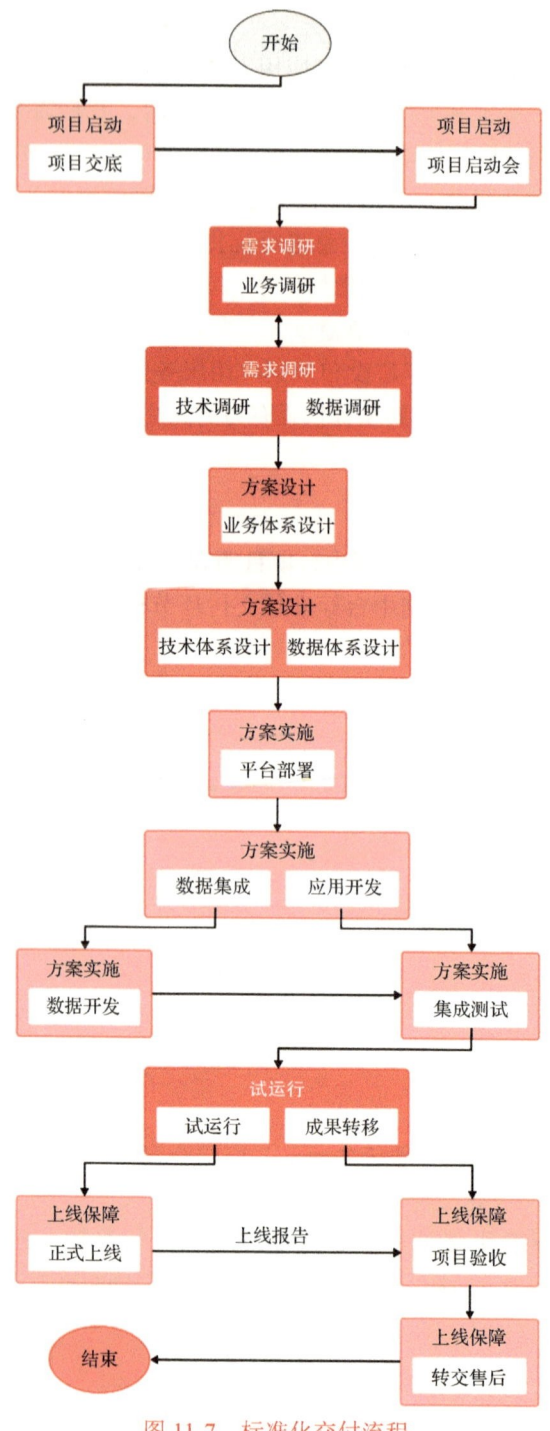

图 11-7 标准化交付流程

	项目启动		需求调研			方案设计			方案实施					试运行		上线保障		
	项目交底	项目启动会	业务调研	技术调研	数据调研	业务体系设计	技术体系设计	数据体系设计	平台部署	数据集成	数据开发	应用开发	集成测试	试运行	成果转移	正式上线	项目验收	转交售后
PMO	A																I	I
CM	R	C															C	
PM	C	RA	C	C	C	C	C	C	C	C	C	C	C	RA	RA	RA	RA	RA
BA	R	I	RA	I	C	RA	C	C	I	C	C	I	I	I	I	RA	I	
PD	C	C	R	I	I	R	C	I						C	I	C	I	
UED			I	I	I	I	I						C	C	I	C	I	
TM	C	C	C	RA	RA	C	RA	RA	RA	RA	RA	RA	C	R	R	R	C	R
DE	I	I	I	C	R	C	R	R	C	R	R	I	C	C	C	C	C	C
AE	I	I	I	C	I	I	C	I	I	I	I	R	C	C	C	C	C	C
TE	I	I	I	I	C	C	R	C	I	I	C	C	RA	C	C	C	C	C
SE								I	R								I	
OE	I	I		I	C		I	I					C	C	C	C	R	C
客户	C	C	C	C	C	C	C	C	C	C	C	C	C	C	C	C	R	C

图 11-8　工程化交付框架 18 项任务的 RACI 矩阵

表 11-2 18 项任务的分工及产出物

序号	阶段	任务	简介	产出物	负责人	审批人	协作人	知情人
1	项目启动	项目交底	将项目从销售团队正式转交到项目交付团队，通过项目交底会，获取项目相关资料、信息（项目风险、交付重点、项目干系人、口头承诺等信息）同步给项目交付团队	项目交底会PPT 项目交底会议纪要	CM/BA	PMO	PM/TM/PD	DE/AE/TE/OE
2		项目启动会	明确项目目标、范围、组织结构、关键里程碑、项目计划和项目团队	项目启动会PPT 项目启动会议纪要	PM/BA	PM	PD/CM/TM/客户	DE/AE/TE/UED
3	需求调研	业务调研	对业务领域、业务流程进行深入调研，确定数据中台的业务需求和价值点	业务调研大纲 业务调研报告	BA/PD	BA	TM/PM/客户	BA/PD/TE/OE
4		技术调研	了解客户的技术架构、硬件设施、系统平台、网络情况、安全标准、性能要求等情况	技术调研报告	TM	TM	DE/AE/PM/客户	TE/AE/OE/UED
5		数据调研	了解各客户的数据架构、数据来源、质量、结构等，了解数据进行深入挖掘和分析，为后续的数据建设提供支持	结构化数据调研 非结构化数据调研 数据调研报告	TM/DE	TM	BA/PD/PM/客户	OE
6	方案设计	业务体系设计	设计合适的数据产品方案，使其符合业务需求和用户习惯	需求确认书 数据产品设计方案 UE/UI设计稿 指标体系 标签体系	PD/BA	PD	PM/TM/UED/TE/DE/AE/客户	OE/UED
7		技术体系设计	设计数据中台的技术架构，包括硬件、软件、网络等，保障系统的可扩展性、可靠性、性能等	技术方案 测试方案	TM/TE	TM	DE/AE/PM/PD/BA/客户	AE/UED
8		数据体系设计	制定数据中台的数据规范、架构、模型等，确保数据的一致性、可靠性、安全性	数据模型方案	TM/DE	TM	PD/PM/BA/TE/客户	PD/AE/TE
9		平台部署	部署大数据底座和数据中台工具，支撑开发实施工作	平台部署方案	TM/OE	TM	PM/DE/客户	

序号	阶段	任务	描述	交付物	R	A	C	I
10	方案实施	数据集成	将数据从不同来源的系统中整合到数据中台中，保证数据的准确性和完整性	数据集成定制化代码	TM/DE	TM	TE/客户/PM	AE
11		数据开发	进行数据清洗、转换、处理、挖掘等操作。为数据中台提供高质量的数据	数据开发定制化代码	TM/DE	TM	TE/客户/PM	AE
12		应用开发	基于数据中台开发数据应用，满足不同业务需求	应用开发定制化代码	TM/AE	TM	TE/客户/PM	DE
13		集成测试	进行功能测试、性能测试、安全测试等，确保系统能够稳定运行	测试报告	TE	TE	PM/PD/TM/DE/AE/UED/客户	BA
14	试运行	试运行	在正式上线前，在真实环境下进行系统试运行，收集用户反馈和意见，发现问题并进行修复	试运行报告	PM/TM	PM	PD/DE/AE/TE/OE/UED/客户	BA/CM
15		成果转移	将项目成果转移给客户团队，保证项目的可持续运营	项目成果转移清单 培训计划 运维手册 开发手册 用户手册	PM/TM	PM	PD/DE/AE/TE/OE/客户	BA/UED
16	上线保障	正式上线	将数据中台正式投入使用，为企业业务提供支持	上线报告	PM/TM	PM	PD/TE/AE/UED/DE/OE/客户	BA/CM
17		项目验收	对项目进行验收，检查项目交付是否符合规定的质量标准和交付要求	验收报告	PM/客户	PM	CM/PD/TM/DE/AE/TE	BA/UED/SE/PMO
18		转交售后	在项目验收后将项目移交给售后团队，支撑售后服务	项目结项报告	SE/PM	PM	OE/TM/客户	PMO

注：1. 负责人（Responsible）：实际执行工作的人。负责项目的具体实施和实现，这个人必须确保任务的完成符合质量和时间要求。在RACI矩阵中，每项任务只能有一个负责人。

2. 审批人（Accountable）：对任务结果最终负责的人，他们必须确保任务最终结果符合预期目标。在RACI矩阵中，每项任务只能有一个审批。

3. 协作人（Consulted）：需要被咨询或参与任务的人，但不参与决策或承担责任。在RACI矩阵中，可能有多个人扮演协作人角色。

4. 知情人（Informed）：需要了解项目进展和结果的人，但不需要参与决策或执行工作。在RACI矩阵中，可能有多个人扮演知情人角色。

11.2.4 工程化交付实施思路

在前文中,我们已经介绍了标准化的交付环节和任务,以及每项任务的分工和产出。接下来,我们将围绕 6 大环节 18 个标准化交付任务的具体实施思路进行深入阐述。希望本小节内容能够为读者提供一个清晰且可操作的项目实施指南。

1. 项目启动交付实施思路

项目启动是项目交付实施的第一个阶段,其目的是让项目顺利开始,建立起良好的沟通和合作机制。这个阶段主要包括两项任务,分别是项目交底和项目启动会。它们的工程化实施思路分别见表 11-3 和表 11-4。

表 11-3 项目交底实施思路

任务名称	项目交底
任务目标	将项目从销售团队正式转交到项目交付团队,通过项目交底会,将销售阶段获得的相关资料、信息(项目风险、交付重点、项目干系人、口头承诺等信息)同步给项目交付团队
任务审批人	PMO
任务负责人	CM/BA
输入信息	销售阶段获得的相关资料、信息(项目风险、交付重点、项目干系人、口头承诺等信息)
实施思路	1)确认项目信息:收集和整理销售团队提供的项目合同、资料、预算、时间表、需求和目标等,全面了解项目情况,制定合适的交付方案,并分析和评估主要风险 2)确定项目交底会议程:PMO 需要制定涵盖所有与项目相关的重要内容的议程,如项目概述、目标、团队角色和职责、计划、成本、风险评估等,让参会者对项目有清晰的认识和共识 3)召开项目交底会:由 PMO 主持会议,由销售人员或 DA 介绍客户需求和期望,并说明方案选择依据。在介绍过程中,明确各个部门或角色的任务和责任,并指出关键干系人及其关注点;同时,记录下所有问题和建议,并及时回复或澄清 4)形成会议纪要:由 PMO 整理会议纪要,并发送给所有参与者,纪要中列出本次会议中遇到的不清楚或不一致的地方,并说明解决或跟进方式
任务输出	

序号	产出物名称	产出物描述	产出物负责人
1	项目交底会 PPT	销售人员或者售前工程师准备项目交底会 PPT	CM/BA
2	项目交底会议纪要	形成项目交底会议纪要,并归档项目交底材料	PMO

表 11-4 项目启动会实施思路

任务名称	项目启动会
任务目标	确保所有参与方对项目的目标、要求、进度、风险和交付物等方面有清晰统一的认识和理解
任务审批人	PM
任务负责人	PM/BA
输入信息	项目交底会议纪要、项目交底会 PPT
实施思路	1）**准备工作**：提前确定参会人员并发送会议通知；准备好项目合同、需求文档、风险评估报告、项目管理计划等资料；布置好会议场地并检查设备 2）**开场介绍**：自我介绍并感谢参会者；介绍数据团队的成员和角色；说明会议的目标和预期效果 3）**内容展示**：按照议程展示并解释以下内容。 ❑ 项目概述：背景、意义、价值和愿景 ❑ 项目目标：具体目标和期望结果，以及衡量和评估方法 ❑ 项目范围：数据治理、数据应用等，以及范围内外的划分 ❑ 项目计划：进度计划和成本预算 ❑ 项目风险：主要风险和应对措施，以及监控和报告方法 ❑ 项目资源：人力、物力、财力等资源，以及分配和管理方法 ❑ 项目沟通：沟通计划，包括沟通目标、对象、方式、频率、内容等，以及各方的沟通职责和渠道 4）**讨论互动**：收集参会者的意见和建议，并解决他们的疑问或困惑。具体做法如下。 ❑ 邀请提问：回答或澄清参会者对于项目相关内容的任何问题 ❑ 征求反馈：采纳或改进参会者对于项目相关内容的任何反馈或建议 ❑ 达成共识：与参会者达成对于项目相关内容的共识或一致意见，并确认各方对于自己的角色和职责有清晰的认识 5）**总结结束**：回顾本次会议讨论过的重点内容，并强调其中最关键或最紧急的部分；安排本次会议后续要做的工作，并明确各方要完成的任务和时间节点；表达对于所有参会者付出时间和精力参与本次会议的感谢，并鼓励大家保持积极性和责任感

任务输出		
序号	产出物名称	产出物描述	产出物负责人
1	项目启动会 PPT	项目启动会 PPT	PM
2	项目启动会议纪要	项目启动会议纪要	PM

2. 需求调研交付实施思路

需求调研阶段主要包括业务调研、技术调研和数据调研 3 项任务。这 3 项任务各有侧重，又相互关联，其工程化实施思路分别见表 11-5～表 11-7。

表 11-5 业务调研实施思路

任务名称	业务调研
任务目标	对业务领域进行深入调研,确定数据中台的业务需求和价值点
任务审批人	BA
任务负责人	BA/PD
输入信息	项目交底会议纪要、项目交底会 PPT、项目启动会 PPT
实施思路	1)**明确调研目标和范围**:根据项目工作说明书和客户需求确定需要调研的业务领域、部门、场景和指标,确定调研的方法(如访谈、问卷等)、工具(如文档、软件等)和时间安排 2)**收集并整理业务资料**:通过访谈、问卷、文档等方式收集客户的业务流程(如订单处理、库存管理等)、组织架构(如部门职责、人员分布等)、数据源(如系统名称、数据类型等)、数据口径(如指标定义、计算公式等)、数据应用(如报表内容、展示形式等)等相关资料,并进行归纳整理(如分类汇总、去重筛选等) 3)**分析并评估业务现状**:通过对比分析(如与同行业或同规模企业比较)、问题识别(如发现数据质量问题或流程效率问题)、价值评估(如计算数据价值或改进潜力)等方法分析客户的业务现状(如运营效果、竞争优势等)和问题点(如数据孤岛、指标不一致等),评估客户的数据成熟度(如数据采集能力、数据应用能力等)和数字化转型潜力(如可实现的改进方案或创新场景) 4)**输出并确认调研报告**:根据调研结果输出包含业务概况(如客户背景介绍)、问题分析(如存在问题及其影响)、价值识别(如可实施方案及其预期效果)等内容的调研报告,并与客户进行沟通和确认,确认无误后作为方案设计的输入

任务输出			
序号	产出物名称	产出物描述	产出物负责人
1	业务调研大纲	包括调研目标、方法、内容、产出等要素	BA
2	业务调研报告	包括调研背景、目标、过程、结果、结论等要素	PD/BA

表 11-6 技术调研实施思路

任务名称	技术调研
任务目标	了解客户的技术架构、硬件设施、系统平台、网络情况、安全标准、性能要求等情况
任务审批人	TM
任务负责人	TM
输入信息	项目交底会议纪要、项目交底会 PPT、项目启动会 PPT
实施思路	1)**了解现有的系统和技术架构**:包括客户使用的软件系统(如 ERP、CRM 等)、硬件设施(如服务器、存储设备等)、网络架构(如内网、外网等)以及相关的运维管理情况,可以通过面谈或者查阅客户的技术文档进行调研,也可以通过现场考察或远程访问进行实际观察 2)**梳理现有的数据仓库和数据管理系统**:如果客户已经建立了数据仓库或数据管理系统,需要对这些系统进行评估,包括数据仓库的存储结构(如星型模型、雪花模型等)、数据质量管理(如数据校验、清洗、修复等)、数据同步(如全量同步、增量同步等)以及相关的性能指标(如响应时间、吞吐量等)

（续）

实施思路	3）**评估现有的数据处理能力**：包括数据清洗（如去重、规范化等）、数据集成（如ETL、ELT等）、数据加工（如聚合、分析函数等）和数据分析（如统计分析、机器学习等）等方面的能力，需要了解客户现有的数据处理工具和技术（如SQL、Python、Spark等），以及相关的人员素质和培训情况，需要评估客户现有的数据处理能力是否满足其业务需求，是否存在瓶颈或问题，并给出相应的优化或改进方案 4）**输出并确认技术调研报告**：最后一步是将调研结果输出成文档，并总结在调研过程中遇到或发现的问题及其相关建议、改进点等内容。就报告与客户进行沟通和确认，确认无误后作为后续技术方案设计的输入

任务输出				
序号	产出物名称	产出物描述	产出物负责人
1	技术调研报告	梳理客户的技术架构、硬件设施、系统平台、网络情况、数据需求等情况	TM

表 11-7　数据调研实施思路

任务名称	数据调研
任务目标	了解客户的数据架构，对数据进行深入挖掘和分析，了解数据来源、容量、质量、结构等，为后续的数据建设提供支持
任务审批人	TM
任务负责人	TM/DE
输入信息	项目交底会议纪要、项目交底会PPT、项目启动会PPT、业务调研报告
实施思路	1）**识别数据来源和流向**：根据业务调研报告，包括业务需求、业务流程以及业务相关的文件、报表、数据特征等，确定涉及的数据源系统和模块，以及它们之间的实体关系和数据流动方向。这一步是为了对客户的数据环境有一个全面的了解，为后续的数据接入和集成做准备 2）**分析数据结构和格式**：针对每个数据源系统，获取其物理表结构、字段定义、主键约束、外键约束、唯一键约束、视图定义、存储过程定义等元数据信息，掌握客户数据的组织方式和存储形式。这一步是为了制定合适的数据清洗和转换规则，为后续的数据加工和分析做准备 3）**评估数据质量**：通过抽样检验或者运行质量校验规则，检查客户数据在完整性、准确性、一致性和可靠性等方面是否达到标准，是否存在重复记录、缺失值或错误值等问题。这一步是为了制定合适的数据质量管理和提升措施，为后续的数据应用和价值挖掘提供保障 4）**理解数据含义和价值**：通过与客户沟通或者查阅相关文档，理解客户数据所代表的业务领域、业务规则和业务流程等背景知识，并且明确客户对于不同类型或层级的数据有哪些应用场景和商业价值。这一步是为了制定合适的指标体系和模型方法，为后续的优化处理建模过程提供指导 5）**输出调研文档并总结**：最后一步是将调研结果输出成文档，并总结在调研过程中遇到或发现的问题及其相关建议、改进点等内容

任务输出			
序号	产出物名称	产出物描述	产出物负责人
1	结构化数据调研	对客户的结构化数据现状的梳理与分析	DE/TM
2	非结构化数据调研	对客户的非结构化数据现状的梳理与分析	DE/TM
3	数据调研报告	对数据调研的总结和呈现	TM

3. 方案设计交付实施思路

方案设计阶段的主要任务有 3 个：业务体系设计、技术体系设计和数据体系设计。这 3 项任务各有侧重又相互关联，其工程化实施思路分别见表 11-8～表 11-10。

表 11-8　业务体系设计实施思路

任务名称	业务体系设计
任务目标	设计合适的数据应用方案，使其符合业务需求和用户习惯
任务审批人	PD
任务负责人	PD/BA
输入信息	业务调研报告、数据调研报告、技术调研报告
实施思路	1）**明确业务目标**：根据需求调研，确定数据中台要支持的业务场景和关键指标 2）**制订业务规划**：根据业务目标，设计数据中台的架构、指标体系、标签体系、流程和产品等方案，满足业务需求和数据治理要求 3）**梳理业务流程**：根据业务规划，优化数据中台涉及的业务流程，保证数据流程和业务流程的衔接与协同 4）**梳理指标体系**：确定指标体系，明确数据中台提供的指标服务内容、来源、计算和展示方式，为数据产品设计和开发提供参考 5）**梳理标签体系**：分析客户的业务场景和数据特征，确定需要建立的标签体系结构和内容，明确标签的定义、分类、计算方法和使用场景，为数据产品设计和开发提供参考 6）**制定数据产品方案**：根据业务规划，确定需要开发的数据产品类型、功能、界面等要素，并制定详细的产品方案

任务输出			
序号	产出物名称	产出物描述	产出物负责人
1	需求确认书	对客户的需求进行细化，以达到双方认知一致	PD
2	数据产品设计方案	对数据应用的功能和界面的细化	PD
3	UE/UI 设计稿	对数据应用功能和界面的视觉呈现	UED
4	指标体系	对业务和数据进行指标体系的设计	PD/BA
5	标签体系	进行标签体系的设计	PD/BA

表 11-9　技术体系设计实施思路

任务名称	技术体系设计
任务目标	设计数据中台的技术架构，包括硬件、软件、网络等，保障系统的可扩展性、可靠性、性能等
任务审批人	TM
任务负责人	TM/TE
输入信息	业务调研报告、数据调研报告、技术调研报告
实施思路	1）**分析业务需求和技术现状**：了解数据中台要支持的业务场景、数据源、数据量、数据质量、数据安全等需求，以及现有的技术架构、技术能力、技术团队等情况

(续)

实施思路	2）**设计技术方案和架构**：根据业务需求和技术现状，明确数据中台的技术目标和范围，并选择适合的技术架构，包括数据存储、数据计算、数据展示等方面，并设计详细的数据处理流程，包括数据采集、处理、存储、计算等环节，并评估方案的可扩展性、可靠性、性能等 3）**制定安全策略和测试方案**：根据数据安全和隐私保护的要求，制定安全策略，包括数据访问控制、加密、备份等，并编写一套完整且覆盖面广的测试方案，包括测试范围、方法和数据，并确定测试环境、工具和人员等

任务输出			
序号	产出物名称	产出物描述	产出物负责人
1	技术方案	设计数据中台的技术架构，包括硬件、软件、网络等，保障系统的可扩展性、可靠性、性能等	TM
2	测试方案	对数据中台的数据质量、数据功能和数据性能进行全面的检验，以保证数据中台能够满足业务需求并提供良好的用户体验	TE

表 11-10 数据体系设计实施思路

任务名称	数据体系设计
任务目标	设计数据中台的数据架构，包括主题域设计、事实表设计、维度表设计，保障数据被有结构地分类、组织、存储，避免重复建设和数据不一致性，保证数据的规范性
任务审批人	TM
任务负责人	TM/DE
输入信息	业务调研报告、数据调研报告、技术调研报告
实施思路	1）**分析业务需求和数据源**：根据需求调研和数据调研，以业务目标和数据需求为导向，识别出业务过程、业务指标、维度属性、分析事实等 2）**设计维度表和事实表**：根据业务指标和维度属性，确定数据仓库的结构，包括维度表和事实表的设计，以及它们之间的关系 3）**选择数据模型**：根据数据仓库的结构，选择合适的数据模型，如星型模型、雪花模型等，以满足业务需求，并提高数据查询效率和性能 4）**划分主题域**：根据业务过程或者维度属性，将数据仓库划分为不同的主题域，便于理解数据和管理数据 5）**编写文档说明**：编写详细的文档说明各个表格的定义、关系、数据类型等信息，并附上示意图或示例，方便后续开发人员进行开发和维护

任务输出			
序号	产出物名称	产出物描述	产出物负责人
1	数据模型方案	对数据进行规范化、标准化和统一化的设计，以实现跨域数据整合和知识沉淀，提高数据的可用性、可维护性和可扩展性	TM

4. 方案实施交付实施思路

方案设计阶段涉及平台部署、数据集成、数据开发、应用开发、集成测试等 5 项任务，分别从不同的方面进行项目交付实施。具体来说，这 5 项任务的工程化实施思路分别见表 11-11～表 11-15。

表 11-11　平台部署实施思路

任务名称	平台部署
任务目标	部署大数据底座和数据中台工具，支撑开发实施工作
任务审批人	TM
任务负责人	TM/OE
输入信息	技术调研报告、数据调研报告、技术方案
实施思路	1）**评估资源需求**：评估平台所需的硬件、软件和网络资源，并确定资源规格、数量和性能等 2）**设计部署方案**：设计一个合理且可行的部署方案，并编写文档记录。文档包括平台架构图、平台配置表和部署流程图等内容 3）**部署大数据底座**：按照流程图安装和配置大数据底座，并进行测试验证。主要步骤包括安装操作系统、数据库和大数据组件，并进行基础设置、集群初始化和性能调优等 4）**部署数据中台工具**：按照流程图安装和配置数据中台工具，并进行测试验证。主要步骤包括安装数据集成工具、数据开发工具、数据资产管理工具和数据应用服务工具，并进行相关的配置、创建和定制等 5）**平台能力验证**：通过一些典型的业务场景来验证平台的功能和性能，以及是否满足用户的需求。主要场景包括数据采集、清洗、建模、分析和应用等
任务输出	

序号	产出物名称	产出物描述	产出物负责人
1	平台部署方案	平台的部署信息	OE/TM

表 11-12　数据集成实施思路

任务名称	数据集成
任务目标	将数据从不同来源的系统中整合到数据中台中，保证数据的准确性和完整性
任务审批人	TM
任务负责人	TM/DM
输入信息	数据调研报告、技术方案、数据模型方案
实施思路	1）**分析数据源和目标系统**：根据前期调研结果和技术方案，分析数据集成所需的数据源和目标系统的特点，如数据类型、数据量、数据质量、更新频率等 2）**确认数据集成方式**：根据数据源和目标系统的特点，设计合适的数据集成方案，包括批量导入、实时同步、增量更新等方式，并根据业务需要设置集成过程中的数据转换逻辑，如清洗、格式转换、拆分合并等 3）**实现和测试数据集成**：根据设计好的方案，使用相应的工具和语言实现数据集成逻辑，并对结果进行测试验证，确保准确性和稳定性 4）**部署和维护**：将测试通过的数据集成逻辑部署到测试环境，并进行监控、优化和更新，确保可靠性和高效性

(续)

任务输出			
序号	产出物名称	产出物描述	产出物负责人
1	数据集成定制化代码	根据不同的数据源和目标，编写特定的代码来实现数据的采集、转换、同步等操作，以满足数据平台的数据集成需求	TM/DE

表 11-13　数据开发实施思路

任务名称	数据开发
任务目标	进行数据清洗、转换、处理、挖掘等操作，为数据中台提供高质量的数据
任务审批人	TM
任务负责人	TM/DE
输入信息	指标体系方案、标签体系方案、技术方案、数据模型方案
实施思路	数据开发包含离线开发、实时开发和算法开发：离线开发主要涉及批处理与数据仓库的建设，实时开发主要涉及流处理与实时计算的建设，算法开发主要涉及人工智能与机器学习的建设。这3种开发方式可以相互配合，形成一个完整的数据开发流程。 **离线开发的实施思路是：** 1）确定业务需求和指标口径 2）基于数仓分层架构和维度模型编写 ETL 作业脚本 3）调度执行作业并监控运行状态 4）验证输出结果并进行优化 **实时开发的实施思路是：** 1）确定业务需求和指标口径 2）设计流处理拓扑结构和窗口函数 3）编写流处理程序代码 4）部署运行程序并监控运行状态 5）验证输出结果并进行优化 **算法开发的实施思路是：** 1）确定业务问题和评估指标 2）收集并预处理训练数据 3）选择合适的算法模型并调整参数 4）训练模型并评估性能 5）部署模型并提供预测服务

任务输出			
序号	产出物名称	产出物描述	产出物负责人
1	数据开发定制化代码	根据不同的业务需求和数据场景，编写特定的代码来实现数据的清洗、加工、分析等操作，以满足数据平台的数据开发需求	TM/DE

表 11-14　应用开发实施思路

任务名称	应用开发
任务目标	基于数据中台开发数据应用程序，满足不同业务需求
任务审批人	TM
任务负责人	TM/AE
输入信息	产品设计方案、UI/UE 设计稿、指标体系方案、标签体系方案、技术方案、数据模型方案
实施思路	1）**确定应用开发目标**：根据方案结果，PD 及 TM 与 AE 成员交底澄清应用的功能、需求、业务闭环、数据流和技术规格，明确输出目标和要求 2）**确定开发任务**：拆解功能需求为开发 SOW（工作任务书），AE 成员根据 SOW 工作项整理实现思路，并相互评审，避免方向错误和返工 3）**组织代码评审**：定期评审代码的逻辑和质量，检查是否符合规范和预期 4）**单元测试**：AE 为自己开发的功能编写单元测试，确保代码流程正常，输出正确 5）**部署和验证**：将应用部署到测试环境，进行验证和测试，确保稳定性和可靠性

任务输出			
序号	产出物名称	产出物描述	产出物负责人
1	应用开发定制化代码	根据不同的应用需求和数据场景，编写特定的代码来实现数据的可视化、展示、交互等操作，以满足数据平台的应用开发需求	TM/AE

表 11-15　集成测试实施思路

任务名称	集成测试
任务目标	进行功能测试、性能测试、安全测试等，确保系统稳定运行
任务审批人	TE
任务负责人	TE
输入信息	测试方案
实施思路	集成测试是非常重要的一环，它涉及数据测试、应用测试和整体集成测试三个方面，具体实施思路如下。 **数据测试**：验证数据质量和准确性。包括以下步骤： 1）**数据抽样**：从数据集中抽取部分数据进行测试 2）**数据统计分析**：通过统计方法验证数据的分布、缺失、异常等 3）**数据一致性验证**：验证不同系统之间数据的格式、类型、值等是否一致 4）**数据质量测试**：全面测试数据的完整性、准确性、一致性、有效性、可靠性等 **应用测试**：测试系统的功能、性能、稳定性。包括以下步骤： 1）**功能测试**：测试系统的输入/输出、业务流程、异常处理等功能 2）**性能测试**：测试系统的响应时间、吞吐量、并发量、负载等性能指标 **整体集成测试**：测试数据中台的整体运行情况。包括以下步骤： 1）**系统集成**：测试系统各个模块之间的接口、数据传输、数据转换等是否正常 2）**数据一致性测试**：测试数据中台与其他系统之间的数据是否一致 3）**安全测试**：测试系统的身份认证、访问控制、数据保密等安全机制 4）**兼容性测试**：测试系统在不同操作系统、浏览器、设备等环境下的兼容性

任务输出			
序号	产出物名称	产出物描述	产出物负责人
1	测试报告	对功能、性能、安全等方面进行测试，并对测试结果进行分析、总结和评估的文档	TE

5. 试运行交付实施思路

试运行阶段涉及试运行和成果转移两项任务。具体来说，这两项任务的工程化实施思路分别见表 11-16 和表 11-17。

表 11-16　试运行实施思路

任务名称	试运行
任务目标	在真实环境下进行系统试运行，收集用户反馈和意见，发现问题并进行修复
任务审批人	PM
任务负责人	TM/PM
输入信息	数据集成定制化代码、数据开发定制化代码、应用开发定制化代码
实施思路	1）**准备试运行环境**：在试运行之前，需要确保数据中台的平台、数据和应用都已经部署到真实环境，并且通过了单元测试和集成测试。同时，需要准备好试运行的方案、计划、场景、用例、指标等文档，并与相关人员进行沟通和确认 2）**执行试运行测试**：按照试运行方案和计划，执行各个场景的用例，验证数据中台的功能、性能、稳定性、安全性等是否满足预期。同时，记录下测试过程中发现的问题和异常，并及时反馈给开发团队进行修复 3）**分析试运行结果**：根据试运行指标和测试报告，分析数据中台的整体效果和用户反馈，评估是否达到上线标准。如果有不合格或不满意的地方，需要制定改进措施，并重新进行测试直到符合要求 4）**评审试运行验收**：在试运行结束后，需要组织相关人员开展验收评审会议，汇报试运行结果和问题清单，并征求各方意见和建议。如果所有人都认可并同意上线，则可以进入下一阶段；如果有异议或争议，则需要协商解决或重新调整方案

任务输出			
序号	产出物名称	产出物描述	产出物负责人
1	试运行报告	对试运行情况进行总结	PM

表 11-17　成果转移实施思路

任务名称	成果转移
任务目标	将项目成果转移给客户团队，保证项目的可持续运营
任务审批人	PM
任务负责人	PM/TM
输入信息	试运行报告
实施思路	1）**撰写操作手册和技术文档**：包括数据处理流程、系统架构、数据字典、部署说明等详细内容，方便后续运维团队使用和维护 2）**提供培训和成果转移**：向客户或后续运维团队介绍系统架构、数据处理流程、数据字典、操作手册等，帮助他们理解项目框架和技术细节，并掌握操作和维护方法 3）**支持技术和问题解决**：在项目交付后的一段时间内，解决后续运维团队在使用过程中遇到的问题，确保系统正常运行 4）**交接和归档项目资料**：将项目的所有文档、代码、数据等资料交接给客户或项目后续运维团队，并进行归档备份，确保数据的安全性和资料的完整性，同时为后续项目迭代提供参考

(续)

任务输出			
序号	产出物名称	产出物描述	产出物负责人
1	项目成果转移清单	每个项目成果介绍	PM
2	培训计划	针对培训专项计划	PM
3	运维手册	项目的运维手册	TM
4	开发手册	项目开发手册，供二次开发使用	TM
5	用户手册	项目的用户手册	PD

6. 上线保障交付实施思路

上线保障阶段涉及正式上线、项目验收和转交售后 3 项任务。具体来说，这 3 项任务的工程化实施思路分别见表 11-18～表 11-20。

表 11-18　正式上线实施思路

任务名称	正式上线
任务目标	将数据中台正式投入使用，为企业业务提供支持
任务审批人	PM
任务负责人	PM/TM
输入信息	试运行报告
实施思路	1）**制订上线计划**：包括上线时间、范围、流程、人员等，并考虑风险管控和备份策略等因素 2）**通知上线流程**：将上线流程（如验证数据完整性、检查程序代码、备份相关数据等）通知给相关人员，并确认他们的理解和准备情况 3）**执行上线测试**：在正式上线前，进行完整的数据测试、应用测试、集成测试等，并记录和归档测试结果 4）**备份重要数据和代码**：在正式上线前，备份重要数据和代码，并制定数据恢复和应急措施，以应对意外情况 5）**部署系统**：在正式上线前，进行部署代码、修改配置文件、连接数据库等操作 6）**监控和验收系统**：在正式上线后，通过日志、指标和警报等方式监控系统运行情况，通过关键指标和用户反馈等方式验收系统效果 7）**总结项目经验**：在正式上线后，总结上线过程、问题处理、优化方案等经验并归档和分享，为后续项目提供参考

任务输出			
序号	产出物名称	产出物描述	产出物负责人
1	上线报告	上线阶段确认单	PM

表 11-19　项目验收实施思路

任务名称	项目验收
任务目标	对项目进行验收，检查项目交付是否符合规定的质量标准和交付要求
任务审批人	PM
任务负责人	PM/客户
输入信息	试运行报告、项目成果转移清单
实施思路	1）**制定验收标准**：在项目实施过程中，需要明确验收标准并在合同中约定，以便于在验收时对照合同内容进行验证 2）**编制验收计划**：制订验收计划，明确验收流程、验收人员、验收时间等，确保验收工作按照计划进行 3）**进行验收测试**：根据验收标准，对数据中台进行测试，包括功能测试、性能测试、安全测试等，确保数据中台能够满足业务需求和合同要求 4）**提交验收报告**：验收测试完成后，需要编制验收报告，记录测试结果、存在的问题和解决方案等内容 5）**完成验收**：根据验收结果，确认数据中台能够满足业务需求和合同要求，完成验收工作
任务输出		

序号	产出物名称	产出物描述	产出物负责人
1	验收报告	验收阶段确认单	PM

表 11-20　转交售后实施思路

任务名称	转交售后
任务目标	把项目从交付团队移交给售后团队，支撑客户的售后服务
任务审批人	PM
任务负责人	SE/PM
输入信息	验收报告
实施思路	1）项目经理填写《项目结项报告》，确认项目已经完成所有交付物，并且没有实施遗留事项 2）项目经理将《项目结项报告》、项目过程资料及客户信息提交给售后服务部 3）售后服务部根据《项目合同》和《验收报告》，与客户进行"验收回访"，确认项目交付没有遗留事项 4）售后服务部与项目经理共同确认各交付物对应的故障责任部门，并将责任部门信息记录在《故障责任划分表》中 5）售后服务部确认《项目结项报告》，正式接收项目，并向客户提供售后服务
任务输出		

序号	产出物名称	产出物描述	产出物负责人
1	项目结项报告	项目结项内容，包含售后所需的关键信息	PM

数据中台项目工程化交付实施是一个体系化的过程，它包括项目启动、需求调研、方案设计、方案实施、试运行和上线保障等多个环节。每个环节分为多个任务，每个任务又有明确的目标、负责人、参与人、输入信息、实施思路和输出产出物，需要遵循一定的规范和流程进行执行和管理。数据中台项目工程化交付实施思路不仅能够保证项目的质量和效率，还能够提升项目的价值和影响力。同时，数据中台项目工程化交付实施思路是一个持续进步的过程，需要根据项目的实际情况和变化进行调整与优化，以适应不同的业务需求和场景。

11.3　数据中台交付的可持续演进

数据中台的交付验收不是数据中台建设的结束，而是一个持续演进的过程。在这个过程中，数据中台项目需要根据业务需求和数据场景，不断优化数据产品、提升数据质量、保障数据安全、创新数据应用，实现数据价值的最大化。为了做到这一点，我们需要关注以下几个方面：

- **深化数据治理**：建立完善的数据治理体系和规范，包括数据质量控制、数据分类和归档、数据安全和权限管理等方面。同时，需要建立数据所有权和责任制度，确保数据的正确使用和保护。
- **持续优化数据架构和技术**：随着业务需求和技术的不断变化，数据中台的架构和技术也需要不断升级和优化，以满足新的需求和挑战。例如，引入新的数据存储和处理技术，增强数据的可扩展性和灵活性。
- **强化数据应用的支持和推广**：提高内部人员对于数据中台价值和应用的认知能力，并为他们提供丰富多样的数据资源和服务。例如，为业务部门提供定制化的数据服务和解决方案，为数据科学家提供便捷高效的分析平台，等等。
- **加强与业务部门的对接和协作**：与业务部门建立紧密协作关系，了解他们对于业务问题及挑战，并根据他们的需求提供相应的服务及解决方案；同时，培训他们用好相关工具及平台，共同推动数据驱动的业务创新。
- **推进数据文化建设**：数据中台的成功建立在整个组织的数据文化基础之上，因此需要不断推进数据文化建设，加强数据驱动的决策和行动，建立数据共享和合作的氛围，让数据成为组织内部的核心资源和竞争优势。

第 12 章

政务行业案例：浙江某区县公共数据平台项目

最近几年，各地政府纷纷建立了自己的政务平台，以实现政务数据的内部共享和外部开放。其中，浙江省统筹建设、系统输出了包含政务数据在内的范围极广的公共数据平台，具有全国引领作用。

我们有幸主导建设了浙江省某区县公共数据平台自建试点项目，项目沉淀的内容具有很好的借鉴和参考意义。接下来，笔者将对该区县公共数据平台项目的全貌进行深入介绍。

12.1　项目背景

为贯彻实施国家大数据战略，国家层面频繁出台了《"十四五"数字经济发展规划》《关于印发要素市场化配置综合改革试点总体方案的通知》《数字中国建设整体布局规划》等数据相关政策指导文件。上述政策文件除了明确数据作为生产要素外，更指明要强化高质量数据要素供给，探索建立数据要素市场化配置，最终发挥**数据的倍增**、**叠加价值**。地方上，广东、上海、浙江等地区也陆续发布促进数据开发与利用的产业制度，引导、支持政府和社会各个领域进行数字化转型。

针对政府数字化转型，2018 年以来中央和地方陆续发布了很多指导文件。其中，2020 年 4 月国务院发布的《关于构建更加完善的要素市场化配置体制机制的意见》，强调加快培育数据要素市场，推进**政府数据开放共享**，提升社会数据资源价值，加强数据资源整合和安全保护。2022年6月，国务院发布了《关于加强数字政府建设的指导意见》，提出构建开放共享的数据资源体系，依法依规促进数据高效共享和有序开发利用，充分释放数据要素价值。同样，各个省份也对建设数字政府提出了建设推进要求，主要精神延续了中央文件，包括推进政府开放共享，推进政务数据和社会数据的融合，促进数据流通以深度开发和利用数据等内容。

总体来看，在如何完善数据要素市场化配置以发挥数据价值这个问题上，关于政务数据或者更广范围的公共数据，国家的整体统筹规划是非常明确的。主要表现为，为了使数据价值得以发挥，必须让数据流通，让数据能够真正得到使用。具体政府内部的数据流通要求对跨层级、跨地域、跨系统、跨部门、跨业务的政务数据进行统一汇聚管理，更进一步，要求政务数据能够融合社会数据，更广泛地进行数据开放，统一的数据要素市场得以培育，真正做到全方位打破"数据孤岛"，让数据在政府内部进行共享，对外部开放，并持久性运营。浙江某区县公共数据平台自建试点项目就是在此背景下建设的，具体需求分析如下。

12.2 项目需求

2020年，浙江某区县初步建设了数字资源超市，汇聚了一批政务数据，提供了满足数据共享交换的能力。但随着数字化改革的深入推进，突出呈现了两个主要问题：部门业务应用建设的数据需求得不到有效保障和部门数据质量参差不齐。其中，数据需求得不到有效保障包含三个方面：

一是新型综合应用的数据需求更为旺盛和密集。数字化改革要求分领域牵头开展综合型应用创新，建设多部门参与、多业务联动、数据驱动的多场景应用。该类应用对数据需求涉及面更广，牵涉省、市、区各层级部门。

二是数据"找不到、获取难"问题仍大量存在。部门业务数据的归集方式并非全量数据归集。同样，各部门在编制本部门数据资源目录时，也未按照部门核心业务逐一进行编目，不能全面、准确地覆盖所有业务数据。另外，目前还未形成省市区一体化的数据资源目录，主要表现为省、市、区县应用系统产生的数据没有统一汇聚载体，省、市统建系统产生数据中市属、区属部分也不能畅通回流。

三是部门间数据资源共享的沟通对接较为复杂。因为数据与部门业务强相关，不熟悉数源部门业务背景知识的人员难以看懂数据的逻辑和含义。进行一次数据共享，会涉及数源单位及维护公司、数据使用单位及维护公司、数管局及数据维护公司6个主体的沟通对接。

部门数据质量参差不齐主要缘于政府数据资源的产生渠道不同，一般有3个渠道。一是窗口办事登记，往往是省市统建系统，数据质量较高，但数据一般存储在省市主管部门，区县部门无权限将其共享给业务关联部门；二是基层工作人员采集和录入，如镇街、社区的工作人员、网格员、执法队员手工采集，在数据采集时，录入工作量过大，因缺乏数据校核及规范性不足，数据质量会偏低；三是物联网数据，如物联设备管理维护到位，数据质量稳定可靠。

在分析以上问题时，我们发现数字化改革是复杂工作，涉及主体多，周期长，复杂度高，因此管理体系的建立以及工具、载体的建设尤为重要。对于管理体系的建立，需要明确数源单位、数据使用单位的职责，建立承载具体工作的系统平台以及对应的组件工具。这样，可以有效避免1对1的直连共享、数据的源头治理得不到充分落地、数据目录内容不完整、数据供需对接工作比较困难等问题。更重要的是，随着数据需求的持续旺盛，如果不将数据进行统一汇聚、统一交换，允许体系外共享存在，因其过程得不到监控，安全风险很大。

2021年，浙江省发布的《浙江省数字化改革总体方案》明确，按照"以用促建、共建共享"的原则，打造健壮稳定、集约高效、自主可控、安全可信、开放兼容的一体化智能化公共数据平台。当年3月，浙江某区县因聚集大量互联网公司及其产业链公司，数字产业蓬勃发展，地区创新活跃度水平较高，被选定为县级公共数据平台自建模式的试点，这是我们参与此试点项目的重要确定性基础。

浙江省在确定试点名单的同时，也发布了省级、市级和县级公共数据平台建设导则。其中浙江省大数据发展管理局印发的《县级公共数据平台建设导则》（以下简称《导则》）明确，县级平台是省市两级平台向县（市、区）的拓展和延伸，是提升县（市、区）数据资源管理能力的基础，是赋能县域治理、推动基层数字化改革的保障。县级平台的建设包含市级统建和区县自建两种模式，而在区县自建模式下，需全部或部分依托本地基础设施资源，建设数据交换、治理、接口共享和安全管理等组件，承接市级下发数据，按需建设县级专题库和乡镇（街道）数据仓。此外，随着《浙江省公共数据条例》于2022年3月1日得到实施，除了以法律条文的形式明确公共数据收集、归集、共享、开放、利用以及数据安全等外，公共数据平台的法律地位得以确定，前期相关成果得以固化。

12.3 建设实施

12.3.1 需求调研

浙江省某区县公共数据平台项目的建设，主要的参考文件是《导则》。《导则》

明确县级平台要按照"互联互通、以用促建、经济适用、共建共享"的原则统筹建设。具体来看，互联互通指的是省市县三级平台应统一技术标准和管理规范，坚持一体化设计、差异化建设，合理分工，各有侧重。县级公共数据平台原则上应基于市级政务云建设，并与省市公共数据平台互联互通。以用促建指的是注重平台建设的有效性和针对性，坚持需求导向，建设县级平台，构建数据归集、治理、共享、开放和安全管理等能力。经济适用这一点贯彻到自建试点的某区县，因其确有需要且有能力，可以选用自建方式。共建共享指的是按照"应共享、尽共享"的要求，加快推进数据目录化、目录全局化、全局动态化，做到一数一源、同步更新、高效共享。

对某区县进行的初步调研结果显示，自建应用系统多达168个，远远超过几十个的平均水平。本地区登记的数据需求来自包括政法委、教育局、住建局等在内的近20个部门，提出的需求数据包含人口户籍数据、常住数据、疫苗接种数据、居民用水数据、燃气管网数据、地理信息数据等上百个数据项。数据目录仅500多个，很多需求数据在数据目录中并未显示，部门实际需求的数据很多没有编目，更没有归集回流。另外，省市对某区县数据目录数量质量的考核工作也比较紧张。

12.3.2　资源评估

项目团队进行初步调研后，主要包含数据开发人员的进场人员很难支持考核和数据需求的同步实现。其中，最紧急突出的资源问题是缺少数据目录人员，因此项目组在紧急抽调了两名数据目录人员的同时，将部分数据开发人员临时转为数据目录人员，让其先进行数据目录的辅导编制和审核修正工作。剩余数据开发人员梳理数据归集需求，以及与数源单位建立沟通渠道，此时主要通过建立钉钉群实现常规性沟通对接。

在对数据需求以及实际数据资源进行评估时发现，某区县业务部门需求的数据主要来自省市统建系统的回流数据，但目前回流申请过程比较复杂，也难以实现。此外，部分需回流的数据还没有在省市层级归集，更难回流至区县层级。最后，本地区的部分数据同样没有归集，亟待开展相关工作。

12.3.3　项目规划设计

根据《导则》等平台相关建设要求及实际问题需要，一体化数据资源体系的构建是公共数据平台建设的核心目标，政策制度、标准规范和网络安全等体系是公共数据平台确保数据用起来的配套机制。具体来看，某区县公共数据平台的架构如图12-1所示。

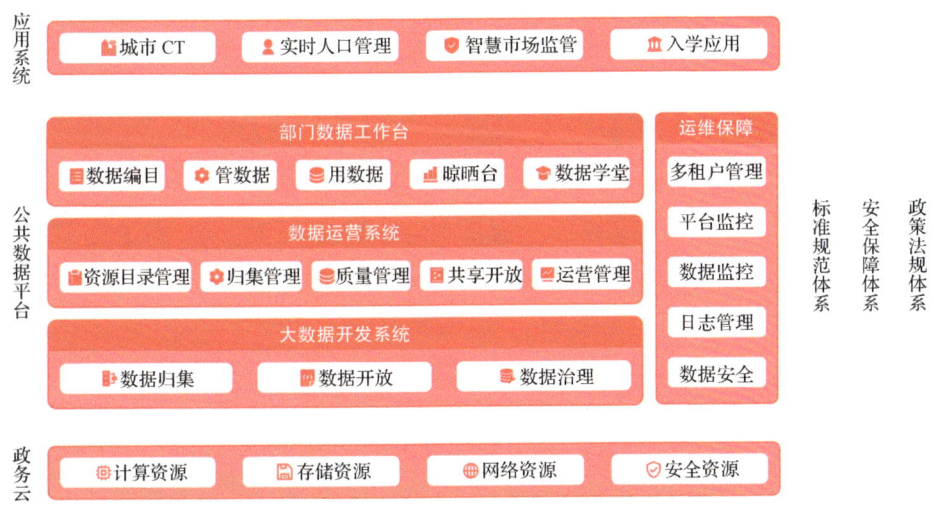

图 12-1 某区县公共数据平台架构

公共数据平台主要包含3个系统，分别是面向数据开发人员、运维人员的大数据开发系统，面向区数据管理部门运营人员的数据运营系统，以及面向部门运营和业务人员的部门数据工作台。整体上构建的公共数据平台通过**数据编目**、**数据归集**、**数据治理**、**数据共享**等子系统，解决多层级、跨业务组织间找数据、管数据、用数据的问题。能够加快数据高效协同，提高数据运营效率，持续数据流通，以赋能数字化改革的具体应用场景。

按照数据中台的建设方法论，目前某区县公共数据平台项目所依赖的一种战略行动已经在项目背景部分进行表达，而包括组织变革和数据认知的两项保障条件也逐步得以确保。具体来说，在一年多的项目进程中，浙江省引入了首席数据官的制度，而某区县依此确定了区级各部门的首席数据官、数据专员和数据助理，并在各种制度规范中强调了各数据管理主体的责任，区级各部门对数字化改革的认识有了大幅提高。那么在具体开展项目的过程中，是怎样进行落地的呢？下面进行具体介绍。

12.3.4 方案落地实施

根据整体的规划架构，在落地实施过程中，总结了具体开展的数据资源体系建设和利用的实施路径，参考图12-2。

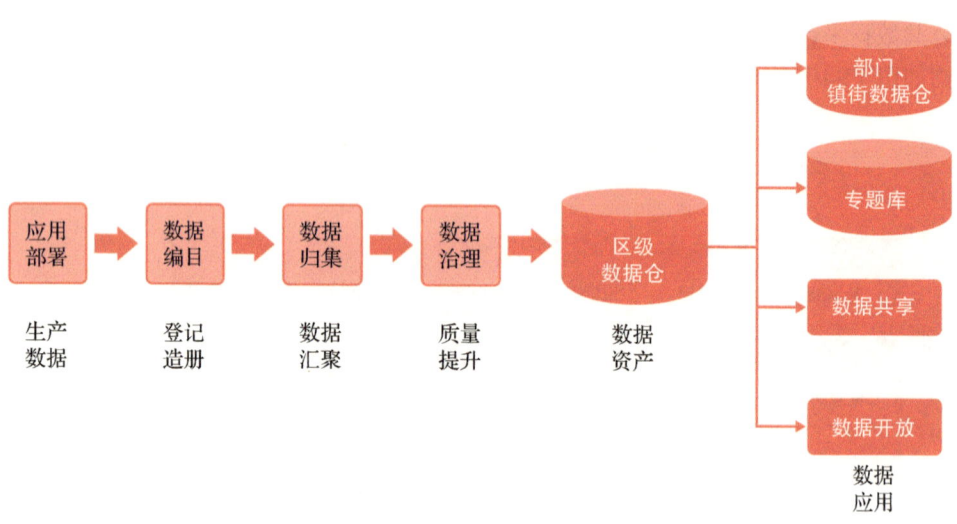

图 12-2 数据资源体系建设和利用的实施路径

因为公共数据涵盖的领域比较多，涉及部门广，同时根据考核的急迫性要求，首先进行数据编目工作，然后对目录数据进行归集，再进行清洗治理，以支撑数据共享、数据开放等数据应用场景。

1. 数据编目：从帮助编制到完善制度规范

数据目录是数据可见的基础，也是我们开展项目的起点。刚开始项目团队的大部分人参与到了这项工作中去，因为起始阶段的公共数据考核内容多数是围绕数据目录展开的。而具体怎么推动数据目录的编制工作呢？当时项目团队与客户讨论，最后决定通过发布通知，基于应用系统盘点的结果和内容，基于三定方案，要求部门编制数据目录，并要求每个目录的数据项下限，比如要求每个目录至少编制 5 个核心数据项。而项目团队除了对目录进行审核外，还需要在数据目录录入后将目录和应用系统进行匹配。因为当时产品没有建设完善，所以很多操作都是线下进行的，耗费了很长的时间。随着对目录的认识越来越准确，以及产品越来越完善，数据目录的编制制度规范越来越清晰，使项目团队能够真正通过公共数据平台实现对数据目录的管理。

数据目录编制过程中，应同时注重数据目录编制的量和质，形成高质量数据目录，应具备全面性、准确性和完备性的要求。在实施的时候对区级自建系统和统建应用系统有所区分，因为统建应用系统是由省或市级进行目录编制的，区级引用即可。自建系统产生的数据和线下维护的数据需要进行目录编制。

数据目录的编制具体由谁负责？生产、提供公共数据的组织机构（以下简称数源单位）是公共数据编制与维护的主体，除负责本单位数据目录的规范编制、动态更新和按需整改工作外，它还需要协调本单位系统的技术运维人员协助开展数据目录编制工作。具体来说，数源单位的数据专员负责协调本单位业务人员和技术运维人员进行目录要素填报、填报要素确认，对本单位数据目录规范编制、审核把关，负责本单位数据目录动态更新、按需整改。数源单位的业务人员主要进行业务字段填报、确认。应用系统的技术运维人员配合完成技术字段填报。

在数据目录审批中，除引入数据目录多级审批流程、确保数据目录质量外，还通过对数据目录具体数据项进行分级来保障数据安全，并在此基础上界定了不同分级数据的使用审批和使用约束等。具体的数据目录流程可参考图 12-3。

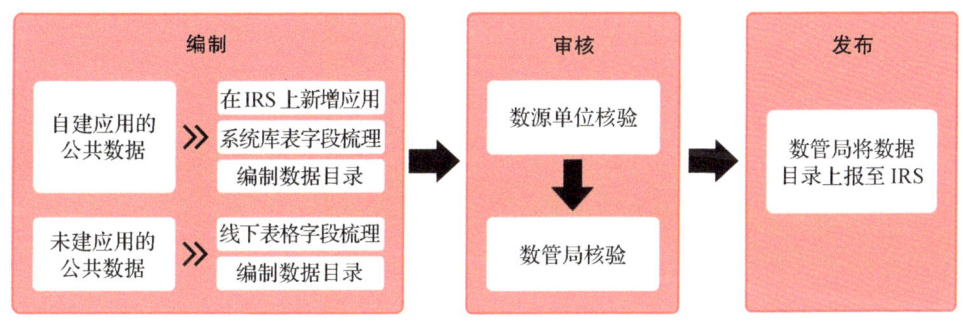

图 12-3　数据目录流程

注：IRS 指的是浙江省一体化数字系统，集数字资源和申请流程于内。

需要强调的是，数据目录的编制是持续的、动态的过程。需对存量的应用系统和相关数据进行全面摸底、盘点。在新项目立项时，对数据资源的管理和项目管理联动有助于公共数据的开发利用。比如，在项目立项环节，可要求应用场景建设方案必须包括建设所需的数据需求清单，经审批确认后才能开始应用系统的建设。在验收阶段，要求数源单位及时对系统产生的数据进行编目，这样数据目录的动态化管理更容易实现。

2. 数据归集：从沟通对接到分散归集

具体来看，公共数据平台的大数据开发系统因汇聚联通各部门、各系统及各业务的公共数据，提供了数据真正统一汇聚的能力。汇聚接入后，数据才具备可用和可运营的基础。浙江某区县公共数据平台的汇聚接入包含两个方面，分别是区县级数据的归集和省市级数据的回流，这样总体把区县所属数据全量汇聚到平台中。

在实际进行归集的过程中，该区县先是按需进行数据归集，主要的归集采用了线下和线上的沟通形式，也形成了一套"内部建群—数据归集表确认—归集内容填写—建档—联调—反馈"六步走的数据归集操作方法。后来归集工作常态化开展，而且部分数源单位自己已有能力进行数据归集，该区县在此时提供了数据仓账号和规范手册等标准指导材料，部门自己进行归集，并通过工单确认。实际工单流程如下：数据管理部门通过运营系统发布归集任务，部门通过工作台填报归集工单，开发人员对照归集工单进行对比确认，确认后，整个归集流程才算正式结束。而在数据回流工作上，需要通过市级的审批，市里给区县里开空间，区县直接把数据回流到本地数据仓里。

在实施归集任务的下发时，实施思路和理念如下：秉持"先易后难，循序渐进；急用先行，保障重点；先归存量，再归增量；源头管控，制度保障"的原则，依托公共数据平台，实施全区县公共数据"全量全要素"归集工作，先解决"有目录无数据"的问题，再解决"有数据无目录"的问题。以上原则和解决问题的思路可以用以下的数据归集工作优先级表达：

1）归集数据需求单位提出数据需求的数据，优先保障有应用场景的数据。

2）归集数源单位配合密切、技术容易实现的数据。

3）归集已经产生的历史数据，建立数据归集通道。

4）归集"有目录无数据"的数据，即目录已经上架但数据未归集的数据。此时由数据管理单位会同各部门梳理完善应用及数据目录，形成待归集应用及数据目录清单，逐批下发。

5）归集"有数据无目录"的数据。数源单位需要自查，或者部署数据探查等工具实现。

6）建立"目录之外无应用，目录之外无数据"的长效机制，构建确定的数据目录和归集的联系。

3. 数据治理：从简单清洗到构建体系

数据治理覆盖了数据归集、加工、共享、开放和应用等各个环节。另外，数据治理是数据价值创造的基础，只有确保数据准确、完整和及时，才能提供高质量的数据，更好地支持数据应用。具体而言，数据治理主要通过两方面实现：一方面，主要依赖技术手段对清洗规则、数据标准进行相应的定义和配置，实现基本的数据治理；另一方面，通过管理制度和流程实现，比如建立数据标准制定流程、数据质量管理制度等。这主要通过以下4类措施实现：

一是建立问题反馈修正机制，形成问题发现/分析、问题处理、问题跟踪、评价检查，实现对问题数据的闭环管理。

二是建立数据质量监控机制，根据清洗任务的运行情况及时作出告警，并通知数据处理负责人及时处理。

三是参照相关文件和业务规则，建立业务领域内的统一数据标准。根据业务要求细化清洗颗粒度，降低问题数据误判率，提高数据质量问题的识别率，提升数据治理效果。

四是建立数据治理系统，贯通省、市、区县的数据治理链路，确保数据治理结果及时更新，及时流通至各个环节。

此外，在具体实践中，数据治理闭环中，关键环节还包含定期对数据质量进行监测认定，以及事后（使用数据后）进行数据质量的"好差评"。其中，数据监测认定包含4个主要维度，分别是数据质量、管理成熟度、服务保障和共享成效。具体来看：数据质量包含时间覆盖度、空间覆盖度、业务覆盖度数据的完整性、标准化程度、问题数据占比、反馈问题数据占比的准确性，以及归集及时性和反馈及时性；管理成熟度包含数据易用性、表结构稳定性、数据库变更备案率等内容；服务保障包含数据整改效率和质量、数据审批情况等；共享成效包含被高频使用、共享评价等内容。

4. 数据仓：帮助数据有效管理和高频复用

经初步清洗与治理的数据存储在某区县级数据仓中。具体应用时，分为两大类：一类是部门、镇街数据仓，主要服务于各部门、各镇街对自身产生数据和申请数据的管理；另一类是专题库，主要聚焦高频使用的场景。为了满足具体的应用需求，数据人员构建了几个需求频率高的重点专题库，如城市安全、矛盾风险及清朗网络等。具体参考表12-1。

表 12-1　某区县数据仓示意表

类型	名称	应用
部门、镇街数据仓	按需授权	××镇或××街道驾驶舱、数智系统
专题库	矛盾风险专题库	社会矛盾风险智能预警处置系统
	清朗网络专题库	清朗网络智治系统
	城市安全专题库	城市安全运行智治系统
	教育专题库	入学早知道系统
	企业多维度专题库	多维度市场主体服务系统
	…	…

专题库建设由牵头部门提出申请，相关部门配合，区县数据主管部门审核完成。审核通过后向专题库建设牵头部门获取专题库项目空间管理权限。专题库建设与维护由牵头和配合部门负责，相关协调工作在其内部开展。数据管理部门主要监督、指导、协调总体工作。

5. 数据共享：从线下到线上

项目上，起初因公共数据平台没有开发和部署完成，很多数据共享工作都是在线下进行的，做了大量的共享表单，记录维护数据共享的部门、申请使用的数据、数源单位等内容，并通过大量协商，才能真正满足共享需求。当时很多部门应用系统的开发人员会来到项目所在的办公室，盯着开发人员提供数据给他们。这时，共享效率不是很高，而且有一些安全隐患。后来随着共享工作细则的逐步清晰以及产品的落地，各部门有平台可以使用。整个数据共享工作就搬到了线上，也更好地进行了记录。

在具体进行数据共享时，数据使用部门需要满足几个前置条件，如下：

（1）保障数据安全

建有数据安全管理制度，包含建立本单位网络、数据安全工作领导小组，落实数据安全工作责任。具备数据安全技术条件，防护范围应包括部署在政务云的应用系统。具备网络安全环境，如防火墙、杀毒软件、日志审计等安全设备的监管，以及建立应用系统的等级保护等。

（2）梳理数据需求，完成应用的注册

根据应用系统多跨业务场景需求，按照 V 字模型梳理各项子任务事项所需数据名称、数据项，厘清数源单位，填写《部门数据需求调研表》并提交至区数据管理部门，明确应用场景、申请依据等内容。项目完成立项评审工作，完成申请公共数据的应用系统注册。

（3）完成数据资源管理任务

审查本部门产生、使用和省市条线下发的数据目录是否完成编目和关联，是否覆盖核心业务或应用、元数据是否规范、要素是否完整准确等，对于不符合要求的数据目录进行整改。在某区县公共数据平台完成本部门全部公共数据（除不共享的外）的归集。

（4）完成共享使用的签字盖章

主要负责人须了解数据安全管理、数据有效使用及项目验收的相关要求，并签订相关文件。

在数据开放上，基于数据目录的开放属性梳理开放清单，经数源单位确认后，把开放的数据上传至市开放空间。

6. 强保障体系下的项目落地

（1）政策制度

一是管理办法。针对省一体化智能化公共数据平台建设，仅省层面已发布超过20个文件，涵盖整体公共数据平台建设导则、数据仓建设手册、数据归集、数据治理、数据共享、数据交换等管理办法。浙江省整体制度、规划保障是公共数据平台建设及数据资源一体化建设的基础，一系列的政策制度保障能够有效指导省市区三级开展平台建设工作。

二是通知要求。某区县作为区县级数据主管部门，其数据管理范围在区县一级，但是业务单位作为直接面向业务的单位，对应用系统产生的数据理解更为深刻，因此某区县数据管理部门发布区县级通知，要求进行数据目录的编制、数据目录的质量改善，并发布通知、指导等文件帮助业务单位进行数据的资源管理体系建设工作。

三是通报驱动。整体上，某区县的公共数据平台建设和具体运营运维工作由考核驱动，考核是调动某区县积极性的主要因素。浙江省层面明确考核目标，同时市级层面也会明确考核任务，进行周期性考核。

（2）标准规范

应用系统普查。应用系统普查的结果是形成应用目录。应用目录的建立明确项目信息、部门信息、系统信息、资源信息、等保信息和厂商信息，这就要求每个部门遵循统一的填报要求。

核心业务梳理。核心业务梳理是对各政府部门原先笼统的、离散的业务进行整体性、结构性、颗粒性的系统分析，厘清部门核心业务、事项、数据底账和跨部门协同关系。主要梳理原则是：横向上，核心业务应覆盖部门主要职责，依照业务事项的流程及负责的业务进行深度梳理，将颗粒度细化至数据项；纵向上，业务事项应为业务层级分解后履职内容的最小集合，能具体对应到责任处室。

（3）组织保障

全范围参与的组织体系。包含数据管理部门组建公共数据平台建设、运营运维专班，以及建立首席数据官制度等。比如，印发《关于实行首席数据官制度推动数字化改革的实施意见》，建立首席数据官联络群，涵盖部门、镇街、平台以及区管领导、科室负责人、工作人员，落实专人专职管理本部门数据资源，落实部门数据资源管理主体责任。

各领域覆盖的培训体系。包含省市对区县级相关部门和人员的培训，以及数据管理部门组织的针对业务部门数据相关人员的培训，培训内容包含政策培训、制度培训、数字化素质能力培训等，用以促进政府全体对数字化改革达成共识，以便更高效地开展平台建设工作和数据运营运维工作。

周期性项目进度汇报。某区县数据管理部门参加市级的周度周期性汇报，形式包含视联网线上汇报以及日常工作汇报，汇报内容包含一体化建设、数据目录质量、数据安全建设、应用使用等情况，全方位支持整个平台的使用，真正让数据用起来。

辅助性区域内协调会议。某区县数据管理部门在数据满足以下任意一项条件时，会组织召开共享协调会，支持数据共享的顺利实现。这些条件包括：数据是需求或数源部门提出请求的；数据是数源单位在规定的时限内未完成需求响应的；数据是数源单位拒绝共享，区数据局认为需要进一步调研的。

（4）安全保障

一是健全数据安全管理制度。根据省市公共数据安全管理的相关要求，下发《某区县回流数据安全管理规范》《开发测试数据安全管理制度》，并与合作第三方签订承诺、保密等协议，避免出现越权访问以及其他高危操作，从源头上对运维人员、业务人员、开发人员进行分离管控，以确保公共数据的安全。

二是安全技术保障。通过数据安全管控平台、数据动态脱敏系统、安全分类分级系统、数据库运维管控系统及终端数据防泄露系统等共同支撑公共数据资源的安全，实现"数据分布全景展示、安全风险主动发现、数据窃取追踪溯源"多维管控。平台支持大数据分析租户隔离模式，保障公共数据平台的权限隔离、数据隔离和资源隔离，强化权限细粒度管控。

12.4 项目价值

1. 数据目录可动态管理，可传递特殊需求

公共数据平台建设相对完善后，可以基于产品工具进行数据目录的编制、报送和审批。这样，各部门就能看到部门目录条目数、脱敏样例数据、最后更新时间、数据覆盖时间范围及对应数据库实体表等信息，方便查找数据、开展数据申请工作。

另外，对于未编目、未归集的数据，也可依托公共数据平台在线填报数据需求部门、联系人、联系方式、应用场景、申请理由、需求数据项、数源单位等要素，提出数据需求。其中，对于省、市范围的需求，平台会自动逐层转发至省级、市级平台，由省级、市级公共数据管理部门处理实现。对于规范合理的数据需求，省市区三级平台根据数据需求自动形成数据需求清单与责任清单，基于数据责任清单形成数据归集任务，下发给同级数源单位并完成数据归集，实现数据供需的统一化、动态化、智能化管理。截至2022年底，某区县公共数据平台已经完成2000多条数据目录的审批和发布，以及上百条数据目录的回流工作。

2. 数据归集回流情况清晰可查、可管理

对数据汇聚归集工作的管理，主要借助数据运营系统的归集报表来实现。归

集报表展示了各部门归集的数据库数据量、运行状态、最新更新时间、历史记录。运营人员可以很方便地看到数据归集的问题，比如近几个月数据归集量都没有变化的、归集量为 0 的都很容易查到。而平台支持前置库、各种数据接口、电子文件、网络内容采集等归集方式。截至 2022 年底，项目完成了对 60 多个部门 150 多个系统的 63 亿条数据的归集，以及 13 亿条公共数据的回流。

3. 数据治理管理闭环

项目初步构建了数据治理闭环，包含建立问题数据的反馈通道、评价体系以及数据共享的过程追溯。具体表现为，数据使用部门可以对数据问题进行反馈，数据管理部门确认反馈后，发布数据治理工单给到数源单位，而数源单位进行源头治理，从而真正解决了数据质量问题。截至 2022 年底，已经治理的数据工单近百个，推动了近 1 亿条数据的共享工作和近 2 亿条数据的开放工作。

4. 真正让数据得到管理，得以流通和使用

依托于公共数据平台，真正完善了数据管理工作体系并让数据通过共享和开放两种形式得以流通和使用。

根据全国一体化政务数据体系建设的要求，"未来，整体的改革方案落地实施，通过系统支撑、平台建设、技术架构、管理体制机制统一等，关乎人们生活的大小事，异地办理都将成为可能。"而这些便利政务服务的实现，依赖于各个区县、各个市、各个省的数据汇聚、治理、共享等工作。

Chapter 13 | 第 13 章

制造行业案例：S 集团财务资金风险监控平台项目

本章主要介绍 S 集团依托数据中台的相关技术建设的财务资金风险监控平台项目，对该项目的项目背景、项目需求、建设实施、项目价值等进行了逐一讲解，旨在为制造企业提供一些数据中台建设的思路。

13.1 项目背景

制造是国民经济的物质基础和产业主体，是富民强国之本，是国家科技水平和综合实力的重要标志；制造业是国民经济高速增长的发动机，是以信息化带动和加速工业化的主导产业，也是发挥后发优势、实施跨越战略的中坚力量。

结合制造业发展现状和过往制造项目实施案例，制造业的痛点可以总结为以下几点。

- ❏ **产品管理**：需要适应产品发展和需求快速变化，然而研发环节多，专业性强，因此制造企业亟须提高专业协同能力。
- ❏ **供应链管理**：参与方多，信息交互成本高，动态适应性差，难以保障高效、及时的协作与服务。
- ❏ **经营决策**：需要全面的信息支持，从设计到零部件采购、物流、生产、营销、售后服务，产业链条长，管理复杂度高，因此如何提高经营管理水平、有效提高员工生产力、提升质量、防范风险，是制造企业亟须解决的核心问题。

大中型制造企业一般都有一定的信息化基础，其企业运营管理流程具有较为齐全的业务系统来支撑，各类业务系统的应用已经较为成熟。随着政府、市场对制造业的要求越来越高，如何使业务系统产生的数据更好地融合以产生新价值，如何提升业务系统之间的协同性，如何基于数据视角构建原业务系统无法实现的应用场景，显得尤为重要。越来越多的制造企业需要运用数据中台的相关技术，使企业数据成为新的生产要素，为企业的生产力添砖加瓦。

某大型制造企业（下简称 S 集团）是一家始创于 1989 年的集团型企业。自成立以来，该集团秉持"创建一流企业，造就一流人才，做出一流贡献"的企业愿景，打造了业内知名的头部品牌。集团的使命是"品质改变世界"，即以极高品质的产品和服务改变中国产品的世界形象。S 集团是中国首家"破千亿"的工程机械企业。

目前 S 集团正在实施三大战略：数字化、电动化、国际化。数字化，包括产品智能化、制造智能化、应用智能化转型，两个世界级智能制造灯塔工厂是转型的成果；电动化，集团所有研发投入都在未来电动化的战场，是产品全型谱的电动化，集团目标是做行业电动化的先驱和引领者；国际化，加大优势力量推动国际化，为中国创造世界一流品牌。

集团型企业一般都涉及众多业务板块，各业务板块相对独立，形成多元化经营的态势；从集团到各级成员单位跨多个地理区域，各级管理相对独立，集团无法做到集中管控、统筹运营。

随着云计算、大数据、AI、BI、RPA 等新技术在财务领域的应用，财务正在发生翻天覆地的变化。企业必须牢牢把握业财一体化和财务数字化的发展方向，充分应用各项新技术实现业务与财务深度融合，才能在快速变化的环境中占据有利地位。

S 集团财务管理以资金管理为核心，而应收应付的合规合理性是资金安全的前提。当前该集团的应收应付存在规模庞大、业态复杂、数据分散、可视化低、时效性差、系统风险高、手工调整、监管不足等特点，风险事件时有发生，迫切需要通过数据加强收付管控。本章介绍的财务资金风险监控平台项目即在 S 集团三大战略之一的数字化战略指导下开展。

13.2　项目需求

13.2.1　业务痛点

目前在 S 集团财务资金风险监控工作中存在诸多痛点，主要体现在两方面：

一方面，缺乏统一的监控平台，业务与财务数据未完全打通，财务数据分散在各个平台，数据质量差，监控效率低；另一方面，未充分应用各项数字技术，难以洞察到深层次的业务合理性问题。具体表现如下：

1）大额支出检查业务中，缺乏统一平台，需在多个系统间来回切换，且存在大量线下数据无法找到的情况，**无法保障监控的全面性**。

2）特批付款检查业务中，存在数据分散、无标签、非结构化数据未转换、检索功能弱、数据未打通等情况，**无法保障监控的实时性**。

3）按合同付款检查业务中，查询一笔付款耗时两三天，海量付款的每一笔监控无从下手，存在跨部门协作效率低等情况，**无法保障监控的持续性**。

4）个人垫支检查业务中，疑点事项需与各经办人逐个线下联系，效率低且不利于过程留痕，存在非结构化数据未转换、反馈困难等问题，**无法保障监控的独立性**。

5）预付款、拆分付款、外协供应商核查业务中，存在取数耗时长、难以检索、无法保障完整性、跨系统、难以追溯等问题，因跨系统、缺乏检索、标准不统一等问题，耗时一周未获取完整数据，无法推进业务，**无法保障监控的深入性**。

6）通过 Excel 等工具手工分析监控数据，在面对海量业务数据时，缺乏大数据分析、人工智能等新技术的应用，**无法洞察业务的合规合理性**。

业务难点和问题现状如图 13-1 所示。

图 13-1　业务难点和问题现状

13.2.2 项目建设目标

S集团希望通过建立财务资金风险监控平台，实现对应收应付的全面、实时、持续、独立、深入、智能监控，防止篡改，对每一笔应收应付进行合规合理性分析，提高应收应付的数字化水平，进而挖掘数据价值，反哺业务。具体目标分别表现如下。

1）汇聚与应收应付相关的全域留痕数据，并倒逼数据治理。

搭建大数据存储平台，部署数据采集工具，采集与应收应付相关的业务数据、财务数据、资金数据、非结构化数据、外部数据等监控数据。

构建满足应收应付监控需求的数据治理体系和数据字典，提高应收应付监控数据的数据质量和数据可见性、可用性。

2）打通应收应付全业务链，每一笔业务双向实时可视。

搭建数据联结平台，通过业务流、对象、标签、指标以及算法模型、数据血缘等技术，将以应收应付为中心的各项数据进行联结，实现不同业务类型的全业务链数据联通，用户可以在联结平台上自主建立自定义链条。

构建数据链条库，对已建立的业务链条进行管理，运用可视化技术实时展示不同的业务链条，单击链条中的任意一个节点，可显示详细信息，并可实时展示全业务链的情况。

搭建数据资产管理平台，实现对应收应付数据资产的管理，该平台具有数据地图、数据订阅、数据监控等功能。

3）增加颗粒度，如时间、地点、人物，防止篡改。

建立防篡改规则引擎供调用，对业务链条上每一个节点的时间、地点、人物、数量、金额、条款等数据元设立防篡改规则，如一致性、准确性、完整性等规则，对异常事项进行预警。

建立合规规则引擎供调用，将与应收应付相关的合规性要求进行规则化，各业务链条可调用合规规则，对业务合规性进行监控，对风险事项进行预警。

4）通过多维建模分析，验证应收应付合理性。

搭建可视化的数据建模平台，用户可自主构建分析模型，持续验证应收应付的合理性；提供数据洞察模块，可进行大数据分析、行为洞察、数据预测等多项数据应用。

建立 AI 引擎，实现智能化监控。

5）建立应用管理中心，整合已立项的应付共享数字化项目；建立智能化的运营管理中心，提高资金应收应付的数字化水平。

建立应用管理中心，对平台上的不同应用场景进行独立管理，如应付管理、应收管理、应付共享管理等。

运营管理中心对不同的应用管理中心可实现不同的功能，可调用数据资产平台中的数据，可调用引擎工厂。

对项目建设目标的总结如图 13-2 所示。

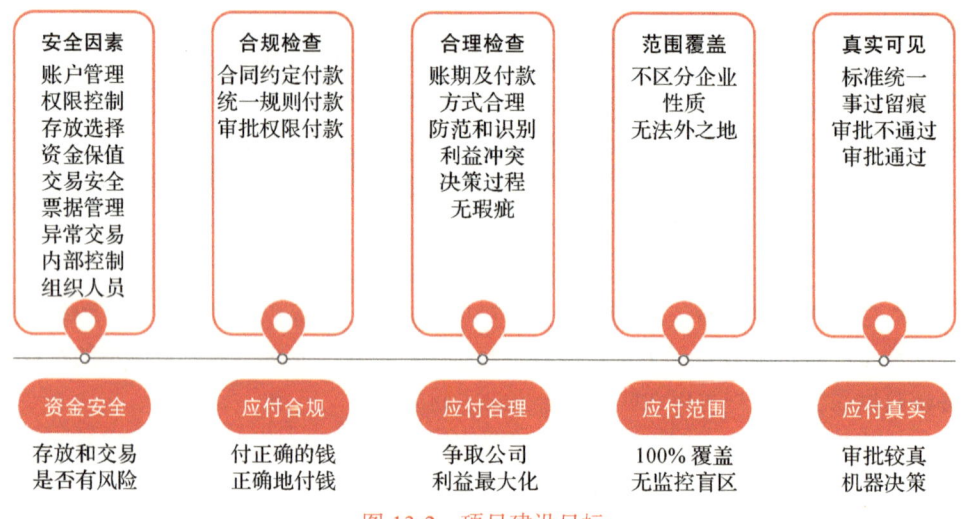

图 13-2　项目建设目标

13.3　建设实施

13.3.1　需求调研

需求调研已在 13.2 节介绍项目背景时完成，此处不再赘述。

13.3.2　资源投入

该项目累计投入项目经理、产品经理、数据开发工程师、前端工程师、后端工程师、UI 设计师、运维人员、测试人员等人员共 49 人，累计投入工时 1500 人天。具体来说，按照工作类型统计的人天投入占比如图 13-3 所示，按照人员级别（P4~P9）统计的人天投入占比如图 13-4 所示。

另外，从数据中台工程化交付体系来看项目的整体投入情况，在整个交付周期中，需求分析、方案设计、方案实施、试运行、上线保障这 5 个阶段的人天投入占比分别约为 10%、25%、35%、20%、10%。

第 13 章 制造行业案例：S 集团财务资金风险监控平台项目

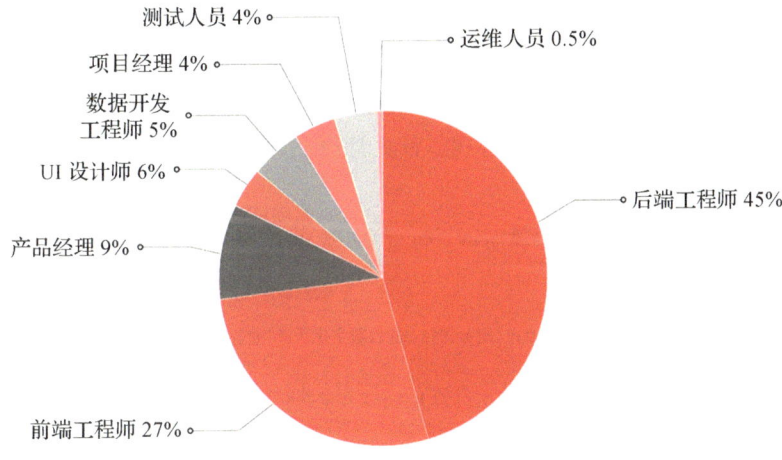

图 13-3　人天投入占比（按工作类型统计）

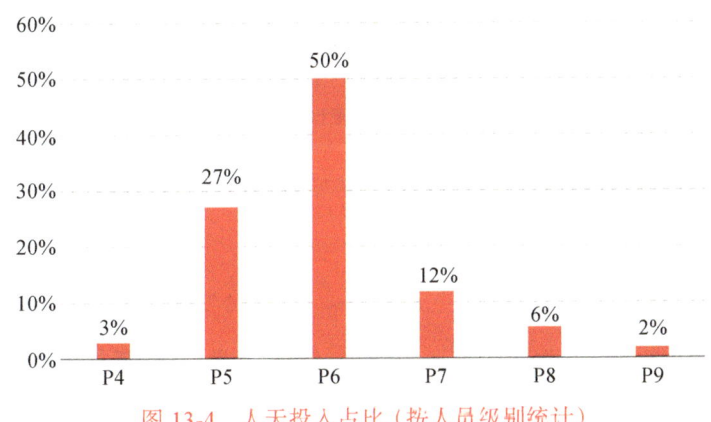

图 13-4　人天投入占比（按人员级别统计）

13.3.3　项目规划设计

S 集团财务资金风险监控平台的蓝图规划设计思路如下，另见图 13-5。

1）汇聚与应收应付相关的业务数据、财务数据、资金数据、非结构化数据、外部数据等监控所需数据。

2）通过数据治理体系提高数据的可见性和可用性后，将应收应付全业务链打通，实现每一笔应收应付双向可视。

3）建立包括规则引擎、建模引擎、AI 引擎等在内的引擎工厂供应用场景调用，通过防篡改规则检查业务链的完整性、一致性、准确性等来发现和防止篡改，通过合规规则来验证业务合规性，通过大数据建模分析来洞察业务合理性，通过 AI 引擎来实现智能化监控。

4）一期主要实现应收应付监控、应付数字化运营、第四张报表自动化三个场景应用，后期可通过能力复用和服务共享来扩展应用场景。

5）通过完整的运营管理功能建设，提供便捷的用户管理、需求管理、权限管理、推送管理、消息管理、报告管理、首页管理、大屏管理、运维管理等功能。

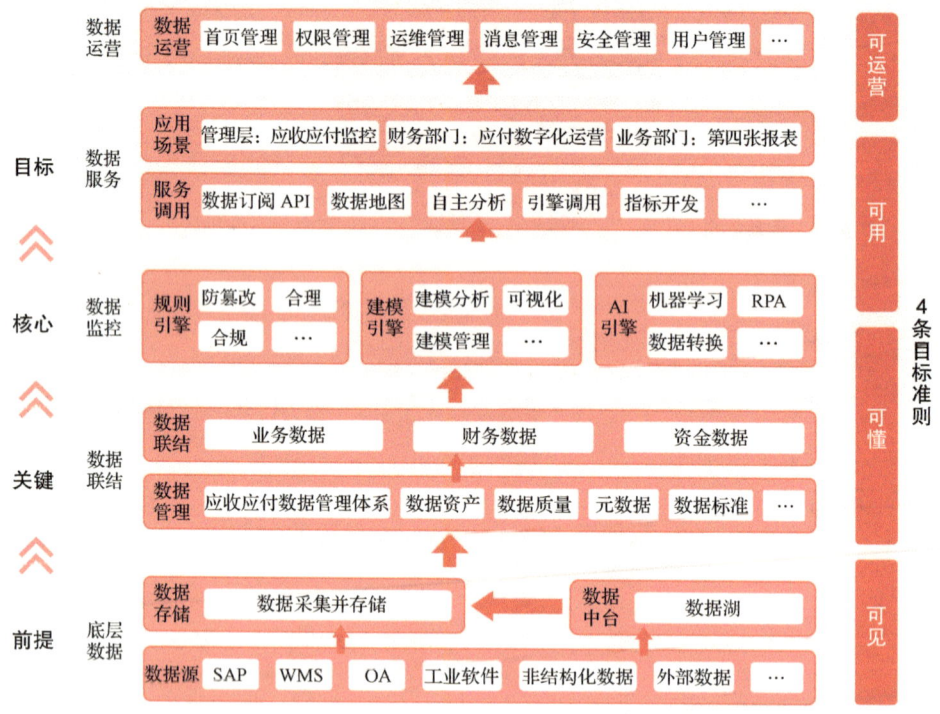

图 13-5　项目蓝图规划设计思路

依托项目蓝图规划设计思路，项目核心功能规划如图 13-6 所示。

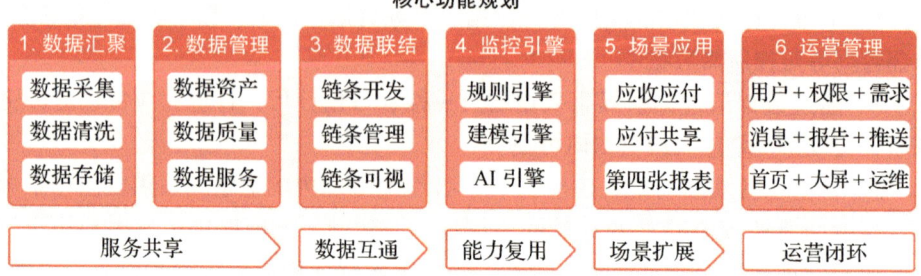

图 13-6　项目核心功能规划

13.3.4 平台功能

财务资金风险监控平台的主要功能包括通用功能、运营管理模块、数据管理模块、服务引擎模块、能力引擎模块、数据联结模块、场景应用模块、应付应用等。非功能性需求包括架构与运行环境、扩展性、灵活性、可维护性、高度柔性可配、二次开发和开放性、可靠性、安全性等。

13.3.5 方案落地实施

基于数据中台建设方法论体系中"可见、可懂、可用、可运营"的建设准则，依托项目蓝图规划设计思路，方案的实施步骤为：数据入湖→数据采集→数据管理→数据拉通→数据开发→数据调用→数据服务→数据消费（持续运营）。

（1）建设财务资金风险监控平台，风险预警监控实时可视化

打通全业务链，保证全域数据留痕建设；建立可视化实时监控预警机制，实现对业财领域数据资产营收、财务变化风险实时预警，保证每一笔应收应付都能看得见。

1）**数据采集与入湖**：独立于现有业务系统，坚持从数据湖取数并倒逼数据治理，保持监控独立性和客观性。

2）**数据汇聚与治理**：汇聚以应收应付为中心的结构化数据、非结构化数据、外部数据、非财务数据、外部监控数据等全域数据，通过数据治理体系提高数据的可见性和可用性。

3）**数据监控**：通过规则引擎、建模引擎、AI引擎监控建立起的数据联结，使得每一笔应收应付双向实时可视，对可疑业务实时预警，达到业财领域数据资产应收应付全面双向监控。

（2）建设多维模型分析规则引擎，数据防篡改

建立包括规则引擎、建模引擎、AI引擎在内的引擎工厂供应用场景调用，通过防篡改规则检查业务链的完整性、一致性、准确性等来发现和防止篡改，通过合规规则来验证业务合规性，通过大数据建模分析来洞察业务合理性，通过AI引擎来实现智能化监控。

- ❏ **规则引擎**：对全业务链进行所有环节及详细属性交叉验证，包括时间、地点、人员、类型、型号、数量、价格、金额、条件、一致性、准确性、完整性等，多条件交叉验证匹配达到，保障应收应付的安全性和合规性。

- ❏ **建模引擎、AI引擎**：通过构建多维分析模型，对所有业务环节进行多维建模分析和数据洞察，持续开发模型洞察业务合理性。一期将由咨询事

务所设计约 100 个分析模型，后续将自助式持续开发分析模型，从而达到全面洞察业务合理性，包括业务分析、预测、建议等。

（3）建设应收应付监控、应付数字化运营、第四张报表自动化三大场景应用

依托 AI + BI + RPA，实现数据平民化和服务共享化。前期将以实现应收应付监控、应付数字化运营、第四张报表自动化场景应用为核心，后期通过能力复用和服务共享，实现应用场景的扩展；通过完整的运营管理功能建设，提供便捷的用户管理、需求管理、权限管理、推送管理、消息管理、报告管理、首页管理、大屏管理、运维管理等功能。

- **数据服务**：数据链条建立后的查询结果需要具备数据透出的能力，通过数据服务主要从服务调用和数据场景出发，通过底层数据联结串联起集团的整体资金链条，实现智能建链，后续根据使用部门的不同将建链数据分别透出给相关业务部门，比如管理层关注的资金监控、财务部门关心的现金流监控等。
- **数据运营**：经过一系列治理和联结的数据，通过完整的运营管理功能建设，能够提供便捷的用户管理、需求管理、权限管理、推送管理、消息管理、报告管理、首页管理、大屏管理、运维管理等功能。
- **应收应付数据流**：以数据流的方式，帮助资金小组成员自动化、高效地追溯业务发生的合理合规性、财务核对记账重做的准确性等关键环节的链式监控，从而保障整体资金的安全性与合规性，最大限度地规避风险，且执行高效。

13.3.6 项目上线试运行

该项目的所有功能已分别于 2022 年 9 月和 10 月分步上线，目前运行正常，2023 年 3 月已完成全部功能验收。在试运行阶段，不断对项目建设过程中的数据链条进行调优，使每一笔资金链路应收应付可全链路拉通，数据利用率提高，数据全面性提升，通过数据辅助洞察业务痛点。具体表现在以下方面：

- **数据分析时效**：原来从收集线上和线下数据到汇总分析应收应付数据、总结上报需要 2 天，现在通过平台完成全流程只需 10 分钟。
- **新链条发布**：发布周期从项目上线初期的长达 31 小时优化到 5 小时 51 分钟。
- **链条可视**：高级复杂查询用时从超过 1 分钟优化到 1～3 秒，特别复杂的查询也优化到只需要 10 秒左右。
- **风险监控覆盖率**：原来风险监控主要靠风控系统和人工发现，因为风险模型和人力资源有限，风险监控覆盖较低，现在通过规则引擎、风险模型以及数据可视化组件分析，风险监控覆盖率从原来的 60% 提升到 80%。

13.4 项目价值

1. 数据资产视角

从数据资产视角看，项目的价值体现在以下方面：

1）跨系统打通全业务链，发现问题并防篡改；
2）将与应收应付相关的合规性要求固化成规则，对所有业务进行合规监测；
3）对于不同的业务类型、不同的流程，通过模型调用相应的规则引擎进行预警；
4）通过建模对全业务链进行数据分析、数据洞察，根据大量分析结果自动生成分析报告，通过规则自动生成处理建议；
5）对数据质量进行评价，对自行采集的数据进行治理，支撑集团的其他项目建设；
6）从大量的数据中快速找到所需数据，提高监控效率；
7）对于系统监控发现的问题直接在系统中反馈、处置，减少线下人工干预；
8）通过统一的平台，能够用底层表的数据实现全流程业务数据的闭环连接。

2. 能力提升视角

从能力提升视角看，项目的价值体现在资金安全、应付合规、应付合理、应付范围、应付真实等方面。

（1）资金安全

1）账户管理，严控开、销户，推进直连；
2）权限控制，严格控制谁可以动钱，推进网银和印鉴的直接管理；
3）存放选择，分散交易对手风险；
4）资金保值，加强理财本金安全，防范对冲外汇波动；
5）交易安全，提升系统安全等级和支付功能稳定性；
6）票据管理，对于超长期限中小金融机构票据、商票、非电子化票据严格管理，降低风险；
7）异常交易，监控员工个人代收款，节假日和非工作时间付款操作；
8）加强内部控制，消除流程、系统、实操三张皮现象；
9）组织人员，培养具备专业素养的人员，制定岗位分离、定期轮岗的人员管理制度。

（2）应付合规

1）按照合同约定付款，根据与供应商约定的账期、票据、验收标准付款；
2）按照统一规则付款，建立集中付款日，各事业部的支付策略独立运行；
3）按照审批权限付款，严格按照流程控制点、制度和授权进行审批。

（3）应付合理

1）账期及付款方式合理，充分利用行业惯例及谈判地位；
2）防范和识别利益冲突，严格审查业务该不该发生交易；
3）决策过程无瑕疵，决策质量是合理性的保障。

（4）应付范围

全面覆盖，包含集团内所有独立上市公司、事业部、分/子机构、海外公司、非营利机构等。

（5）应付真实

标准统一，事过留痕；针对审批不通过的付款流程，要记录反映数据散落、差异、不科学、越权、特批、扭曲的点，同时审批较真按照数据审批特性（集中、校验、智能化、防越权、规范、留痕）进行审批。

3. 业务部门视角

财务资金风险监控平台实施之后达到的效果如下：

1）数据支撑全程自动监控，监控形式从多部门手动监控到平台自动监控；
2）全域数据统一管理，数据留痕与安全，监控范围从多系统到统一的监控平台；
3）全流程数据链接可视，模型自动监控，监控工具从非结构化数据到全域数据可视；
4）机器监控数据，人为干预异常业务，监控效率从人工检查升级到机器监控之后，有了极大提升。

具体的效果对比如图 13-7 所示。

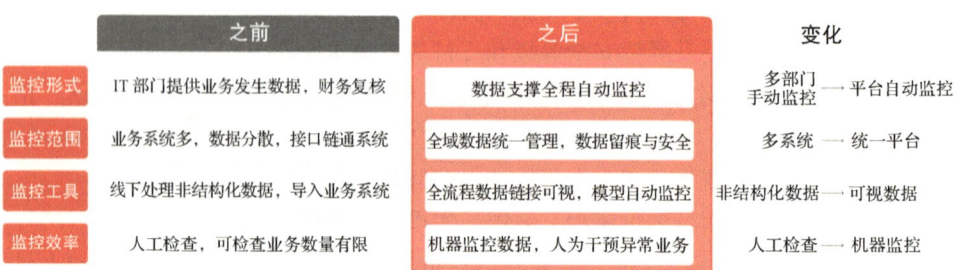

图 13-7 平台实施前后的对比

第 14 章

汽车行业案例：W 集团车联网大数据分析平台项目

汽车产业是国民经济的支柱产业，也是新能源、智能网联等新技术的载体，对科技创新和产业竞争力具有重大意义。然而，汽车行业当前正面临着全面重构和创新的机遇与挑战。如何利用大数据、人工智能等信息技术实现汽车行业的数字化转型，提升客户体验和品牌价值，是汽车企业亟须解决的问题。

本章以 W 汽车集团为例，介绍其在中国市场上的车联网大数据分析平台的建设案例，包括项目背景、项目需求、建设实施和项目价值等方面。本章旨在探索汽车行业数据中台的建设思路和方法，为汽车企业提供参考和借鉴。

14.1 项目背景

从政策、经济、技术和社会层面来看，汽车行业都到了着力发展数字经济的时代，急需科技和数字化能量的注入，引发新的创新力。

政策层面，国家出台了一系列制造业数字化转型的战略规划和政策指导文件，各地方政府也发布了多个促进数据开发与利用的产业制度，引导、支持汽车企业进行数字化转型。

经济层面，数字经济成为经济稳定增长的新动能，作为国民经济的支柱产业，汽车产业全面推行数字化转型成为必然选择。

技术层面，大数据、人工智能等信息技术不断突破革新，推动着产业革命。同时在碳达峰碳中和的大背景下，汽车行业正面临全面重构，加快脚步实现产业的"电动化、智能化、网联化、共享化"。

社会层面，消费群体越来越多元化，更加注重体验感、个性化和智能感，这对汽车企业的全链路管控提出了更高的要求。同时，我国的高互联网普及率、领先的消费理念、全球第一的新车产销量，为汽车企业的数字化转型提供了良好的社会基础。

汽车市场总体由增量市场转为存量市场。传统汽车厂商难以再靠粗放式的经营模式提高销量。互联网企业的入局以及无人驾驶等前沿技术的应用，预示着汽车作为第三空间的全新时代即将来临。这要求传统车企紧跟时代，自我革新，通过数字化转型升级服务体系，为用户提供更好的出行体验。

数字化可以对物理世界进行仿真和模拟，将企业业务流程打通，破除部门墙、数据墙，实现系统互通、数据互联，提升企业生产力和管理运营水平。数字化可以帮助汽车企业满足用户需求和体验，提升用户黏性和忠诚度。通过数字化平台，可以优化用户购车、用车全过程的服务体系，涵盖车内生活和后市场服务。通过数字技术，可以实现用户与个性服务间的连接，打开车内生活与后市场服务空间。数字化可以帮助汽车企业应对市场变化和竞争压力，创新商业模式和价值主张。通过数字技术，可以实现从传统整车销售向"产品+服务"模式的转变。

14.2 项目需求

W集团是一家国际领先的汽车企业，拥有超过250万辆车联网车辆，其中三分之一在中国。这些车辆每时每刻都在产生大量的数据，包括传感器数据、驾驶数据、服务日志、售后数据等。这些数据蕴含着巨大的价值，既可以提升W集团的品牌价值和客户黏性，也可以为W集团的业务部门提供宝贵的业务洞察和支撑。然而，W集团目前缺乏数据处理和应用能力，导致数据使用效率低，数据价值得不到发挥。W集团亟须解决这个难题，实现车联网数据的资产化并为业务赋能。

为此，W集团希望打造一个车联网大数据分析平台，实现以下目标：

- ❏ 汇聚与整合来自不同来源和类型的车联网数据，进行数据清洗、治理、标准化、融合等操作，提升数据的可用性和价值。
- ❏ 构建一个统一的数据中台，提供数据分析、挖掘、服务等能力，支持多维度、多场景的数据应用和服务。

- 基于数据中台能力，构建一体化数据服务体系，支撑多种业务场景，包括：
  - 为车联网服务业务团队提供数据支撑，包括可视化监控报表、标签体系、深度挖掘等，帮助他们了解车联网服务的使用情况、用户偏好、服务故障、发展趋势等，优化服务设计和运营策略。
  - 为客户提供更具个性化、人性化、多样化的车联网服务，如交通实时信息服务、远程服务、礼宾服务、天气、新闻等，提升客户体验和品牌忠诚度。
  - 为集团决策层提供智能化网联决策支持，如里程预测、驾驶行为分析等新型场景，帮助他们把握市场动态和客户需求，制订更有针对性和前瞻性的战略规划。

14.3 建设实施

14.3.1 需求调研

汽车行业是一个数据密集型的行业，涉及车辆、车主、服务、售后等多方面的数据，这些数据具有多源异构、海量复杂、实时动态等特点，对于数据的汇聚、治理、分析和应用提出了很高的要求。同时，汽车行业也面临着数字化转型的压力和机遇，需要利用数据驱动业务创新和优化，提升客户体验和品牌价值。

前面提到，W集团拥有超过250万辆的车联网车辆，这些车辆在全球范围内产生了巨量的车联网数据，包括传感器数据、驾驶数据、服务日志、售后数据等。这些数据蕴含着巨大的价值。然而，W集团在利用这些数据方面存在着一些痛点和挑战，主要包括：

- 数据分散在不同的系统和平台中，缺乏统一的技术标准和管理规范，导致数据互联互通困难，数据质量和安全难以保障。
- 数据仓库建设不完善，缺乏一体化的数据处理能力，各异构数据的整合能力和应用能力不足，致使数据使用效率低，数据未发挥最大价值。
- 数据分析能力不强，缺乏有效的数据可视化工具和平台，无法快速响应业务需求和场景，无法提供及时准确的数据洞察和决策支持。
- 数据创新能力不足，缺乏先进的算法模型和人工智能技术，无法充分挖掘数据的潜在价值，无法实现个性化、人性化、多样化的车联网服务。

为了解决这些痛点和挑战，W集团需要建设一个汽车行业数据中台，基于云服务搭建可视化的大数据平台,实现离线和实时数据开发平台,并通过 DevOps 开发+运营的模式,实现持续开发以及系统功能与业务场景的完善。通过车联网侧数据汇聚以及一系列数据梳理和体系化建设,完成了车联网数据的资产体系建设,并通过分次落地一个个应用场景来呈现数据的价值。其中包括监控大屏、服务分析、驾驶行为分析、里程预测等新型场景。同时,借助 AI 算法进行高阶分析。

14.3.2 项目规划设计

1. 建设思路

本项目的目标是在大中华区建设一个车联网大数据分析平台,同时助 W 集团成为这一领域的先行者。该平台将整合和分析来自车联网生态系统的各种数据源,如传感器数据、驾驶数据、服务日志、售后数据等;将利用 ID-mapping 技术实现跨域数据关联,基于一体化数仓模型和数据资产管理工具提供车联网数据资产服务;还将运用先进的 AI 算法对车联网数据进行高级分析,洞察车联网行业的趋势和机遇,提升车联网数据服务能力。

为了实现这一目标,我们遵循 "平台+数据+应用" 的建设思路(见图 14-1),该建设思路涉及 3 个主要部分。

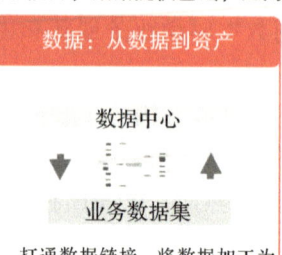

图 14-1 "平台+数据+应用" 的建设思路

- ❑ **1 个可视化的大数据平台**:基于 AWS 云搭建,支持离线和实时数据开发与管理,通过统一界面实现从数据汇聚、开发、治理到资产服务的全过程。这个平台将把车联网数据转化为有价值的数据资产。
- ❑ **1 套数据资产**:利用各种工具对车联网数据进行统一整合、存储和分层。这将增强对下游场景的数据支持能力和灵活性。

❏ **N 个应用场景**：利用数据资产为下游系统和应用赋能。这些场景由业务方和信息技术方收集的用户案例确定，包括监控仪表板、服务分析、驾驶行为分析、里程预测等。这些场景按照不同阶段逐步实施。

2. 解决方案

我们了解到，W 集团的数据和相关应用都在 AWS 云上。针对 W 集团的现状和需求，我们给出了如图 14-2 所示的项目解决方案。

图 14-2　项目解决方案

1）整个平台搭建在 AWS 云上，云计算基础设施是用 AWS 云提供的 EC2、EMR、S3、RDS、Redshift 等。

2）搭建数据中台整套工具平台，包括数据汇聚平台、数据开发平台（离线开发、实时开发、算法开发）、数据资产管理平台、数据应用平台（数据服务管理、数据可视化、数据应用），以便支持车联网数据的采集、开发、管理与应用。

3）汇聚了车联网相关的 6 类数据，即车联网后台日志数据、车辆状态日志数据、传感器数据、售后数据、舆情数据和销售数据。

4）在汇聚 6 类车联网数据的基础上，进行了数据的治理、打通和数据资产建设，形成了统一、标准的统一数仓数据，并拉通了车辆、车主、服务的相关数据，形成了各对象的标签体系。

5）利用开发好的数据资产体系，开发了车联网数据分析看板，包含：
- ❏ **服务使用分析**：服务激活分析、服务使用服务分析、服务使用汽车分析、服务使用品牌分析、服务使用趋势预测。
- ❏ **影响分析**：事件或服务中断原因分析、新功能影响分析、舆情影响分析、品牌活动影响分析。
- ❏ **趋势分析**：车、车系、品牌等服务趋势分析、远程服务趋势、服务成本结构、中国市场地位分析等。

6）在基本分析应用的基础上，还进行了 AI 应用场景的尝试，主要实现了里程预测及驾驶行为分析的场景落地。

14.3.3 方案落地实施

根据整体的项目规划设计，结合"平台 + 数据 + 应用"的建设思路，整个项目经历了平台部署、数据汇聚与拉通、构建数据资产、车联网大数据分析可视化应用、AI 算法赋能车联网数据应用价值等重要的里程碑，参考图 14-3 所示。

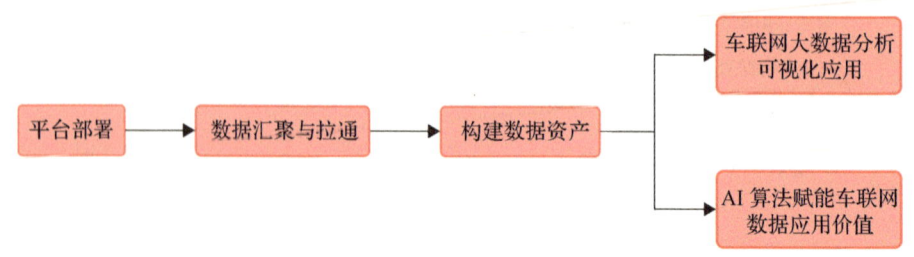

图 14-3　方案实施的步骤

1. 平台部署

本项目旨在规划与建设数据资产化和数据赋能应用的方案。为了实现这一目标，我们首先需要确定合适的开发工具体系。我们结合国际化的要求进行平台部署及国际化适配。这涉及以下几个方面：
- ❏ 中英文无缝切换，方便不同语言的用户使用平台。
- ❏ 国际化产品界面，符合国际标准和用户习惯。
- ❏ 与 AWS 云平台 S3 主存储对接，保证数据的安全和高效存储。
- ❏ 与各异构数据源插件化适配，实现数据的多样性和兼容性。

第 14 章　汽车行业案例：W 集团车联网大数据分析平台项目　❖　249

在完成这些准备工作后，我们用最小数据范围制作了一个演示环境，包括资产监控大屏和数据服务分析大屏等，展示了平台的应用能力。客户对我们的演示非常满意，并给出了正式开发项目的批准。

2. 数据汇聚与拉通

数据汇聚拉通是实施方案的第二步，目的是将来自不同数据源的车联网数据进行统一整合和标识，形成可用于后续分析和应用的数据资产。表 14-1 给出了数据汇聚清单。

表 14-1　数据汇聚清单

数据源	数据类型	数据内容	数据存储位置
车辆传感器数据	非结构化数据	车辆状态、新能源测试等	AWS 云 S3
车辆驾驶数据	结构化数据	驾驶习惯、加减速、制动等	AWS 云 RDS
车联网服务日志	非结构化数据	服务调用、事件或服务中断等	AWS 云 S3
售后数据	结构化数据	售后服务、保养次数、维修次数等	AWS 云 RDS
销售数据	结构化数据	合同相关信息、客户类型、车龄等	AWS 云 RDS
第三方平台数据	结构化或非结构化数据	舆情相关信息、交通实时信息等	AWS 云 EC2

首先，通过平台的多源异构数据交换集成工具，将车辆传感器数据、车辆驾驶数据、车联网服务日志、售后数据、销售数据、第三方平台数据等 6 大类数据从各自的存储位置接入到 AWS 云平台上，实现数据的统一存储和管理；其次，对接入的数据进行必要的数据治理，包括去除重复、异常、无效数据，规范数据格式和编码，补全缺失值，以提高数据的质量和可信度；再次，对接入的数据进行必要的数据转换，将非结构化或半结构化数据转换为结构化数据，以便于后续的数据分析和挖掘；最后，通过 ID-mapping 技术，将不同来源、不同类型、不同维度的车联网数据进行关联和匹配，实现数据的一致性和完整性。

3. 构建数据资产

构建数据资产是实施方案的第三步，目的是将汇聚拉通的车联网数据进行进一步的加工和提炼，形成可用于支撑各种数据分析和应用场景的数据资产。

构建数据资产主要包括以下两方面：

- ❑ 数据指标化：根据数仓建模理论，对数据分层后的车联网数据进行指标化处理，为每个分析维度（如服务、品牌、车系等）和分析指标（如使用量、激活率、影响因素等）赋予有意义的指标，实现数据的量化和可度量性。

❏ **数据标签化**：根据标签建模理论，将数据分层后的车联网数据进行标签化处理，为每个分析对象（如车辆、车主、服务等）和分析关系（如车辆与服务、车主与服务等）赋予有意义的标签（见图14-4，图中数字代表相应的标签数量），实现数据的分类和可识别性。

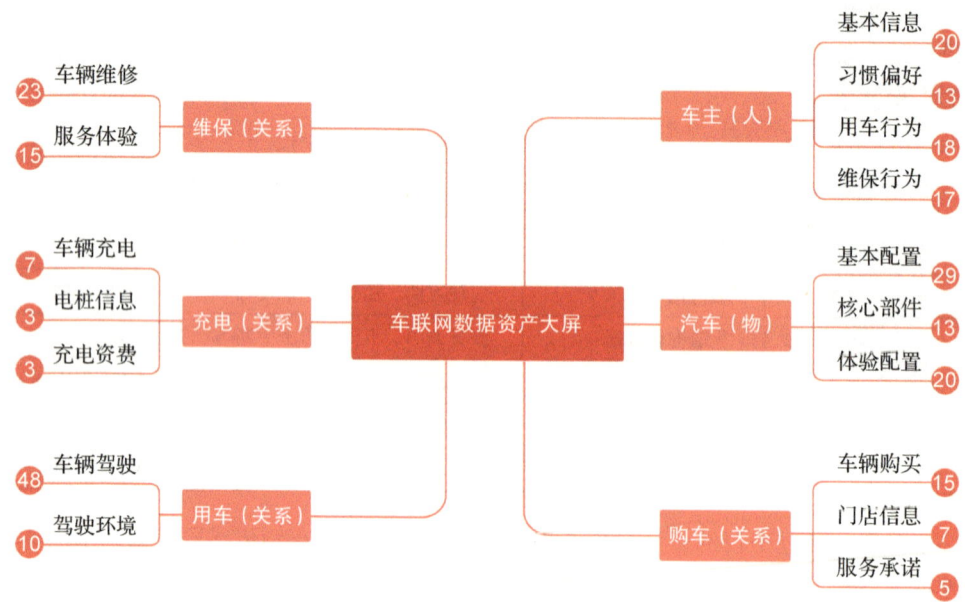

图 14-4　车联网数据资产标签体系

4. 车联网大数据分析可视化应用

车联网大数据分析可视化应用是实施方案的第四步，目的是将构建好的数据资产进行可视化呈现，满足各种车联网应用场景的需求，帮助业务人员和决策者获取数据洞察和价值。

车联网大数据分析可视化应用的主要构建步骤如下：

1）**应用场景分析**：根据业务人员和决策者的需求，确定需要开发的车联网应用场景，如服务使用分析、影响分析、趋势分析等，明确每个场景的分析目标、分析维度、分析指标和分析方法。

2）**数据资产选择**：根据每个应用场景的分析需求，选择合适的数据资产，如指标、标签、数据服务等，确保数据资产能够支撑场景的分析逻辑和结果。

3）**可视化组件选择**：根据每个应用场景的展示需求，选择合适的可视化组件，如折线图、柱状图、桑基图等，确保可视化组件能够展示场景的分析结果和价值。

4）**应用看板开发**：根据每个应用场景的设计需求，利用数据可视化工具，将数据资产和可视化组件进行组装和配置，开发出符合场景需求和美观规范的应用看板。

通过以上步骤，我们构建了 14 块车联网数据分析大屏，为业务人员和决策者提供了直观、高效、智能的车联网数据应用解决方案。我们通过其中的 9 个主分析大屏来了解一下这个可视化应用，如表 14-2 所示。

表 14-2　主分析大屏

大屏名称	主要功能	主要指标/标签
数据资产管理大屏	展示集团数据的基本情况和使用情况	总数据量增长趋势、每日数据量增长趋势、数据源存储量、数据源、数据量、数据表个数、数据服务应用、标签使用比例、数据使用率、使用排名等
平台监控大屏	平台各组件的运行状况	离线任务监控列表、实时开发任务监控、机器学习监控、数据处理流向监控、RDS 可用存储空间监控、ElastiCache 可用存储空间监控、EC2 CPU 使用监控、表异常监控、平台组件状态监控等
服务总览大屏	展示车联网日志中的各种服务调用汇总	服务使用趋势（年）、服务使用时段、服务使用排名、服务使用区域（模拟数据）、累计服务时长、服务使用频率、使用服务汽车数量、服务使用分布（模拟数据）、使用/激活率、各品牌使用服务占比、集团各车系使用服务统计、各品牌服务使用比较等
激活服务统计大屏	统计 CASA 数据的激活信息	总车辆数、激活车辆数、放弃激活车辆数、根据品牌服务激活占比、终止服务统计、服务激活趋势、供应商服务激活趋势、车系激活统计、供应商激活占比、车型激活统计、品牌激活统计等
RS 大屏	展示 cdlogs 的 RS（Remote Service，远程服务）使用情况	RS 使用趋势、RS 使用时段、使用 RS 二级服务占比、使用 RS 品牌占比、使用 RS 的车系 1 统计、使用 RS 的车系 2 统计等
BON 服务大屏	展示 cdlogs 的 BON（下载服务）使用情况	BON 服务使用趋势、BON 服务使用时段统计、使用 BON 服务的二级服务统计、使用 BON 服务的品牌占比等
LSC 服务大屏	展示 LSC 服务的情况	使用 LSC 服务车辆数、燃油车辆数和新能源车辆数，以及各种维度的行驶里程区间占比和平均每大行驶里程等
Call 大屏	展示 Call 服务的情况，包括各种 Call 服务的一级、二级分类	Call 服务使用趋势、Call 服务使用时段统计，以及各种 Call 的使用占比和品牌占比等
E-Call 大屏	展示 E-Call 服务的情况，包括 E-Call 的原因和影响分析	月度品牌 E-Call 趋势、各时段品牌趋势，以及 E-Call 总数和平均次数等

利用可视化工具构建的数据资产管理大屏如图 14-5 所示。

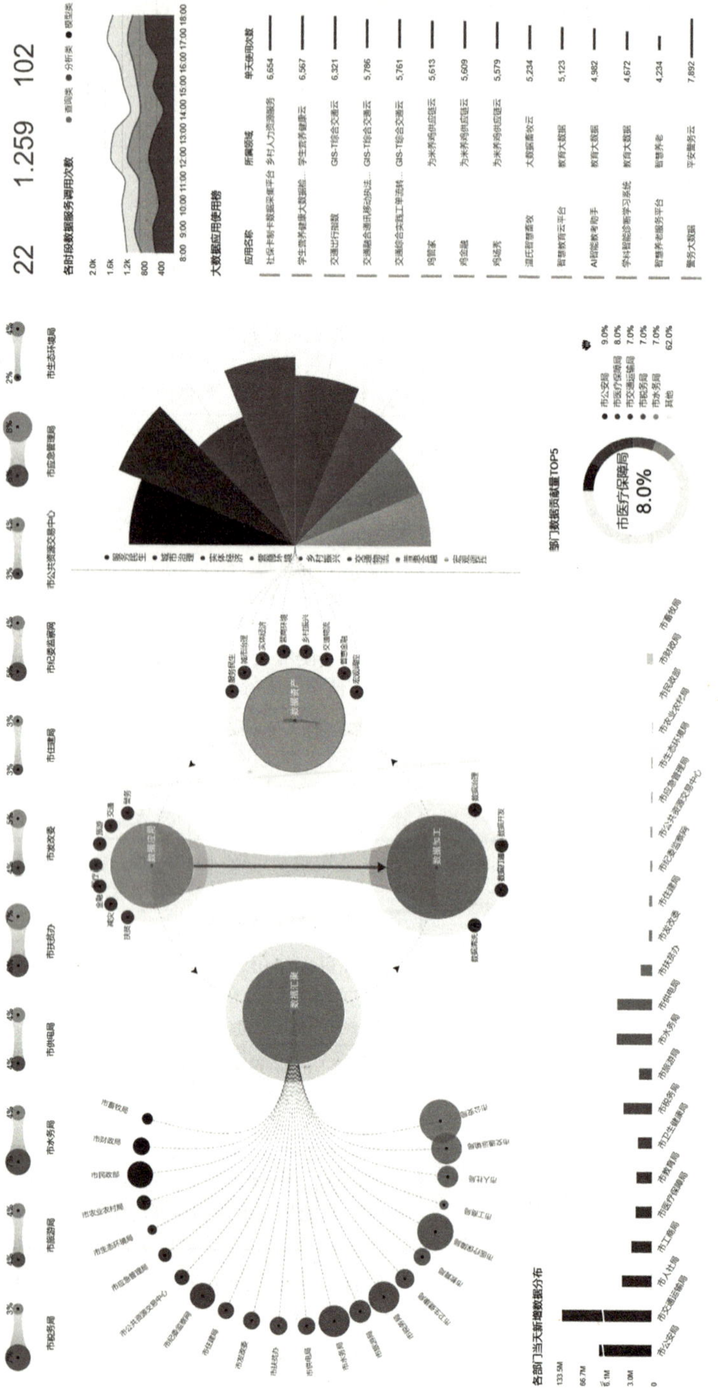

图 14-5 数据资产管理大屏

5. AI 算法赋能车联网数据应用价值

AI 算法赋能车联网数据应用价值是实施方案的第五步，目的是通过深度学习和机器学习等技术，对车联网数据进行高阶分析，洞察车联网发展趋势，提升车联网数据服务能力。

本项目实现了两个典型的 AI 算法应用场景，分别是里程预测和驾驶行为分析。

里程预测场景的目的是利用已有数据预测用户驾车的行驶里程，评估汽车各个零件的使用寿命，精准预测车辆的日均里程数，进而提高车辆的耐用性。这个场景涉及的数据主要有驾驶行为数据（驾驶习惯、加减速、制动、体重、载重等）、驾驶环境数据（平坦路面、转弯数量、上下坡、风阻、气温等）、车辆状况数据（胎压、电池循环寿命衰减、电机效率等）。我们采用了深度学习和随机森林算法训练模型，对里程相关的关键特征进行因子关联分析，拟合出每个车架号对应的日均里程数。我们在 5000 万级别的数据量上进行了模型训练和测试，保证了模型的准确率和效率。该算法应用到剩余里程预测和保养里程预测等领域，为车主提供更为准确的维保服务和更好的用户体验。

驾驶行为分析场景的目的是通过对传感器数据的实时回传，根据驾驶行为评分模型对司机的行为习惯进行综合打分，并针对司机的驾驶习惯进行出行方式及目的地推荐，以提升客户对品牌的黏性。这个场景涉及的数据主要有是否在各车况下及时开车灯、百公里转向次数、整体车速控制（平均车速、百公里急加 / 减速次数、超速次数等）、车距保持、疲劳驾驶、百公里能耗、开车时间、起达点等 10 个维度 20 个指标。我们采用了机器学习算法训练模型，从多个角度量化驾驶行为，进行科学打分，得出综合评分并给出评分说明。该算法应用到安全提醒和优惠推荐等领域，为车主提供更为安全和个性化的出行服务。

14.4　项目价值

W 集团通过车联网大数据分析平台实现了以下价值：
- 实现了从数据汇聚、开发、治理到资产服务的整个过程，提升了数据处理效率和价值挖掘能力。
- 整合了车辆传感器数据、车辆驾驶数据、车联网服务日志、售后数据等多源异构的车联网数据，构建了车辆、车主、服务等多维度的标签体系和指标体系，为业务创新和决策提供了数据基础。
- 开发了多个车联网数据分析应用场景，包括服务使用分析、影响分析、趋势分析、里程预测、驾驶行为分析等，满足了客户的多样化、个性化需求。

- 应用了深度学习和随机森林等 AI 算法，对车联网数据进行高阶分析和预测，提升了数据应用的精准性和效率，为车主提供了更优质的服务和出行方案。
- 为 W 集团在中国市场的数字化转型和车联网业务发展奠定了坚实的基础，增强了其在全球汽车行业的竞争力和品牌影响力。

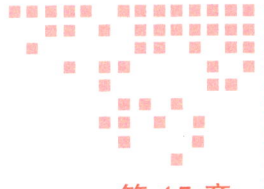

第 15 章

地产行业案例：Z 集团客户数据中台从规划到落地

伴随着数字化时代的到来，房企积极探索数字化运营的新模式，创新客户服务模式与客户体验，以更好地满足客户需求，提升企业效率和竞争力。在数字化运营中，客户数据中台的建设是非常重要的一环。客户数据中台是指通过整合各类客户数据，构建一套完整的客户数据资产体系，为企业提供全方位的客户洞察和决策支持。通过客户数据中台，房企收集与整合客户数据、市场数据和竞争数据，深入挖掘客户需求和市场趋势，更好地了解客户群体的特点和需求，从而开发更加符合客户需求的产品，提供更加精准的服务，制订更加精准的营销策略和产品规划，提高产品竞争力、客户满意度和忠诚度。客户数据中台的建设及运营已成为房企持续发展的必由之路，未来将会有更多房企投入资源进行客户数据中台建设与人才培养。

15.1 项目背景

在三高（高周转、高杠杆、高利润）模式的爆发式发展时期，房企规模迅速增大，头部房企年销售规模突破 5000 亿元大关。这一时期属于粗放式发展期，房企拿地与卖房子都比较容易，它们主要关注业务增长规模，而并不十分重视质量管控、产品设计、数字化、精益管理等。2016 年国家发布"房住不炒""三道红线"等一系列房控政策，以及近期房企债务违约暴雷事件频频发生，使得房企越来越关注现金流、精益化管理、成本管控、风险管控等关乎企业生存的基本问题，同时对全面数字化服务的诉求日益迫切。

从 2018 年开始，房企纷纷拥抱数字化，开始借助信息化和数字化的手段来实现业务增长与降本增效。较之数字化发展领先的互联网、金融科技等领域，地产行业的数字化发展相对滞后。经过几年的发展，大部分房企目前已经完成信息化过程，建设了 ERP 系统、OA 系统、HR 系统、财务系统等基础支撑系统，也完善了基于地产开发全流程的相关业务系统，如投资系统、设计系统、成本系统、工程系统、全景计划系统、招采系统、销售系统、供应商管理系统、客服系统、物业系统等。大部分房企通过建设数据中台或业务中台来推动数字化转型，TOP50 房企在部分领域实践智能创新并取得一定成果，比如万科的智能助理与 AI 智能审图、中海地产的智能客服管家等。

经过数百个地产数字转型项目的实践，我们发现，房企的数字化转型一般从以下 3 个方向突破（见图 15-1）：

- **数字化客户运营**：基于客户全生命周期提供个性化服务，包括营销服务、售后服务、物业服务等，通过大数据和人工智能等技术进行标签画像，通过画像准确描摹客户特征，抓住客户个性化需求，再根据房企自身客户运营服务资源（如营销活动、业务活动、多业态联合营销）进行匹配，提供精准的客户服务，实现营销转化与客户体验提升。
- **数字化开发运营**：基于产品全生命周期，即地产项目开发全生命周期，包括投资拿地、产品设计、工程施工、销售、回款、结转、移交物业等环节，对每一个环节进行经营分析，管控好成本，控制风险，提升工作效率。从关注单一项目的经营管理到集团全局一盘棋，通盘考虑，形成地产大运营模式。
- **数字化风险管理**：借助大数据平台、风险数据资产、风控模型、智能分析等数字化工具，横向基于地产业务全流程，纵向基于地产业务全领域，盘点房企风险清单，形成企业风险地图，通过风险自动预警系统实现风险主动识别与常态化管理，从而实现房企全面风险管理。

这 3 个方向上的突破均不是某一部门、某一个信息化系统能独立完成的，需跨业务领域、跨业务系统，打破系统壁垒，解决数据孤岛问题，从而实现数据全链路拉通、全域拉通、全生命周期拉通。目前实现数据拉通、全域数据汇聚、统一开发管理的方式有多种，其中实践效果最好的方式之一是数据中台模式。基于数据中台架构（见图 15-2），可在极少改造甚至不改造原有业务系统的情况下，汇聚集团全域数据，通过数据开发（离线开发、实时开发、算法开发、服务开发）

加工数据，形成数据资产（指标、标签、模型、报表、API 等），服务于数据应用或原业务系统，从而完成业务数据化—数据资产化—资产服务化—服务业务化的数据价值转化闭环。该模式也是众多房企数字化转型项目中的最佳实践，帮助房企成功实现数字化转型，释放数据价值，赋能地产业务。

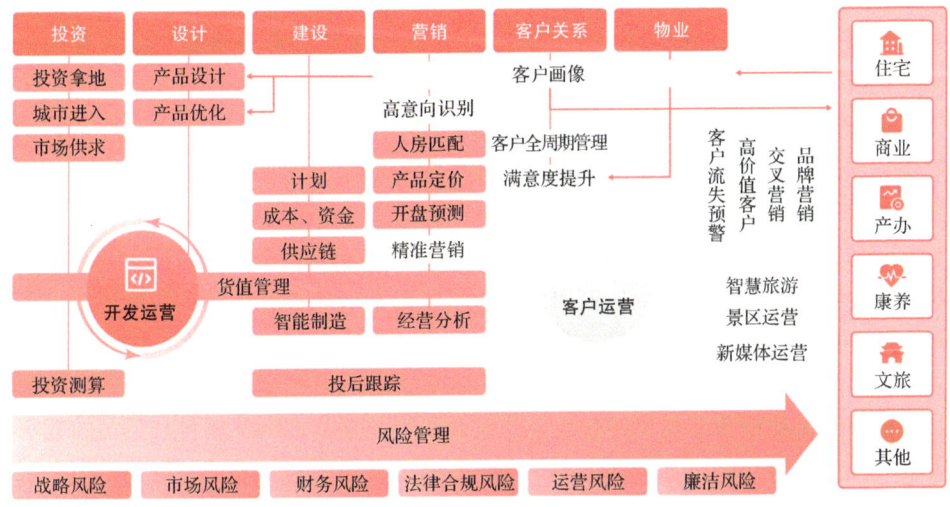

图 15-1　地产数字化运营体系

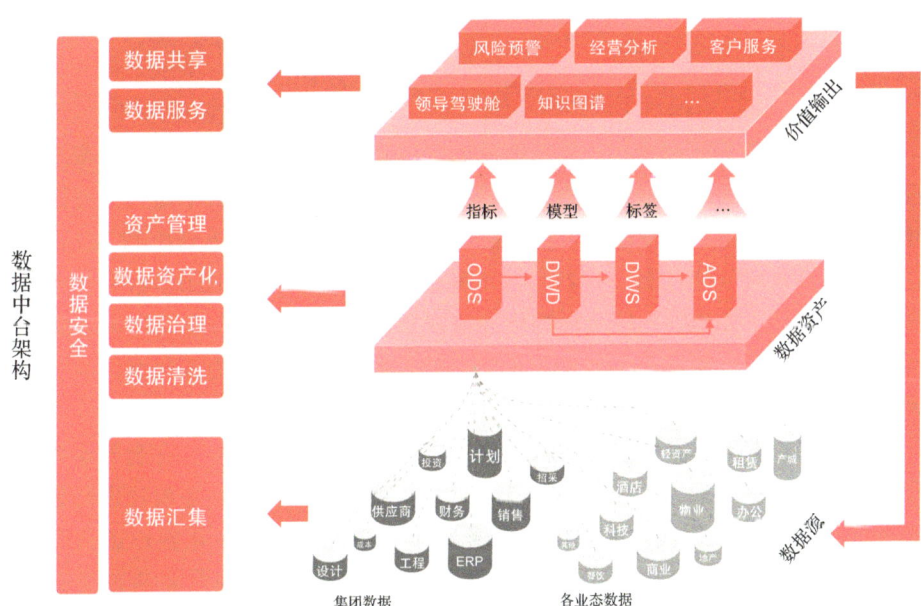

图 15-2　地产数字化转型数据中台架构

Z集团作为中国地产TOP5的房地产开发商，年销售规模超过3500亿元，业务板块涉及住宅开发、写字楼、购物中心、酒店旅游、物业服务，涉及装修、教育、文化、养老等十多个业态，业务遍布全国各地，地产项目超过1000个，客户规模超500万，属于典型的综合性地产集团。

目前Z集团已建成销售系统、设计系统、工程系统、全景计划系统、成本系统、客服CRM系统、OA系统、客服平台、招采系统、物业系统、设备管理系统等共六十多套业务系统，实现业务数据化，并且构建了业务中台、经营分析门户、BI平台等数字化工具平台进行数据分析、管理决策。Z集团高层根据集团业务战略发展需要，制定了全生命周期管理、全流程数字化管控的数字化战略。围绕客户全生命周期和产品全生命周期两条主线，构建数字化服务能力。从客户研究、产品设计、施工建筑、营销、客户服务、物业管理全链条入手，打造11大客户服务体系。围绕产品全生命周期，进行分类分级标准化管理，形成五档十类的产品体系，构建产品缺陷库，为每一个项目或房间构建数字档案，从而实现产品全周期数字化管理。

目前该企业的数字化发展水平处于行业第一梯队，借助下属科技公司的数字化研发能力和数字化人才团队，以及逐步完善的业务信息化系统，搭建数据分析与决策工具，同步推进业务中台与数据中台建设，积极探索智能风控、智能客服等创新应用。

15.2 项目需求

身为央企和头部房企，Z集团积极响应国家关于央企发展的相关政策。国务院国资委在《关于加快推进国有企业数字化转型工作的通知》中提到，要探索构建适应企业业务特点和发展需求的"数据中台""业务中台"等新型IT架构模式，建设敏捷高效可复用的新一代数字技术基础设施，加快形成集团级数据技术赋能平台。承接"十四五"Z集团数智化战略规划，客户数据中台建设作为Z集团下属科技公司"数字新基建"底座，需要借助大数据平台的能力深化客户洞察，改善客户满意度，提升产品力。

当前，Z集团在客户数据获取与使用方面面临营销、客服、物业等业务系统壁垒，以及数据割裂、获取难、清洗难、分析难等困境。跨业务板块进行数据拉通整合，并通过数据应用赋能客户服务对于Z集团实现数字化客户运营至关重要。需要通过客户数据中台拉通客户数据，通过数据建模与数据治理建立客户数据资产，为营销、客服、物业等业务板块赋能，提升工作效率，提升客户满意度。根据客户管理部的战略目标，建立实时的全周期客户评价体系。

Z集团客户数据中台相关需求总结如下：

1）需要通过第三方客户满意度调研，实现行业对标、绩效考核，增加准业主、老业主调研，覆盖阶段性空白；

2）需要搭建客户触点实时评价，及时进行过程纠偏、改进诊断，线上+电话400回访需100%覆盖；

3）推进敲门计划，形成地区日常管控抓手，覆盖无感知客户，挽回不满客户，提升客户体验。

对于数字化转型和数据中台的建设工作，Z集团在项目启动前期经过了充分调研与准备。具体工作包括：与旭辉、万科、龙湖等在数字化方面领先的同行进行交流学习，就地产数字化转型经验和思路进行研讨，明确Z集团数字化成熟度与努力方向；同时与德勤、数澜科技等数字化转型的咨询服务商和数据中台服务商密切接触，结合Z集团当前业务发展状况与数字化进程进行深度研究，制订Z集团数据中台建设主体方向与顶层规划。Z集团高层就数字化转型必要性与数字化转型路径达成一致意见，为后续推动Z集团数据中台建设奠定了坚实基础。

Z集团数字化转型规划明确通过客户数据中台承接技术、引领业务，构建定义规范的、全域可连接萃取的、智慧的数据处理平台，建设目标是高效满足前台数据分析和应用需求，涵盖大数据计算、数据建模、算法能力、展现及数据资产管理等。

整个项目将分4个阶段进行：

1）搭建大数据开发及管理平台，构建大数据加工能力，试点场景验证；

2）引进与培训大数据人才，构建大数据开发及应用能力，构建集团数据资产；

3）挖掘数据应用场景的深度与广度，扩大数据中台价值，真正赋能业务；

4）构建数据资产流通体系与平台，将数据作为生产要素在集团体系内实现自由交换、自由流通，扩大数据资产价值。

本期建设目标如下：

1）汇聚拉通全域客户数据，构建客户标签体系与分析指标，形成客户画像，精准描摹客户，感知客户需求；

2）数据中台支撑构建实时评价的完整闭环，形成对实时评价分析、考核等业务的支撑；

3）构建房屋档案，结合五档十类形成产品数据的归集，支撑基于产品的多维交叉分析，实现一户一档；

4）对于客户反馈的产品缺陷和服务问题，结合算法能力追根溯源，追溯相关的责任团队/人员，实现客户管理透明化、精准化。

15.3 建设实施

Z集团客户数据中台项目实施参照地产数据中台项目工程化交付模型与经典周期，即需求调研、资源评估、项目规划设计、方案落地实施、项目上线试运行，完美落地。

15.3.1 需求调研

历经一个半月的业务调研与数据调研，梳理清楚客户的数字化现状与业务需求。其间，对营销、客服、物业、运营、数字科技、设计、工程等十多个业务部门进行调研，调研对象主要有部门领导、部门信息化或数字化负责人、部门业务主管和一线业务员工4类，调研内容涵盖部门战略、部门职责、业务流程、信息系统、数据需求等。业务调研的主要目标是理解客户业务逻辑、现状与普遍问题、业务对于数据的诉求等，同时数据开发人员全面盘点本次项目范围的数据资源情况，包括系统、数据库、数据表、字段、数据质量等。本阶段需要产出调研报告、数据盘点报告、需求分析报告，并与调研部门就需求分析结果达成一致意见。

基于充分的业务调研与数据调研，明确了客户需求包括：提升客户洞察能力，健全产品全生命周期档案，构建大数据平台能力，进行数据资产沉淀，通过算法提升客服语义分析能力，提高产品缺陷定位能力。

15.3.2 资源评估

鉴于项目规模较大，涉及组织多，业务涵盖广，业务繁杂，结合数据中台建设经验，该项目实施团队需要项目经理、业务专家、数据建模专家、产品经理、数据开发人员、应用开发人员、测试人员等角色，并且在项目组中需要双方的领导与项目核心人员深度参与。其中，关键角色是业务专家与数据建模专家。该项目对业务理解和行业经验要求较高，为了更好地理解客户需求，更顺畅地与客户沟通，必须引入业务专家，与客户深入沟通以理解客户需求，并从行业发展与业务专业性出发规划整体项目，指导产品经理进行产品方案输出。同时，由于该项目涉及的业务系统较多，数据分类庞杂，数据量超大，因此需要一位资深数据建模专家对数据架构、技术架构进行优化设计，以保障超大数据的开发与管理、数据实时更新等技术要求的达成。

15.3.3 项目规划设计

基于上述客户需求理解与分析，在两周内进行项目整体蓝图规划，涉及项目目标对齐、需求总结与响应方式、产品化解决方案、实施计划、人力资源保障等内容，经过与客户多轮汇报沟通，就整体蓝图规划方案达成一致意见，明确双方开发边界与配合模式。

Z集团客户数据中台（见图15-3）的整体解决方案如下：

首先，以提升客户满意度与产品力为目标，以客户和产品数据为中心，借助大数据开发平台，建设数据中台，构建Z集团大数据开发基础能力；

其次，整合与集团客户和产品相关的全域数据并进行数据治理，以提高数据质量，保障数据可信可用，为Z集团提供管理决策与分析的精准数据支撑；

最后，结合客户运营场景需求，开发相应的数据分析和数据可视化应用，Z集团的高层及营销部门、客服部门等业务部门借助数据资产和数据应用来解决与客户和产品相关的业务问题。

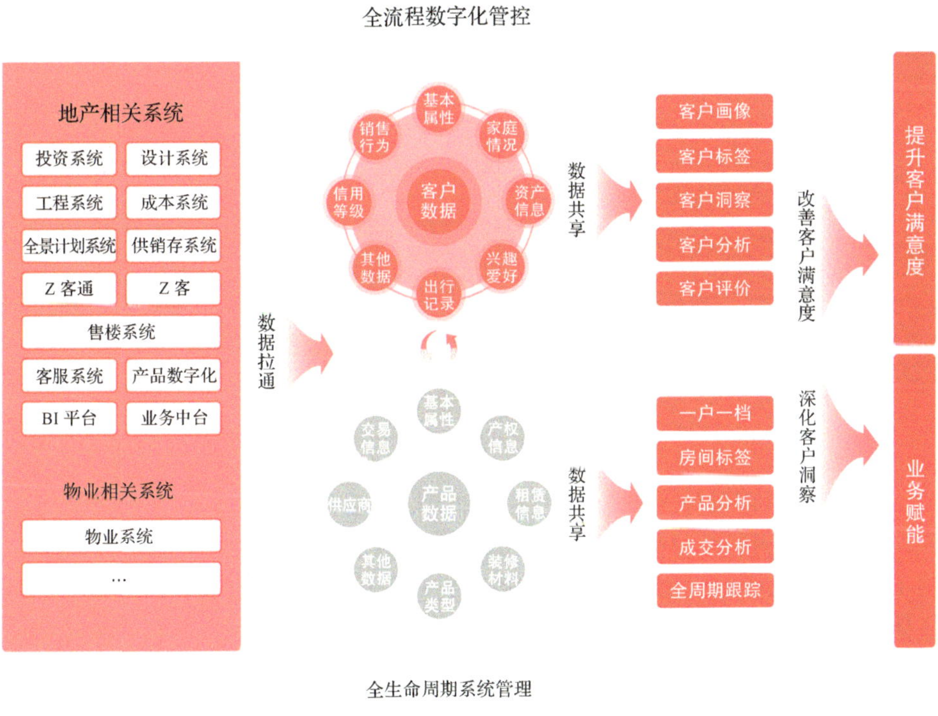

图15-3 Z集团客户数据中台

整体思路是围绕客户生命周期和产品生命周期梳理并完善数据触点，提高指标分析效率，提升业务感知，最终助力集团数智化产业升级。

Z集团客户数据中台的建设步骤（四步法）如下：

1）**汇通数据**。汇聚全域数据，进行数据清洗与转换，基于OneID进行全面拉通，形成统一的数据资产体系。具体包括客户、产品、员工三类数据拉通，如图15-4所示。

- ❑ **客户数据拉通**：整合所有业态的客户ID信息（手机号、身份证号、微信号、会员号等），采用ID-mapping算法将客户ID进行拉通处理，加入业态置信度与时间权重以提升客户ID识别准确率，建立客户—会员数据体系。
- ❑ **产品数据拉通**：构造房间的唯一ID，通过ID映射关联主数据、工程系统、招采系统、营销ERP等房间相关的数据，建立从设计到建造、开盘销售、验房收楼、物业服务、租赁交易等房间全生命周期的产品档案。
- ❑ **员工数据拉通**：整合集团内部全部员工的静态数据与行为数据，构建统一的员工标签体系，打通员工在不同阶段、不同部门、不同项目中的一切关联关系数据。

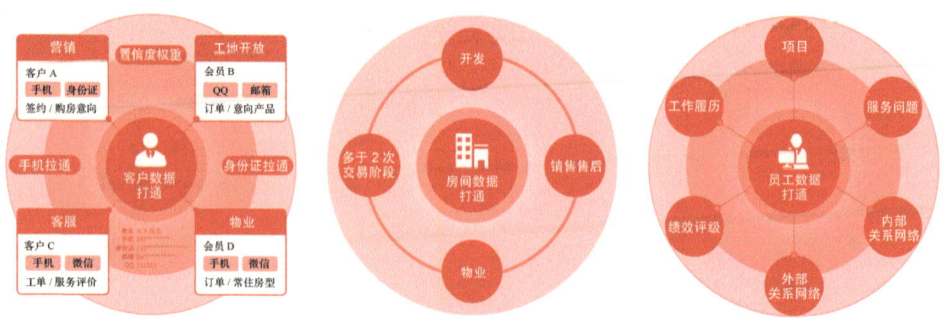

图15-4　Z集团客户、产品、员工三类数据拉通

2）**资产体系设计**。基于标签体系和指标体系建设方法，结合业内最佳实践，搭建Z集团客户标签体系、客户服务与运营分析指标体系（分别见图15-5、图15-6和图15-7），通过数据建模理论与数仓技术构建客户数据资产。基于OLP实体建模方法（OLP是一种以高度抽象的方式将各种数据拆分、重组、连接的方法，具体包括：Object，实体对象；Property，属性；Link，实体之间的关联关系），设计Z集团客户的标签体系，以时间轴为基础，从一个基础属性上升至行为习惯、兴趣爱好，进而上升至性格特征，从数据逐步构建起一个人的立体画像。

图 15-5 客户标签体系建模框架

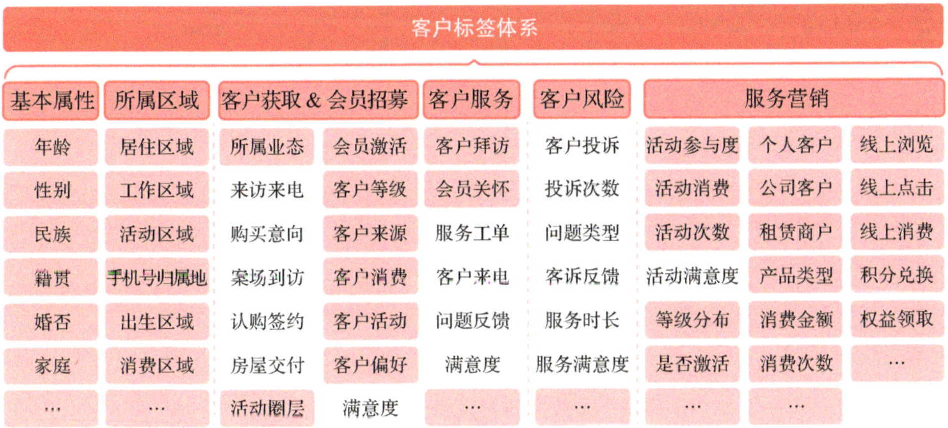

图 15-6 客户标签体系示例

3) **数据建模**。借助大数据开发工具、数据建模方法论,参考地产行业数据模型设计,进行数据建模,开发标签与指标,实现数据从数据资源到数据资产的转化。数据开发工具需要具备数据交换、离线数据开发、实时数据开发、算法开发、服务开发、数据治理、数据服务等基础功能(见图 15-8),以满足在数据开发及管理过程中的数据采集、数据存储、数据拉通、数据治理和数据使用需求。

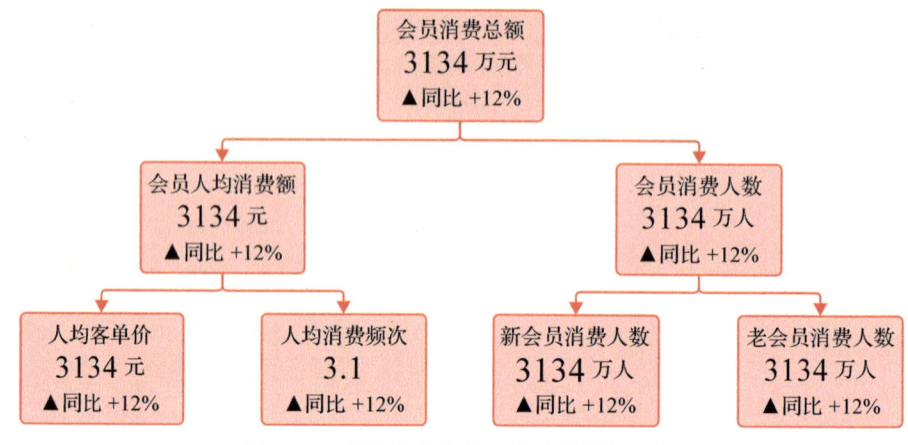

图 15-7 商业地产会员运营分析指标示例

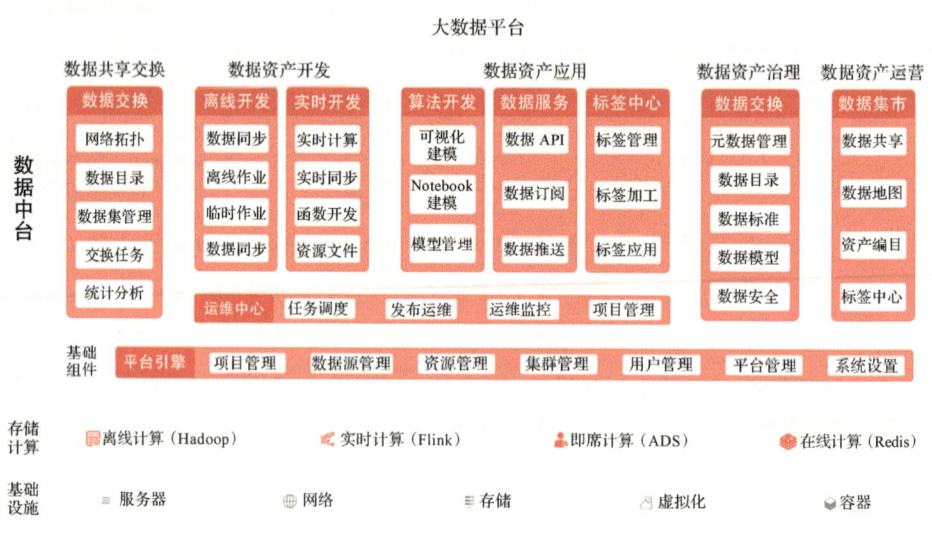

图 15-8 大数据开发及管理平台功能架构

借助数据仓库建模经典理论（维度建模），借鉴地产行业优秀企业数据建模方法（见图 15-9），按人力、财务、运营、供应商、合同、成本、投资、工程、客服、客户、营销、物业等 25 个数据域进行 Z 集团全域数据主题划分，以满足复杂业务、多场景的数据应用需求。

4）选场景，搭应用。根据 Z 集团当前业务场景的数据使用需求，搭建相应的数据应用，以满足本期业务数字化诉求。在验证数据中台赋能业务能力的同时建设数字化试点场景，为数据中台后期业务应用场景奠定基础。当前，Z 集团的

第 15 章 地产行业案例：Z 集团客户数据中台从规划到落地　❖　265

主要业务场景有：精准客户画像、客群特征分析、地产项目定位复盘、客户全周期触点分析、客户评价量化内部工作质量、产品的分类分级特征分析、相似产品销售规律、产品全生命周期溯源、客户反馈原声解析。客户数据应用示例如图 15-10 和图 15-11 所示。

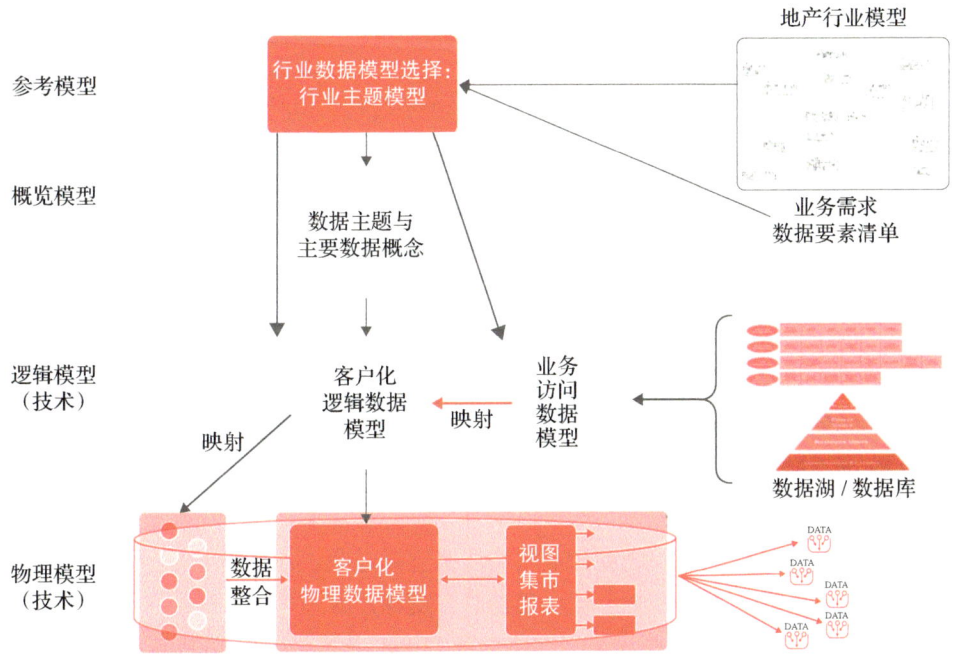

图 15-9　数据建模方法参考

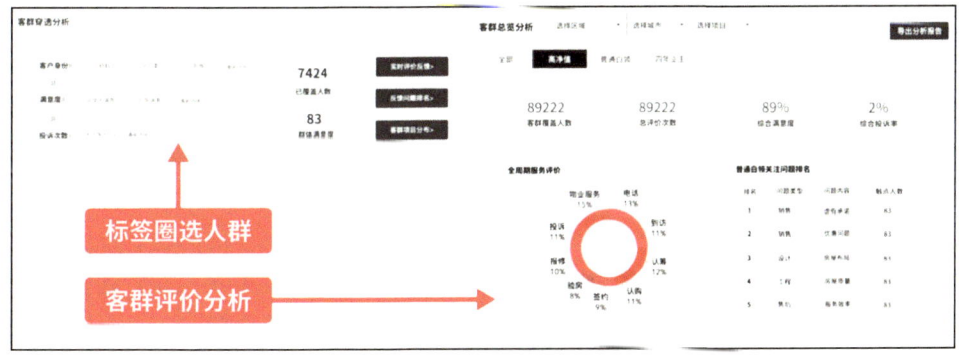

图 15-10　客户数据应用示例一：标签圈群 + 客群特征分析

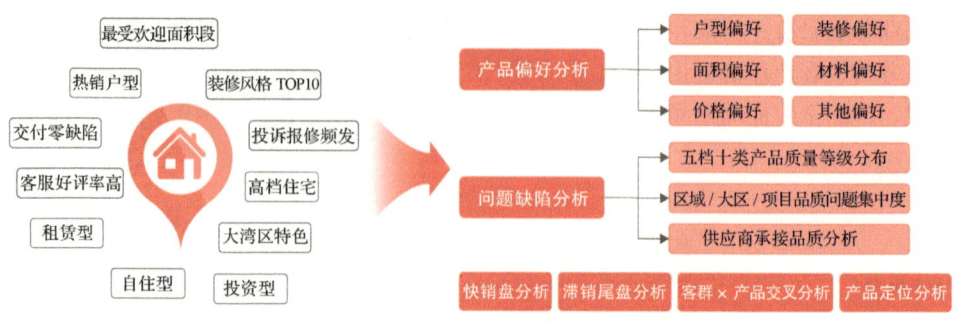

图 15-11　客户数据应用示例二：产品偏好分析 + 问题缺陷分析

Z 集团客户数据中台的主要功能如下（见图 15-12）：

- **标签管理**：上线标签体系管理、维护等相关功能，实现标签资产管理。
- **客群管理**：上线基于标签的客群圈选功能，可以实现客群的分析及客群的推送。
- **客户画像（基础信息 + 客户旅程）**：上线客户基础信息、客户旅程的相关功能，通过 PC 端可以实现对客户信息及数据的查询。
- **客户画像（客户心声 + 客户关系）**：上线客户画像中的客户心声、客户关系等模块。
- **客服溯源**：上线问题溯源应用功能，支撑客服业务。
- **一户一档**：上线一户一档应用功能，支撑产研业务。
- **移动端页面**：客户查询、客户画像基础分析、评价分析以及标签采集数据服务等功能模块，为地产营销和地产客服的前端业务提供支撑。

15.3.4　方案落地实施

根据前期蓝图规划，开发人员按照产品化方案与产品原型设计进行平台开发（见图 15-13）。在数据中台项目开发过程中，最为关键的是数据口径的统一与标准化。经常会出现业务部门、运营管理部门、财务部门之间数据口径不一致的问题，因此需要明确不同口径之间的差异，同时解决同数不同源的问题。该项目采用开发环境、测试环境、生产环境三套不同环境的规范开发模式，开发环境中的各种数据同步与数据测试不影响生产环境，保障客户业务正常运行。在测试环境运行没有问题之后，再发布到生产环境，以实现平台的顺利上线。为保证数据中台项目持续、稳定地服务客户，需要用一个月时间进行上线维护与敏捷迭代，以保障平台产品的易用性与客户数据需求二次验证。

第 15 章 地产行业案例：Z 集团客户数据中台从规划到落地

图 15-12　Z 集团客户数据中台蓝图规划

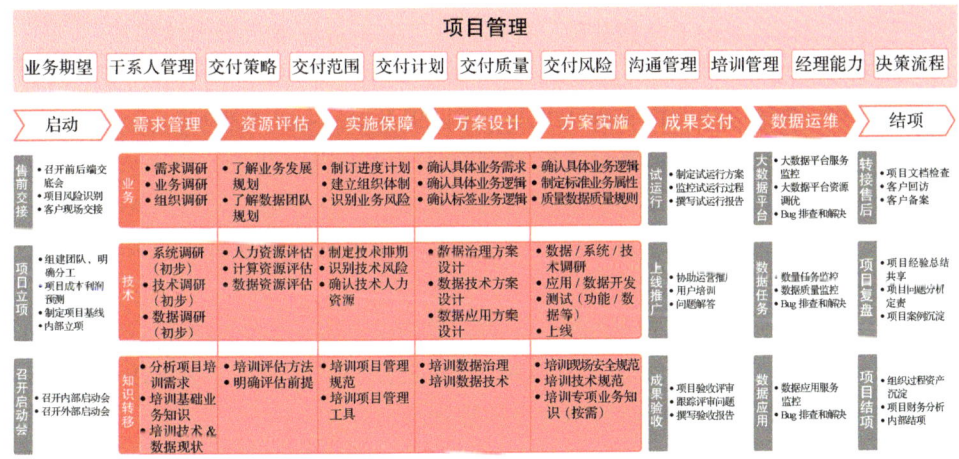

图 15-13　地产行业数据中台项目实施工程方法

15.3.5　项目上线试运行

Z 集团客户数据中台上线之后，一期对接了主数据平台、设计系统、计划系统等 20 多个核心系统，基于 OneID 和 ID-mapping 技术实现了产品数据、客户数据、员工数据等 11 类数据的拉通，基于深度学习、随机森林等 AI 算法开发了 5 个算法模型。这些算法模型基于数千万条数据进行训练，主要实现了基于客户原声文本自动分类产品缺陷问题，并进行不同地产开发环节的产品缺陷溯源。算法的整体准确率达 93%，极大提高了分类准确性和溯源效率。基于客户对象和产品对象开发了地产领域的 500 多个标签，形成了地产客户标签体系、地产产品标签体系，用于客户标签画像与产品标签画像、客群分析、复盘分析等场景。

15.4 项目价值

Z 集团属于典型的综合性地产集团，具有业务类型多、业务场景复杂、业务规模较大、信息化程度较高、数字化人才团队配置合理、数字化认知程度高等特征。建设目标明确、数据应用场景清晰是 Z 集团客户数据中台建设的成功关键。该项目为综合性地产集团找到了一条数字化转型及数据中台建设的有效路径。

1. 实现数据的共享和复用，优化数据处理流程

从技术角度来看，搭建一套大数据开发工具，奠定大数据研发基础。Z 集团客户数据中台具备数据采集、数据开发、数据萃取和数据服务的一体化数据开发能力，包括非结构化数据存储与处理的能力、实时数据计算能力、AI 算法能力。同时，搭建了一套高可用、易扩展的数据中台产品架构（见图 15-14），为后续复杂多变的应用场景提供了坚实基础，能够提高业务响应速度。具体体现在：

1）业务数据库采用 Greenplum，具有高扩展性、高查询性能、高可用、多态存储等特性，整体应用架构支持高可用，保证版本切换业务无感知。

2）大数据开发平台能全面适配 10 余种大数据底座（华为、腾讯等），30 余种数据源涵盖结构化、非结构化、半结构化数据。支持多集群同时接入租户，方便企业快速构建数据中台服务及进行集群切换，帮助企业完成从数据采集到数据应用的闭环管理。

3）采用 CDH 集群私有化部署，多租户管理保证数据安全隔离，具有强大的大数据计算能力，数据存储量达到 5TB，日均数据处理量不少于 300GB，同时具有强大的横向扩展能力，可以根据业务扩展同步演进。

上线半个月，客户数据中台已经承载了包括明源 ERP、客服系统、产品设计系统、成本系统、主数据等在内的 20 多个业务系统（见图 15-15），接入超过 800 张数据表，共加工超过 30 亿条数据，日常数据处理任务数超过 900 个。该数据中台目前运行正常，为后续的全集团数字化转型工作打下了坚实基础。

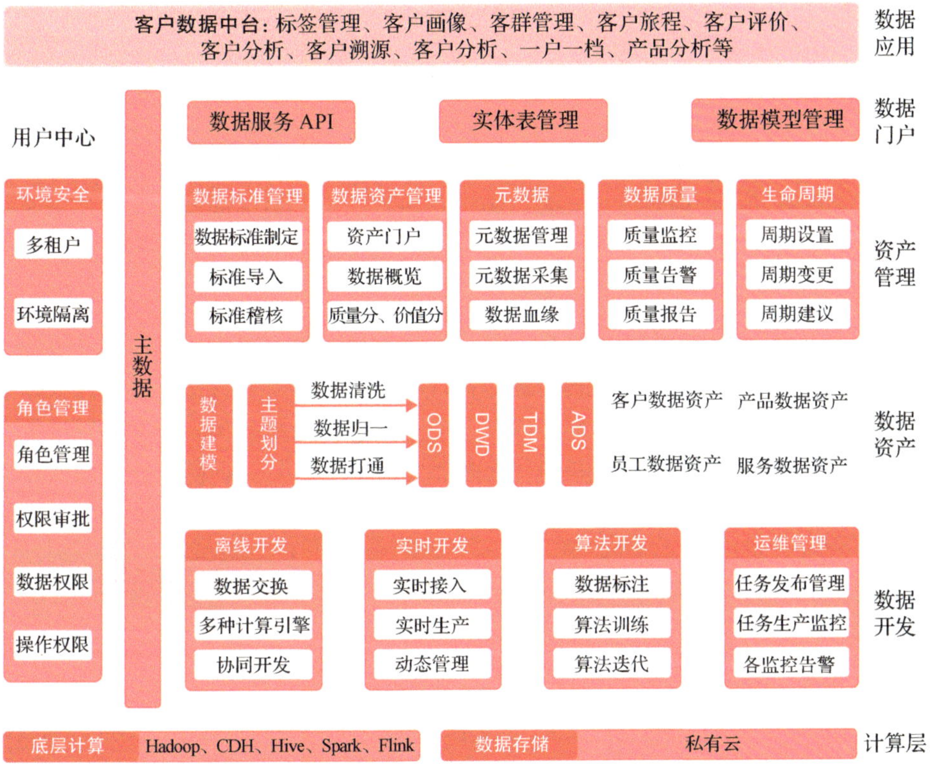

第 15 章 地产行业案例：Z 集团客户数据中台从规划到落地　269

图 15-14　Z 集团客户数据中台产品架构

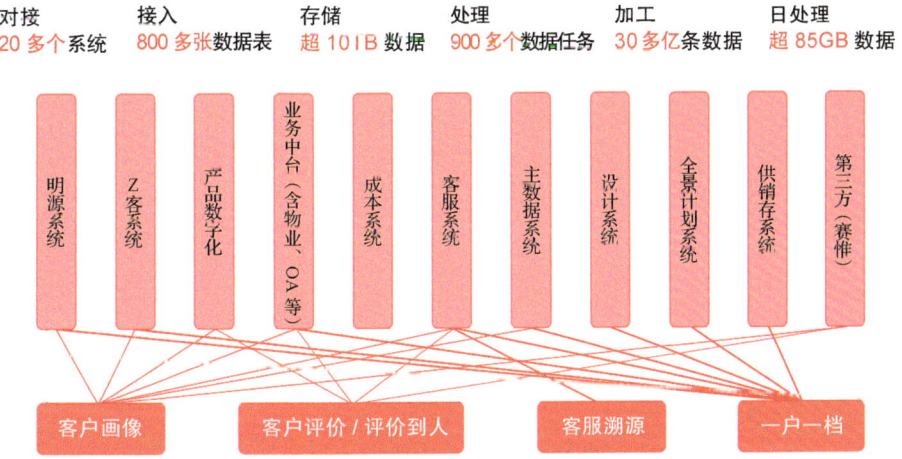

图 15-15　Z 集团客户数据中台运行情况

2. 提升客户满意度及客户服务质量

从数据视角来看，对地产、商业、产城、物业等多个板块的数据进行汇聚、打通，对外形成客户资产和空间资产可见、可查、可用的能力，并形成500多个标签或指标，实现客户全生命周期管理、产品全生命周期管理、赋能产研、客服、营销、物业等业务领域。提升客户满意度与客户服务质量，提升产品质量与竞争力。基于客户反馈的评价数据、报事报修数据进行满意度评价分析和溯源跟踪分析，利用算法能力提升准确率，辅助人工进行问题分类，提升客户满意度，从而实现数据资产价值。具体体现在以下方面：

1）**统一客户、产品标签体系，支撑数据洞察**。拥有独立统一的客户数据，实现数据集成共享，使得客户信息在不同业务部门之间有效传递。客户标签体系包括基础属性、Z集团身份、地产触点、资产信息、用户行为、个人偏好、客户评价、客户关系、客户旅程等一级类目体系（见图15-16）。产品标签体系包括宗地标签、项目标签、分期标签、楼栋标签、房间标签等一级类目体系。

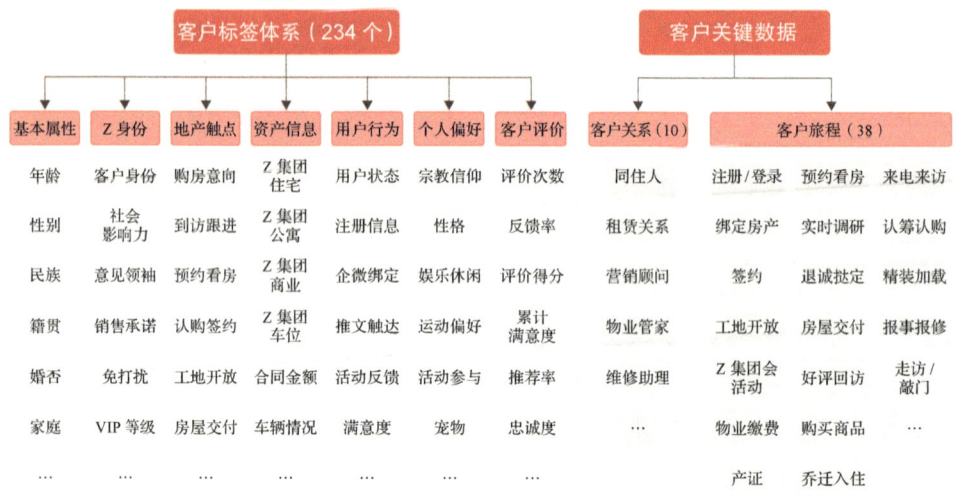

图 15-16　Z集团客户标签体系示例

基于地产项目产品全生命周期（见图15-17），全面盘点关键环节，在每个关键环节进行全面数字记录，明确基础信息、关键数据、责任业务条线、参与供应商、数据更新周期、来源系统、数据消费出口等，确保快速定位产品缺陷或服务质量问题，精准溯源。

2）**上线3个NLP算法模型，实现客户原声解析与客服溯源**。通过算法对客户报修文本进行解析和相似度对比，分析不同阶段的报修问题是否存在查验或整改不到位的情况，用于对查验单位、合作商的考核和评估。通过算法对客户评价原声、投诉文本、报修文本进行解析（见图15-18），解析结果目前主要被应用于客户画像，帮忙一线人员了解客户心声。

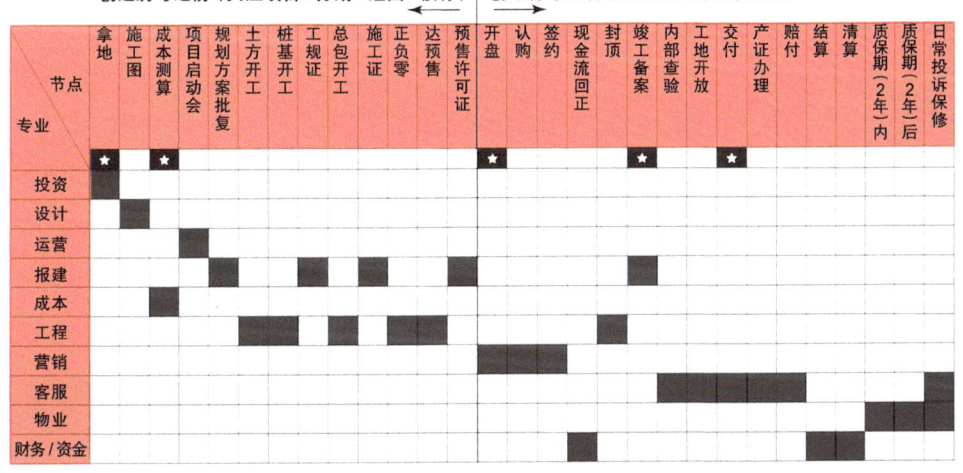

图15-17　Z集团产品全生命周期示例

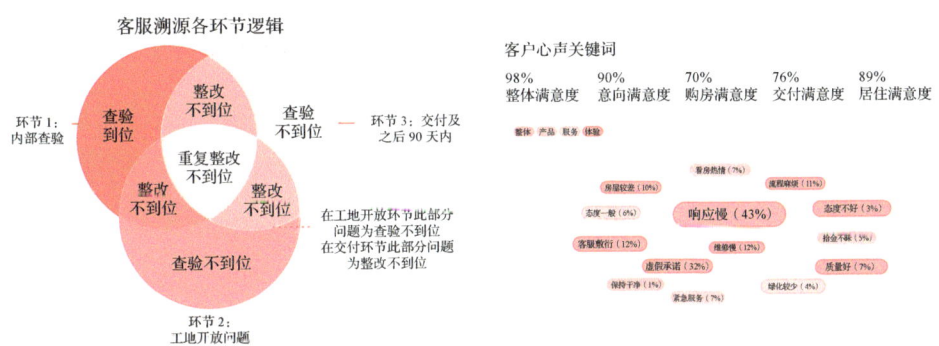

图15-18　Z集团客服溯源与客户原声解析示例

3. 搭建数据应用平台，实现数据资产价值闭环

从业务价值视角来看，搭建了客群分析、产品分析、客户评价分析、评价到人分析等数据分析场景模型与数据应用（见图15-19）。以数据资产和数据应用为载体，全面深度剖析地产业务运营效果，实现产品全生命周期跟踪与产品360°全景画像、客户全生命周期跟踪与客户360°全景画像。具体落实到地产业务场景，如产品定位分析中，通过对比项目成交前后的客户人群特征分析、客户反馈缺陷分析、房型与装修分析来确定产品定位是否准确，同城市同类型项目的操盘

运营是否可复制。实现关键场景的数据分析从无到有，从线下到线上，从专家经营到数据决策。将数据分析结果真正运用到业务中，实现数据从业务中来，到业务中去，形成数据资产从生产到应用的价值闭环。

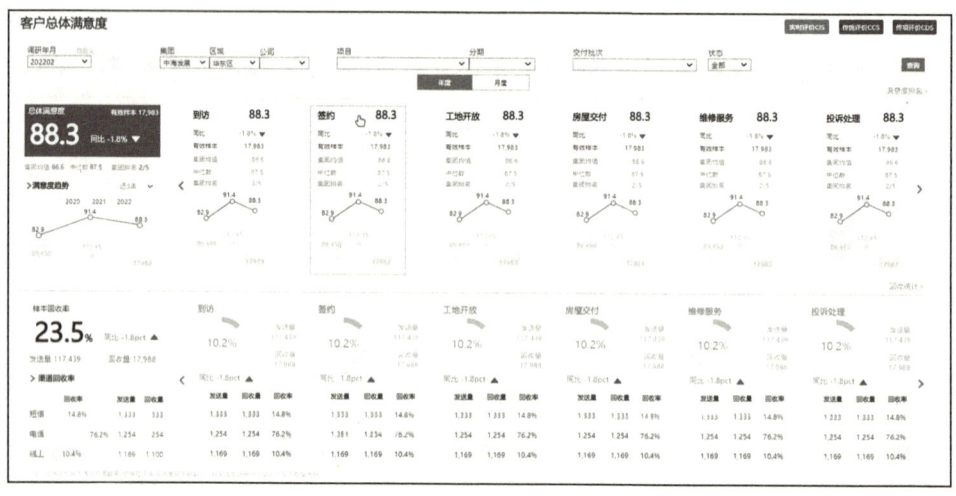

图 15-19　Z 集团客户满意度分析示例

第 16 章

零售行业案例：B 公司零售大数据平台项目

在电商的冲击下，零售行业面临着前所未有的挑战和机遇。如何更快地拥抱数智化、智能化，实现业务增长和效率提升，成为零售企业迫切需要解决的问题。数据中台是零售企业数字化转型的利器，它可以帮助零售企业沉淀数据资产，整合各个系统模块和业务场景的数据，打通数据孤岛，实现数据治理和应用。

本章介绍数据中台在零售企业的典型应用场景，通过数据中台对"人、货、场"等要素进行重新定义和关系重构，实现用户偏好分类和营销方式推荐、新品开发建议、运营指导等，让读者感受一下数据中台给零售企业带来的价值和变化。

16.1　项目背景

数字经济、新技术和社会变革让企业对大数据越来越渴求，让数据的应用场景越来越丰富。而近年来的多起"黑天鹅"事件，让人们的消费习惯发生了翻天覆地的变化，给零售行业带来了危机和机遇。零售业正在从线下向线上迁移，并朝着数字化、消费者中心等方向演进，新技术、新业态和新商业模式成为零售企业转型升级、恢复增长的关键驱动力。回顾零售行业的发展历程（见图 16-1），我们可以看到从集贸式零售、连锁店式零售、电子商务式零售到当今的新零售，数字化应用在不断升级。

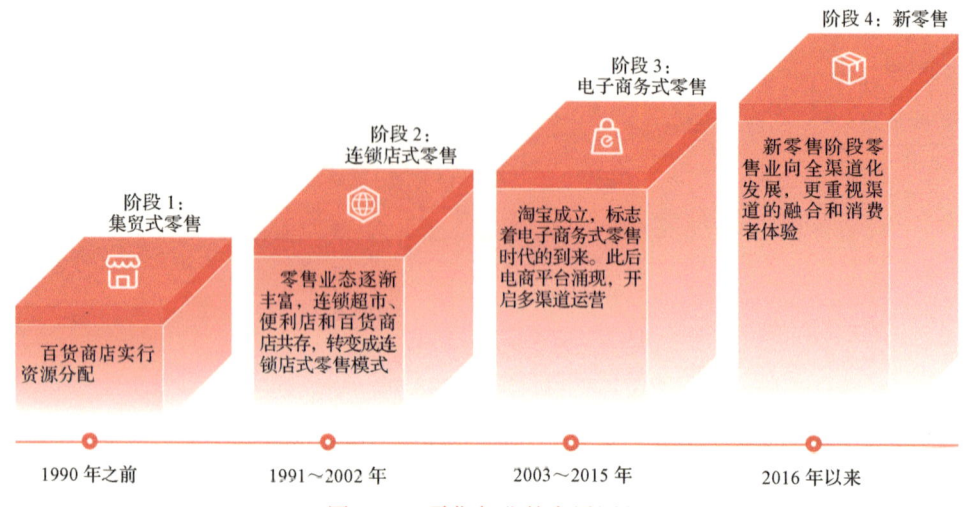

图 16-1　零售行业的发展历程

新零售模式以大数据为核心驱动力，打通线上线下渠道，提供全方位的消费体验。然而我们发现，国内新零售模式在发展了几年之后，依然存在一些亟待解决的问题，这些问题主要集中在以下 4 个方面：

- **数据方面**：不同业务系统使用不同类型的数据库，导致无法实现数据的跨系统共享和整合。同时，缺乏统一的数据标准和规范，导致数据质量低下，难以支撑高效的业务决策。
- **工具方面**：目前很多数据分析还依赖于传统的 ERP 报表和 Excel 表格，这些工具难以满足复杂和深入的数据挖掘需求。而且这些工具也不利于数据的可视化和交互展示，影响了用户对数据的理解和利用。
- **组织方面**：各个业务部门虽然都意识到了数据分析的重要性，但是由于缺乏专业和熟练的数据分析人才，很多时候只是简单地收集和汇总数据，并没有进行有效的分析和解读，这样就难以发现数据中蕴藏的价值和机会。
- **方法方面**：目前建立的数据分析模型往往没有充分考虑业务场景和用户需求，很多时候只是单纯地展示一些数字和图表，并没有体现出业务逻辑和管理思想，这样就难以帮助用户解决实际问题和提升业务水平。

生鲜新零售是一种以速度为核心竞争力、以年轻人为目标客户的创新零售模式。它能够满足高频、广泛、小额的消费需求，但也遭遇了流量增长难、产品差异化弱、客户洞察少、运营效率低等瓶颈。这些问题的关键在于线上与线下数据的隔离和浪费，导致无法精准把握和满足客户需求，无法实施个性化和全生命周期的运营，进而降低客户体验和复购率。

B 公司是国内领先的水果生鲜新零售企业，拥有完整的水果全产业链布局和专营连锁模式，在全国范围内拥有上千家门店和数千万会员用户。B 公司在发展过程中也遇到上述生鲜新零售企业面临的问题。B 公司不断创新发展，在传统的"线下水果便利店"基础上，打造了"线上线下一体的新零售社区小店"，利用技术手段提高运营效率和用户黏性。

B 公司深知水果作为生鲜中的重要品类，其线上和线下的用户交互体验至关重要。因此，在新零售时代，B 公司从时间、空间、场景三个维度出发，让线上网店和线下门店相互配合，以满足消费者的多样化需求。2018 年开始，B 公司进行战略升级，着力打造数据资产化能力，实现渠道的线上线下一体化。通过"实体店＋线上虚拟店"的模式，将大量的线下店面作为连接终端和优质服务提供者，实现水果产品与顾客零距离接触。同时，通过线上引流，将线下的流量导回到线上，形成运营闭环。最终，通过线上赋能线下，让线下门店实现视觉、触觉和听觉的全方位体验升级，提升整体运营效率。

16.2　项目需求

1. 业务痛点

我们通过调研了解到，B 公司面临三大数据问题：

1）**数据碎片化**。业务系统（ERP、会员、电商、财务等）多而散，导致数据割裂、数据孤岛现象，无法支撑业务决策。

2）**用户运营难**。缺乏统一的数据标准，用户 ID 未打通，指标和维度也未统一，无法精细化运营用户。品牌缺少客户洞察，难以发现并服务高价值用户，错失转化机会。前期数据资产建设依赖开源组件产品，使用难度大，性能不稳定，运维成本高。

3）**数据服务灵活性差**。缺少灵活的数据服务开发机制，无法快速响应渠道端或门店端的业务需求，无法及时赋能前端业务人员。

2. 建设目标

为了解决数据碎片化、用户运营难、数据服务灵活性差等问题，B 公司选择我们为其搭建零售大数据平台项目，打造 B 公司自己的零售数据中台，以便实现数据化运营和千人千面推荐，提升用户黏性和转化效率。

在建设的过程中，我们围绕需要实现的以下三大目标进行数据中台建设：

1）**数据打通**。我们收集了 B 公司 ERP、会员、电商等五大业务系统的全域数据，并打通了微信公众号、H5/小程序、App 和门店等系统中的消费者数据，建立了统一的 ID 体系。

2）**标签体系建设**。我们采用了自己的方法论，结合业务场景和已有数据进行了资源盘点，并利用了自己在行业内沉淀的高价值数据标签，快速形成了企业数据资产。我们通过"人、货、场"标签，全面挖掘了数据价值，实现了线上线下融合共进，完善了商品和会员的数字化体系。

3）**数据运营服务**。我们提供了高自由度的数据服务开发机制，可以根据具体场景形成具体服务。通过灵活地运用数据标签，在用户运营、种植选品、门店选址、营销预测等场景中发挥了积极作用，实现了 B 公司由数据化运营向数智化运营的转型。

16.3 建设实施

针对 B 公司的业务需求和建设目标，结合我们数据中台项目实施的方法，将总体执行分为 6 步：需求调研、资源与风险评估、项目规划设计、方案落地实施、项目上线试运行和项目上线保障。这里我们只介绍前 5 步，项目上线保障是持续工作，这里不做介绍。

16.3.1 需求调研

项目组经过两个月的调研，了解了 B 公司的数据治理、资产管理、应用场景等业务需求，采访了各个岗位的业务代表。

需求访谈主要围绕商品生产、营销、服务三个核心环节展开，从业务、技术、数据三个维度进行分析。项目组对客户的业务流程、技术架构、数据状况进行了详细的盘点，包括 ERP 系统、会员系统、电商系统、第三方融合管理系统、营销系统等，涉及 Oracle 和 MySQL 两类数据库，并与建设厂商沟通了相关问题。我们的需求人员根据应用场景设计了合理的方案。

B 公司基于自己的业务数据管理现状和系统建设现状，提出了建立零售大数据平台项目的需求，通过全域数据治理形成业务数据底座。具体需求如下：

1）汇聚 B 公司相关的"人、货、场"数据，包括信息化系统中的数据、电子表格文件中的数据以及非结构化文档数据。例如 ERP 系统中的商品数据、财务数据，会员系统中的会员数据，电商系统中的交易数据等。

2）利用零售大数据平台对汇聚的数据进行治理、开发，建立数据字典，实现数据标准化管理和质量管控，形成数据资源体系，建成数据资产门户。按部门层级进行数据权限限制。

3）根据业务管理需求，基于数据资源体系建立数据服务体系，包括数据查询共享服务、报表数据服务、统计分析数据服务、新人活动推送服务、营销圈人服务和水果推荐服务接口等，供外部系统或其他功能模块调用。

16.3.2　资源与风险评估

该项目的评估包括一、二期的数据开发、报表以及可视化开发实施、应用定制开发等内容。一期项目的建设周期是 7 个月，数据开发实施服务涉及大数据平台工具的部署、数据治理、数据资产盘点及建设、可视化、报表开发等工作；二期项目衔接一期项目，建设周期在 5 个月左右，应用定制开发服务涉及可视化、报表开发、大屏应用、应用场景实现等工作。

我们根据一、二期项目的基本内容，进行了服务器资源和人力资源的评估。

- **服务器资源预估**：对于一期项目，由于数据开发与报表可视化涉及大数据平台工具的部署和数据处理任务，因此我们评估了相应规模的服务器集群并申请了私有云资源。对于二期项目，数据处理所需的计算和存储资源在建设一期项目时已经申请，而所需的服务器资源主要用于可视化、报表开发和应用场景实现，规模比一期项目要小一些，评估过后，也在私有云环境里进行了资源申请。
- **人力资源预估**：根据一、二期项目的项目内容及项目周期，该项目在交付过程中也配置了标准的交付团队。项目经理、技术经理和产品经理参与了前期的项目排期、技术方案、大屏规划，以及应用场景方案的讨论和制订；UI 设计师完成了大屏的整体设计；数据开发工程师、前端开发工程师和后端开发工程师完成了实施落地的工作；数据测试工程师完成了核数、验数的工作；运维工程师保障了平台的平稳运行与平台的正常巡检。

16.3.3　项目规划设计

1. 整体架构设计

我们结合历史经验与调研的情况，给出了针对 B 公司的零售数据中台解决方案，旨在帮助 B 公司实现数字化转型，提升业务效率和客户满意度。

我们的方案秉承"以消费者为中心"的理念，提供咨询、产品、服务整合模式，通过场景、互动、连接、体验等途径提高品牌黏性，创造新客群、新需求和新服务。我们基于 B 公司的线上线下消费者数据，实现全方位的用户画像，针对用户进行个性化产品与服务的推荐。我们还帮助 B 公司规划了用户群体分析、实时销售分析、库存分析、客户精准营销、商品推荐预测、门店选址等应用场景，为其公司决策和运营提供数据支持。

我们结合 B 公司现有的系统进行架构规划，对零售数据中台解决方案进行了有针对性的改造，下面是 B 公司零售大数据平台的整体架构。该架构基本遵循数据中台"基础平台底座、数据资产核心、上层服务应用"的三层通用结构。此外，我们在资产层和应用层加入了引擎服务，这是零售行业特有的属性（见图 16-2）。

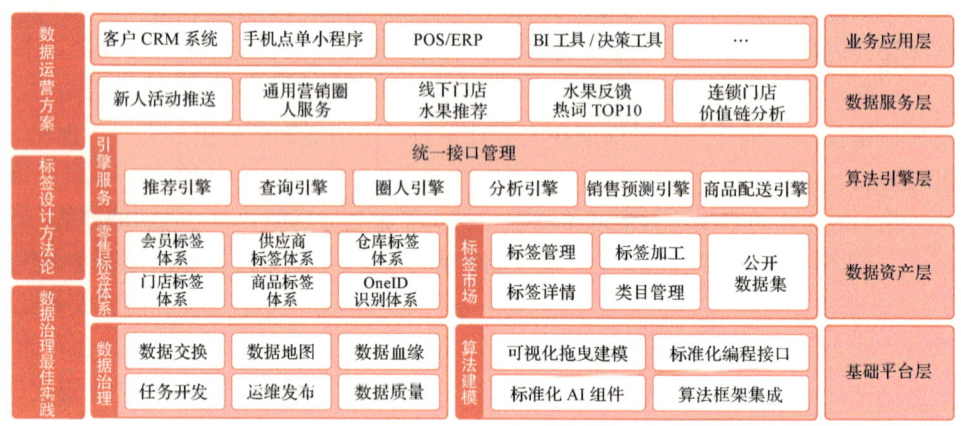

图 16-2　B 公司零售大数据平台的整体架构

B 公司零售大数据平台的整体架构主要由以下 5 层组成：

1）**基础平台层**：该层主要对数据进行采集、计算存储、治理和资产管理，以实现数据治理与算法建模。数据治理包括数据交换、数据地图、数据血缘、任务开发、运维发布、数据质量等功能，算法建模包括可视化拖曳建模、标准化编程接口、标准化 AI 组件和算法框架集成等功能。

2）**数据资产层**：该层实现由标签管理构成的一套完整的标签体系。标签市场包括标签管理、标签加工、标签详情、类目管理、公开数据集五个开发功能，标签体系针对 B 公司的人、货、场三个维度，总共形成会员、供应商、仓库、门店、商品五大标签体系，并打通各对象的 OneID 识别体系。

3）**算法引擎层**：该层支撑数据挖掘应用的业务，提供计算能力与存储能力。该层主要是大数据分析与挖掘引擎，包括六大引擎：推荐引擎、查询引擎、圈人引擎、分析引擎、销量预测引擎、商品配送引擎。主要利用 Spark MLlib、TensorFlow 等主流机器学习和深度学习技术实现对海量数据的挖掘与分析。

4）**数据服务层**：该层对数据进行计算逻辑（过滤查询、多维分析和算法推理等）的封装，生成 API 服务。上层数据应用可以对接数据服务 API，使数据在业务场景中迅速应用。

5）**业务应用层**：主要负责与外部用户相连的已有系统或应用，例如客户 CRM 系统、手机点单小程序、POS/ERP、BI 工具 / 决策工具等。

此外，在上述层的基础上，还建立一套完善的方法论体系，同步制订数据运营方案、标签设计方法论、数据治理最佳实践，赋能人员（会员、导购、店长），使企业更好地将数据使用起来。

2. 业务目标规划

我们协助 B 公司共梳理了 3 个典型业务目标，主要涉及数据汇聚、数据资产、会员打通三个方面。

业务目标一：数据整合打通，汇聚多业态数据

基于大数据工具平台，我们将 B 公司内部 ERP 系统及外部消费者数据进行整合治理，采集 5 大业务线数据，连接 5 类数据源，覆盖两类数据库（Oracle 和 MySQL），消除数据孤岛，方便地实现各类异构存储及异构网络之间的数据互通。

基于大数据平台可快速实现各类系统的对接，将企业内外部数据进行连接融合。整个数据应用加工流程可视化、组件化，能极大方便业务人员对数据进行加工处理，可使大数据开发应用成本大幅降低，加速业务和数据的深度融合进程（见图 16-3）。

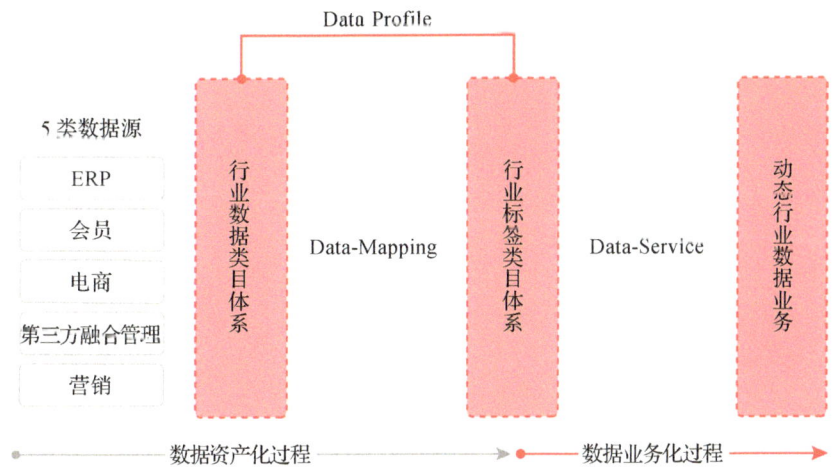

图 16-3　基于一站式大数据平台实现多业态数据打通融合

业务目标二：建立企业统一标签体系，快速构建企业数据资产

在 B 公司零售大数据平台的建设过程中，我们重点关注以下两类问题：

1）**业务场景复杂，需要满足前端不断变化的业务需求**。生鲜新零售行业按照不同场景划分各种指标。随着业务变得日益庞杂，标签指标的计算会变得复杂，需要将数据的并入和计算做得高效，才能满足不断变更的业务需求。面对庞大的业务体系，建立数据指标模型时主要有以下问题：

- 数据模型也要快速变化以应对繁杂多变的指标，贴合业务；
- 需求在增加，大数据组件也在增加，实效性增强，硬件成本高；
- 引入新的业务系统以满足新的场景，而对应的数据源在不断增加。

2）**业务建模**。为实现数据和标签指标之间的串联，打破部门墙，增强部门之间的协作，启动全链路数字化项目，打造 B 公司业务全景图。主要流程为：从全公司 5 个部门 5 类业务需求的收集，到指标文档的整理、计算口径和可视化样式的确定，再到数据的采集和模型的搭建、ETL 的计算、报表的呈现，为业务数据赋能。

为了满足业务发展的需要，B 公司和我们携手将其多年的零售行业实践心得融入大数据平台，帮助 B 公司快速完成以场景驱动的标签类目体系，主要围绕"人、货、场"进行打标。

在构建标签类目体系时，我们充分挖掘人（会员、店长）、货（商品）、场（线下门店、线上小程序等）背后的属性特征，引导 B 公司从无到有构建一套标签体系，形成自己的数据资产体系（见图 16-4）。

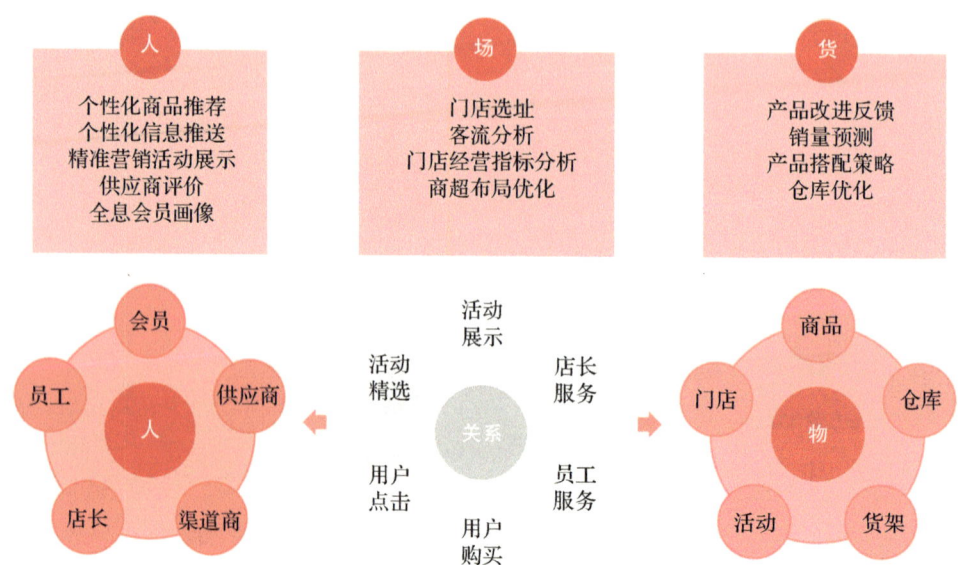

图 16-4　构建 B 公司数据资产体系

"人"标签类目体系下分为【会员标签体系】【供应商标签体系】【渠道商标签体系】【店长标签体系】【员工标签体系】等,方便后续进行个性化商品推荐、个性化信息推送、精准营销活动展示、供应商评价、全息会员画像等。

"场(关系)"标签类目体系下分为【活动展示】【店长服务】【员工服务】【用户购买】【用户点击】【活动精选】等,方便后续对商品进行改进反馈、销量预测、产品搭配策略以及仓库的优化措施等。

"货物"标签类目体系下,围绕【商品】【仓库】【货架】【活动】【门店】五个维度进行标签的创建,主要包括门店选址、客流分析、门店经营指标分析、商超布局优化等,以提升门店的进店率。

这些数据资产通过"查询、分析、圈人、推荐"等数据服务引擎配置成数据服务接口嵌入 B 公司现有的业务系统,供业务人员或终端用户使用。

以上标签类目体系组成了 B 公司在营销侧的基本数据资产体系。通过合理便捷地使用这些对象标签,可以快速实现营销端的数据创新。随着业务的不断发展,标签类目体系也会相应地调整。针对不同业务场景,自由选择不同的标签并借助数据中台搭建业务全景图,极大地减少了时间成本,提高了数据采集效率(相比传统方案提升 10~100 倍),真正意义上实现了客户只需关注业务。

业务目标三:高可用的 OneID 数据打通方案及服务,实现多系统下的会员数据打通

通过构建面向一个自然人的唯一 ID——OneID,我们把消费者(用户)与 B 公司之间发生过的各自独立的业务域全部打通,将访问门店行为、使用 App 行为、线下门店 CRM、微信公众号 ID 等进行数据打通,从而对多业态下用户行为数据进行跟进与分析,得到更为丰富翔实的用户画像,为后续精准营销奠定基础。

在技术上,所有服务只需关注一个 ID 即可,不必考虑多个 ID 之间如何转换,是 1 对 1 还是 1 对多等情况,并可与第三方独立数据服务商进行数据打通,完善企业标签体系(见图 16 5)。

举个例子,通过数据中台建设,收集 B 公司所有会员的注册信息、活动信息、App 浏览行为数据,以及 H5、门店、微信公众号、小程序、美团外卖、天猫旗舰店等不同渠道的数据,通过大数据平台的 OneID 技术打通多系统下的会员数据。

一方面,可以实现线上线下全渠道融合,通过整合用户的碎片化行为形成完整画像,形成自动化会员等级,进行会员识别。比如用户到门店、App、小程序、美团外卖、天猫旗舰店进行了消费,我们会看到他在 B 公司的哪些渠道进行了购买,是不是同一个人,他的偏好是什么,之前主要购买哪些水果,每次购买的价位是多少,购买频次如何。果品的偏好洞察对水果生鲜行业是非常重要的数据。

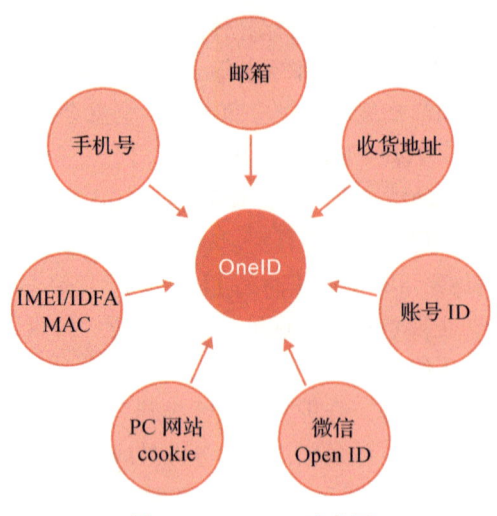

图 16-5　OneID 示意图

另一方面，可以为用户做画像，比如基础画像（如姓名、年龄、城市、联系方式等）、粉丝画像（如忠诚度、品牌、社交偏好、分享偏好等）、商机画像（如消费习惯、果品偏好、财务能力、品质要求等），后续可以做线上线下全渠道的营销推荐。比如，结合有效数据分析，依据用户社群的个性化归属和用户行为挖掘，就可以开展全渠道、全媒体的精准营销、商品推荐和 A/B 测试。

16.3.4　方案落地实施

1. 项目一期建设

建设目标：搭建零售大数据平台，开展统一数据资源的集成、加工、整合、存储下的数据治理工作，形成大数据资源池；建立数据标准体系，实现数据标准化和规范化；按要求完成各业务部门报表分析及可视化展现，包括商品生产、营销、运营等业务指标数据分析，形成领导可视化看板。

（1）数据集成

将数据从现有的 ERP、POS、营销、电商等多系统或文件中抽取到数据平台中，主要包含 3 种方式：结构化数据同步、半结构化数据同步和非结构化数据同步。

数据集成是通过零售大数据平台中的数据同步作业工具完成的，在配置好数据源后进行。在工具中新建同步作业，选择数据源，配置同步周期（小时、天、周、年）并保存发布后，系统会根据配置的数据源和定制时间自动获取各个数据源的数据。

数据存储是在建立好数据采集作业后，在系统工具中新建存储的数据表，即贴源层表。此表结构和源表结构完全一致，表名和数据采集作业中的目标表保持一致。

（2）数据开发治理

数据开发治理的主要内容如下。

1）**建立标准模型**。首先，搭建数据中台工具以汇聚垂直应用领域的相关数据，统一数据标准；接着，按照数据中台的建设方法论将数据按照4个层次进行数仓建设，按照"人、货、场"的数据资产建设方法论，加工形成数据资产体系；最后，通过API服务的方式为数据应用提供支持。根据前期调研对业务数据的梳理分析，识别业务实体及其关联关系，综合各个业务系统的数据模型设计及电子表格的字段设计，设计业务数据标准模型。

2）**开发标准模型层数据**。利用零售大数据平台中的数据处理平台功能完成贴源数据的清洗与转换，如进行空判断以及无效数据、不规范数据、测试数据、脏数据的处理等。然后进行数据映射处理，形成标准数据层。映射前需建立标准数据模型与贴源数据模型之间的映射关系。

3）**开发分析主题层数据**。对标准模型层的基础业务数据进行分类、打标签、标记、新建关系表等操作，并根据客户的相关业务需求、关注的重点数据、重点关系等信息的组合，形成各个业务主题的分析模型。

4）**资产呈现及作业调度**。利用数据中台的元数据、数据标准、数据质量管理工具，实现对上述数据的进一步治理，形成真正的数据资产。将上述所有数据处理逻辑形成作业，并通过作业计划调度执行，最终形成常态化的执行，达到数据资产持续积累的效果。

5）**数据服务**。在上述数据体系的基础上，基于各类零售业务场景的分析需求进行逻辑模型的设计。设计通过评审后，即可利用零售大数据平台建立分析主题的物理模型，并进行实际的数据关联汇聚，按照所设计的主题模型架构完成生产、营销、运营等各类基础指标的统计以及多维度分析体系的构建。此外，系统还需建立分析主题数据的常态化定期更新机制。

零售大数据平台项目分析主题模型构建完成后，为模型中的分析数据输出创建服务接口，数据服务接口通过零售大数据平台进行统一发布和管理。实现集数据统计分析可视化平台、数据看板、数据报表、自助查询、活动推送、营销圈人于一体的数据支撑服务体系。另外，不是所有的数据服务接口都可被调用，只有经过数据服务申请和审批的才可被调用。

（3）应用开发

1）**可视化分析**。可视化分析将以上述分析主题的数据服务接口为数据源，利用自身丰富的图表展现形式（支持饼状图、柱状图、线状图、雷达图、甘特图及列表等）和拖曳方式进行低代码开发，完成可视化数据大屏看板的数据展现。低代码开发能力及丰富的数据展现形式提供了快速验证和响应数据分析需求的能力。

2）**数据报表**。提供基础数据统计分析服务，利用统计表设计器完成统计模板设计，通过数据集服务支持对数据进行即席分析及查询，通过类 Excel 界面呈现统计结果，并可导出成 Excel，供用户按需查询、管理，或者生成报表并导出。

固定报表根据报表模板格式，基于报表平台的可视化界面设计定制报表，包括报表的数据源、报表展现格式及前端计算指标。定义后发布报表，并指定其自动生成的时间周期。

3）**自助查询**。自助查询让用户可以自行组合查询条件，针对特定的业务数据进行实时查询。查询的数据源可以是数据管理平台的数据服务，也可以是直连数据库（只要该数据库可以开放给报表模块查询）。如果是直连数据库，用户需要对表的字段及表之间的关系比较熟悉。

总体来说，站在企业可持续发展的战略角度，让日常运营过程中产生的员工数据、销售数据、合同数据、项目资产数据、渠道商数据等冷冰冰的过程数据变成业务人员能够看得懂、用得上、有价值的数据，即形成企业统一的数据资产，构建 B 公司零售大数据平台，赋能业务运营。通过多个垂直应用场景的实施落地，实现数据赋能试点领域经营管理及业务能力提升。

2. 项目二期建设

项目二期建设包括数据资产体系建设和业务场景应用。在一期大数据平台的基础上，完善数据资产体系建设，这包括完善标签体系，对数据资产进行治理和数据资产业务化，为各业务部门的业务场景应用提供标准的数据资产业务化服务。

另外，在一期大数据平台的基础上，为二期业务场景应用建模提供可视化的算法能力。提供较完整的数据挖掘组件库、算法组件，覆盖回归、分类、聚类、文本分析、关系挖掘等算法，实现从数据集成管理平台获取标准化数据后，可通过拖曳的方式灵活地拼装自己的业务应用来满足业务需求。业务应用包括商品调配可视化展示、营销推荐、门店选址等。

16.3.5 项目上线试运行

在零售大数据平台试运行 3 个月后，我们提供了《零售大数据平台试运行报告》，主要涵盖了以下 5 个方面的内容：

- **项目概述**：介绍了项目的背景、目标、范围和主要功能。
- **项目历程回顾**：回顾了项目的整体进展、关键节点和主要成果。
- **系统试运行监控情况**：分析了系统的运行状况、健康状况、数据维护状况、重点数据监控指标和重点应用监控指标。
- **存在问题及解决方案**：总结了系统试运行过程中遇到的问题和采取的措施。
- **系统试运行总结**：评估了系统试运行的效果，给出了系统验收的建议和意见。

总体来说，系统试运行表现良好，没有出现异常信息和错误。随着系统使用时间的增加，数据量也逐渐增加。系统已经满足了项目验收的要求。由于涉密，这里不详细描述其他内容。

通过试运行，我们证明项目实现了以下主要成果：

- 建立了统一的数据标准规范和标签体系，保证了数据的规范性、标准性和完整性；
- 实现了 B 公司信息数据的及时采集和汇总，将业务数据化并保存为企业的数据资产，为后续的数据资产体系建设和业务场景应用提供了支持；
- 构建了"人、货、场"的数据资产标签体系，支持了企业经营的上层数据应用服务，形成了业务数据使用的闭环。

16.4 项目价值

对于 B 公司来说，实现线上线下全渠道一体化是数字化转型的重要战略目标。B 公司通过建设零售大数据平台，实现了中台时代的数字化转型，其价值主要体现在：

- 实现了全域系统数据的融合和规范，构建了一套完整的零售行业标签类目体系，为数据化运营和应用提供了坚实的基础；
- 利用大数据平台支持多种应用场景，如千人千面推荐、精准分析、决策判断等，提高了用户黏性和销售转化效率；

- 作为水果零售行业的领导者，B公司对行业的业务运营、供应链管理、生态体系搭建等有着深刻的洞察和丰富的经验，能够利用大数据平台推动企业转型与创新。

在企业数字化转型的大趋势下，发挥数据价值是关键。中国企业面临着从数据化运营转变为数智化运营的机遇和挑战，需要快速构建企业数据资产，从容应对变化。数据中台作为零售行业的未来，将在零售企业中得到更广泛的应用和推广。零售商也将把数据中台作为数字化转型的首选方案。

第 17 章 Chapter 17

医药行业案例：央国企 S 公司的数字化转型项目

本章将从我们所服务的众多央国企客户中，挑选一家具有代表性的医药企业 S 公司进行数字化转型案例剖析，阐述我们是如何服务于该公司的数字化战略，帮助其提升数字化能力，为其提供数字化转型支撑的。

17.1 央国企数字化转型的背景

2020 年 8 月 21 日，国务院国资委印发的《关于加快推进国有企业数字化转型工作的通知》指出，探索构建适应企业业务特点和发展需求的"数据中台""业务中台"等新型 IT 架构模式……加快大数据平台建设，创新数据融合分析与共享交换机制。强化业务场景数据建模，深入挖掘数据价值，提升数据洞察能力。

2021 年 10 月 27 日，国务院国资委、工业和信息化部签署《关于加快推进中央企业两化融合和数字化转型战略合作协议》，期望共同推动中央企业加快信息化工业化融合和数字化转型，促进数字技术与实体经济深度融合。该文件提出，加快新型数字基础设施建设，推进制造业数字化转型，构建良好数字生态，推动我国数字经济健康发展。

作为国有经济的微观主体，央国企通过数字化转型激发企业的活力、增强企业的竞争力，不仅是支撑央国企深化改革、构建新发展格局的必由之路，更是保持自身核心竞争力的重要途径。同时，在推动企业数字化转型中，央国企需发挥其引领和示范作用，为其他企业的数字化转型提供学习借鉴的范例，并通过探索出的成功之路为其他企业广泛赋能。

17.2 医药行业数字化转型的背景

自 2017 年开始，两票制、带量采购、医保谈判、一票制、合规等政策的试点和推广实施，持续推动着医药行业的发展和效率提升。同时，国家发布了一系列政策和指导文件。例如：《"健康中国 2030"规划纲要》提出，推进药品、医疗器械流通企业向供应链上下游延伸开展服务，形成现代流通新体系；《中华人民共和国药品管理法》首次正式认可网络销售药品及药品网络交易第三方平台，明确平台备案制度与义务等一系列政策和指导文件。

随着数字化时代的到来，医药行业从生产到销售整个产业链的发展模式都在发生深刻变革，实验、研发、制造、加工、包装、物流、仓储、营销、市场、服务等所有环节都已开始数字化探索，如新药研发数字化、临床管理数字化、供应链管理数字化、医药营销数字化、医药服务数字化等应用场景正在逐步展现数字化带来的价值。但是，传统医药企业普遍存在数字化认知不全面、数字化转型复杂度高、信息化程度参差不齐、数字化转型路径不清晰等问题，互联网巨头入局医药电商也对现有的营销模式带来挑战和冲击。

因此，医药行业是一个亟待数字化转型的领域，通过数字化创新赋能企业高效发展势在必行。在"丰富流通渠道，提升流通效率"的行业背景下，传统医药企业的数字化转型需紧跟政策的脚步，运用前沿技术和数字化思维重塑业务系统架构，推动数字技术与企业业务发展的有机融合，探索符合自身发展需求的数字化转型之路。

17.3 S 公司的数字化转型思考

S 公司是一家大型国有控股的上市医药公司，主要从事医药产品的研发、生产、销售以及相关健康服务，具有产品覆盖领域广、产品线丰富等特点，是医药行业的头部公司。

S 公司深刻意识到数字化转型的必要性和紧迫性。为提升运营质量与效率，稳固行业地位，实现经营业绩的持续增长，该公司加大创新投入，在 2022 年成立数字化转型办公室，要求结合公司自身特点、现状和行业属性，重点推进数字化转型工作，探索适合公司发展的数字化转型之路。

17.3.1 公司现状与问题洞察

S 公司经过近 40 年的发展，已经构建了数十套企业信息化系统。这些系统由企业IT部门承建和运维，初步实现了业务流程线上化，为数字化建设提供了部分数据资源保障，但仍存在以下问题。

（1）数字化认知问题
- **数字化人才缺失**：企业管理者和普通员工中虽然已有少量的数字化人才，但总体上缺乏数字化思维和数字化技能。
- **数字化认知不统一**：不同角色对数字化的理解不一致，有人认为数字化是信息化，有人认为数字化是数据化，还有人认为数字化是智能化。

（2）数字化建设问题
- **数字化处于起步阶段**：常年的信息化建设提供了数字化支撑，但更多的是服务于业务流程而非业务需求。
- **数据存在壁垒**：高价值的业务数据主要存在于财务部门，业务部门获取数据的方式及获取数据的时效性均存在问题。
- **数据价值未变现**：数据的价值实现还依赖于手动加工，未能洞悉数据背后的更多价值。

17.3.2　数字化建设需求挖掘

通过对S公司现状和问题的分析，提炼出以下需求信息。

（1）数字化顶层规划

S公司虽然认识到了数字化转型的重要性，推动数字化转型的意愿强烈，但是没有对数字化转型路径进行全面规划，对数字化转型缺乏系统性思考，因此迫切需要将数字化转型提升到顶层设计、战略高度上。

（2）数字化人才培养

中共中央、国务院印发的《数字中国建设整体布局规划》提出："强化人才支撑。增强领导干部和公务员数字思维、数字认知、数字技能。统筹布局一批数字领域学科专业点，培养创新型、应用型、复合型人才。"作为国有企业，S公司在数字化人才培养上必须跟上国家的脚步。

（3）数字化场景构建

数字化场景是数字化建设成效的核心体现，因此场景构建需要的基础环境、现有数据条件对场景的支撑能力、场景的切入点、场景的可持续性及场景的价值体现等都需要明确。

17.3.3　数字化建设思路

（1）确定营销域为试点业务域

在S公司的生产和营销两大核心业务域中，营销业务域信息化建设基础扎实，营销业务需求旺盛，因此明确以数字化营销作为数字化转型的先行试点业务，作为数字化转型计划的起点。

（2）确定一体化数字建设模式

在明确以营销域作为数字化转型示范业务域之后，S公司决定采用"数字化宣贯、数字化转型蓝图、双中台建设、数字化场景建设"的一体化建设模式。

17.4 S公司数字化建设范围

（1）数字化宣贯

建立完善的数字化宣贯体系，提升员工对数字化的认知和理解，通过定制化的课程内容、线上线下结合的授课方式、精心设计的课后考核机制等，培养和选拔企业的数字化人才，从而更好地支撑企业的数字化转型。

（2）数字化转型蓝图

引导和把控数字化转型项目建设，通过对业务的全面梳理和研判，明确数字化转型目标并设计数字化转型路径，是后续数字化转型工作的实施指南和控制依据。

（3）双中台建设

- 数据中台。数据中台是数据汇聚、治理、管控、服务的基础平台，以数据融合为基础，打通数据全链路，构建数据资产体系，发掘数据价值，从而推动企业进入数字化和智能化的阶段。
- 业务中台。业务中台以业务流程化、业务数字化为基础，通过对业务共享能力的沉淀，实现各关键业务对象的提炼，从而实现核心业务场景的线上化、服务化、数智化重构。

（4）数字化场景建设

数字化转型的核心目标是赋能业务，而赋能业务的核心在于围绕真实的业务需求和产业发展构建创新型场景，因此基于双中台构建应用场景是数字化转型价值的具体表现。

17.5 总体建设方案

17.5.1 数字化宣贯方案

数字化宣贯的核心目标是通过现场培训、远程培训、随堂考试等方式，全面提升全体员工对数字化的认知，为S公司发掘数字化管理人才、数字化专业人才及数字化应用人才提供平台服务。

1. 方案设计

我们提供定制化的宣贯方案设计，结合S公司现阶段对数字化的理解程度，激发其员工对数字化的学习热情。宣贯方案包含 5 个阶段的课程：认知课、初阶课、中阶课、高阶课和专业课。具体课程如图 17-1 所示。

序号	课程名称	课程简介	课时	授课方式	考核方式
认知课					
1	数字化转型及数据中台起源、发展、意义	企业数字化转型过程中如何构建数据资产体系和挖掘数据资产价值，业务中台的概念、演变历史、建设方法论及实施路径	1	现场/录播	试题
初阶课					
1	数字化转型的定义和本质	什么是数字化，企业为什么要进行数字化转型，以及未来数字化能带来什么影响	1	现场/录播	试题
2	新技术赋能数字化转型与中台战略	主流技术的基本概念及应用价值，如人工智能、物联网、区块链、工业互联网；企业中台战略的认知及路径	1	现场/录播	试题
3	业务中台保障企业的稳定经营和灵活创新	企业如何通过业务中台建设实现各业务板块之间的连接和协同，持续提升业务创新效率	2	现场/录播	试题
4	人工智能在企业经营中的应用价值	人工智能相关技术介绍及应用场景的落地实践分享	1	现场/录播	试题
中阶课					
1	从企业的数据汇聚看业务数据化	企业部门间的数据如何汇聚及价值应用实践分享	1	现场/录播	试题
2	数据资产构建及服务业务化	企业如何基于场景驱动为经营生产提供数据服务的应用能力及实践分享	1	现场/录播	试题
3	数据分析思维与科学决策	数据决策对企业管理的价值、实施路径及案例分享	1	现场/录播	试题
4	数字化浪潮下的数据驱动营销	数字化浪潮之下如何看待数据驱动营销、实施路径及场景实例	1	现场/录播	试题
高阶课					
1	数据定义未来	数字化管理理念、方法沉淀过程中的思考，对趋势的理解和判断	2	现场	问卷
2	数据驱动企业升级	企业数智化的思考，企业落地路径、问题及价值	2	现场	问卷
3	数据中台落地实践案例	各行业在数据应用落地方面的典型案例分享	2	现场	问卷

图 17-1　课程体系

专业课					
1	平台使用介绍	平台产品模块的操作及功能介绍	2	现场	试题
2	平台部署及运维管理	平台的产品安装部署及常见运维故障处理方法	1	现场	试题
3	数据标签体系建设	数据资产标签的定义、应用价值及构建思路	2	现场	试题
4	数据资产建设与管理	数据资产建设思路、理念、路径及典型成果	2	现场	试题
5	业务中台产品体系介绍及使用	业务中台产品模块的操作及功能介绍	2	现场	试题

图 17-1 课程体系（续）

2. 宣贯成效

- **面向决策层领导**：剖析、研判趋势与政策，提高思想认识，探讨医药领域布局，提升决策层系统性统筹与规划数字化转型工作的思维和能力，从而站在企业经营决策管理的高度指导后续数字化转型工作。
- **面向管理层领导**：提升数字化意识，掌握数字化管理的应用方法，从而提升管理人员的数字化能力，为数字化转型提供强大的支撑，使事业部的各业务板块快速推进数字化转型变革。
- **面向执行层员工**：提升对数字化的理解，从数字化视角审视工作内容，发现工作中的冗余流程，进而简化工作流程，提升工作效率，节约运营成本，为数字化转型提供优化思路和改进建议。

17.5.2 数字化转型蓝图设计

数字化转型蓝图是数字化的顶层规划，是数据中台、业务中台等基础建设完成之后，指导场景落地及未来数字化转型实施路径的行动指南，是把控数字化建设的重要手段，因此数字化转型蓝图需满足未来 3～5 年的数字化转型需求。

我们基于自身沉淀的数字化咨询方法，在本项目中采用场景驱动的思路构建数字化转型蓝图，即通过两个月的业务和数据调研，从业务视角切入，面向总部及片区，通过访谈、问卷、二次确认、数据理解等方法，全面摸排现有业务流程及痛点问题，确保数字化转型蓝图设计的有据可依及可落地性。

1. 蓝图规划设计与推演

结合国内外不同行业的项目实施经验，根据 S 公司所处行业的特点，采用场景驱动的数字化转型价值实现的实施方法论，提炼和总结出蓝图设计方式，如图 17-2 所示。

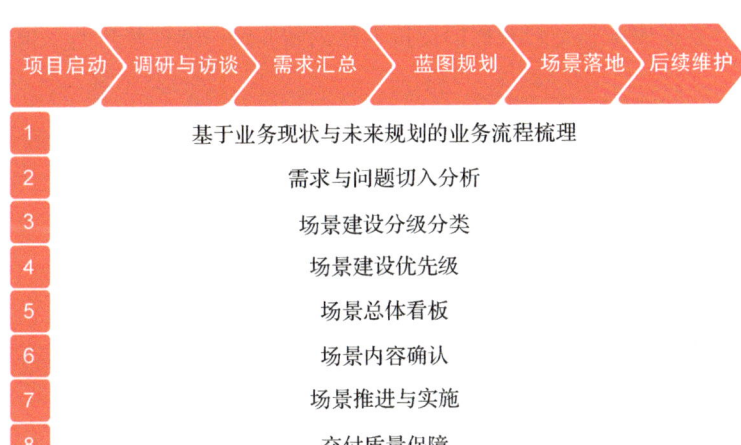

图 17-2　蓝图推演图

横轴：蓝图规划与蓝图落地的计划安排

包括项目启动、调研与访谈、需求汇总、蓝图规划、场景落地、后续维护六大组成部分。

纵轴：蓝图规划整体推演逻辑

1）**基于业务现状和未来规划的业务流程梳理**：通过流程梳理，构建总体业务视图，再在总体业务视图基础上对营销各部门进行业务视图拆解，即形成营销整体业务视图以及各部门的运营业务视图。

2）**需求与问题切入分析**：将调研获取的需求和问题在各部门的运营视图中以场景的方式体现，即可清晰地看到不同的部门在哪些业务流程或业务节点存在问题。

3）**场景建设分级分类**：将场景按照需求的紧迫性和重要性划分为非紧迫非重要、紧迫非重要、重要且紧迫、重要非紧迫 4 级，同时将场景根据其特点划分为数据类场景、业务类场景和流程类场景 3 类。

4）**场景建设优先级**：结合场景的分级分类确认场景建设优先级，优先级分为高、中、低三档，其中一期建设内容将从优先级高的场景中选择。

5）**场景总体看板**：按照场景的类别、级别及场景对应的部门梳理场景的全景视图。

6）**场景内容确认**：就场景总体看板及每个场景的解决方案与业务部门进行最终确认，确保场景可实际解决业务问题。

7）**场景推进与实施**：结合数据现状和场景级别，将具备数据条件且优先级高的场景作为一期建设内容，后续建设内容会结合场景及数据补全情况持续迭代。

8）**交付质量保障**：结合我们的交付方法论和实践，确保场景的交付质量。

2. 蓝图设计方案

S 公司的蓝图设计方案包括目标、内容、形式、场景、支撑和保障体系六部分内容，详见图 17-3。

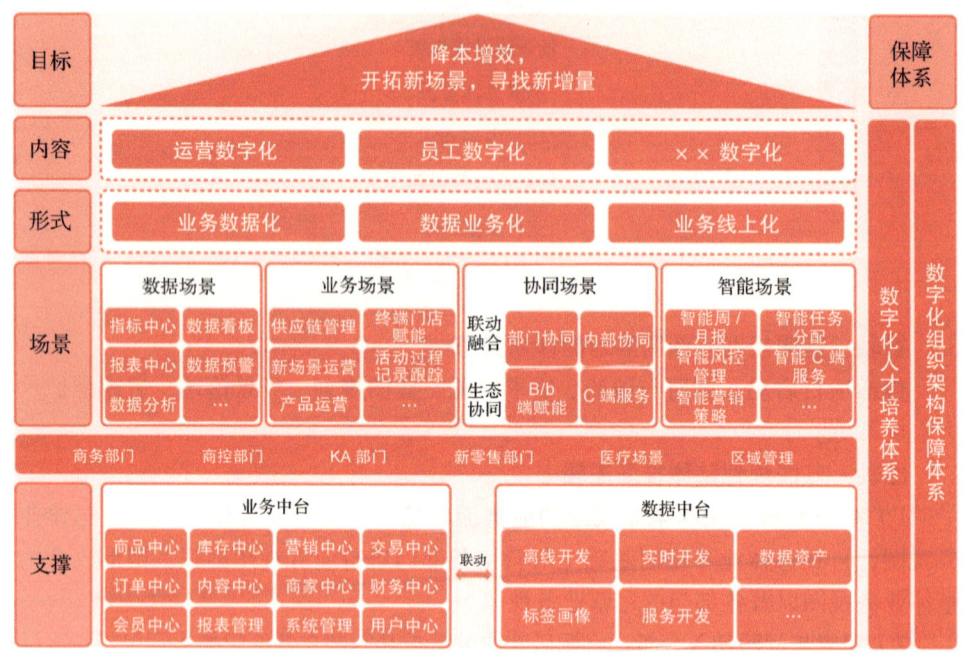

图 17-3 蓝图设计方案

- **目标**：将降本增效、开拓新场景、寻找新增量的核心目标作为数字化转型的指导方向。
- **内容**：围绕运营数字化、员工数字化及具备企业特殊属性的 ×× 数字化作为数字化建设的核心内容。
- **形式**：要实现业务数据化、数据业务化和业务线上化。
- **场景**：构建数据场景、业务场景、协同场景、智能场景四大场景，通过场景建设和不断完善，最终以点带面，完成数字化场景建设。其中，蓝图涉及的场景近 90 个，基本实现对业务痛点的全覆盖。
- **支撑**：通过构建业务中台和数据中台，为上层提供基础能力，从而确保四大场景矩阵的落地。
- **保障体系**：构建数字化人才培养体系和数字化组织架构保障体系。

17.5.3 以数据中台为核心的双中台建设

本项目由数据中台和业务中台并肩扛起了所有前台业务。其中，业务中台是独立的技术体系平台，本书不单独介绍，数据中台主要包括数据接入、数据开发、资产建设、资产管理、数据编目、数据开放、业务应用等内容。

- **数据接入**：依托数据交换工具（DataX）及实时采集工具（Flink CDC），可对结构化（数据库）、非结构化（文档、图片、视频）、半结构化（JSON、XML）数据进行采集。
- **数据开发**：通过离线开发、实时开发、算法开发、用户管理，可对数据进行清洗、转换、融合，支持多项目独立开发、多环境独立运维，数据权限的最小粒度为字段级。
- **资产建设**：依托强大的数据开发功能，在数仓层面划分为主题库、基础库、专题库，在业务层面支撑主数据治理。
- **资产管理**：全方位呈现企业资产现状，从宏观视角展现企业的数据标准、元数据、数据模型、各系统间关系、数据安全规则等。
- **数据编目**：从数据的物理属性、逻辑属性、业务属性、管理属性、流通属性 5 个方面对企业数据进行编目。这样使用者能够更容易地找到所需的数据资源，更好地理解数据，更加有效地使用数据，从而增加数据共享的可能性，大大提高数据的使用效率。
- **数据开放**：通过自定义 SQL 型 API、第三方 API、算法 API、CSV/PDF、HBase 等形成数据集市，对外进行数据共享与开放。
- **业务应用**：依托数据开放的多种数据共享方式支撑不同的应用场景，比如客户画像、经营看板、销售业绩报表、销售地图应用等。

本项目的数据中台技术架构见图 17-4。

本项目的数仓结构采用总仓 + 分仓的建设模式（见图 17-5），确保 S 公司不同部门之间的数据一致性和准确性。其中，总仓负责构建全域数据资产，对源端数据进行统一清洗、加工、整合以提升数据质量，通过对数据进行资产建设和编目整理，降低了找数据门槛，构建了完善的数据资产，促进了数据利用效率，提升了数据复用能力。分仓是指各事业部可独立完成数据的开发和应用，事业部建设响应数据需求的能力。为快速响应需求，分仓实施人员自行建设专题库、数据集市，拥有独立的数据存储空间或与总仓共用数据存储空间，可基于总仓建设的云基础和大数据平台构建独立的数据资产及场景。总仓和分仓数据可通过相应的机制流通。

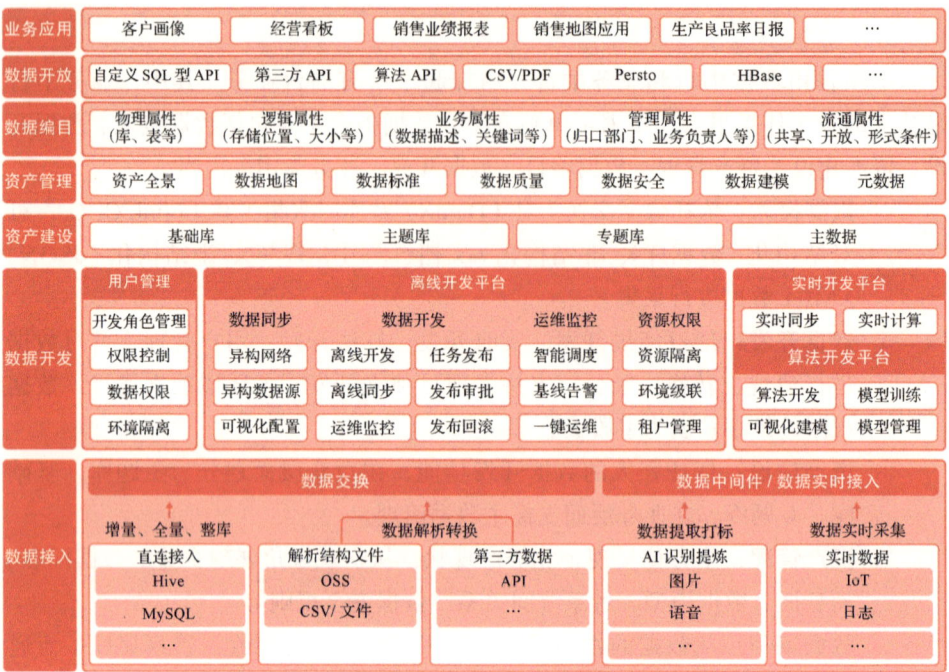

图 17-4 数据中台技术架构

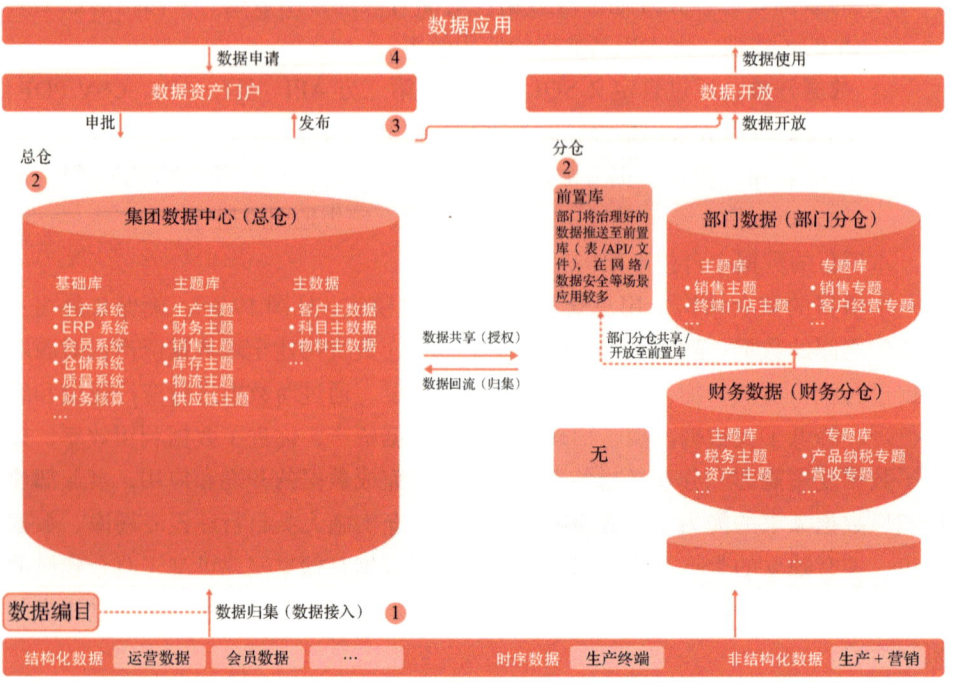

图 17-5 项目数仓设计

17.5.4 基于双中台的数字化场景建设

在数字化转型蓝图规划中，我们总共为S公司规划了近90个数字化场景。但是根据数据现状及场景建设的优先级，并不是所有场景均具备建设条件，因此在数字化转型一期项目建设中，应用场景侧重于以大数据为基础，利用算法来实现一些智能化模型，包括经营分析、领导驾驶舱、销售看板、运营预警、客户画像、员工画像等数据应用场景，作为传统经营分析系统的补充和完善，并结合可视化工具进行呈现，同时发挥数据中台特有的价值。而数据中台与业务中台联动建设偏重于业务场景，以提升业务效率为目标（包括业务人员助手、活动管理等），服务于部门管理工作的智能化场景，作为传统业务系统的补充和完善，同时发挥数据中台特有的价值。

建设的场景如下。

（1）个性化的自助式分析看板

解决业务部门与片区需要依赖财务中心和数据专员进行数据分析的问题，为业务部门提供数据分析工具，帮助其建立数据分析能力，让业务人员能够根据实际业务逻辑进行自助式数据分析。

（2）任务执行跟踪分析

解决跟进销售目标时无可用工具的问题，对总部下达任务及片区下达任务的完成情况进行跟踪分析，以及对上级下达的绩效考核任务及业务人员自定义考核任务的完成情况进行跟踪分析。

（3）终端画像

终端标签化，可控化B端，夯实渠道网络，即建立精准的门店标签体系，梳理出门店画像，进行精准的数字化场景运营。基于终端（包含医疗和零售终端）的基础数据、流向数据、活动数据、竞品数据和消费者数据等，建立终端的画像体系，对终端的经营情况进行跟踪，帮助S公司及时调整终端的经营策略。

（4）片区画像

整合片区的基础信息、人员信息、销售任务和完成情况、绩效考核、客户信息、违规记录和费用数据，对片区进行画像。通过经营指标和风控指标对片区进行监控，实现片区诊断的在线化，为片区的发展提供指导。

（5）数据看板

解决S公司内部无法及时查看内部数据的问题。通过对内部数据的展示，如通过流向数据对商业公司的库存数据进行展示和分析，及时发现商业公司缺货和老批号的问题，帮助片区开展业务。

解决货物流向不可见的问题。通过整合上游供应链数据、订单数据、发货数据（包含产品类别和批号）、流向数据、物流数据、客户数据和终端数据，对货物的流向进行可视化展示，帮助业务人员看到货物当前所在的仓库和运输状态等。

（6）员工终端业务赋能

解决业务人员无法知晓客户任务、客户情况，线下工作效率低且沟通成本高的问题。使业务人员清楚客户情况，知晓自己需要完成的工作任务。打破客户信息屏障，提高业务人员的工作效率，包括以任务为中心，牵引销售人员关注核心任务指标，指导与督促销售人员快速完成系统分配的工作任务，并及时通过系统进行工作完成情况反馈；待工作完成后，支持销售人员在线查看各项工作任务完成情况的数据分析；按业务人员、线路进行任务汇总，指导销售人员快速定位并完成工作任务；指导销售人员以客户为维度开展工作，如销售回款、电商引导、资质到期提醒、代客下单等，实现一线业务人员对客户的动态情况一目了然、一屏掌握。

（7）终端活动全流程管理

解决活动全链路无法掌控的问题，活动全链路包括活动前的活动推荐、活动中的过程管控、活动后的效果复盘等。对终端活动从立项到结束的中间过程全部进行标准化记录，在数据中台中复盘活动全流程数据并以之指导活动，实现活动优化与活动效率提升。

17.6　项目交付实施保障

17.6.1　项目建设特点

本项目建设主要具有以下特点。

（1）项目建设范围广

本项目不同于传统的数字化转型项目，它没有明确的建设目标和建设范围，而是采用先"轻咨询+基础平台"，再"场景应用"，同时以"数字化宣贯"贯彻始终的一体化建设模式。采用这种建设模式的好处在于确保咨询和建设同步落地，避免蓝图规划和项目建设之间形成鸿沟。因此项目难度更大，需要供应商具备咨询、宣贯、产品和场景建设能力。

（2）项目复杂度高

本项目采用"数据中台+业务中台"双驱动的模式，因此数据中台作为核心，不仅需要在业务系统和前台应用之间起到桥梁的作用，还需要与业务中台联动，包括彼此之间的调用关系、数据之间的流转方式、一体化的管理模式等，都需要全盘统筹。

（3）项目需求变化快

S 公司的数字化转型办公室刚刚成立，对公司的数字化建设工作以及各业务部门的痛点并不是特别清楚，但是数字化转型工作又是公司的重点工作，为了快速推动工作的落地，我们采用了先做蓝图，再根据蓝图设计过程中遇到的场景问题，按照优先级进行建设的方式。但某些场景会因业务的变化而被调整优先级，甚至被直接去除，因此项目组必须能够快速响应业务变革引起的建设内容变化。

17.6.2　项目交付保障

本项目的复杂度较高，为确保交付质量，需要科学、合理地运用交付体系。

1. 体系保障

按照"1＋3＋6＋1"的交付体系，确保交付质量。

- **1 个目标**：以客户成功作为交付服务的最终目标。本项目的客户对成功的定义就是本期数字化转型项目能够让其全面提升数字化认知，并感知到数字化建设的效果。
- **3 个内容**：数据中台交付内容包括数据体系规划、数据资产建设和数据应用服务。本项目中，我们将自身的咨询能力、宣贯能力与中台交付内容进行了完美融合，探索出一套全新的数字化转型服务能力集，为企业的数字化转型提供全方位的服务体系。
- **6 个环节**：数据中台交付环节包括交付前置、需求分析、方案设计、方案实施、试运行和上线保障。本项目的交付与数据中台交付方法论进行了完美适配，其中，交付前置包括数据调研与业务梳理，需求分析围绕业务痛点与数据洞察，方案设计包括蓝图与实施路径规划，方案实施包括数字化宣贯与蓝图场景落地实施，试运行包括场景测试与反馈迭代，上线保障包括价值推广与升级改造。
- **1 套工具**：交付团队会基于一整套的数据中台工具集，以体系化的方式完成项目的交付。本项目以数据中台为核心，以业务中台为载体，共同为上层应用服务提供支撑。

2. 质量保障

结合交付团队铁三角理论，确保了本项目的交付质量。

（1）铁三角

由项目经理、咨询经理和技术经理构成项目管理铁三角（见图 17-6）：项目经理负责管理整体项目和协调内外部资源，咨询经理负责需求调研和蓝图设计，技术经理负责总体技术架构设计和整体技术实现。三者共同确保本项目的交付质量。

（2）蓝图规划铁三角

在蓝图规划阶段，由咨询经理、产品经理和项目经理构成铁三角（见图17-7）：咨询经理负责需求挖掘、蓝图设计、未来规划等内容，产品经理负责对咨询过程中发掘的场景进行落地可行性分析及场景设计，项目经理负责客户侧的整体协调、资源规划部署等工作。

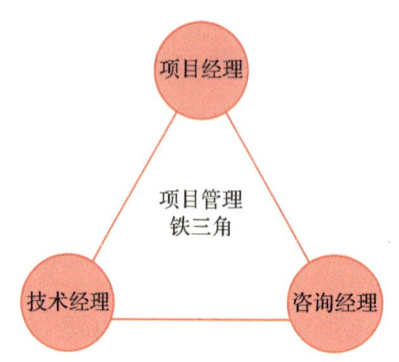

图 17-6　项目管理铁三角

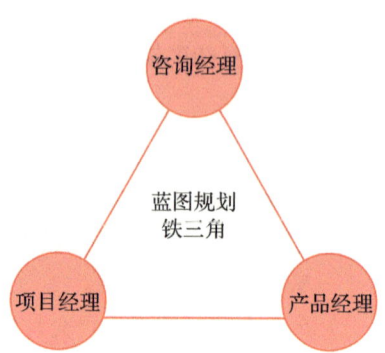

图 17-7　蓝图规划铁三角

（3）数字化宣贯铁三角

在宣贯阶段，由业务架构师、培训部门、项目经理构成铁三角（见图17-8）：业务架构师负责调研培训需求和明确培训目标，培训部门负责设计培训课程和建立考核机制，项目经理负责培训场地的协调、培训效果的评估等工作。三者共同确保数字化宣贯的交付质量。

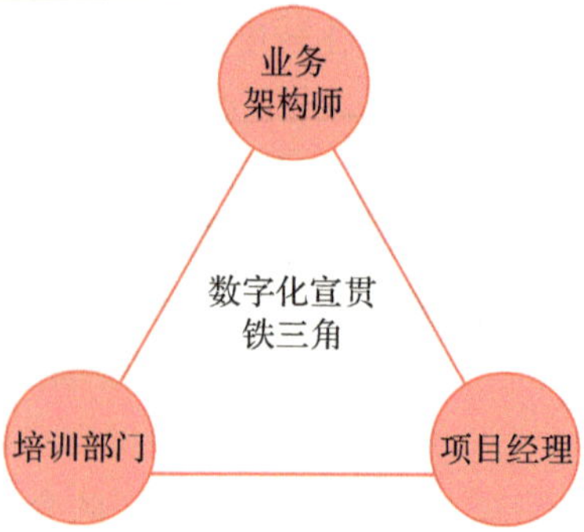

图 17-8　数字化宣贯铁三角

17.6.3　项目过程回顾

1. 蓝图是不停迭代的

企业的组织架构会调整，业务范围会变化，因此数字化转型蓝图是伴随企业的运营而不停迭代的，需要确保它与企业当前阶段的业务目标保持一致。在本项目中，数字化转型蓝图更新过3次，每一次更新都是由于企业的业务方向发生了变化。我们通过与客户进行深入探讨，确保蓝图的框架和内容能够满足当前的数字化转型要求。

2. 宣贯是不停更新的

宣贯体系是结合企业当前的数字化人才储备及数字化认知水平进行个性化设计的。因此，每一轮课程结束之后，会根据整体的效果评估和测评分数，从部门、区域、员工 3 个维度评估数字化宣贯效果，并根据前沿技术调整内容。比如对于最近很火的 ChatGPT，就有很多员工希望了解其技术实现原理，而 S 公司也在思考是否将其加入宣贯体系的课程中。

3. 场景是动态变化的

场景工作是一个持续迭代的过程，不可能一蹴而就，因此我们在本项目的实施过程中采用了持续迭代的方式进行建设，使场景以进化的方式逐渐推进。最初的项目实施满足数字化建设最基本的功能和场景落地。在此基础上，根据实际应用效果做一些改进、升级。之后开始第一次迭代。第一次迭代可能是在最初项目实施的基础上进一步完善功能和场景，也可能是进一步实现其他未实现的功能和场景。如此循环往复，使场景不断在需求分析、设计、开发、测试、场景设计及交付中迭代。

17.7　项目价值

S 公司的数字化转型项目将蓝图、宣贯和数字化建设融为一体，既能确保数字化转型蓝图的合理性，又能保证数字化建设的可落地性。总的来说，其数字化转型工作带来了 4 个提升和 4 个转变。

4 个提升如下：

- **提升数字化认知**：深化数字化战略方案，提升对数字化的理解和价值体现。
- **提升数据价值**：把分散在业务过程和多平台的数据转化为可用、可场景化的数据资产。
- **提升数据时效性**：全面提升数据的实时响应能力，辅助决策和研判。
- **提升数字化管控**：业务流程数据化，实现从数据视角全链路、精细化管控内外业务。

4 个转变如下：

- **思维转变**：从传统思维向数据思维转变，从现有的人工经验决策向数据驱动决策转变。
- **价值转变**：转变为围绕业务创新、利用数据资产传递价值、打造驱动业务新动能的数据价值体系。

- **协同转变**：从传统的线下协同机制向线上协同流程转变，高效推进业务的开展。
- **事务转变**：从零散事务向集中事务转变，以统一视图进行事务管理，把控全链路业务。

综上所述，本项目的建设立足于数字化转型，结合现有业务状态及未来发展趋势，以数据中台建设为基础，通过业务数据化、数据业务化、业务线上化实现数据驱动业务的运营模式，同时在数据洞悉的过程中，探索出具有医药行业特点、可落地的应用场景，作为 S 公司数字化转型工作的实践路径。

推荐阅读

《银行数字化转型：路径与策略》

　　本书将分别从行业研究者、行业实践者、科技赋能者和行业咨询顾问的视角探讨银行数字化转型，汇集1个银行数字化转型课题组、33家银行、5家科技公司、4大咨询公司的研究成果和实践经验，讲解银行业数字化转型的宏观趋势、行业先进案例、科技如何为银行数字化转型赋能以及银行数字化转型的策略。

《银行数字化营销与运营：突围、转型与增长》

　　从营销和运营两个维度，深度解读数字化时代银行转型与增长的方法。

　　在这个数字化时代，银行如何突破自身桎梏，真正完成营销和运营方面的数字化转型？在面对互联网企业这个门口的"野蛮人"时，银行如何结合自身优势，借助数字化方式实现逆势增长？书中涉及数十个类似的典型问题，涵盖获客、业务、营收等多个方面。为了帮助读者彻底解决这些问题，书中不仅针对这些问题进行了深度分析，寻求问题出现的根源，还结合作者多年的银行从业经验给出了破解方法。

《中小银行运维架构：解密与实战》

　　这是一部全面剖析中小银行运维架构和运维实战经验的著作。作者团队均来自金融机构或知名互联网企业，有丰富的运维实战经验，近年来持续探索中小规模银行如何推广和落地虚拟化、容器化、分布式、云计算等新兴技术，综合运用各种技术手段，打造高质量、自动化、智能化的运维体系，提升系统稳定性和运维效率。

　　本书是该团队的经验总结，书中把一些优秀的实践、流程、方法固化为代码、工具和平台，希望对银行、证券、基金等行业的科技团队或金融科技公司有所帮助。

推荐阅读

 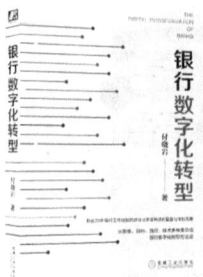  

华为数据之道

华为官方出品。

这是一部从技术、流程、管理等多个维度系统讲解华为数据治理和数字化转型的著作。华为是一家超大型企业，华为的数据底座和数据治理方法支撑着华为在全球170多个国家/地区开展多业态、差异化的运营。书中凝聚了大量数据治理和数字化转型方面的有价值的经验、方法论、规范、模型、解决方案和案例，不仅能让读者即学即用，还能让读者了解华为数字化建设的历程。

银行数字化转型

这是一部指导银行业进行数字化转型的方法论著作，对金融行业乃至各行各业的数字化转型都有借鉴意义。

本书以银行业为背景，详细且系统地讲解了银行数字化转型需要具备的业务思维和技术思维，以及银行数字化转型的目标和具体路径，是作者近20年来在银行业从事金融业务、业务架构设计和数字化转型的经验复盘与深刻洞察，为银行的数字化转型给出了完整的方案。

用户画像

这是一本从技术、产品和运营3个角度讲解如何从0到1构建用户画像系统的著作，同时它还为如何利用用户画像系统驱动企业的营收增长给出了解决方案。作者有多年的大数据研发和数据化运营经验，曾参与和负责多个亿级规模的用户画像系统的搭建，在用户画像系统的设计、开发和落地解决方案等方面有丰富的经验。

企业级业务架构设计

这是一部从方法论和工程实践双维度阐述企业级业务架构设计的著作。

作者是一位资深的业务架构师，在金融行业工作超过19年，有丰富的大规模复杂金融系统业务架构设计和落地实施经验。作者在书中倡导"知行合一"的业务架构思想，全书内容围绕"行线"和"知线"两条主线展开。"行线"涵盖企业级业务架构的战略分析、架构设计、架构落地、长期管理的完整过程，"知线"则重点关注架构方法论的持续改良。